工程师的世界

王道好 著

An Engineer's World

中央编译出版社

图书在版编目(CIP)数据

工程师的世界/王道好著.
—北京：中央编译出版社，2013.7
ISBN 978-7-5117-1615-6

Ⅰ.①工…
Ⅱ.①王…
Ⅲ.①随笔-作品集-中国-当代
Ⅳ.①I267-1
中国版本图书馆 CIP 数据核字(2013)第 043331 号

工程师的世界

出 版 人	刘明清
出版统筹	薛晓源
责任编辑	杜永明
责任印制	尹 珺
出版发行	中央编译出版社
地　　址	北京西城区车公庄大街乙5号鸿儒大厦B座(100044)
电　　话	(010)52612345(总编室)　(010)52612341(编辑室)
	(010)66161011(团购部)　(010)52612332(网络销售)
	(010)66130345(发行部)　(010)66509618(读者服务部)
网　　址	www.cctphome.com
经　　销	全国新华书店
印　　刷	北京溢漾印刷有限公司
开　　本	787 毫米×1092 毫米　1/16
字　　数	365 千字
印　　张	20.75
版　　次	2013 年 7 月第 1 版第 1 次印刷
定　　价	50.00 元

本社常年法律顾问：北京市吴栾赵阎律师事务所律师　闫军　梁勤
凡有印装质量问题，本社负责调换。电话：(010)66509618

亲爱的读者：

　　我曾经有一个梦想。那就是，总有一天，我，一个理工科出身的人，一定要出版一本自己的文学书籍！

　　今天，这个梦想终于实现了。它呈现在您面前，希望与您一起分享成长中的点点滴滴！

目 录

工程师看世界

爱情是一项工程 ································· 3
两只大罐 ······································· 8
有一种责任叫坚守 ······························· 10
钢筋试件 ······································· 13
力学特性另解 ··································· 16
承包商的形象 ··································· 21
爱情曲线分析 ··································· 25
家庭"银行" ···································· 28
定积分的启示 ··································· 31

工程师游世界

重游三角山 ····································· 39
千岛湖初游随想 ································· 42
从三味书屋到百草园 ····························· 45
观太平洋落日 ··································· 48
村姑 ··· 52
城外一千二百里路上的风景 ······················· 54
结伴游记 ······································· 60
Appointments with Soft Rain ···················· 64
相约毛毛雨 ····································· 68

兰卡威之晨 …………………………………… 70
作客他乡圣诞夜 ……………………………… 73
路上的怜悯 …………………………………… 75
纳嘎廓特与葛达瓦里峰 ……………………… 77
无名湖之夜 …………………………………… 79
没见到香山红叶 ……………………………… 81
五月的黄昏 …………………………………… 84
什刹前海的夏夜 ……………………………… 85

工程师的情感世界

老大姐 ………………………………………… 91
一张火车票 …………………………………… 94
Recollection of the Black Eyes ……………… 97
黑眼睛的回忆 ………………………………… 103
千万里追寻着你 ……………………………… 107
当年，对你没感觉 …………………………… 110
同桌的"冤家对头" …………………………… 114
送别 …………………………………………… 119
误会 …………………………………………… 122
我与表哥 ……………………………………… 125
访师路上 ……………………………………… 129
给老同学的一封信 …………………………… 131
表嫂 …………………………………………… 133
呼唤阿姨 ……………………………………… 136
一床旧棉被 …………………………………… 138
孩子，你是我生命中的奇迹 ………………… 143
回乡祭 ………………………………………… 146
空中的情书 …………………………………… 150
消逝的雪人 …………………………………… 152
她的眼睛很忧郁 ……………………………… 153
风高月夜祭故人 ……………………………… 157

忆念中的妈妈 ·· 161
写给姑妈的一封信 ·· 165
写在儿子生日前 ·· 167
雪景 ·· 169
家 ·· 170
新年纪实 ·· 173

工程师的童年世界

童年的远山 ·· 179
遥远的桑葚 ·· 181
年猪 ·· 183
上达达家去 ·· 186
长辫子的幺娘 ·· 188
加糖的中药汤 ·· 191
鬼抽烟 ·· 192
五毛钱 ·· 195
麻鸡婆 ·· 196
盘龙菜 ·· 198

工程师言说的世界

为死亡做准备 ·· 203
自画像 ·· 205
我是阳光 ·· 210
暮春风景谈 ·· 212
你要带我去哪里 ·· 214
也谈腐败 ·· 216
白天不是那个白天，夜晚不是那个夜晚 ························ 219
通讯录 ·· 222
与孩子们谈教育与成长 ······································ 225
说给林兄的舌 ·· 234

工程师感悟的世界

元宵节观礼花 …………………………………… 239
不过是为一张嘴 ………………………………… 242
空谈家 …………………………………………… 246
再见"快乐" ……………………………………… 249
关于三尊雕像的思考 …………………………… 253
等饭吃 …………………………………………… 257
"半瓶水"之我见 ………………………………… 260
爬楼梯 …………………………………………… 262
子宫 ……………………………………………… 264
野藤 流云 冰雹 ……………………………… 266
抽奖有感 ………………………………………… 268
落纸 ……………………………………………… 270
伤疤 ……………………………………………… 272
水上世界 ………………………………………… 274
书中蝴蝶 ………………………………………… 276

工程师的心灵世界

堕落 ……………………………………………… 281
裸睡 ……………………………………………… 283
心我 ……………………………………………… 285
我的朋友——E园 ……………………………… 287

工程师的今世奇缘

街头奇遇 ………………………………………… 293
闯关 ……………………………………………… 295
另类乞丐 ………………………………………… 296
病记 ……………………………………………… 300

中秋节的邮件	304
难进天堂门	307
两颗炸弹	312
拆桥	314
妥协	317
厨娘	321

工程师看世界

爱情是一项工程

两只大罐

有一种责任叫坚守

爱情曲线分析

爱情是一项工程

爱情像一个多面体建筑，有人说它是办公室里那台老掉牙的复印机，也有人说它是平淡生活中的一瓶异味调料，有人说它是慰藉孤独的一贴心灵膏药，也有人说它是岁月长河里那颗恒久不变的记忆钻石，还有人说它是雪山绝顶上的一幅最美风景……

然而，正如酷爱工程的人会说，工程就是他的爱情；当以工程的眼光去审视爱情时，爱情其实就是一项工程。

是的，爱情是一项工程，一项复杂的系统的工程。

世上没有两个相同的工程，人间也没有两个完全一样的爱情。工程有宏大渺小之分，或简单或复杂，长则历时数十载，短又不过一袋烟功夫；爱情则有伟大与平庸之别，或平坦或曲折，长达漫漫一生路，短至昙花一现时。工程合同中顾主与承包商构成一种契约关系，爱情婚约中相爱的男女共结一对连理枝。

工程通常分为初期、实施和保修三个阶段。

在爱情工程的初期阶段，爱情顾主作为被爱方，可以通过公开的竞争性招标，在一群入围投标者中选定爱情承包商。爱情从来就是在竞争中实现最优选择，尤其是在当今这样一个到处都充满竞争的社会，竞争更是日趋激烈，无疑是承包商间综合性的比拼与较量，只有自身的自然素质、内在品质、社会地位和经济实力等的综合素质最高者才是最佳选择，从而有可能成为爱情中标者。

对爱情投标人的考评，专业术语叫"评标"。评委可以是顾主本人，也可以是其聘请的智囊团，包括父母亲友，以及七大姨八大舅。用情专一的顾主只选一个承包商，花心的被爱方则脚踩两只甚至多只船。爱情招投标中，也有承包商投机取巧的，在自身综合实力之外，或采取旁敲侧击的迂回战术，买通智囊团；或给招标人送点花使点小礼品，就像工程招投标过程中的公关活动和行贿受贿，虽有失公平，却一时还难以杜绝。只叹息有招标人就好这一口,就莫怪有投标人投其所好了。双方未经招投标程序而确定恋爱关系的是私订终身的议标;奉父母之命属爱情工程招投标中的行政干预;而媒妁之约中的媒婆则实际上扮演了工程中介人的角色。恋爱关系的确立,标志着爱情招投标工作的结束,通过订立一份双方责任、权利、义务明确却又心照不宣的爱情契约,将二者规范约束在同一个爱情包内。无疑,这样的时刻于双方都是愉快美好的。

爱情设计既是工程所需要的,也是工程不可避免地要发生的。情窦初开的男女们,朦胧地怀着对爱情的美好憧憬与向往,竭尽发挥想象力,为自己未来的爱情工程勾画出一幅美妙的蓝图,这是爱情工程的初步设计。至于爱情生活中,买件什么衣服或添置什么家具的想法,当属施工详图设计所应完成的工作范围。爱情设计可在招投标之前或之后进行,由顾主和承包商各自独立或共同完成,或另请第三方承担,其质量的好坏为工程实施的优劣奠定了基础。没有理想的爱情工程,实施起来注定是盲目混乱的。

初恋是爱情工程开始前的施工准备,热恋中的激情与甜蜜体验是开工前支付的工程预付款。占有是爱情工程的开始,是工程初期与实施阶段的分界点。结婚是爱情工程开工的外在形式,婚礼是为爱情工程举行的正式的开工仪式,肉体的第一次结合则是爱情工地上挖动的第一锹原土。工程开工要得到广泛的认可,是要向社会申请开工许可证的。于是,双方走进社会民政部门,领取名曰"结婚证"的牌照。那些未办证而先行占有的,属于无证开工,就像司机无证驾驶一样,原则上是非法行为。这种现象在当今社会越来越普遍,反映人们在爱情上更追求私密性和率性自由,相互间也更不负责任了。而先结婚再谈恋爱,在恋爱中才相互了解,这是典型的边施工、边设计、边勘探的"倒三边"爱情工程,严重违背工程建设的程序和规律。而这样的工程在以往却比比皆是,多少反映出那时人们认知的愚昧来。

爱情工程的实施过程就是其目标的实现过程,主要包括质量、进度、成本、安全与环保等几大目标。简而言之,爱情承包商的任务就是,在爱情契约规定的有限时间内,以最为经济的成本,安全地建造一个质量符合契约和顾主要求的环保的爱情工程。

质量是爱情工程的第一重要目标,对于追求生命质量的现代文明人来说尤为如此。一个爱情质量不高的人,很难界定为有高质量的生命。对于一个志在白头偕老的工程,自然是要求做到"百年大计,质量第一"。在不同的历史时期,人们对爱情质量的要求是不同的,这种要求随着人类社会和文明的进步而提高。影响质量的因素很多,主要有原材料、施工工艺和设备、建造者的责任感和技术水平及生产环境等。高质量的爱情工程还离不开对实施过程的监督检查，包括根据爱情道德规范要求所作的自检、互检及来自外部的监督检查。检查所依照的规范既不是部颁标准，也不是国标，而是国际标准，是人类大体在爱情上须共同遵循的标准。三级检查体系的建立，是爱情工程质量的制度保证。如今，有些承包商缺乏应有的责任心，在材料选用上以次充好，在施工过程中又偷工减料，在经营管理上投机取巧，在施工手段上粗暴野蛮，结果造成了一个个水货爱情工程、假冒伪劣爱情工程、豆腐渣爱情工程。

一般工程的建造周期都是有限的，而且周期越短对双方越有利。而爱情工程原则上讲是终身制，爱情契约是无定期合同。无限定工期内却也是有控制性节点工期标志的，分别为通常所说的纸婚、水婚、铁婚、铜婚、银婚、金婚和钻石婚等，它们是爱情工程进展中的里程碑。当然，也有人认为爱情工程的建造过程太过古典和漫长，不符合已快餐化了的现代生活方式，因此一个个"一夜情"、"露水夫妻"这样一步到位的短平快爱情项目就应运而生，仓促上马。这似乎是人们在爱情工程上对效率原则的歪曲运用，是搞笑而非高效。

生命是那么短暂，个人的资源是那么有限，爱情工程也就不得不讲究成本。不过，这种成本的概念不只局限于以经济因素来考量。爱情无论如何只是人生的一部分，将人生中有价值的东西（其中包括感情、智慧、精力、时间及可以量化的金钱等）中的多少投入到自己的爱情工程中，是需要慎重考虑的，不计代价的爱情是盲目的。不过，以微乎其微的成本投入而获得爱情，未必就是爱情之神的幸运儿；而以惨重以至生命的代价仍未获得圆满的爱情，则一定是爱情与人生的悲剧了。人生可能会因为爱情而增值，但若一生只为爱情，未必就是有价值的人生。当人生的价值因为爱情而实现了增值最大化时，则可以说其爱情工程的成本是最为经济的。

与成本相关联的是工程进度款。爱情付给承包商的工程进度款只是一种感觉，无法用普通货币单位来计量，有人称这种感觉为幸福。是啊，对于一个打工仔来说，没有比领薪水时更感幸福的时刻了。

现代工程建设中引入了"以人为本"的理念，倡导尊重人性，要求实行建设过程的人性化。爱情工程，首先它是一个工程，而且又是与人直接相关的工程，当然更应坚持"以人为本"。安全、环保、健康、文明，既是爱情工程需要实现的重要目标，也是"以人为本"的理念在爱情工程的具体体现。

可以说，在爱情工程中，没有安全就没有真正的爱情。反之，建造一个安全的爱情工程，又为爱情双方的人生提供了可靠的避风港。而且，爱情工程多一份稳固，社会就多一份和谐。爱情安全是全方位的，涵盖质量、人身、经济、环境等，甚至包括防"火"防"盗"；又是全员的，涉及参与爱情的双方主体；也是全过程的，贯穿于工程的初期、建设和保修整个过程。爱情工程安全的基本原则仍然是"安全第一，预防为主"。也就说，安全的重点在于预防，双方都应时刻保持高度警惕，及时采取必要的防范措施，务必做到勤防勤查，防患于未然。真要是后院失火，感情被盗，那损失就惨了，后果就严重了。可见，安全问题实在马虎不得。

环保、健康、文明是三个相互联系的整体，包含着精神和物质的两个层面。就环保而言，无论精神方面还是物质方面，都有两种意义，一是说建设爱情过程中的环境应有益于爱情双方的身心，这是小环保；二是说爱情工程本身不应对其周围的社会和自然环境构成危害，这是大环保。第二点又与当今提倡的"构建和谐社会"的风尚相符合，无形中赶了一次政治时尚秀。洁净优美的物质精神环境，蓬勃健康的身心，积极向上的物质文化活动，文明优雅的举止修养与生活方式等等，都既从不同侧面丰富了爱情工程的内容和色彩，又有利于爱情工程的建设过程，还可促进爱情工程安全性的提高。

与爱情安全紧密相关的是爱情风险。风险是尚未发生的安全隐患；安全事故是已变成现实的风险。因此，爱情风险与爱情安全一样，也是全方位的、全员的和全过程的。毋宁说，爱情工程就是一项带有冒险性质的工程，投身爱情工程就是在拿生命赌博。说到风险，就不得不提及不可抗力，它也是一种风险。爱情工程建设所处的环境任何一方面，无论是政治的、经济的、社会的、家庭的，还是自然的、人文的，一旦出现事先难以预料的重大变故，超出了爱情双方控制的范围，都可能给爱情工程带来严重的损失甚至毁灭性的打击。比如突发的强烈的心灵地震，罕见的感情暴风雪，可能会以迅雷不及掩耳之势，摧毁爱情工程的基础或骨架，多年苦心经营的爱情工程大厦可能瞬间就轰然坍塌，给爱情双方以突然袭击，叫人措手不及。"文化大革命"造成的一幕幕爱情悲剧，是爱情工程遭遇的政治上的不可抗力。在不可抗力面前，爱情工程及其双方主体显得无辜、无助又无奈。投保，是风险发生之后获得补偿的一种方法，它之于爱情工程，就像是不想要孩子的夫妻在做爱前戴上的那个安全套。所以，事先还是为爱情工程上一份保险吧，既然这工程存在着这样那样的风险。

爱情工程施工中，允许将次要部分分包给专业分包商完成，但禁止将主体工程分包出去，好比是大厦中的电梯可以请他人制造安装，而大厦本身须承包商自己负责建造；饭可以让保姆去做，而爱却不得与保姆去做。未经对方同意，将爱情合同中规定的根本性责任、义务和权利交给第三方，就形成了第三者插足。在当今的爱情工程建设领域，出现了大量的非法分包转包现象，"大爷"和"二奶"们如雨后春笋，纷纷从地下钻出来，构成一个茁壮成长、蔚为壮观的非法分包商群落。相应的，被这群"大爷"、"二奶"们傍上的那些大腹便便的爱情工程主包商们，就可称之为"富婆"、"大款"了。

爱情工程建设中难免会出现的矛盾和不一致，双方应以建设大局为重，通过友好协商来化解。友好协商不成时，可诉求仲裁调解，或最终通过法律手段解决。当任何一方出现严重违约时，双方可通过自愿协商或法律途径解除爱情契约关系，且违约方应给予守约方相应的赔偿。可见，解决爱情工程矛盾纠纷的途径与程序，遵循了一般建筑工程的通行惯例，这也算是一种"接轨"吧。一个不可忽视的趋势是，如今爱情工程的矛盾纠纷越来越多。众多爱情合同不得不因此提前终止，爱情工程只好半途下马，造成大量的半拉子爱情工程充斥于世，实在是劳民伤财又大煞风景。其中难免有腐败烂尾楼，顾主最终为自己当初在招标中贪图小便宜买了单，一张得不偿失的沉甸甸的大单、苦单。可能一些中途停建的爱情工程因种种原因而终又复工，如已经分道扬镳的爱情双方重新携手走进了爱情工程的建设工地。

从以上可以看出，爱情的确是一项复杂的系统的工程，涉及到的因素点多面广。如何将如此纷繁复杂的因素有机地结合起来，成功地建设一个爱情工程？这就需要经营和管理，即英文中的 Management。是的，以现代的理念来看，爱情需要经营管理，需要建设双方用专注、心血、精力、智慧、手段、技艺、方法等等，用所拥有的一切去经营管理。另外，在经营管理中，要注重创新思维，求新求变，不断给爱情工程注入新鲜空气，涂上新的色彩，不能让那座在建的大楼看上去总是像一个黄脸婆似的死气沉沉。还要加强工程内外部的信息交流与关系协调，这既是管理的有效手段，也是管理的基本内容，在很大程度上说，管理其实就是在做沟通与协调的工作。并应充分利用现代科学技术成果，以提高爱情工程的科技含量和现代化水平，这或许叫"与时俱进"。通过苦心经营和科学管理，建成一个基础宽阔坚固，主体高大结实，外观异彩纷呈的现代版优质爱情工程，双方的爱情小天地和周围的大世界都会因此而充实丰富、美丽和谐。

到了人生的暮年，爱情工程便进入了保修阶段。劳碌了大半生的两个人，总算可以歇下来喝一杯下午茶，并借着夕阳的余晖，美美地欣赏一下自己的劳动成果——那可是二位终其一生的杰作。进入保修期的爱情工程并非完美无缺，总有这样那样的小小缺陷需要修修补补，够两个老人忙活的了。还有一项重要的工作是整理竣工资料，英文叫"as – built drawing"，直译就是"与已建的样子一样的图纸"。竣工资料将作为工程的一部分，在保修期结束时随工程一起移交。这可能是老俩口最爱干的工作，因为这可以让他们生活在对过去的回忆中，想一想，那些起起伏伏、恩恩怨怨又朝夕相处的岁月，是多么地令人陶醉和留恋！

即使在爱情保修期内，也未敢保证工程不出严重的质量问题。保修期内爱情出了问题，那也是有问题的爱情工程，不能称为一个圆满的工程。只有当上帝把爱情主体中至少一方强行调走另作他用时，保修期才匆忙结束。如果直到此时爱情工程仍没发现任何重大缺陷和问题，这才敢松一口气说：谢天谢地，爱情工程总算大功告成！也正是在此时，爱情工程拉上了帷幕，随同建造者的生命一起。

爱情工程，这个宏观上属于人类的永恒工程，这个让生命永恒的工程，微观上是在竞争的撕咬声中获得竟标，在婚礼的欢笑声中破土动工，一路历经千难万险，最终却在葬礼的丧钟声里到达圆满。圆满之后既无人共享，也无法进行移交。圆满即成为残缺，爱情工程的彻底完工之日竟是它的最后末日来临之际，这真是叫人哭笑不得，无话可说！

2005 年 12 月 24 日，初稿完于宁波北仑。

两只大罐

有的朋友可能会为我感到奇怪，说你不老老实实呆在北京这个大都会，守着老婆孩子的热炕头，却千里迢迢地跑到宁波来，而且一来就是几年，这是何苦来着？

我只能简单地告诉你，只因要造两只大罐。

"不就是两只罐儿嘛，有那么劳力费时吗？"有人就更不解了。

这可不是放在你们家墙角里盛水装腌菜的那种陶罐，而是内壁为指头厚的钢板，外壁为宽过双肩的钢筋混凝土庞然大物，单只罐的有效容积达八万立方米，目前居全国同类罐体之首。这样描述，或许你仍然对两个大物到底有多庞大没有直观的印象。打个形象的比喻，两个罐放在一起，直径约有一个半百米跑道那么长，高度也有十余层楼高。人若在罐里行走，估计感觉与一只蚂蚁在盐水瓶底爬动的情景差不多。

从外形上看，罐体酷似一个坟墓，就是那种四周用砖石垒成一圈圆柱形，顶上隆起一个半球形的土堆，上面草木青青的坟墓。两罐建在台湾大商人王有庆在宁波投资的化工园区内，是用来储存低温液态化工原料的。它俩像一对孪生兄弟，临海而立，听眼前的海水潮起潮落，看空中的彩云聚来散去，很诗意地存在着。

而我觉得，这两个大家伙诞生于现代工业文明的今天，仅仅用来装工业原料有点屈才，也不能引起多少人的注意，似乎又有点生不逢时。

如果它们建成于古代，比如说三五千年前，会当什么使？既然酷似坟墓，当然最贴切的用处还是坟墓。而能享用如此之巨陵的，非一国之君莫属。并且两座比邻，一座给皇帝，一座给皇后，正好般配。在如此宽敞的内部空间里，皇帝岂止可以造一个地下宫殿，简直可以建一座墓内城池和一个空中花园，让自己死后永世享有皇权与奢华。

建造这样的一个建筑，在今天并不难，不过数百人耗用一两年时间。但若在几千年前，则不知要耗用多少人力和时间，也不知里面要掩埋多少人的辛酸血泪了。

罐的质地很坚固，也许防原子弹破坏还谈不上，但一般的地震和炸弹是无法撼动它秋毫的，不借用现代工具和技术也是很难将其打开的。所以，如此固若金汤的陵墓，一定令一代又一代的盗墓贼望而兴叹，也一定能历经数千年的风风雨雨，完好无损地保存到现在，并可能成为世界第八大奇迹，供来自世界各地的人们游览和研究。在漫长的岁月里，它曾经演绎了怎样的人间故事，见证了何等的悲欢离合与朝代更替，陵墓的内部又是如何布局，藏匿了什么奇珍异宝……这一切的一切，像谜一样充满神秘，必将激发起人们无尽的好奇与遐想。显然，到了今天，仅就其由旅游而产生的经济价值来说，就要远高于它用作原料储罐的价值，更不必说它巨大的历史与人文价值了。由此看出，即便是一个现代的工业建筑，在过去的时光里兜一圈回来，立即就身价倍增了。

假如它幸存到遥远的未来，比如说数千年数万年之后，情形又将怎样？到那时，人们也许不再使用钢筋水泥做建筑材料，而是用上了更坚固更环保也更美观的东西。那么，他们将如何看待这些过时的建筑材料，其感受也如今人看祖先们用树干和茅草搭建栖身之所吗？今天的建筑以未来的尺度来衡量，也许是太简单了，但他们是否仍然对我们这些早已作古的人的智慧与力量充满敬意，就像今人看待古人建造秦始皇陵、古长城和金字塔的壮举？他们从这座古遗迹里能听到遥远的召唤与历史的脚步吗？能想象得出早已远去的工业文明的景象吗？

可见，这两只罐今天和想象的过去、未来的价值之间存在差异。但为何在今天它实际存在和被使用时反而价值最低？是什么使之产生增值，即便其质地和使用功能在逐渐消退？

答案是时间。时间将一个建筑的过去与现在、现在与未来连接成一个个时段。一个时段就是一段斑驳沧桑的历史。

2007年1月21日，初稿于宁波北仑。

有一种责任叫坚守

熟悉工程建设的人都知道，一项工程的建设过程大体分为初期准备、工程施工和竣工保修三个阶段。诗意地说，这一过程有如太阳绕天一轮不可逆转的轨迹，有旭日初升时的新鲜，也有艳阳当空时的热烈，更有日落西山时的圆满与惆怅。建设者们怀着几许好奇，几许期待，或者还有几许自信与不安，踏上一片陌生的土地——也许那是一片充满荆棘的尚无人涉足的处女地——去接手承建一个新项目，也许那是他们从未见识或建造过的类型的项目——在一片荒芜中开始了施工前的准备工作，最初的一切似乎还有点凌乱、被动或者拖沓。当一切准备就绪，施工走上正轨，其中纵有高潮迭起和偶然激动人心的经历，然而，漫长的时间和繁重的任务却往往压得人喘不过气来。而当工程进展到尾声，大部分建设者已经撤离，只有少数人留下来作善后处理，那种多少有些空洞无聊与孤独失落的日子，或许才是最令人难以忍受的。

在参与建造的大大小小十余个工程项目中，我几乎无一例外地是以拓荒者之一的身份，率先赶赴工地的。其中有几个项目，我在完成了自己份内的工作或者工程接近完工时离场了。但也有些项目，我经历了建设过程的始终。

二十二年前，我被派往中东某国一个水坝重建项目，那是我工作后参建的第二个项目。当时，我只有二十三岁，正处于与女友的热恋中。十六个月后，主体工程基本建成，大批人马陆续撤离现场。由于我在项目施工中的上佳表现和工作性质的特殊性，再加上我的年轻和无牵挂，项目领导欲让我留守保修期一年。而我却坚决要求随大批施工人员回国了，尽管在当时出国工作是件风光的事情，报酬也够可观。内心里我有充足的理由，初次出国时的新鲜感早已消失殆尽，十六个月来没日没夜紧张重复工作的日子显得格外漫长，多一天也不想再待下去，何况家中有年过八旬的亲人和翘首以盼的情人。面对责任，我没有坚守，却选择了逃离，或许是因为我太年轻，不懂责任，惧怕坚守吧。

真正第一次全程参与一个项目建设，是十年前我在南亚邻国负责的一个桥梁工程，前后历时近四年。桥架通后，无论从哪方面考虑，我都不得不留下来。送别最后一位同事后，我独自在国外度过了最后那段艰难的日子。剩下的工作虽然不多，进展却极为缓慢，仿佛永远望不到头。绝大部分时间，我呆在首都办事处那栋空荡荡的大房子里，偶尔下到六百公里外的工程现场去看一看。独自置身异国他乡，出于人身安全的考虑，加之自身性格的原因，除了业务上的联系，我几乎与外界断绝了一切交往。这种孤立无援又夹杂着空虚无聊的处境，无疑是对人性的折磨与考验。个中滋味实不比蹲大牢好受些许，曾令我几近疯狂。

这一次，我只身来到这座江南小城，参与完成了一个与外方公司合作建造的石化项目。经过两年紧张有序的施工，项目竣工后，我再次留了下来。

如果说上次的项目留守是出于迫不得已，还有些令人无法忍受，那么，今天当我再次独自坚守工地时，便带有自觉理性的成分，因而获得了几分内心的平静安宁。经历岁月的冲刷，我已经渐渐意识到，一项工程的建设过程，就像人的一生一样，有初期的好奇与混沌，也有中期的鼎盛与辉煌，更有末期的平淡乃至无聊。既然保修期是建设过程最后必经的阶段，就得有人担起坚守的责任，正如人生大约不能因为生活的平淡无聊而拒绝进入老年。经历一次项目建设过程，实在是再品味一回生命的自然历程，只经历项目初期有早年夭折的惋惜，在建设的高潮阶段选择离开显得悲壮，只有走完了项目保修期才算达到圆满，那是风雨过后的宁静祥和，辉煌过后的淡泊超然。

固然，作为项目建设者，如约完成建造任务，是自己必须履行的承诺。

同样地，如果需要，保修期内个别人员坚守工地，也是建设者应尽的一种责任，无论是对项目业主，还是工程及建设方自己，尽管这期间对于个人来说也许没有多少实际的事情可做，个人的效率、潜能与价值没有得到充分的实现，是对个体生命的一种浪费。事实上，这时的坚守本身就是一项工作，是一个履行责任的象征，其意义不在于在此期间做了多少实际的看得见的工作，而在于坚守本身。可能在相当长的时间内，项目业主都不会有事情，项目运行也未发生任何问题。但是，一旦出现问题，需要建设方出面处理却无人可寻时，便是建设方的失责，直接结果可能是造成项目的重大损失。也许当保修期顺利结束，回过头来再看，工程运转一切正常，完全没有必要留人坚守。但这种事后诸葛亮式的说法是完全没有意义的，谁能在当初准确地预计到未来的事情呢？当然，保修期内留守者的无所事事，未尝不是一件幸事，至少说明已交付使用的项目不存在什么缺陷。

其实，坚守也是现实中常有的事情。比如，驻扎边疆的战士。一个国家不能因为边防线上一时的和平而不派驻守军，因为当国土遭受侵犯时再派兵抵抗将为时已晚。国境线上将士的存在，就是领土主权的象征。同时，我们更希望边防的将士永远安宁。再如，自动化生产线监控仪表盘前的监视者。当生产已经完全实现自动化，并正常运转时，监视者便形同虚设，他可能成天都不需要动一根手指。但往往这种摆设又不可或缺，因为万一仪表显示异常，还需他立即做出恰当处置。而坚守对于爱情，与其说是责任，不如说是其本质意义。花前月下的卿卿我我虽然浪漫销魂，但当红颜渐失、激情不再，甚或一方遭遇不幸，而另一方地位财富与日俱增，即便如此，依然不离不弃，终身厮守，或许这才是爱的真谛。生活需要充实，而爱情有时却需要无缘由的甘愿相守。

对于责任的坚守，在一定程度上起因于世间的一切还不够理想完美，甚至可以说，坚守是人们必须为事物的缺陷所付出的代价。坚守项目竣工后的保修期，一方面，是因为人们以目前所掌握的劳动技能和管理水平而建造的项目，可能还存在某些缺陷；另一方面，就人当下的认知能力而言，还无法对未来作出精准的预测，从而作出更为经济合理更合乎人性的安排。士兵屯边，是因为整个人类社会还没有实现大同，造成人类群体之间相互隔离的国界依然存在。对自动生产线上仪表盘的监控，是因为科学技术尚未完美到完全由机器代替人类从事一切生产劳动活动。而对于爱的排他性坚守，则恰恰是爱的局限所在，尚不能如上帝那样实现普遍的大爱，也因为人对于自身命运与自然法则无法抗拒。

所以，当无法突破局限而达到完全的圆满与自由时，面对责任，仍须选择坚守。

2008年1月6日，初稿完于宁波北仑。

钢筋试件

它曾是一根标准长度钢筋上的一截，被截成一个试件，在很大程度上属于偶然，偶然得如同一阵风播撒一粒蒲公英种子。

作为产品和商品，它没有生命，但却有过诞生；不曾成长，却会在自然与岁月中慢慢衰老直至消亡。生命死而不能复生，但它却可以有一次次的轮回。

产地证上写明，它新近来自于远方的一家大型钢铁厂。那么，这钢铁厂就是它的母亲，厂里的大熔炉是孕育它成熟的子宫，而滚动着的轧机则是它出生时所必须经过的产道。母亲、子宫、产道，不仅使它从混沌中分离出来，赋它以具形，而且熔就它与生俱来的特殊品性。这品性继承了它前世的成分，或许应该叫遗传基因，仿佛再现了一颗不朽的灵魂。

或许，它的血统并不纯正。不客气地说，从大熔炉里出来，它就是一个杂种。然而，物种进化的理论与实践告诉我们，杂种的体魄与品质更加优秀。

物质不灭，相信它有过前世。如果此番从钢铁厂出来不是第一次诞生，那么，它进厂前曾经有过怎样的前世？是辉煌显赫还是平凡卑微，是艰辛漫长还是顺利短暂？而它前世的前世又是怎样的过程，曾有过多少次身体的重构与轮回？这一切都无从知晓。唯一可以断定的是，它最初的那一次降生，一定和你我的先祖一样，来自脚下这同一块土地。所不同的是，或许在出生前，它有过孙猴子的类似遭遇，在某座大山的重压下沉睡了千百万年。因此，它的出生大小也算是一个奇迹。

钢铁厂是一个多产的母亲，就像压面机接差压出面条似的，一刻不停地在出产钢筋。和它一道出炉的那批钢筋，可以称为它的兄弟姐妹。钢铁厂又是一个势利甚至歹毒的母亲，为着一把银票，或者仅仅因为与她相关联的叫做银行账号上的一串数字又增大一些，就把它连同它的一些兄弟姐妹们捆绑着卖了出去，似乎很没有骨肉的情分。这就是做商品的命运。

于是，它与它的兄弟姐妹们被绑扎成捆，吊上车船，相互挤压，跋山涉水，几经辗转，最终卸在这块新的建筑工地上。

这堆钢筋静静地躺在工地已经很有些时日了。它就混杂在钢筋堆里，与它周围的兄弟姐妹们毫无区别。可以想象，有可能在未来的某一时刻，它连同与它长在一起的那根标准长钢筋，一道被抬上加工台，接受尺子的丈量，切下多余的部分，制成钢筋成品，转送到施工现场，然后与其他的钢筋绑扎或焊接在一起，周围浇上混凝土，逐渐凝固成一体，构成建筑物的某个部位，或轻或重地承载着建筑物及其以外的荷重。这是和它一同来到这个工地的绝大多数钢筋的意义与归宿。它们在实现了购买者的基本目的的同时，自己也因凝固在混凝土中而变得永恒，恐怕从此再无出头转世的可能了。

相反，如果它正好是那被切下的多余部分的一段，则它将成为一截多余的钢筋头，然后就可能被当作废铁很廉价地卖给某个炼钢厂，重新接受熔炼。它转世此生显得短暂而多余，只不过在世上匆匆地走了一遭，一生即告完结。如果硬要为其一生寻找什么积极的意义，则似乎它此生的唯一意义，便是曾与那段用到建筑中的成品构成过一根标准尺寸的钢筋。

然而，二者都不是事实。事实是，在使用这堆钢筋之前，还要进行随机抽样试验，验明它们的品质，以决定能否用于建筑中。

是的，随机。正是这极其偶然的随机，它从一根标准长度的钢筋上被"咔嚓"一声截了下来，制作成一件等待试验的试件，表现为一个独立的存在，代表着另一个意义，拐向另一条旅行轨迹。脱离了所依附的长钢筋，离开钢筋堆，独自充当钢筋试件，它看上去有些孤独，是一个孤独的试件。

尽管如此，在进行试验之前，它仍然不过是一截普通的短钢筋，几乎是不动声色地听任搬来倒去，无论随意地扔在哪里，随着"哐当"一声落地，它或许还要来回略略地滚动几下，然后就很听话地躺在那里一动也不动。而一动也不动地躺着的钢筋，一般人是看不出它体内究竟有多大力量的。

所谓的花容月貌，所谓的美丽动人，是与它不相干的。它外表上决不能算作是美的，但似乎也不十分的丑陋，尽管经过多日的风吹雨淋，它蓝灰色的身体上可能已经锈迹斑斑。然而，匀称，通条，笔直，坚硬，敦实，实在，朴实，等等，大抵是配它受用的，如果当它与长钢筋相连时还显得过于纤细、柔弱和易弯的话。

如果说它在长钢筋上还带有某些女性的韵味，当它独立为试件时便更多地显示出男性特征来。是的，它只有被架在仪器上进行试验时，才算是名副其实的钢筋试件，才显示出它作为试件的本色与力量来。这时的它，就如同在进行一场角力比赛。这是一种无声的较量，一场没有硝烟与喧嚣的战争，形同播映着的一段陈旧的默片，也如仇敌间的眼神、精神、灵魂的暗中比拼。同时，于它这也是一次全心身投入的较量，从头顶到脚下，从外表到内心，它的每一根神经，每一个组织细胞，一切内在的潜能，都被动员集中起来，参与到这场较量中，来共同对付外来的对手。所谓的"同仇敌忾"，所谓的"全力以赴"，所谓的"共赴国难"，在这里得到了平静、准确而完全的体现。

它不是那种争强好斗的进攻型选手，从不主动出击，所做的一切不过是被迫的防御与抵抗。它所发挥出的力量恰到好处，与仪器加在它身上的力正好相等，既不慷慨张扬，也不胆怯偷懒，忠实地印证着牛顿的那条经典力学定律，如同忠实地遵循着公平的赛场规则。或许不能因此称赞它聪明，但不能不感佩它履行自己义务时的忠实。

如果它有心灵，那一定是孤独的。它心灵的孤独在于，无论仪器加上多大的负荷，都只有它独自去默默承受和忍耐，不像用在建筑物中的那些钢筋，它们总是手挽手肩并肩一群一组地在共同负重。

关键时刻它绝不吝啬，总是竭尽全力去完成试验。它所承受的试验叫做破坏性试验，这就注定它在被迫使出最大力量后，终将开始感到力不从心，身体迅速地被拉长变形，直至"啪"地一声拦腰断裂。至此，试验结束，它才算完成了自己的使命。

不能因此说它是一个失败者，但失败的最好是它，只能是它。如果它是成功者，失败的就应该是仪器。而仪器失败了的试验不能说不是一个失败的试验，这样的试验代价重大，其损失恐怕远在一根钢筋试件的价值之上。连双方打个平手、难分胜负都不行，那样的试验顶多算得一个半途而废、没有结果因而也就没有什么价值的试验。一个没有什么价值的试验，比失败了的试验好不了多少。它是以自己的失败成就了试验的成功，从而成功地完成了自己作为试件的使命，颇似一位舍生取义的悲壮英雄。

也不能说它就完全是被动的受支配者。的确，它是被人架上仪器进行试验的。但试验的进程又影响着执行试验的人。试验结果成功了会令人满意；失败了就令人沮丧，甚至不得不叫人重做试验。在某种程度上，支配者也在受着受支配者的支配。

完成试验后的试件被当做废钢铁丢弃在一旁，或许将来有一天，它又被派上别的用途，或许将与许许多多做完试验的钢筋一起，被当作废品收购，几经周折，最终又一次被送进某个钢铁厂，在那里重新得到冶炼，实现转世重生。

它在世一生，全属偶然地做了一件虽然并不惊天动地但却有意义有结果的事，耗尽体内的最大力量，乃至断送生命本身。这是它力量的极限，生命的极限，也是它投胎此生的根本价值与意义。假若一个平凡的生命，以其内在力量及生命之极限完成一件于世有益的事情，执著而单纯，尽管对此它自己并不知晓和在意，或许也不是出于本能，只不过是内在的天性使然，这样的一生应该是无怨无悔和不虚此行的，也是值得骄傲和令人感佩的吧。

试验结果定格在仪器的表盘上，各种数据打印在表格上，再签上试验人的名字，盖上红印，盖棺定论，便具有了法定效力。其实，这结果与试件本身是一个悖论。当试件还是试件的时候，试验的结果并没有出来，或者说仪表盘上显示的并不是真正的最后结果；当结果最终确定的时候，试件已经断裂成两个半截子钢筋头，不再成其为试件。试件与其试验结果二者不在同一个时空，倒像是一个生命在消逝的一刹那遇见一位擦肩而过的亲戚。换句话说，试件用自己身体证明的结果一出来就不属于它自己，只代表那个已经消失了的曾经的自己，就像对死者的评价其实并不属于死者，而是属于他的生前。

事实上，试件以自身作试验而获得的结果压根就没有用来证明自己什么。当然证明自己也是毫无意义的，只要能对周围的一大片它者有所帮助就足够了。试验的结果其实是用来证明那堆仍躺在那里等待裁定的钢筋品质的。试验是成功的，因此，和它同一批次来到工地的兄弟姐妹们便可以顺利地用到建筑上去。这是一种张冠李戴的做法，看起来颇有些荒谬，却在面对悖论时既合理又实用。但这一切已经和断裂了的钢筋试件毫无关系了。现在唯一要做的，是为从仪器上拆下来的那两根半截子钢筋找一个适宜的去处，就像退休的人们总希望有一个好的归宿。

2005 年 7 月 4～7 日初稿于宁波北仑。

力学特性另解

病着几乎无事能做的时候，突然记起来，我上研究生时学的是固体力学。但我的本科却不是这个专业，这就决定我在学习时带有先天的不足。而上学的时间又稍稍晚了一些——其时，我已年过三十，走出校园也有十余载了。加之，有了家小的人再去做学生，思想多少有些牵挂，也就不那么单纯如初了。再者，我的天赋十二分地不如人，又受了时风的影响而不肯好好地在学业上用功。更何况，这门学科更多的是艰深枯燥的旧理论，令多数学生兴趣索然，听而生厌。结果，我对固体力学不过是一知半解，在懂与不懂之间晃悠了两年多，勉勉强强混了个学位文凭，怀着颇对不住栽培我的导师和学校的心情，混混沌沌离开了校园。

重新工作后，我没有沿这专业方向继续走下去。甚至可以说，工作这些年来，根本就没有用到这方面的知识，我几乎已经忘记了自己曾经受过固体力学的熏陶。这样一来，除了还记得在上研究生之前就已掌握了的类似科普知识的东西以外，如今我对固体力学的认知终于是不甚了了了。

大凡学过理工的人都应知道：固体材料具有一定的力学特性，或曰机械性能；不同的材料有不同的力学特性。一般人大约对力学特性这一概念颇感生疏，而以我的知识背景和语言逻辑能力，又很难能用一两句话解释清楚，不如在这里举一个例子吧。

以一种常见的金属材料——钢材为例。钢材在受到外力的作用时就会发生变形，内部产生应力。一根特制的钢棒（专业术语称之试件）受拉时产生拉伸变形，形成正向（即方向垂直于横截面向外）的拉应力；受压时产生压缩变形，形成负向压应力。试件所受外力越大，变形和应力就越大。在一定外力以下，钢材的应力和变形是线弹性的，即随作用力的大小成比例地增大或减小；外力消除，应力和变形也即消失。当外力超过某一定值时，材料进入屈服阶段，外力消除后，材料不能完全恢复原状，而是要残留一部分永久塑性变形。进一步增加外力，材料超过屈服阶段而进入非线性塑性阶段，塑性变形增大。当外力继续增大到某一值时，材料内部达到其能够承受的最大应力，即强度极限。此后，即使外力减小，材料也会继续发生永久塑性变形，直至最终断裂为止。材料的应力和变形与其外部尺寸和内在结构关系密切。同一材料，在相同的拉压外力作用下，截面尺寸越大，应力和变形越小。不同的材料，其弹性极限应力、屈服极限应力及极限强度各不相同。影响材料变形的还有弹性模量，它是一种材料的固有常数，就像光速为每秒30万公里一样。相同的外力和尺寸下，材料的弹性模量越大，发生的弹性变形越小。通常情况下，为安全起见，材料应在弹性范围内使用。也可采取一些措施，例如使材料事先产生一定的塑性变形，可以提高弹性比例极限，达到充分利用材料强度的目的。另外，固体材料如多次重复受外力作用，即使在弹性范围以内，也会发生疲劳断裂。所有这些都是材料科学的最基本的知识，也是材料的固有表现和规律。

而人又怎样呢？人，首先也是物质的，是多种不同物质材料的有机组合体。物质从其形态来说，大体可以分为气体、液体和固体。物质的人，或者说人体，想来想去，似乎应属于固体。是固体，就应该有其特殊的力学特性。我上研究生时的一个同学，从事生物力学方面的学习和研究。我曾看见过，他独自在试验室里，拿一块人头骨或下腿骨作试验，观察研究其在受力状态下的力学特性。虽然看起来不免叫人毛骨悚然，但这毕竟是一门关于物质人的科学，我为这位同学的胆量感到欣赏和敬佩。

然而，人又是精神的，是物质与精神的复合体。思想和情感也罢，心理和情绪也罢，都是属于人的精神方面。既然物质的人具有其特有的力学特性，那么精神的人是否也有类似的固有规律呢？如果有，我尚未耳闻目睹有谁在进行这方面的科学系统的研究，也不知晓其目前进展如何，虽然如上所述，我曾亲眼见有人在探究人的生物力学的奥秘，这也许是我的孤陋寡闻吧。不过，依愚见，至少可以借用物质材料的力学特性，来解释人的一些精神现象，尽管这种解释不能做到精确量化，难免牵强附会，不尽科学完美，也可能是拾人牙慧的多余之举，要遭人耻笑。

正如作用于试件的轴向外力有拉压之别（当然还可以有其他类别）一样，影响人的精神因素的外界事物也可以有正面和负面之分。正面的如欣赏大自然的美丽风景，与心上人的热恋，事业上取得的成功等等；而负面的则有投入紧张的工作，与不共戴天之仇人相见，业务上的经济亏损，诸如此类。对应于应力和变形是人的精神反应，正面的如轻松愉快心情，爱的情感，心的喜悦……负面的则为紧张压迫的情绪，愤怒仇恨的感情，沮丧的心情……。

或许可以说，对于同一个人，外界的事物在一定范围内作用越大或某种特质越明显，其精神上的反应就越强烈。比如，自然风景越美丽，所爱的人越尽善尽美，事业上的成功越大，就让我们精神上越发感到愉快、热爱和喜悦。这大概是在人的精神反应的单向线弹性范围以内。说单向，是因为人的精神反应也许更复杂，不一定随外界事物作用的消失而立即消失。而同一事物在不同人身上引起的精神反应也不尽相同，反映出人的精神敏感性或抵抗意志力的差异，有点类似固体材料的弹性模量。

但人的精神对外界事物的反应是有一定的限度的，超过此限度，人的精神也许就会屈服，留下永不磨灭的影响，这是人的精神上的非线性永久变形，无论是轻松或紧张，还是爱与恨，喜与忧。如果说，在弹性范围内，人的精神还是理性的话；那么，在塑性阶段，人的精神反应就会在某种程度上丧失理性，就像材料进入屈服阶段以后，其应力变形与外作用呈非线性关系一样。在某种情况下，当外在事物的作用如此之大，以至于精神反应达到其能忍受的极限时，人将从精神上彻底崩溃，此后将不堪一击。而人在以往类似遭遇的经验，往往也可以增强我们未来抵抗外在事物对精神的影响。但同一类外界事物的反复作用，即使不是那么强烈，往往会降低精神反应能力，就像吃糖的次数太多太频繁就不大体会到甜；接连不断地遭遇打击，虽然不大，也会让人感情麻木精神疲惫。

既然人是物质与精神的复合体，二者必然会发生相互作用和影响。比如，人的健康、外貌、性别、年龄等状况对其精神状态的影响是显而易见的。同样的，心理因素又会作用于生理因素。当人的精神状态处于崩溃边沿时，也可能摧垮人的身体，以至于导致死亡。这就是生命在物质意义上的断裂，如果把生命个体看做是架在人类社会这个人生大试验台上的一个试件的话。

然而，不幸得很，这种物质与精神的相互作用竟作用到我自己身上——更确切地说，是头上——而且是负面的，让我在试验台上作了一次试验。试验的负荷确乎是大了一点，抑或是人到中年，精神和身体先前遭受过太多的稀松平常的侵袭，以致造成我生命弹性的降低，容易发生疲劳吧，总之，是让我产生了一些精神上和肉体上一时难于消除的永久变形——简单地说，我病倒了，而且病的时间还不短，一时难于恢复。

起病是在两个多月以前，那时我参加了一支颇庞大的编标队伍，刚把北京奥运会建设头号工程——价值数十亿元的国家体育场项目投标书如期投出去。最初的症状是，头沉重麻木而晕眩，伴有耳鸣、恶心和呕吐，走起路来脖子僵硬，两腿软绵，方向也找不准。

发病后，我接二连三地去看医生。照X片，作脑CT，抽血化验，又作脑供血检查。从小医院换到大医院，看完中医看西医，问过普通医生再去找专家。钱大把大把地花出去，药成袋成袋地提回来。但到如今也没有确诊是什么病因。一说我是用脑过度，又说我颈椎有问题。这个怀疑我患了梅尼尔综合症，那个担心我神经出了毛病。一个医生一个说法，不知该信谁的。最新的说法是我血脂和血压偏高，但似也不足信。血脂和血压不是一天两天就升高了的，在我的朋友中，与我的血脂和血压相近的都一个个活得好好的，为什么偏偏突然让我发病呢？

医生既不是心理学专家，也不是我生活的旁观者，对于一个普通的病人，不过是例行公事地去查问身体，哪里知道并关注其精神状况呢。

老实说，最近两年来，我一直承受着种种精神压力。先是糊里糊涂地被人派到国外去工作。出国后才发现，那里已经是一个可怕的陷阱，一旦出现问题，弄不好自己会成为某种说不明道不白的替罪羊。经多日苦苦思考权衡，我决计回到国内。

回国后，我受了家人的一再逼迫——我的妻子早已厌倦了我长期出国这种折磨人性的生活——开始犹犹豫豫地去找新工作调离原单位，要知道年过四十再迈开这一步是颇不易的，尤其像我这样多年墨守成规懦弱无能的人。等到正式调入一家在京的大型建筑公司，前后大约已经过了一年。这期间，原公司通知我下岗。这虽是早在预料中的事，但仍极伤我的自尊——在这个社会似乎越来越不顾及人的尊严，越来越多的人自愿或被迫丧失自尊的时候——曾一时很让我感到寒心和激愤。而我的离开原公司，也终于是在四周愤愤然中愤然而去。

一到新单位，我就参与了奥运会项目的竞标工作。正式开始编标，是在今年四月下旬，正是非典爆发闹得人心惶惶的日子。因为工作任务紧，在疫情最危急的时刻，仍得加班加点地工作，时不时还要集中开会，心中自然有些担忧。偏偏在四五月间，妻子发了几天烧。在这样的时候，发烧（无论何种原因引起的）意味着什么，是不言而喻的。这使原本有些担忧的我，心里更加感到惶恐了。那几天，我白天在外面上班，回到家里忙着关照病人，承担家务，寝食难安。在妻子发病的那天晚上，我竟彻夜未眠，一种巨大的恐惧感压迫着我。我既为自己一家人的生命安全担忧，又惧怕投标工作因我而受到影响。奥运会项目毕竟是千载难逢的商机，万一我染上非典，所有同事都要被隔离，投标工作将不得不半途而废，公司会遭受多大的损失呀！初来乍到就闯下这么大的罪祸，我怎么能对得起公司呢？

最紧张的是在标书投出去以前的近一个月时间。我所承担的工作须在别人完成的基础上进行。由于前期工作的拖延，留给我的时间一再压缩。一方面，我要张罗安排别人的工作，检查其工作质量；另一方面，自己还要承担相当量的具体工作。无形中心里承受着巨大的压力，总怕这个巨型工程砸在自己手里。那些日子，一天二十四小时，除了吃饭和三五个小时的睡觉，其他时间全用在工作上。还干了几个通宵，最长的竟从头一天的清晨持续到第二天的晚上十点。那时候，我的头已经感到沉重和麻木了。

最终，在标书按期投出几天后，稍受了一点刺激，我就病倒了。到今天已有两月余，仍没有康复，不知道还要拖多久。

虽然至少从症状上看，患的是与大脑有关的病，按说应该让大脑得到充分休息才行。任人生就一颗大脑，活着的时候总不免要想七想八，尤其在这样长时期内基本上无所事事的时候。如此，我一时记起来，自己曾是学固体力学的，并将尚未忘却的一点力学常识与自己的病牵扯到了一块。

想着想着，我很有些自嘲：专业本来就没学好，又没有找到恰当的用途，居然用之于解释自己的病情，实属不务正业，可笑！且不说这种解释是否科学合理，即使真就天衣无缝十全十美，也已经是亡羊补牢，于治病无补。是的，我的明白道理——假如是道理的话——似乎是迟了一些。但再早明白又如何呢？我或许仍难免一病，这大概就是我的无奈了。聊以自慰的是，将这两种不搭界的事联系在一起，多少让我有所思考，既打发了病中寂寞，也从中略受启发，证明我的大脑虽正残留着一些精神伤害的永久变形，但还不至于完全断裂废弃。只求大脑在病态中思考的问题本身不是病态的。

我的这种看似荒唐的做法，就算不能给我的病以可信的解释，但多少能给自己的病中生活带来一点幽默。的确，生活有时需要一点幽默，而且不妨是幽自己一默，即使在遭遇病病灾灾的时候。

不过，人们还是少经历一些类似我这样的试验为好。

2003年9月19日，病中初稿完成于北京安慧北里安圆甲8号。

承包商的形象

承包商，就是人们通常带着些鄙夷的口气所称谓的"包工头"。在眼下三百六十个行当中，承包商在人们心目中的形象似乎并不怎么"光辉"。在嘈杂肮脏的施工工地，经常可以看到，包工头穿着粘满砂浆皱皱巴巴的工作服，灰头土脸的，与成天呆在恒温洁静现代化办公室里的那些西装革履油头粉面的白领相比，显得十分土气，地道的乡巴佬作派。在人们印象里，包工头大多奸诈狡猾，靠偷工减料赚黑心钱；忽视工程质量，靠欺骗撒谎蒙混过关。他们是腐败的温床，通过行贿接到一个又一个工程。更有操纵政治和大选的，似乎每一个被曝光的政治金钱交易案，背后总与承包商相牵连。他们生活不检点,不是打野鸡就是养二奶。他们手里有几个臭钱,整天花天酒地,精神却极度空虚……恐怕没有几个职业象承包商那样为人们所看不起的了。

然而,承包商的形象却有另外的一面。试问,如今哪一座高楼大厦,哪个大型机场车站,哪一条高速公路和铁路,哪一座水库大坝和电站,不是在他们手下建起?他们用自己的劳动和智慧,造就现代都市的繁荣与光明,带给人们生活以舒适和方便。这个伴随现代工业文明而诞生的职业,曾有过历史的辉煌,当今正在建设现代社会的宏伟大厦。只要社会还在发展,人类还需要建设,这个职业就永远不会消失,他们将在未来竖起一个又一个人类建筑和文明史的新里程碑。

承包商首先是商人。他们承包工程的根本目的是为了赚钱,这符合商业游戏的法则,有所付出就需有所回报。他们对利润的追求近乎本能。为拿到一个项目,他们可以不惜采用任何手段,贿以金钱诱以女色,因为他们正是抓住了一些人的贪婪与好色的本性弱点。虽然公开招标是公平的,但规范的招标文件上总是写着:业主有权拒绝最低标价和所有标书。面对所处的社会环境,对于自己的所作所为,承包商只好摊开双手,撇一撇嘴,耸一耸肩,显得很无奈。他们精通商业游戏规则,懂得谈判与妥协的艺术,是地地道道的商人。

他们又是多领域的技术专家。任何一个稍具规模的现代建筑,都不光是靠简单劳动所能完成的,或多或少含有独特的技术成分。今天建高速路,明天修核电厂。一个优秀的承包商,必须具有广博的知识,对所从事的工程,精通其结构理论、施工技术和工艺材料等。

他们还是高超的管理者。一件事如由两个人做,就需要管理。一个项目的工程量小到可仅用举手之劳,大到以百万千万单位计非现代化施工莫属。施工步骤和工程结构有的简单得一目了然,也有复杂得叫人眼花缭乱。时间短至几天几月,长则几年十几年。参与的人员少则几人几十人,多则成千上万各种各样的人。任何现代化大工程的建设,都是一个复杂的系统工程。要做到人尽其能,物尽其用,协调施工,需要承包商的运筹帷幄,通盘安排。既要把握全局,又不能放松任何局部,因为他以往的经验证明,纰漏往往就源于被忽略的细微处。

难怪有人说,包工头是"万金油"。实则承包商是难得的复合型人才,现代社会激烈竞技场上的全能选手。承包商面对工程的一个个重大战役,调兵遣马,指挥若定,举重若轻,俨然一久经沙场胜券在握的将军;遇到一个个细小的工程问题，分析推理，追根求源，举轻若重，又像思维敏捷态度严谨的科学家。

现代社会，许多工作都富有挑战性，而承包商堪称是最具挑战意义的职业之一。天底下没有两片相同的树叶，世上更不会有两个完全一样的工程。就算有，也不一定就幸运地轮到他去执行。一个新的项目就是一次新的挑战。他们总是在面临不同的建筑领域和结构，应对不同国家和地区的不同水文地质和气候条件。可能一个工程中面临的最大困难是缺水，另一个工程水量太多又让他们伤透脑筋。一个工程中一个时期没水他们发愁，另一时期来水稍多又担心，水来得突然而不合时宜又忙得措手不及。他们要在极其恶劣艰苦的条件下工作和生活，要与不同民族不同宗教信仰不同性格的人合作共事。他们时不时会遭遇政治动荡政府更迭，种族冲突邻国交战，自然灾害货币贬值，病害瘟疫抢劫绑架等等天灾人祸。他们之所以冒险，是因为他们有时不得不提着脑袋工作。

他们经历生活的丰富多彩，提着简单的行李走遍大千世界。到过最繁华极富现代工业气息的大都市，也闯入最荒凉贫穷被现代文明遗忘的小角落；既眼见过光怪陆离诱人的花花世界，也目睹过民风淳朴宁静的偏远村庄。他们享用良辰美景时的美味佳肴，也尝试村野篝火旁的粗茶淡饭，还得忍受难于下咽的一些当地食物。他们坐最新款的豪华轿车，也开破旧得面目全非的皮卡，有时还得骑骆驼乘木轮牛车。他们采路边的野花，也担心家花被人偷摘，或者在兴高采烈推开家门时，撞上妻子正与另一个陌生男人寻欢的尴尬。他们住环境幽雅设施豪华的五星级饭店，也宿拥挤脏乱设备简陋的狗窝样的工棚。他们在高尔夫球场上挥杆的动作很优雅，搂着当地一个肥丑的妓女又实在太俗气。他们在国王首相面前是谦谦君子；在消费娱乐场所是款款大爷；面对傲慢的业主有时还得装一回孙子，因为"客户即上帝"是其商业行为准则。他们沐浴异国海滨浴场明媚灿烂的阳光，也承受工地发动机排出的浓烟和水泥黄土的扬尘。他们才饮罢琼浆玉液，在工地还得喝被污染的河水。他们是总统部长们的座上宾，也是最下层劳工的可以信赖的朋友。他们上天入地又下海，走南闯北亦风流。

他们的生命哲学很简单：工作，赚钱。生活的圈子太狭隘：在深山野地或都市一角，围墙内就那么一方小天地。然而他们生活充实而有情趣。工作之余，玩体育养花鸟，打扑克下象棋，上网聊天下河捕鱼。静下来，读一读文史哲和天文地理。他们将绝大部分心思用在工作上，却也特意留下一些时光关注一些大无边际的问题，诸如以阿冲突非洲难民，环境污染生态平衡，生命的课题和人类的困惑。

没有一个承包商不精明小气，工程中的每一项开支他们都精打细算，每一份应得的利益都据理力争。他们却把大把的钱无偿捐给慈善机构和公益事业，在聪明人看来，他们无疑显得太糊涂。他们潇洒地面对每一个工程的结局，无论赚钱还是亏本，成功还是失败，不以一次的成败论英雄，他们表现得如此大气。更难得是他们面对挫折的勇气。他们对生活充满必胜的信心，屡遭失败毫不气馁，总能一次次从跌倒的地方重新毅然站起。

承包商必须冷酷，否则既无法承受工作和生活中的挫折和困难，也难于应对商战中的种种险恶。但他们还有儿女情长，只身异国他乡，常把父母妻儿思念牵挂。在给亲人的信中和电话里，话语已不再酸溜溜得肉麻，只有热切得没完没了的关于生活琐事的询问，还有几句入耳贴心的安慰。他们可以直面行将启程的征途上的千难万险，然而却不忍看临行前送别的妻儿眼中难抑的泪花。

如果工程完成并获得可观的收益，班师回朝，他们有辉煌耀眼的时刻。他们更多还是处于种种不如意的境地。没有工程四处拼命找工程，接到工程又愁干不好。工程实施中会遇到难以想象的困难，工程结束了没赚钱就意味着失败。最难耐的还是心身深陷的孤独。在工作生活遇到困难时，远离朋友和亲人，得不到帮助，也得不到安慰。历尽风雨坎坷工程结束，既没有成功的喜悦也没有失败的沮丧；没有赚钱后的满足，也没有亏本时的痛心。来时是简单的行李，去时仍是空空的行囊。在行将离开的时候，独自站在自己亲手指挥建成的工程上，与成果默默对语，心中只有无限的孤寂，眼前已是满目的惆怅。

他们把足迹留在身后的每一个工程，用自己的心血和汗水建成堪称叹为观止的宏伟建筑，竖立起人类文明与智慧的丰碑。他们建好工程没有资格享受，因为他们地位很卑下，只是区区的包工头。也没有时间欣赏，因为他们工作很匆忙，须得离开此地去奔向新工地。他们走得悄然，坦然，亦超然。然而，他们将自己的劳动和智慧，连同生命的一部分无形地铭刻在这高大的建筑里，他们的生命与建筑同在。一座座宏伟的建筑矗立于世上，展示着承包商的风采，如将留给未来的人类，他们的生命和功绩则因此而长存不朽，即使那时他的躯体早已消失得了无痕迹。

大街上的行人，当你再见到承包商，如果你不是匆匆地投之以鄙视的一瞥，而是以你的大度和公正，稍作停留，耐着性子认真看一看他们本来的面目，你兴许会发现，原来他那看似土气平凡乃至有点畸形的形象里，其实也透射出些独特的光辉呢。

2001年1月2~10日，尼泊尔。

爱情曲线分析

设人生是一个N（N≥3）维空间，则爱情是人生的半个平面。以时间T为横坐标，以爱L为纵坐标，以爱情的起始点为原点，建立平面直角坐标系，称之为爱情坐标系。其中，爱的极限为一个单位，即理想的1；而爱的反方向是恨，其范围在T轴以下，取负值，极限为-1。那么，爱情轨迹就是这半个平面上的曲线，常见的几种情形经简化后可用如下函数表示。

1. 反正切函数。假设一生只经历一次恋爱，且爱的双方是随着生命的增长而产生并加深爱情的，爱的程度与时间正比，即相处的时间越长，相爱的程度越深，直至生命的终点Tf，爱情达到最大值。则其爱情轨迹可以用函数 $L = 2/\pi(\text{arctg}T)$ 表示，称之为爱情反正切函数，或叫理想爱情函数，为一条单调增曲线，通常为完美主义者所推崇。

在爱情反正切函数图上，由于一个人的生命总是有限的，因此爱的取值总小于1，表明其终生都没有达到理想状态，说明爱情的完美理想终归与现实有一定距离。只有当T趋于无穷时，才有L=1。由此可见，对于个体人来说，生命有限，爱情无极；而对于整体人而言，生命无限，爱情有极。这里爱情中的最大值为1，而爱情的双方总是试图互相完全占有，实现合二为一，这两个"1"有何内在区别与联系，或纯属巧合，尚待发现和证明。

对这种爱情曲线求定积分，则可获得正向的大面积值，表明在此种情况下，一个人在爱情方面有积极且大的人生收获，是富有爱的一生。

反正切函数在一定程度上既昭示了爱的真谛，又发出了爱的召唤。

2. 正弦函数。有的人一生都在连续不断地经历恋爱，感情始终在爱恨之间呈波浪形交替变化，每一次爱情经历看上去都是真爱真恨、大爱大恨，这样的爱情轨迹可用函数 $L = \sin T$ 表示，称之为爱情正弦函数，或曰唐璜曲线。

根据其生命的长短和恋爱次数的多少,可求出其爱情平均周期和频率。周期越长,恋爱频率越低;反之,周期越短,恋爱频率越高。

对其一生的爱情轨迹求积分,所得面积即使不为零,最终残留的爱恨收获也是十分有限的。辛苦一生,终得甚微,显得极为可怜,这大约是违背爱情基本原理而应得的惩罚。由于在前面的各个完整的爱情周期中,积分面积出现了正负大致相抵,因此最终的积分值主要取决于他最后一次恋爱的状况。

3. 衰减正弦函数。有的人虽然一生也不停地经历一次次恋爱,但爱恨的程度随时间的增加而逐次减小,则可用函数 $L = [1/(A_0 + T)]\ \sin T$ 表示(A_0 为大于零的常数),称之为衰减(正弦)函数。此种情形与上述正弦函数没有根本性区别,所不同的是爱情振幅为递减振幅,而初恋在其爱情轨迹中占有最明显的地位。原则上其最终积分值更小。

4. 阻尼函数。作为衰减曲线的一种特例,如果爱情振幅衰减过快,以致还没有到达第二次爱情起始点,生命即已告终结,其轨迹是一条阻尼曲线,可用函数 $L = [1/(A_0 + T)^n]\ \sin T\ (n > 1)$ 表示。可分为如下两种情形:

一种是经历一次爱情后(多半为失败的爱情或婚姻),心中留下了无限的恨,或者至少不再有爱,保持一颗仇恨或冰冷的心,直至生命的终点。另一种情形是,经历了爱情的最初上升阶段达到极值后,爱的程度逐渐平缓下滑,但爱却始终存在着,一生维系着婚姻的存在。这是最为古老常见的一种爱情轨迹,故可称之为一般爱情函数,积分后最终也能得到颇为丰厚的人生收获。

值得注意的是,就目前的实际情形看,衰减函数式的爱情现象在逐渐增加,因而导致爱情日渐缩水。是否会成为另一条一般爱情函数曲线,由此可能造成的后果以及对传统一般爱情曲线的影响如何,都一时难以预料。

5. 间断函数。当一个人正在经历某种函数 $L = f(T)$ 形式的恋爱时,生命在 $T = T_0$ 时突然结束,则其爱情轨迹是一条间断曲线,爱情因生命的非正常死亡而突然间断,多半是殉情而死,故也称悲剧曲线,可用如下函数表示:

$$L = \begin{cases} f(T), & 0 \leqslant T < T_0 \\ 0, & T = T_0 \end{cases}$$

人生的空间维度 $N \geqslant 3$ 时为复杂人生,或曰丰富人生。其中 $N = 3$ 时又叫做立体化人生。而当 $N \leqslant 2$ 时,称之为简单人生,其中 $N = 2$ 为扁平化人生或曰平面人生;$N = 1$ 为单向直线人生。在二维人生空间里,也可以建立爱情平面坐标系,与其人生坐标系叠合在同一个平面上,似乎生命的全部意义和内容均为爱情所占据,属爱情至上主义,这种人的生命缺乏应有的深度与质感。

或者说,在其狭小的人生平面上,因充溢着爱情而显得过分拥挤。

在二维人生里,若以一条直线来描述其爱情曲线,则这样的爱情显得过于简单单调。这说明,人生的空间维度越小,生命的形态就越简单,相应地规定了爱情的简单性。极端的情况是,简单的人生根本就不存在爱情,或者可以说,一个人一辈子竟简单得连爱情都不曾有过。

人生可以没有爱情,但爱情离不开人生,爱情是人生中的爱情。正由于爱情是位于人生空间中的,因此不能反过来断定,一个人如果一生没有爱情就是简单的人生。但毫无疑问,其人生空间将因此而出现缺陷,是一个不连续不完整的空间。

以上分析是以生命作为一个向量,并没有考虑爱情主体双方这一因素,属纵向爱情分析。如果引入爱情主体双方或其中的一方作为参照系,则可对爱情进行横向剖面分析。

1. 爱情单位圆。圆的定义是,一动点到一定点距离相等的点的轨迹,适合于反映那种一个爱、另一个被爱的一对男女。在爱情圆中,被爱的一方是那个定点,即圆心;而求爱者是动点,其追求爱情的过程就是围绕着一个固定圆心划圈的过程。在求爱者的爱情坐标系中,爱情轨迹为单位圆方程 $X^2 + Y^2 = 1$。爱情双方在相互间的离心力和向心力平衡下,维持单位圆的完整性。否则,若在第三方外力作用下,两种作用力一旦失衡,爱情单位圆即不复存在。

2. 爱情椭圆。对于相互爱慕着的一对男女来说,他们在椭圆中所处的位置是长轴上对称分布的两个焦点,轨迹方程为 $(X/a)^2 + (Y/b)^2 = 1$。当 $a > b$ 时,焦点位于横轴 X 上,爱情双方具有相等的势能,爱情椭圆是稳固的。当 $b > a$ 时,两个焦点位于纵轴 Y 上,双方由于位置有高低的差别而存在势能差,则爱情椭圆随时有倾覆的危险。

3. 爱情双曲线。决定人体性别特征的是基因的第 23 对染色体 XY。爱情在正常意义上说是男女之间的一种情感,因而与染色体 XY 联系起来,构成复合函数关系。从形式上看,也许再没有任何方程比双曲线函数 $XY = 1$ 更形象地反映男女之间的爱情了,如果方程中的 X 和 Y 分别代表男女各一方的话。方程中,男女双方紧紧地相抱相连在一起,而其结果等于一,正好反映了爱情合二为一的思想。

但是,实际上,在以双方为坐标轴的参照系中,他们的爱情轨迹是背道而驰永远不相交的两条曲线,这或可理解为双方是因为某种错误,或有意在对方身上寻求对自身缺少东西的补充而相爱或结合,属貌合神离或人生互补的一类。

4. 爱情抛物线。抛物线方程为 $X = Y^2$。抛物线面的一个光学作用是,如果把一个光源放在抛物线的焦点上,光线通过抛物面的反射作用,可以集中形成更为强烈的平行光束,能照亮前方更远的距离。相反,抛物面又可以通过聚光作用,将来自外界的光能汇聚于焦点上,使位于焦点上的物体加热以至燃烧。

因此,它对于爱情与人生的启迪作用是不言而喻的。

2005年4月18日,初稿于宁波北仑新世纪花园。

家庭"银行"

"我们家的'银行'垮了!"

这是一次我在办公室里午休闲聊时,对桌的同事转述她的一句话。这句话虽然没有像某家大银行倒闭了之类的消息那样使我感到惊奇,但也足以引起我的兴趣。踌躇再三,我决定去专访她一次。

我与她曾经有过短暂的同事经历。去年初,集团公司组织力量参与奥运场馆项目的竞标。我和她从不同的部门抽调出来,集中参加投标文件的编制工作。那是一段紧张到令人恐怖的日子,与其说是在工作,不如说是集中优势兵力,在打一场攻坚战。"战斗"中,我们相互认识了,并且多少有些工作上的来往,算得上是"战友"吧。但我对她知之甚少,只觉得她那时总是匆匆地来,又匆匆地去。"战斗"结束后,我们便"复员"回到了各自的部门。

印象中,她看上去是一个精致的中年女人。齐耳的黑发,秀气的脸。一双黑大的眼睛,透出一丝疲惫和漫不经心。头微翘,好像无论看什么,目光总是略略地向下俯视。一身略为褪色的名牌衣服,恰到好处地裹住她精巧苗条的身材。说起话来轻声细语,隐隐地露着微笑。

在一个冬末午后的晚些时候,我走进了她的办公室。

"怎么,听说你们家的'银行'出了点问题?"我想使谈话尽量轻松一点,稍作寒暄后,以轻描淡写的口气,这样切入了正题。

"可不是嘛!"

她好像一下子打开了话匣子,"银行"故事在她固有的轻声细语和隐隐笑容里,流水似地缓缓流泻出来。不知道她原本就十分健谈,还是因为已经很久没有与人这样交流了。

原来,她和她的先生是大学同学,并在大学里确定了恋爱关系。毕业后双双留在北京,各自在一家国有企业工作。不久结了婚,在单位里分到一套不大的房子,双方家里也没什么负担,小两口过着工薪阶层那种近乎田园般平淡而又恩爱快乐的日子。

本来生活可以就这么过下去的,但在十二年前,她的先生却跳槽到一家大型外资企业工作。由于精力充沛,又有先前的工作经验,工作干得既得心应手又成绩突出。他很快就得到提拔,逐步进入企业高级管理层,直到最后负责公司产品的最大市场——亚太地区的营销工作,而身上的压力也随之越来越沉重。当然,他在为公司挣得丰厚利润的同时,也得到了不菲的回报,家境由此逐步起了变化。这样,他们就在近郊贷款购置了一栋400多平米的大别墅,还买了一部高级轿车。

由于先生的收入高,那些年她根本不在乎自己的那点工资,上班时打一打牌,聊一聊天,于她不过是在消磨时光。先生经常在世界各地出差,她就跟着周游列国,着实风光了好几年。当大多国人们还在对出国羡慕不已时,他们对马不停蹄地满世界乱跑已经感到平常以至开始厌倦了。

"说实话,那几年他就像我们家的——"她正在颇为得意,我赶忙补上:

"自动提款机。"

"没错,就是提款机。"她手中的笔下意识地在桌面上点了一下,转而叹了一口气说:

"嗨,但凡机器,总有出故障的时候。"

毛病出在"银行电脑系统"。三年前,她的先生患血管瘤,导致脑内出血,突然病倒在工作岗位上。得上这种病是很可怕的,医院多次下了病危通知书。反正死马当做活马医,先后经过三次开颅手术,最终命总算保住了,但术后他却成了植物人。

此后,她有一大半时间在医院陪先生度过,并想尽一切办法帮他做恢复性训练。三年下来,恢复得还不错。现在看上去同正常人一样,不知底细的人是看不出他脑子有毛病的。但她要是交代他去超市买两斤酱油三斤醋,他口中念念有词地去了,到头来保准买回三斤酱油两斤醋。

那家外资企业在中国很知名,在员工待遇问题上一向遵纪守法,一切按规定来，让他请了北京知名专科医院的最好医生，看病该报销的和该补偿的费用都如数支付了，可谓做得仁至义尽，无可挑剔。然后，就与他解除了用工合同。

当年，他满脑子都是客户数量、销售额和利润之类的数据，连睡觉时都忘不掉。成天叫喊累，总想给自己放个假好好休息一下。术后，他确实完全忘了那些已经不必再记住的数字，而且真的放了长假。如今，成天呆在家里，除了吃药和锻炼身体外，就是上网，看报纸电视，或者做饭，消磨这也许长达终生的假期。

"唉，成了一笔'呆坏账'。"她俯视着在手中把玩的签字笔，边说边摆头微笑，像是在自言自语。

为给先生看病，几乎花掉了家里所有的积蓄。原来是他挣钱养活她的，现在得靠她那一点不多的工资维持家用。为了这份工资，她每天早晨早早地从郊外开车进城来上班。上班的时候心不在焉，总担心他独自一人在家出事。下班后得赶忙回去照顾他，还要收拾那么一大套房子。因为以前上班不用心，原来的专业也荒废了，现在还得从头来，却已经落后别人一大截。如今国企改革的力度也很大，还担心哪一天就突然下岗了。房贷还欠着债，养车开销也不少。家离城里这么远，没有车子还真不行。好像一切都颠了个个儿，先前是在窘迫中期盼富裕的生活，如今还算是过着富裕的生活，身心却陷入窘迫之中，想回到从前的样子却回不去。

"这么说，'银行'一垮，你们家就过着'透支'的生活？"

"没办法啦。前些年，他工作忙，顾不上要孩子。如今这情形，哪还敢要呢？就这么将就过吧，将来老得实在不能动弹了，就把房子卖掉，住到养老院去等着那一天的到来。"她在说这一切的时候，看上去很平静，好像是在说一条道听途说来的逸闻，声音仍然那么轻声细语，甚至有点动听。但我却不能不为她感到悲哀，看来她或许要用一生的时间来侍弄她的"呆坏账"了，垮掉的岂止是她的家庭"银行"啊！

"别送了，回去好好帮你先生恢复，一定会再出现奇迹的。"我在办公室门口向她作别。

"但愿如此吧。"说完，她嘴角动了一动，看上去很想笑，却终于没有笑出来。

走出室外，我看见西沉的冬日，正好被远处的建筑物拦腰挡住，形如一个淡红的小泡影，浮在灰暗的屋顶上。

2004 年 3 月，初稿于北京广莲路 1 号。

定积分的启示

已知函数 f(x) 在闭区间 [a, b] 上有定义，将闭区间 [a, b] 任意分成 n 个小闭区间，其长度分别为 Δx_i（i=1, 2, ……, n），在每个小区间上任取一点 ξ_i（i=1, 2, ……, n），作总和

$$\sum_{i=1}^{n} f(\xi_i) x_i = f(\xi_1)\Delta x_1 + f(\xi_2)\Delta x_2 + \cdots + f(\xi_i)\Delta x_n$$

对于闭区间 [a, b] 的所有分法，点 ξ_i（i=1, 2, ……, n）有取法，当 Δx = max $\{\Delta x_1, \Delta x_2, ……, \Delta x_n\} \to 0$ 时，若总和

$$\sum_{i=1}^{n} f\xi(i) x_i$$

的极限都存在且相同，则称函数 f(x) 在闭区间 [a, b] 上可积，并称此极限值为函数 f(x) 在区间 [a, b] 上的定积分，记作：

$$\int_b^a f(x)dx = \lim_{\Delta X \to 0} \sum_{i=1}^{n} f(\xi_i) x_i$$

其中，变量 x 称为积分变量，函数 f(x) 称为被积函数，乘积 f(x) dx 称为被积表达式，闭区间 [a, b] 称为积分区间，左端点 a 称为积分下限，右端点 b 称为积分上限，∫ 称为一积分号。

——摘自一本微积分教科书

一

这是高等数学中对定积分的定义，一个纯数学概念的专业性解释。

定积分这东西看似深奥难懂，让有的人觉得抽象神秘。但说穿了是很简单的，只是在作乘法和加法，这连二、三年级的小学生也会。说得通俗一点，

就是用一个极小的数 Δx_i 与相应一个有限的数 f（Xi）相乘（乘积自然很小），将无数个这样的乘积相加，所得的结果若趋向某一确定值，那么这个值就被冠以"定积分"的雅号。不难明白吧？

虽说简单，但不能否认其在数学上的里程碑作用。在近现代科学技术领域，它不仅具有重大理论意义，而且能解决许多实际问题。比如说，对于速度变化着的运动物体，就可能用定积分计算出其在一定时间内所走过的距离。欲求不规则形状的面积或体积，也会用到定积分。如此这般吧，在科技上这样的例子不胜枚举。这似乎仍有点不着边际，令人费解。况且，运动物体所走过的距离，毕竟是物理学家们所关心的；计算不规则形状的面积或体积，也只需数学家们茶余饭后略施小技，与我们寻常百姓似无多大关系。那就不妨看一看身边小事吧。

二

你家的孩子总该有个存零钱的瓷罐吧。年初，钱罐是空的。平日里孩子把买铅笔冰棍找剩的零钱丢进去，今儿一个钢镚儿，明儿一张毛票。日积月累，谁也记不清丢进去过多少次，就算无数次吧。等到岁末把钱倒出来一数，竟还很可观，足够孩子去换一件心爱的玩具。这一年，你的孩子似乎于无意中做了一个童年的定积分的游戏。

大图书馆的书架上摆着名目繁多的年谱年鉴和个人传记。政治家科学家艺术家和企业家，独裁者不学无术者小丑及投机商，一个人的传记后面，多半附上他一生的大事记，从生到死记流水帐。寥寥几笔人生大事记，一道展开着的个人历史近似定积分。是伟大还是平庸，有功绩还是罪过，人生一辈子的定积分都是自己在作。

那位北山的愚公，年已届九旬，还置妻室的疑虑、智叟的嘲笑于不顾，率众子孙终日挖山不止，毕力平险，竟感动山神天帝，终使"冀之南，汉之阴，无垄断"了，实乃古人搬弄定积分的壮举。

近些年时兴考"托福"、"GRE"。众多学子既无海外关系，又囊中羞涩，还远非天才。无奈，还是静下心来老老实实走一趟定积分的山路吧，从山脚攀着积分号那弯曲而又笔陡的山路爬到山顶。今日记几个外文单词，明日又啃下一段异族文字。积出来的结果，考试分数往往连那异国本土的学生也甘拜下风，遥望太平洋此岸而兴叹。殊不知定积分里曾付出多少艰辛。正因此，在平时从你身边匆匆而过的平常人中，某天突然冒出一个你以为的非常者，着实令你激动羡慕一番。到底"人不可貌相"。

三

所以，才有"海水不可斗量"。那就对苍茫大海作定积分，以海岸线为区域，以海底面为被积函数，积出大海博大深沉的情怀。

再对奔腾的江河作定积分。把下限取在源头，上限止于入海口。一路迂回曲折又波澜壮阔，是那江河连续变化的被积函数，积出江河一日千里的气势。

也对耸立的高山求定积分。山脚化作积分区域，山坡变成三元被积函数，积出高山傲然不屈的风骨。

人类历史是大海，是长河，是高山，难道不是一道漫长而难解的定积分？

在东方，相传盘古开天地；在西方，经说上帝造男女。人类的始点权作积分下限。

远古，上古，类人猿，类猿人，旧石器，新石器，奴隶社会，封建社会，资本主义，社会主义……历史被划分命名为一个个积分小区间。而这些命名本身，又无不烙上各自的历史特征，是在各自积分区间上被积函数的一个个典型取值。历史在演变，社会在运动，有永恒，有瞬变。男人，女人，肤色，人种，国家，群落，还有文明，野蛮，战争，和平，前进，后退，光明，黑暗……人类历史的多元被积函数，含常量变量，有对称相关，多彩到纷繁复杂，沉重得不堪措述。

而历史的今天，当为积分上限。

明天，也是积分上限。明天的明天还是积分上限……前进着动荡着的人类历史，是一个积分上限为变量的定积分。

后人访古溯源，不过是在作上下限互换的历史定积分。我凝望着定积分的等式出神，面对人类历史沉思。

历史定积分表达式，展开去是见证人类一切的漫长未驻的时间，合起来是容纳社会万象的硕大又无形的空间。

一朝一代无论多么灿烂辉煌，君王贤哲无论多么圣明功高，至多算是历史定积分一线无尽的加式中的一项加数，对整个人类历史的贡献总是有限又有限。只因为时间，长至朝代的万年千年，短至个人一生的百年十年，在人类历史的总期间里，都不过是一个转瞬即逝趋向于零的小区间。如果把人类历史比作一条灿烂的银河，那么这辉煌的朝代，圣明的君贤，充其量是一颗微光闪烁的星辰。但在宇宙中,没无身迹的空间毕竟占据绝大多数。那空间不是空白,也不是黑暗,而是历史中无数的区区事件和小小人物。在历史定积分里,每一个人,每一件事,都占据一个小区间,拥有一个数值,只是区间有长短,数值有大小。人类历史的银河因星辰与空间共存而显得美丽又蔚为壮观。

虽说一个个体对整体的影响微不足道,但整体却是无穷个个体的集合。无穷多个个体合起来的影响,谁说就一定微弱渺小?难道不曾搬山填海,不曾改朝换代?

光阴不会倒流,时间的区间永远不会成为负数。而战乱,病疫,猜忌,惰性,贪欲……却让历史的被积函数取为负值。将这些负值与相应的时间区间相乘,得到的被积表达式的值仍为负数。于是,在历史的求和式里,我们看到有多少被积表达式的值在作"窝里斗"。弱小的正数被无情地吞吃掉了,还有的正负项相抵悲壮地同归于尽。历史的积累速度或减缓或暂停了,严重的还出现过几度负增长。因此,历史的总积累——定积分值减小了。人类很早就学会了加减法,但为什么不明白人类历史中加则增、减则少同样浅显的道理?如果说天灾无法避免,难道人祸必定该发生?为什么还要一次次人为地造成那被积函数取为负值?历史定积分沉甸甸的数值使我们不解,惶惑,惊愕和沉痛!啊,历史沉重的定积分和人类历史本身,给我们的启示一样严肃而深刻!

四

定积分对积分区间和被积函数具有简单可加性。因此,在时间上我们探寻定积分。往过去延伸,是宇宙的起源与历史——那样的久远,岂可以"年"计?往内缩短,是人类的某期某朝,一年一天……那样的短暂,不过弹指一挥间。在空间上我们求解定积分。向外扩大是苍穹无边的领域——那样的遥远,竟要以"光年"丈量。向里缩小,是某洲某国,一方水一粒土……那样的细微,只能借助显微镜。我们把思维的目光向四周辐射;我们将定积分的区域向核心聚焦。

于是,我们对自然界整体求定积分,对人类整体求定积分。我们对大自然的每一个构成元素求定积分,我们对人类的每一组成分子求定积分。

我们对自身求定积分。

是的,摆在每一个人面前的都是一道内容丰富、形式可加、解法多样、答案不一的定积分。不知你是否明白这题目的分量与意义？会不会求解，怎样在求解？

我是十分的憨笨。我找不出更便捷的法子，只能穷我一生的精力，按其定义，重复着求积再相加的简单而枯燥的过程，来求解我面前的这道小小的定积分。也许终生求不出答案。即使有幸求出，我能猜得到，那数值也小得可怜，近乎于零，但愿不是负数，于我就已十分欣慰而心安地搁笔了。

1996年11月29~30日，北京小黑虎胡同。

工程师游世界

- 重游三角山
- 千岛湖初游随想
- 从三味书屋到百草园
- 观太平洋落日

重游三角山

在浠水，玩水可以去趟白莲河或浠水河，游山则一定要先上三角山。

该山位于浠水县东北部，地处大别山南麓，与邻县蕲春交界，共有大小山峰28座，占地60余平方公里。相传古时此地原本东海，秦始皇为扩疆域，决定移山填海，曾手持神鞭，连抽三响，赶南山而平东海，在山顶留下三条深隙，遂成三峰，状如兽角，斜插云霄，因此得名。主峰顶海拔1055米，突兀似笔架，故又有黄州府"笔架山"之称。

阳春三月，桃红柳绿的时节，我携妻去武汉办事，顺便回她娘家探亲，期间去游了三角山。

驾车驶上门前公路向东，过洗马镇至绿杨，右拐进入山区，经9公里坡陡弯急的盘山公路，一路心惊肉跳，直上半山腰。车到景区管理处后，泊在了旁边的停车场内。我虽有多年驾龄，也曾遭遇过一些险情，但这一次无疑是连续最为漫长惊险的路段，况且车内除了我和妻子，还有老少亲戚们满满当当一车人，至今一想仍觉后怕。若对这种路况早有所知，我怀疑自己是否胆敢踏上这趟重游之旅。

下车后，抬头望去是满眼的苍翠，高耸云天的三角山主峰就近在眼前，挡住了近半边天的视线。经仿古牌楼上去，向左是新修的烈士纪念碑和碑后的纪念墙。再向上几级石阶，便可扶栏登上棋盘石，石上散布着数粒斗大的石棋子。折右拾级而上，在精巧的三角亭内小憩片刻，再穿过茂密的竹海，便进入了翠绿的松林。曲曲折折一路上去，在一块滚圆的巨石下停了下来。巨石拦住了登三尖峰峰顶的去路，大有"勇夫一挡，万夫莫开"之势。石上刻有"无缘不来此地，有勇定登故山"两排大字，令我回想起当年初游三角山的情景。

二十一年前，我陪未婚妻回她家过春节时，曾与她和内弟同游三角山。那时还没有柏油路，三个年轻人一人一辆自行车，从门前的土路出发，一直骑行到三角山脚下的深谷里。尽管早有"三角云开千古秀"之说，但在当时，三角山却"养在深山人未识"，看上去是一片人迹罕至的荒凉之地。因为是初来，又无旁人指点，我们根本不知道三角山的主峰在哪里，犹豫中就近选了一座看似最高的山峰登上去。到了山顶才发现，对面远处连绵耸立三座山峰，雄伟险峻，峰顶上的巨岩裸晒于冬日的阳光下，显得格外醒目，想必那才是真正的三角山主峰吧。

这回无论与三角山是否投缘，也不管有多大的勇气，我是故地重游来了。当年的初游，我仅仅从远处匆匆一览三角山的雄姿。这一次，我要走进她的内心深处，去细细探寻和领略她丰富的内涵。

从巨石的左侧沿石梯绕到背后，就到了最为险要的一线天。只见两边巨岩壁立，形成一条狭窄的通道，我怀疑，身材稍微肥胖高大的人恐难过此关。窄窄的几级石阶自裸石上凿出，宽不过三五寸，仅能供一只脚尖踩踏。好在两边石壁上凿有拳头大小的石窟，可供攀登者双手把握。如此，我才手脚并用，艰难地爬了过去。

三上两下，沿着山脊翻过三峰尖和二峰尖，终于登上主峰峰顶。在顶上，首先迎接我们的是站在山路中央的一棵古松，笔直粗壮，名曰"迎客松"。如果说黄山迎客松是一位身材修长的迎宾少女，向外伸开的手臂极尽优雅之美，仿佛是在将远道而来的贵宾引进家门的话，那么，三角山迎客松则更像一位纯朴结实的山野处子，外伸的手臂尽显阳刚之力，好似要给疲倦的登山者一个温暖有力的拥抱。我以为，此松虽在名气上稍逊彼松一筹，但在热情好客的天性上却并无二致。

过了迎客松，向前几步便是姑嫂盆。只见一块横卧的石头上挖有大小两个圆窝窝，其壮如盆，想必是当年秦始皇逼民移山填海时，一对亲姑嫂用来洗却身心的劳累与伤痛的，盆中或曾盛接了姑嫂二人多少哀怨的泪水。而到今天，当远古的泪水已被岁月风干，如将盆里盛上山下老龙洞里的子午泉水，再以飘游于天地间的云雾点化调和，正可涤净游客们身上的汗水和心灵深处的杂垢，但于我却是无福消受的了。

再往前是一处峭壁悬崖，名叫"舍身崖"。据传，古时一位少女为驱恶除邪曾从此处纵身跳崖。崖下一棵松树，探身空中，孤伶纤细，摇曳于风中，不知是否那位舍生取义少女的化身。我对故事的细节所知甚少，但却纳闷，为什么跳崖的不是那些妖魔鬼怪邪恶之人而是正义善良美丽脆弱的少女？不禁感叹，尽管人们心中都装有是非标准，但在人世间正邪之争中曾有多少悲剧发生！无疑，姑嫂盆和舍身崖的传说为挺拔俊秀的三角山风景增添了几分阴柔凄美的色彩。

三角山最险峻处是舍身崖旁的卧仙石，数块巨石裸对苍天，石下是笔立的万丈深渊，石上有"呼吸通天"、"问天"、"若登天然"、"第一峰巅"、"仰天俯察"等大小不一形态各异的石刻。相传石刻中的"观颐视履"为宋淳熙年间赵不迹手书，"六一登高"是大诗人欧阳修晚年登山所留。在我看来，这些石刻正与卧仙石敢问苍天的气势相配，也恰是那些登临此山的古代文人骚客们心境情怀的写照。设若在一个风清月朗的夜晚，身临此境，把酒问天，定可"手探三楚月"。若在一个晴空万里的白日，临崖远眺，必能"目送九江航"。而今遭遇欲晴还阴的天气，登临卧仙石，则可把玩石刻，怀想古人，冷眼静观身下的峰峦叠嶂，敞怀笑对天地间的风云变幻。

　　寻着山路继续向东便下了主峰，再向南可一路直抵龙洞寺。沿途有碧仙洞、老龙洞、罗汉石、神龟石、老龙松、杪椤桄等景点可看。其中，碧仙洞大小与庐山的仙人洞相仿，据说在抗日战争期间曾充作新四军的医院。仙人洞曾因毛泽东那首著名的题照七绝诗而大放异彩，而此洞则因历经战火的洗礼成为那段特殊岁月的历史见证。千年古树杪椤据称为当年僧人移自印度，四株树苗独此一株存活下来，堪称记录印度佛教东传的活化石。老龙松大约因护守老龙洞里的龙王而得名，而罗汉石和神龟石则在似与不似之间了。

　　龙洞寺位于主峰南坡的半山腰，据传始建于宋。大殿内供奉着数尊神像，守寺的是几位老人。殿外左边，一口浅塘，数毛金鱼，结成一群，悠游其中。殿前的一栋建筑，早已残破半边，断墙上爬满何首乌枯藤，大约为守寺老者的栖身所在，内置几口棺材，似乎在预示着老人们的归宿，拉近了生与死的距离。屋外一角，独立古柏一株，号称"阴阳柏"，虽经雷劈火燎而不死，尽显岁月沧桑。树前一畈菜地，花黄叶绿，蝶飞蜂鸣，生机盎然。向前远望，视野开阔，阳光朗照，一派自然风光。眼前的一屋一园、一树一塘的居所，隐居于此，吃斋念佛，布衣生活，与世无争，颇有几分世外桃源的意味。

　　据说，在三角山地区，除了龙洞寺，还有紫云寺、金轮寺、慈姑堂、观音阁等多处宗教建筑。遥想当年，寺观遍布，香烟缭绕，暮鼓晨钟，不绝于耳，可谓"道人八百，和尚三千，游者如朝，朝者如市"，曾是怎样的鼎盛啊。

　　游过龙洞寺后顺原路返回，翻过主峰东侧的山凹，路上有一个石条垒成的门洞。据说解放战争期间，刘伯承将军挥师南下，指挥著名的"高山铺"一役，曾在此歇脚留影。穿过石门洞，从主峰的阴面下山，四周是满山遍野的松林。如果说山顶上的那块巨石是挥师百万的将军，那么这一株株松树，威严挺拔，肃然静立，则如严阵以待的士兵。顷刻间，仿佛觉得松林里传出将士们的呐喊声和密集的枪炮声，让人的思绪不禁重回那些腥风血雨战火连连的岁月。

然而，一切都在瞬间成为过去，留下的只有这山和山林中的寂静。林中，一条蜿蜒的石级在向下延伸。想起来时见到的石刻"无缘不来此地，有勇定登故山"，我不免踌躇，不知自己在有生之年有无机缘再来三角山，如果来，又将是在何年何月，且能在山里呆多久，看到怎样的景色呢？

茫然回首间，高高的三角山已在我的身后。

2008年4月2日，初稿于宁波北仑。

千岛湖初游随想

我为生计来浙江，已经一年有余了。四百多个日夜，在忙碌与浑噩中不觉已悄然而逝，连相距不算太远的千岛湖，竟也未曾寻得机会去一次。

初夏的江南，是阴雨连绵的日子。接连数日的阴雨，浇透了江南的每一寸土地，也淋湿了一颗孤独的游魂。等到雨过天晴，需要拿出来晾晒的，不仅是屋檐下吊着的衣物，更有早已长满苔藓的心灵。

终于，在一个久雨初晴的周末得了闲空，一早踏上了去千岛湖的游程。驾车从浙东的滨海小城出发，顺高速公路一路西行，绕过杭州城外，向西南插下去，在接近浙皖两省交界处，四小时的车程到了目的地。如把浙江看做一大户人家的宅第，来时的小城便是宅第的前厅，杭州是中堂，而千岛湖则是一座后花园了。

对于千岛湖的芳名，虽早有耳闻，但亲身去探访，这还是第一次。明媚温暖的阳光里，一路的心情多半是平静而明朗的，有如头顶的一片蓝天。但也免不了偶有一阵子的异样，颇似一位情窦初开的少年，初次远行去相亲，在隐约的热望和无限的遐想中前行。却不必有那少年忐忑的心怀，所以尽可以忘却旅途的颠簸与劳顿，欣赏陌路上的新奇景色。而在路的尽头静候着的，仿佛正是那位还未曾谋面的深闺少女。

因为提前在凤凰岛预定了旅馆，车在淳安镇稍作停留后，便又沿蜿蜒崎岖的山路，一路摸索着向凤凰岛进发。到码头泊了车，乘船涉过一弯浅水，便到了岛上的度假旅馆。

旅馆是一幢幢式样别致的小楼，依岛临水而筑，掩映在绿树翠竹中，与周围的景致如同浑然天成。安顿下来后，搬一把沙发椅，坐在房间外的阳台上，这才开始近距离地欣赏千岛湖的湖光山色，游荡的心也开始安静下来，与四周宁静的氛围相宜和谐起来。却一时难以分清，是自己的心情如一位不知深浅的跳水者那样，一猛子扎入四周宁静的氛围里；还是四周氛围的宁静，像一只温顺可爱的小鸟，怯怯地飞进我心灵的窗口；抑或是彼此接近与相融吧，就像那舒卷着的云彩在相交，天地的灵气在混合，共跳一支舒缓而优雅的舞曲。

午后的阳光，虽然强烈，但并不灼热，因为是雨后，又地处这样的一方净地，便显得格外清澈明亮，正像那少女的目光，多情而不热切，纯洁又不失含蓄。夏初雨后的绿色，本就朝气蓬勃，又受了这方水土的滋养，越发地水灵鲜亮富有质感了。近处的草木鲜翠欲滴，远处的森林则墨绿如盖。而眼下的一汪湖水，洁净平滑得如处女的肌肤一般。捧一本闲书在手，让目光在书页与景色间游走，思绪在现实与幻想里跳跃，耳闻一阵清风带走树林的窃窃私语，又送来雀鸟的悠长情歌，心情则由最初的安静而转为片刻的惬意了。突然觉得，人生的惬意实在并无太高的要求，不过如此刻的拥有，一缕阳光，一片绿色，一汪碧水，一阵清风，一声鸟鸣，外加一本闲书，恣意地挥霍一段生命的时光。这一切，在那些流逝了的遥远岁月里，曾经是怎样地平常和富有啊，以至当时忽略了它们的存在，而如今却变得稀缺而有些令人奢望了。

千岛湖的水，看上去是极为洁净的，据说能见度最好时可达水下十余米。透过清澈的湖水，似乎可以看得更为深邃，以至抵达它那深不可测的内心世界。

说起来，千岛湖的历史并不算长，是上世纪五十年代修建新安江水库而形成的人工湖。水库大坝建成蓄水后，沿江两岸的崇山峻岭淹没水中，形成了大大小小形态各异的千余座岛屿，故后名"千岛湖"。湖水面积五百多平方公里，正常蓄水量达一百七十多亿立方米。与临近的江南名湖西子相比，它的确称得上湖中巨人；即便与更远更大的太湖相比，也算是大姐大，地道的一个庞大的水的集合。

如果把每一滴水看做一个生命，那么，千岛湖又无疑是一个浩瀚的生命系统。尽管表面上湖水是那样地平静，但这并不是一潭死水。每时每刻，源自上游的条条溪流，向这个水的集合体注入新的生命，又通过大坝建筑物向下游排泄多余水量。在吐故纳新的过程中，这个集合体既没有干涸也没有决堤，以动态的平衡和旺盛的生命力，得以长久地存在和延续，滋养并向世界展示出如此迷人的景色。这是一幅外在的自然风景，更蕴涵了一种内在的生命风采与力量。

人类自身又何尝不是这样一个庞大的生命集合体呢？阳光里，这个集合体同样金光闪闪蔚为壮观；若独立取出一滴水珠，也晶莹剔透，反射出阳光的灿烂。一个人就像一滴水，混杂在一条叫做民族的涓涓溪流中，汇入这个集合体，在里面停留一段时日，最终又离开它阔大的胸怀，随着一股生命的洪流，越过生死的大限，义无反顾地沿着岁月的旧河床，向下游平静地流去。相对于这条无尽的河流，这个集合体不过是某个河段上一道独特的风景。人能够用集体的力量和智慧，改造自然，创造奇迹，是否有足够的理性和能力保持自身的良性平衡与恒久延续呢？换句话说，这道独特的风景能够美丽鲜亮地在天地间矗立多久？如果它干涸或决堤，风景便荡然无存，这恐怕就不仅是自身的悲哀，更要造成四周自然的灾难了。水面偶有陈渣泡沫浮现，湖底也沉淀了一些淤泥，却并不能因此影响这片大水总体上的纯洁性。但如不清理，任其日积月累，最终超过了自洁的能力，它难免变成一潭污泥浊水，失去往日的清洁与美丽。这集合因体积大而蓄积的力量值得欣赏，岁月因悠长而沉淀的力量更值得敬畏——它既可以使这大水清洁，也可以使这大水混浊。而这集合的源头又在哪里？是山中的渗流，还是空中的云雾？渗流与云雾又源自何方？是何方神圣的巨掌创造了这独特的风景？这个古老的问题，曾经千万次地问，而在如今面对这苍穹下的青山绿水时，在夕阳的余晖里，可否找到一丝遥远的踪迹？它叫人好奇着迷，也令人困惑迷茫，甚至感到慌乱恐惧，因为找不到生命之源，脚下就没有了根基，就像黑夜里迷失在森林中的孩子，或如浮在这汪洋之水上一片飘落的黄叶。

第二天早晨登上一艘豪华游轮，去游湖上风景。初登船时，湖上笼罩在一层似有又无的薄雾中。平白如镜的湖面，偶有小游艇快速地划过，留下一条三角形的波纹，在身后渐渐向外扩大消隐而去。湖中央是散落的岛屿，似乎还婴儿般酣睡在晨梦里。湖水的那边，耸立着连绵的群山，层层叠叠，淡淡的颜色和轮廓，像一幅写意的画，挂在对岸灰白的晨空。画里一定遮掩了一些低矮的山峰，像裹藏着的丹青大师的胸臆，对于身处游轮的人们，因视点低矮，寻常的眼是看不见的，须展开想象的双翅，飞抵群山的上空，才能领略它的全貌。而群山的那一边，一定还有别样的天地，别样的风景。

宽阔的湖面像一个天然大舞台，一座座岛屿在其上展露各自的风姿。可以想见，在水库未建成前，这里绵延起伏的群山，肉眼是很难区分各山峰的高低的。水面上升以后，诸山海拔的区别就变得十分明显了，高的依然雄踞水面之上，低的只能贴在水面趴浮着，更低的就被埋在了水下，默默无闻，永远露不了头脸。平整的水面既为诸岛提供了舞台，又设定一个共同的尺度，划出一条绝对公平的等高线，将所有岛屿的下半截齐刷刷地淹没了。是的，同台竞技，需要一决高低的，往往只是暴露在舞台上的那部分，甚至是极少的一部分。而在台面下无不掩藏着坚实、深厚而宽大的基础。没有这样的基础支撑，岛屿是无法浮出水面而成其为岛屿的。这实在是极其浅显的道理。

所以，游湖上风景与观舞台剧并无多大区别，所不同的或许是，游客可以扮一回跑龙套的角色，游走在这天然大舞台上，与台上风景有更贴近亲密的接触。舞台的背景是那环绕的群山，主角自然是那些高大巍峨的岛屿了，它们以高大的身躯和雄健的气势，吸引游人的眼球。而那些低矮体小的岛屿则以多姿的外形与有机的布局，丰富这舞台的风景。一个个如捧月的众星、散落的珠玉，遍布湖中。远远望去，状若一叶绿舟、一片龟夹，或形似一座孤坟、一根浮萍，漂浮在浩淼苍茫的天水间。密集的，有三五岛屿接连成群，隔不断似连非连的牵挂；稀疏的，不过一两点孤石隔水相望，诉不尽望眼欲穿的缠绵。游过湖面，回头一望，不禁感叹：千岛湖的风景与韵味，怎能少得了这些个千姿百态的小岛！

感叹也罢，回眸也罢，来的终归是要去的，这便是他乡短暂的一段游程。太阳西斜的时候，我与千岛湖的距离已经渐行渐远，宽阔的湖面早已无声地抹去我匆匆划过的一线游踪。

细想起来，这一年多远游他乡的日子里，或许千岛湖之行是最为享受的一次经历，如同一个鲜明的光斑，留在记忆中那一段灰白的墙面上。

2006年6月2日，初稿完于宁波北仑。

从三味书屋到百草园

我游鲁迅先生故居，已经相去近一年了。

去年阳春三月，两位旧友出于生意上的原因，远道赴浙来看我，事后提出想去参观鲁迅故居。而我也早想了却此心愿,于是就陪他们二位走了一趟绍兴。

从高速路口出来,沿一条笔直的马路进入绍兴城区后,在马路的右侧便是先生的故里。故居及相关的建筑一起,占满了邻河的一条街,几乎全是明清时期江南民居建筑的样子,只是显得簇新整洁,留下刻意整修过的痕迹。

从故里的街口买了门票进去向左,三两步跨过窄小的石桥,先去游了先生就读过的三味书屋,然后转身回来看鲁迅纪念馆。出来后,到对街去品过茴香豆、油炸臭豆腐和温黄酒,从中体味一番孔乙己的落魄。再向街里走,看过先生的故居和老宅,最后到了百草园。

游览内容最为丰富的当数纪念馆,展示物品和事件的时间跨度,似乎已经超过了先生的一生。但令我最为感兴趣的,却是三味书屋和百草园。这一屋一园成为我此行的主要目的,自然是与先生的那篇文字有关。

实在说,在我有限读过的先生文章中,给我留下较深印象的,除了黑暗中的呐喊和白色恐怖下的投枪,还有那些富有韵味的小品散文,尤为喜欢的是《从百草园到三味书屋》。

最早接触到这篇文字,是在初中的语文课本上。那时的我,正与先生刚上私塾时的年龄相仿。学校早已改为新社会里的公学,但在那样一个特殊的年代,可以供人阅读而且能称得上文字的,似乎只有鲁迅一人。我的语文老师,或不如三味书屋里的私塾先生那么旧派和刻板,却有一张瘦削黑红的脸,高高的鼻梁上架着一副老花镜,课堂上绝对是一脸的严肃,而且嗓音洪亮。在上这篇课文时,老师也像往常一样坐在前面,双手架住立在讲台上的课本,逐字逐句地讲解,很是投入,以至两条腿不自觉地在讲台下来回快速地抖动;也很懒惰,罕见他起身去板书。通过他的讲解,兴许在字面上我是懂得了一星半点儿,却晕晕然不知整篇文字到底在说什么。大约老师也概括过中心思想,无外乎"描写了什么什么"、"歌颂了什么什么"、"揭露了什么什么"之类,但如今早已忘记了。

没有忘记的是,文中有三个外文字母"ADE",课文的注释说,是德文"再见"一词。那时的初中并不学外语,连英文字母也仅识得数学课上出现的几个。所以,课文中偶尔出现的洋文很令我好奇,期待着老师教我们发音读出来。但老师讲到这里时却说,我们学的是中文,这几个洋字母对我们理解文章意义也不大,所以就跳过去没有读。我想一定是他不会读,很是失望了一回。后来听说,邻班的老师是读了的,拖长了音念做"阿——德——衣",我不敢确定这样是否对。我从未听过邻班老师的课,却因此得出结论认为,他比我们的语文老师有水平,课也讲得更好。如今看来,这种想法实在是简单幼稚得可笑。但的确至今我都不确定,这个洋单词应该如何读才是正确的。

成人后,世事早已发生了根本的变化,我在多种选录鲁迅文字的书中,一次又一次地见到这篇文章。有时候甚至碰到,这篇竟是书中先生唯一入选的文章,也许是出于选编者想展现先生另一面的考虑吧。

读的次数多了,便在不知不觉中感到熟悉和喜欢起来。现在,虽然不能做到背诵得滚瓜烂熟,却每每读起来也如行云流水般地流利畅快,而且如见到儿时的老朋友般地亲切,早年头脑里形成的先生威严高大的形象,渐渐地变成了一个颇有人情味的和蔼小老头儿。有时想一想他儿时的模样与趣事,觉得先生的童年与当时他周围的孩子甚至所有的孩子们并无两样。

正如熟读并不意味着就一定读懂了一样,即便没有完全把握先生所赋予的真正用意,也不妨碍我在心中形成关于文章的表面意象。其实,在我的脑海里,早就有一个特别的三味书屋和百草园,这次的游览,不过是来寻一个迟到的验证。

自然,结果多少还是有些出入的。三味书屋中,前半部分的陈设与景致,与我想象中的几乎完全一致。有所区别的是,想象中学生用的桌椅应该是几人合用的长条桌椅,在书屋的后半部分稀稀拉拉地摆列了两三排,桌面磨得油光发亮;全屋的光线也很亮堂,正面墙上挂画幅的侧下方有一门洞,可以通向后面的小花园。而先生实际使用的是单人课桌椅,窄而小,很是陈旧粗糙,居然一次还亲自在桌面上刻了个"早"字;屋里却十分暗淡潮湿,去后园的门则开在了侧面。而且,不知怎么搞的,我把原本设在书房的教室搬到了正屋的客厅里,大约是因为在我小时单薄的经验中,还没有耳闻目睹过私家书房吧。

百草园里的那口水井,似乎应有一大的圆形井台突出地面才是,可以有两三级石台阶上去。四周围上雕龙画凤的石条围栏,潮湿而光滑。平日里,妇人们还可以在围栏里的井台上浆洗衣物。井口直径也要再大两三倍,深度则应更深丈许。井壁须用青砖垒成,湿滑滑地长满绿苔藓,总有滴答的水声从井底传上来。哪能如眼前的这口井,浅而小,井口单调安静地露在地面上呢?那堵矮矮的泥墙,也应该更高一些,壁面是用残砖垒砌的,墙根下还有散落的砖头,蜈蚣与赤练蛇(实际是家乡曾见过的菜花蛇)就藏在砖头的下面。墙上当然爬着藤蔓,却不似现实中的那么浓密,把整个泥墙都掩盖住了。高大的皂荚树,始终想象不出是什么样子,我却把先生另一篇文章里的两棵高大的枣树,生生戳在了这泥墙外高远的夜空里。初读这篇文字,还让我第一次知道了,原来蛐蛐还叫蟋蟀,知了又单名蝉,很是新鲜。而油蛉与斑蝥、何首乌与覆盆子们,究竟为何类"怪哉",就不甚了了了。

迈出百草园的后门,想一想觉得,自己此行本是枉然与可笑,三位一体的情形是断然不能实现的。原本每个人心目中都有一个自己的百草园,何必如此不辞劳苦地来实地踏寻呢?当年先生从百草园走进三味书屋,在此地度过了人生最初十余年的光景;而这次的游览则仿佛是逆着先生的足迹,从三味书屋开始,一路信步游下来,回到了百草园,用时却不过是短短的一瞬。岁月的长与短,远与近,何其令人蹉跎!也许依稀可以从眼前的一景一物中寻到先生当年的踪影,却无论如何也无法体会到和容纳下他在最初人生岁月里的全部心情了,而足下的脚步更是不可能蹀回那个渐行渐远的年代。唯一可以确凿地感受到的,是这一路上自己内心流动变化着的思绪与情怀,伴着脚下与石板路的摩擦声,消散在这闹市中的一方静幽处。

我有一位未曾谋面的朋友,家住山东,原本在一个小镇上的中学里教书,去年考上了研究生,已经人到中年了,还抛家舍子进京求学,大约是他"觉得做人之险"了吧。前两日给我来信说,进京后心情糟糕得很,而以前在家里是有着极其快乐和平静的心态的。由此想起了先生文章里的一句话:"不知道为什么家里的人要将我送进书塾里去了"。想一想儿时,似乎大人总是要孩子们做一些不能理解和不愿接受的事情,眼前便像有一只无形而有力的大手,在紧紧地拧着孩子的耳朵,却一点响动也没有。

真想约他到百草园里来,而且希望尽快成行,莫要等到人老黄昏后。但却不敢肯定他是否能够而且愿意来,我知道,他可是个大忙人儿。

2007年1月7~8日,初稿于宁波北仑。

观太平洋落日

要看太平洋上的日出,只需站在它的西岸;但如果要看太平洋上的日落,就不得不离开熟知的土地,去作海上旅行,以致漂洋过海,抵达它的东岸。

当你孤独地站在一块礁石上,面向西,看到整个太平洋上空燃烧着火一样的红云,广阔无际的洋面被一层金箔似的光辉所覆盖,那个巨大的火球,在无数只飞翔的海鸥的欢呼声中,像一个老练的潜水员,从容地潜入太平洋,或许它是为创造生命的杰作而去做一次深海探险,你能听见它入水时的声音么?然而,它任何一个微不足道的动作似乎都要引起地动天惊,一层一层巨浪如同是由于它的下沉所掀起的,气势汹涌地向你面前逼来,仿佛奔涌着的血色的生命激情,急切而均匀地推向并最终拍打着脚下的海岸礁石,此时,你怎么会不心潮澎湃,为这最为常见却又瑰丽壮美的海上落日所折服呢?

那么,这是你有过的大饱眼福的幸运。

但是,利马的落日并不是这样。

在利马这样一个以太平洋为其终身伴侣因而堪称忠贞的城市,如果你是要急着去攀附晚间那只即将启程远飞的巨大怪鸟的翅膀,大可以龟缩在铁甲壳虫里,从海边那条长长的快速路上急忙驶过,对窗外海上落日的景象投去临别前浮光掠影的一瞥;但你若在匆匆的旅行中寻得一份少有的闲情逸致,或者在漫漫岁月里余下一段充足得难以打发的时光,任你选择去静观落日的地方还是很多的,尤以 Mirafloweres 区最繁华的海滨地段最为方便而富有情致。

利马向晚的阳光,是明亮而温煦的,但并不强烈到耀眼,让你觉得总还有一些潜质可以探挖,如美女白皙脸上一个温柔淡然的笑,夹藏着一个难以捉摸的隐秘;或如一刚出道的中年人,血液里蕴藏着尚待发挥的热情。而利马落日的景象,是短暂而不等人的——这便是它难解的无情。所以,只有你老老实实去提前恭候它的时候——谁让你像爱上一个高傲的公主那样去死乞白赖地追求她呢?——这只能是你无可拯救的无奈而又甘愿的境地。

你是长有哲学家头脑的体面绅士吗?请穿上你那套西装革履的行头,如同去赶一趟颇有争议而又毫无价值的人生意义之类的专题学术会议,或者去参加一次上流社会的豪华而无聊的晚宴,温文尔雅地步入 MARRIOTT 饭店的大厅。未料你这位向来以理性和守时自居的绅士,此次来得过分早了一点,被漂亮而善于应对此类尴尬事件的前台小姐引领到楼上宽大的餐厅。在一张临街的玻璃桌前落座,品一口酱黑色的咖啡,在四周充溢着各种佳肴复合浓香气味里,用你惯有的理性目光,静看窗前马路上车来人往,看对面的广场、草坪、喷泉和棕榈树,看远处的大海和西下的太阳。但在同时,室外的车声、人声和风声,以及大海的心跳和太阳的步履声,统统消失在密闭的双层玻璃幕墙里。最可叹是那玻璃的颜色,黄不啦叽,绿不溜秋,让室外的一切景物失去了原有的精神与本色。理性的目光也由此迷失在玻璃幕墙后的寂寞与悲哀里,你独自对着残留的半杯咖啡,于静候中怔怔地发你莫名的愁。

那你就学一学人猿泰山吧,找一小块破布,把你那见不得人的地方临时遮住——因为你只需在前行的短暂路程上遮一下羞——蓄长长的披发,然后朝西直奔,先后踏过干燥的和湿润的沙滩,丢下沐浴阳光和海水的人群,迎着浑浊的抚岸白浪,投身到大海深处去。你会看见,前方是怎样的简洁和空无:无边的天,无涯的水。无边的天里,只有太阳那颗温柔而无力耷拉着的头;无涯的水面上,可感着你迎着海浪奋力向前游动的固执的头。城市,风景,人群……一切的一切消匿在身后。但你与海太过亲昵,是无法分心去看全它落日景象的。

若在一个晴好的近晚时分,穿一身休闲服来观落日的风景,似乎更有一番相宜的洒脱与轻松。先请在广场边的宽矮的石沿上小憩片刻,放松你来时路上紧张的心情,然后信步向前走去,斜倚在临海绝顶的栏杆上,回望阳光辉耀下的城市。近处的花圃中央是一座玲珑的教堂,圆窗,拱门,乳白的墙壁,褪色的红顶,被阳光留下或抹去了多少当年西班牙征服者的余痕?苍翠的林木中,有风格各异的别墅群落。数栋现代化大楼巍然挺立其间,方显群雄争霸笑傲天下的气韵,却被渐西的太阳镀上一层淡淡的衰落的光辉。而广场上的两根粗大玻璃幕墙圆柱,虽在高度上稍逊高楼一筹,斜劈的尖顶仍直指苍穹,于斜阳里彰显着后生力量的可畏;却又似从大地旋出的两支巨型的灰蓝色唇膏,欲去涂改天空的颜色。

绝壁的顶上,凹下去一处巨大的半圆,密挤着成排的建筑。沿阶梯走下去,可见几家小超市、工艺品店和快餐厅,还有热闹的中式糕点铺,颇有些热闹喧哗。但它们都不是你此行的去处。穿过面海而筑的冷饮店那古旧色的木房子,是横悬的一条窄窄的凌空长廊,这才是观大海落日的绝佳处。凭栏而坐,一杯鲜艳可口的冰淇淋在手,你就于期待中细细品味吧。略一偏头,西斜的太阳在长廊侧壁的玻璃墙面上映照成一个金黄的影。耀眼的影边,集聚着一群具有魔鬼身材的美女,最勾人的是她们混血儿的脸上流连顾盼风情万种的眼神,热情得堪与那金黄的影光媲美。而身下,是那条傍海的快速路,如同一条摊铺在海岸的无头无尾的黑橡胶带,奔忙着几只儿童的玩具车。过路后的左边远处是沙滩,有成群的人聚在沙滩与海里,如同群集于海边的点点企鹅;近前趴卧着帆船俱乐部的低矮房屋,等待着远航健儿们无约的归期;右边则是一块空荡荡的停车场,那是为情侣们在日落后来谈情说爱预留的,或者说是被他们销魂后抛弃的。可以想象,爱与欲的激情在海浪的起伏中释放是颇为尽兴和浪漫的。再往前看就是浩瀚的海了,细白的浪接连向岸边袭来，发出阵阵细碎的拍岸声，随清润的海风飘飘地送过来，仿佛镀了晚日的柔光，其中的一些，最终在观海的人们身上和耳里寻得各自的理想归宿。

  头顶的天空深邃而严肃，纯净得几乎不见任何云迹。近海是深沉的，已由绿色渐变成银白，点缀着斑驳细碎的金光、绝迹来往的行船与飞鸟。白色半透明的云气，一团团，一片片，在海上无根源地接连聚拢，向海岸的上空飞扬过来，倏忽便消失在蓝色深渊里。几顶滑翔伞在云气的有无之间轻盈地高飞，似乎在为矗立在远处海岬上的那根白色巨型十字架，及你身后的小教堂的寓意作现身说法式的演示。

  落日的一段光景，终于在你近乎沉醉的等待中来临。远远的西边，看不见地平线，只有远海与天空无痕地结合为灰白苍茫的一片，几乎要占据西边天空和海面的一半。太阳既不巨大也不红艳，未显出那种"长河落日圆"的辉煌与悲壮，只不过藏在一片足以包裹它的五彩云里，模糊成并不十分刺目因而可以直视的不规则的一团光，顷刻间过早地消隐于那一片巨大的没有明显疆界的苍茫中。此后，天地之间的一切便渐渐地暗淡下去了。

  "怎么，这就完了？"你或许要如梦初醒地吃惊，这落日的光景尽管可以不够瑰丽壮美，但是否太过短暂仓促，以至有点灰溜溜草草收场的意味？至于在那无限的苍茫里，太阳究竟又是怎样继续落下去的，是最终以它惯有的从容，缓缓地沉入太平洋中；还是如失事的飞机一样，"扑通"一声突然灾难性地坠落，留下一条带火的瞬间轨迹；或者停留在西天近地的某个适当位置，逐渐消退了它火红的圆轮；或者它压根就没有落下去，只是倦累了，需要躲在苍茫的幕后歇息一阵，等等，你是永远都无法知道的，空留下一番满心期待后若失的惆怅。你或许要回味地问：迎来其实就是送走么？无谓的等待无论多么长久，是否注定是以失望为终点的某种葬送美丽的过程？

  不过，你明明感受到，落日总不同程度地带有悲剧性的色彩。并且，你确凿地知道，几乎就在这令人惆怅难寻的落日的同时，远在太平洋的西岸，一个鲜活的生命已经顶破地壳，挟着炽热的地火，满怀激情与力量，在万物生灵的欢唱声中，"腾"地一声跃出黑红的洋面，"呜哇——呜哇——"清脆的哭声，似乎顷刻间响彻并惊醒了整个寂静的苍穹；这生命，正在以它伟大的行动，昭示着生与死的无限奥秘。

    2004年1月14～15日，初稿于北京安慧北里安园甲8号。

工程师的世界

村　姑

——加都印象

　　村姑是我旧梦里相思的情人，出生在一个遥远而美丽的小山村。相传很久以前，在喜马拉雅雪山脚下，青山环抱着一个美丽的湖泊。一天，湖上升起一朵巨大的莲花，因此惊动了一位威力无比的菩萨。菩萨举刀劈开一座山峰，为湖水打开一个缺口。湖水泻尽，现出湖底，形成一块高山盆地。村姑就诞生在这里，一个远离尘世的天堂。这倒是很像她的博克拉小妹，那里也有一个美丽的湖泊，湖心小岛大概就是一朵凝固的莲花。湖水常年从地下"魔鬼"瀑布流出，只是菩萨当年可能用力小了一点，劈的泄水口太小，以至湖水流到今天也没有流干。

　　村姑天生丽质，有着起伏变化的好身材，高山上的阳光把她晒得通身黑里透着红，而斯瓦扬布是她胸前一对挺立的乳峰。她扯四周青山的绿色做一件纱丽裹在身上；挽一带皑皑雪山做纱巾缠在脖子上。笑声灿烂如阳光；容颜纯净似蓝天——那是群山顶上的一片晴空。虽已千百年过去，她却美丽如初，青春常驻。

　　虽然雪山就在眼前，村姑却拒天寒地冻于永久。也许世上难找像她那样性格温和的姑娘，就像大地少有天堂里四季如春的天气。她的脾气不温不火不躁不急，心怀春天一样不冷不热不干不湿的温情。但是，像任何一个十七八岁的姑娘一样，她也有使小性子的时候。每年雨季来临，她刚刚还是喜笑颜开，转脸就无缘无故地满脸阴沉。顿时，哭声如雷，色比闪电，气如劲风，泪雨滂沱。好在她一切都不往心里去，生气过后，又会露出明媚迷人的笑脸，晴空里因此划过一道美丽的彩虹。遇着烦恼的时候，她就悄悄地抹一把忧郁的泪，那也不过是空中飘过的一阵毛毛雨。

　　村姑待人格外热情。无论你是来求神拜佛还是来登山观景，是身披红衣的喇嘛还是赤身露体的苦行僧，是来自咫尺近邻还是天涯海角，她都会面带亲切的笑容，双手合一，对你说一声："NAMASTAY（注：相见或分别时的问候语)!"把侬迎进古旧的屋里席地而坐,为侬端一杯香浓的JIYA(一种当地饮料),并伴着鼓点和民乐,跳一曲独具特色的民族风情舞,再用她亲手烹制的世界各地的风味食品招待你。当然,最拿手的还是颇具民族特色的当地菜肴。而在你离开时,她会为你点红祝福,并献上一个美丽的花环。

她生活的节奏如同一段平缓的河水,静谧而缓慢,长流却不息。成天赤脚穿一双"丫"字形拖鞋,缓步行走在新街(NEW ROAD)里,飘逸轻盈,似乎永远也不急于去追赶山外的步履。她深居巴里索的旧宅里,任凭窗外风云变幻急。在纷争的世事里,你很少能见到她的踪影。不是世界已将她遗忘,而是她刻意想把世界抛弃。与其说她与世无争,不如说她是超然洒脱。

印度教和佛教是两个硕大的母乳,将纯朴的村姑抚育长大。巴拉究的圣泉润泽她安详的灵魂,巴格马蒂圣河千百年从她心中淌过。暮鼓晨钟伴她起居作息,烧香供佛是她每天必做的功课。她效法苦行僧,粗茶淡饭,过着简朴的生活。佛祖又借给她一双慈悲的眼睛。她用佛眼看世界,黄牛和猴子被尊为神灵,打死苍蝇老鼠也是犯杀生的罪过。如此,早起的鸽子才来萦绕在她的肩头漆下,暮归的乌鸦来栖息在她的耳根发梢,而忠实的狗总是彻夜守候在她的门前窗下。她从天堂中来;终向天堂中去。帕殊帕蒂神庙前的平台,是她未来涅槃的所在。烈火中,她的灵魂在浮屠纳特佛塔上慧眼的注视里,将化作一股烟云,升入圣洁的天堂;而她的肉身则燃成灰烬,随巴格马蒂河水而去,最终汇进那条遥远而永恒的河。

村姑在德赛节最庄重。除了杀鸡宰羊招待亲朋,她总忘不了沐浴净身,换上金光闪闪的红纱丽,耳配环,手戴镯,夹在长蛇阵里,耐心等待尊贵的族长为她点红赐福。灯节里她最美丽。星空下,闺阁中,阳台上,院子里,她专心地点上支支红蜡烛。烛光因她而迷人,她在烛光里更美丽。而洒红节上她最纵情。邀上一群好姐妹,走村串户,敲锣打鼓,欢歌跳舞,一路纵情到天明。

村姑心灵手巧天资聪慧。她不仅建造了三个经久不衰的古老皇宫,众多的佛塔和神庙,而且又为现代的来访者盖起一座座豪华的星级饭店,她给你的最初印象就像是一位鼻穿金环、腕戴雷达表的少女。她承袭古老的传统,学得一手银器绝活,又会打制大小不等的廓尔喀刀。而最为称绝的要数针线活:编织羊毛地毯和开司米披肩,塔米尔(Thamel)的深巷里展示着一个女孩儿家的好手艺。

然而,和大多数出生在山村的孩子一样,村姑家境贫寒,贫寒得几乎不出产任何东西。因为贫穷,虽然雨季来临的时候降雨充沛,她却拿不出钱来修池蓄水。每天早晨,她起床后的第一件事是头顶陶皿铜罐到外面去接水。

因为缺水,她好看的脸蛋和漂亮的衣服显得肮脏不堪,好像已经多年没有清洗过。而她又是那种生性懒惰的瞌睡虫,别看把自住的闺房收拾得干净洋气,而房前屋后和出门的路上,却垃圾遍地蚊蝇丛生。那条流经心中的圣河也污浊不堪,只靠雨季时的洪流冲走污泥浊水。也因为贫穷,用电成了难事。这虽然使她的烛光晚餐更加温馨宁静,但毕竟给她的晚间生活带来诸多不便。

村姑曾有过不幸的身世。从基拉蒂王朝到马拉王朝,再到沙阿王朝,一个个族长通过血腥械斗,轮番将她据为己有。最近一次是在2001年夏,她亲眼目睹了那场发生在新王宫里的皇室惨案。此后,贾兰德拉大叔(被害国王比兰德拉的弟弟)成为她的新主人。十九世纪初,她曾沦为那个欧洲老牌海盗的家奴,受其奴役长达百年。或许正是这一缘故,以至到如今她看上去总是那么胆怯而谦恭,缺少一位古老而年轻的女性应有的自信与自尊。

贫穷与民主结合,有时会产下荒诞可笑的怪胎。终日为生计所迫的她,被频频拉去参加什么投票选举。一个不大的摇摇欲坠的舞台上,一拨拨政客们争先恐后地上场,表演的终不过是些腐败的活闹剧,让台下的她看后只能于失望中黯然苦笑。几个淘气的家伙会冷不丁在她身后放几个要命的"鞭炮"。现代文明的浓烟给她那原本漆黑清澈的大眼蒙上一层模糊的云翳,远方游客夜半的脚步踏碎了她纯洁而安宁的梦境。还有美元与肉欲,高跟鞋,牛仔裤,袒胸露背的现代舞……她在追赶时髦中开始一步步走向堕落。

是的,原本聪慧美丽而虔诚善良的姑娘,却穿了一身被贫穷和现代文明弄脏了的外衣——这就是我印象中的村姑。她的名字叫加德满都,我梦里亲昵地称她为"加都"。

2003年11月27日,初稿完于北京安慧北里安园甲8号。

城外一千二百里路上的风景

因为一笔生意的缘故,在一个深秋,我去了一趟尼泊尔。在完成紧张而艰苦的合同谈判之后,我决定下到公司在尼泊尔西部一个在建的桥梁项目上去看一看,一来为了解一下项目的执行情况,以便回国后对公司有一个交代;

二来为自己去散一散心，因为谈判中的唇枪舌剑的确已让我精疲力竭。

项目的现场经理老王得知这一消息后，立即驾车六百公里，专程从工地来首都接我。考虑到路远，一大早，我们就从加德满都城动身了。一路上，老王既是司机，又是我的向导。这位已在尼泊尔工作了三四年的中年汉子，可以称得上半个尼泊尔通。

越野吉普在弥漫着晨雾的环城路上行驶了一程，过著名的佛教圣地——斯瓦扬布（SWAYAMBU）寺，几分钟后向西拐去，在路边早起进城卖菜蔬水果的小商贩和乘大巴士出城去的熙熙攘攘的人群中，艰难地驶上了出城的公路。大约二十分钟后到了一个不高的山垭口，据老王说，这是通往西部的唯一咽喉要道。

翻过垭口，天已大亮，晨曦中的都城眨眼之间就消失得无影无踪，心中的逼仄也随之一扫而光，顿觉眼前一片豁然，仿佛置身于另一世界。因为加德满都海拔地势高，过垭口后可居高临下，一览众山。路侧下面是万丈深渊，在涌动的云烟里，隐约一条蜿蜒的柏油路，盘山而下，在山谷底延伸到远处，路上如蚁的车辆在来回蠕动。

在一个圆柱形白色瞭望塔旁的小平地上，车子突然停了下来。"看那儿。"顺着老王的手指向路右侧望去，一片开阔的莽莽青山之上，远远的是连绵起伏的雪山，遥远却又让人倍感亲近。深秋的晨光将群山镀上了一层金色，很是耀眼，蔚为壮观。我在这大自然的美景前屏住呼吸，默立片刻，一种敬穆之情油然而生。

"世界屋脊，平日难得一见，算你今天运气好。"老王拉开车门，钻进车子前望了最后一眼雪山说。

车子转下山谷后，两边时见卖茶点饮食的小铺子，棕红色的土灶台就设在铺子外面的棚子里。路的一边贴着山脚，另一边是清清的溪流。小溪的那边仍是群山，半山腰里，云光之间，茅屋点点，炊烟袅袅。山坡上树木稀疏，荒草居多，而山势形态则圆润如丰满的古代仕女。

小时候也许曾抱怨成长的路程过于恼人和漫长，但看一眼身边的流水，我体验到一种成长的快乐与迅速。刚经过垭口下的山谷时，路右侧下的流水还只是一线跳跃着的浅浅细流，不过一个多小时的车程，现在已成长为一条颇为壮观的静静河水，于欢愉中多了一份稳沉，仿佛水面下隐藏着许多鲜为人知的故事。这正如一个初生的婴儿，眨眼之间变成了中年汉子，不能不叫人感叹时光的匆匆。碧水里，一群穿黄色救生衣的游客，正坐在橡皮筏子上，悠悠地顺流而下，有人在向路上的车辆行人招手致意。这些远道而来的人们，在享受着异国他乡的自然风景,也享受着属于自己的美妙时光。

"这水真清亮!"

"清亮?你要是在雨季来看看,整个一个浊浪拍岸,滚滚而下,有多少生命都卷得进去。"老王并不看我,平静地接过话茬说。看来,这条河流有着复杂的面孔和性格,不是我一个匆匆过客所能全面了解的。是的,在这青山绿水间,我不过是一个走马观花的异乡人,很难说是我在看风景还是风景在看我。

说话之间,车子从一缆车站旁经过。缆索划出一条优美的曲线,从清清的河上经过,伸向远处蓝天下的山顶。

"这里还有缆车?"我感到好奇。

"是的,这是尼泊尔唯一的索道。投资经营的是我们项目在当地的合作伙伴。"

"山那边有些什么?"我追问道。

"是一个佛教圣地。寺庙建在山顶,里面供着一位什么菩萨,我已记不清了。听当地人说,只要去烧香拜一拜,就能使亲人免灾得福。我没有进庙去拜过。不过,风景很不错,缆车生意也很红火,据说一年就能挣回投资。这家伙真是绝顶精明的商人。"

"是的,我相信。"沉思片刻,我又补充一句:"还是一位哲学家和艺术家。"

MULING 是一个颇为热闹的沿路小镇。马路从镇中穿过后一分为二,小镇只有这一条街道,形似一个黑色"人"字,带着男人的严肃脸色。而那条路旁的小河也在镇边与打另一个方向过来河流交汇后,向下游流去,所以很像一个绿色的"人"字,显出女人的清丽容颜。可以想象,MULING 一带从空中俯瞰,则有如一个双色的"从"字。一男一女,这个沿路小镇因此增添了一份浪漫、缠绵与柔情。

车子出小镇后左拐,而向右去的路跨过汇合后的河流,河上是一座双臂斜拉桥。

"那条路是去哪儿?"我向后转过头去问。

"博克拉。"

接着,老王谈起了博克拉。据他说,博克拉是尼泊尔第二大城市,也是著名的旅游城市,每年吸引数以万计的国外游客前来观光休闲。城边有一个美丽的湖泊,名叫费瓦湖。湖水清澈,环境幽静。对岸是林木茂密的山峰,天气晴好的时候可以爬上去看远处的雪山。也可以在湖中游泳划船,或者到湖心岛上去拜神,观鱼,喂野鸽。而靠城市的这边湖旁则是林立的旅馆小洋楼,可以在楼前的树下看书,看人,看风景。景色之迷人,简直可以和瑞士的日内瓦湖媲美。

眼前的景致也很有些特别。如果说刚出首都时见到的群山是一群温柔的妙龄少女，这里的山峰无疑是一排排铮铮铁骨又气宇轩昂的战士，山上茂密厚实的林木，色彩于碧绿中透出斑斓，则是士兵们身上的迷彩服了。山耸立于碧水中，水穿行在群峰间，可谓情深意长又美不胜收。

"有点像小三峡。"我望着窗外的景色说。

"在雨季就更有情致了。"他似乎有点为我遗憾。"在雨季的时候，满山一片翠绿。下雨的时候，山上烟雾缭绕，林间山泉飞泻。雨后，蓝天下，阳光特亮，云彩特白，一条条瀑布从山顶垂挂下来，大有'飞流直下三千尺，疑是银河落九天'之势，眼神不好的，还以为是仙女们从白云堆里抛出细纱长袖，晾晒在山坡上呢。瀑布泻入河中，如果河水像现在旱季这样清澈，就有点仙女浣纱的意境，真是诗意盎然！"我佩服他能有如此诗兴和想象力。经他这么一说，我很有些神往。

车过 MULING 后不到半小时是 NALIANGHAT 城，据说算是尼泊尔中部一个较大的城镇，在我看来，不过相当于国内一个中等乡镇。主街两边店铺一家紧挨一家。车子在城里的丁字路口向右转时，老王突然冒出一句："听说过 CHITWAN 么？"

我沉默地摇一摇头。

"向左转不远就是。"

"有什么好玩的？"我问。

"国家森林公园，尼泊尔一个著名旅游景点。里面有各种珍稀野生动物，什么孟加拉虎、犀牛、小熊猫啦，不下数十种，还有各种珍奇植物，可以坐在大象上面游览观看。森林里有茅屋，在里面住一宿，与大自然为伴，有返朴归真的独特感受，这是住在京城体验不到的。"

"去过吗？"

"没有，听朋友介绍的。"老王无可奈何地一笑。

从 NALIANGHAT 到 BUTWAL，一路多为丘陵，景色较为平淡，只见到一些成群的长尾猴在林中的路边活动。我时不时将眼光收回来，听着音乐，闭目养神，算是另一种享受，不禁觉得，人其实是可以换一种活法的，就像今天这样，边走边看风景，多好啊。相对于谈判桌上的紧张和都市里的嘈杂，这实在是少有的一份轻松与洒脱。

进入 BUTWAL 城区已是中午时分。车子在一栋二层小旅馆的门前院子里停了下来，我们打算在这里吃午饭。

"到这里几年了,别的都好说,唯独当地的饭菜无法下口。多是蔬菜和大肉块放在一起煮煮,咖喱味特重,黄不啦叽,汤汤水水,与冷米饭搅和搅和就往嘴里送,实在难适应。"老王接过菜单连看都没看一眼,问道:"想吃点什么?"。

"随便。"

他为每人要了一份炒饭,一盘西红柿煎蛋和一瓶可乐。"就这还有点像中国菜的味道,我每次来这里都只要这三样东西。"

我们在旅馆门厅里等候休息。门厅里光线幽暗,墙上是几幅粗拙的风景画,其中自然少不了珠穆朗玛峰雪山。正中悬挂着国王和王后(注:比兰德拉国王一家已在2001年6月那次震惊世界的皇室惨案中被杀)的画像。几乎没有其他客人进来,环境还算清净,只从隔壁一所小学传来孩子们的喧闹声,而院门外有几个小吃摊。

没想到这么一点简单的饭菜让我们等了半个小时,这要在京城早该关张了,当侍者毕恭毕敬地来请我们用餐时,我这样想。餐厅宽大,有点欧式风格。用餐时老王告诉我,从BUTWAL南行约四十公里是兰毗尼,与印度相距不远,为佛祖释迦牟尼的诞生地。那里有佛祖出生地遗址,千年菩提古树,摩耶夫人(佛祖之母)沐浴过的圣池,阿育王柱,及世界各地佛教徒捐资修建的寺庙,包括中国佛教协会捐资修建的中华寺等,是每个到尼泊尔旅游的佛教徒必来的地方,有的甚至专程为此而来,以日本、韩国、香港、新加坡等地来人居多。在一个高山之国的欧式餐厅里,用着刀叉,吃着中式饭菜,谈论着佛事,这真是别有一番情趣,世界仿佛就浓缩在这家小旅馆里。

从BUTWAL出来,过一座旧桥,爬一段小坡,眼前呈现一片平坦宜人的田园风光。路旁有零星的农舍,房前是闲散的人们,屋后是开阔的田野,田野里有牛羊在吃草,一群秃鹫在争食一头死牛的腐尸。最奇特是路旁一颗笔直粗大的古树,树冠底部一根长长的树枝竟横过马路,伸到了路的另一边,像一位忠于职守的哨兵要拦下车辆检查,又像一位好客的当地人在邀请远来的行人到树下稍事休息,喝一杯"JIYA"(当地语,一种加糖和奶的茶)后再上路。

穿过一小片树林,吉普车进入群山丛中。山虽不如初出加德满都时的那么高,但却更为陡峭险峻。山中车辆行人极少,显得格外空寂。有趣的是,在路上遇到一只野狗,背上背着一只小猴,也许是一只失去了猴妈的小生命吧,让人感叹动物们在大自然中相处得如此亲密和谐,不禁要为人类的战争与残杀感到悲哀。

翻过群山,车子在起伏的丘陵与平坦的田野间穿行,然后是一片平坦的原始密林,笔直的柏油路从密林中穿过,林中几乎空无一人,寂静荒凉,只偶然听见牧牛的铃声从密林深处传来,如一支来自远古的妙乐。这样一片原始荒林或许会使人生发一种欲望,想领着自己的心上人,向森林中心走去,然后脱掉一切衣物,永远平静地生活下去,直到全身的毛发全部变白,而美丽的野鹿成为常来光顾的朋友。当然,你须在已参透人生的全部意义之后才可作这样的选择。

出密林,过平原,吉普车在一个检查哨口前停了下来。老王上前去作车辆登记。车子重又启动后,他说:"这是皇家森林公园,里面有一些野生动物,公园两端路口设专人把守,车辆在里面要减速、禁笛,甚至连车里收音机录音机也不准播放。"

"里面有什么动物?"我问道。

"我亲眼见过猴群、豺和梅花鹿,比动物园匿养的漂亮多了。听说还有老虎、巨蟒……"老王正说着,减慢了车速。原来,前面几只孔雀正列队横过路面,一跃朝森林里翩然飞去。

临近公园的尽头过一座桥。桥的上游,壁立的石壁下是清澈平静的湖面。正在我迷恋上游的湖光山色时,车速又一次减慢下来,老王提醒我说:"看下游。"只见下游的沙滩上,几只鳄鱼正在午后的秋阳里一动不动地晒着太阳,好不惬意自在。鳄鱼与沙滩混为一色,如不细看,还以为是几根冲到沙滩上的枯树干呢。

四十分钟的车程过了皇家森林公园。前面是一个小镇,车子从小镇离开柏油路,左拐驶上一条泥石路,在农田、村舍和原始密林中颠簸穿行。

"没想到,这里的人与自然界相处得这么融洽。"我颇有感触地说。

"是啊。你别看这个国家穷,却很重视环保,听说砍一棵这样的树要得到政府部长的批准才行。"老王指着路旁的一棵参天古树说。

夕阳西下的时候,我们穿过一片树林,榨鲁瓦河上游宽阔的水面如惊鸿一瞥,从不远处一闪而过。再往前行不远,在森林边和河水之间就是此行的目的地——项目的生活营地,一个用铁丝网围起来的宽敞干净院落。车子在院子中央的土路上停了下来,两个当地雇工连忙过来搬运行李。

"我先到工地去看一看。你休息一下,明天再带你到别处去转一转。"老王说完,就朝河边的工地匆匆走去。

第二天,在尼泊尔西部这块陌生神奇的土地上,我继续悠闲地看风景,在山水之间,光与阴里,随意放牧一颗散漫的心。

2003年11月14~18日,初稿于北京安慧北里安园甲8号——望京。

工程师的世界

结伴游记

曾经有一位浪漫诗人告诫人们，出门远游时最好不要携带任何伴侣，尤其不可有女性作陪。在他眼里，年轻的女伴简直就是青草地里的美丽花蛇。固然，浪漫诗人是想独领大自然的无限风光，但我以为，他是过分言重女伴消极的一面了，除非他确曾有过与美丽花蛇的不快遭遇。

仅以我粗浅的经验而论，单独与一位年轻漂亮的姑娘结伴而行，即便是萍水相逢的偶遇，在风景如画的异国他乡作一次短途旅游——如果年轻的时候，你热恋中人不是一位旅游爱好者，你俩未曾携手远足——尽阅良辰、美景和佳人，那一定是你一生都难有几次幸运碰到的美妙而难忘的奇遇。倒不是说你事先就期望，能在这样的旅行中有什么特别的收获（难道说人活一辈子，时时刻刻事事都是为了要有什么收获么），也不是说这将是一次怎样令人怦然心动的浪漫艳遇，就算你无意去探索身旁女性的如同还未涉足的异外风情一样神秘的内心世界，但这至少是件可遇而不可求的赏心乐事。

十一年前的那个夏天，我们一行八人，作为承建一座境外水电站的专业技术和管理人员，从北京出发，飞越太平洋，横跨美国全境，再折向南，一路周折奔波，终于抵达中美洲小国伯利兹。在阵雨频频而闷热的傍晚时分，在与危地马拉接壤的边境小镇 Benque Viejo，我们在河边街上一栋租来的二层小楼里暂时住了下来。

同行中有一位来自上海交通银行的姑娘——晓晖小姐。因为想请交通银行为本项目开具一大笔履约担保，所以公司特意邀请她代表银行，到工地现场作短期考察。显然，这种冠冕堂皇的理由，公关的成分远大于实际的作用。

晓晖小姐因为是客人，到这里后，项目经理安排她到伯利兹著名的旅游胜地，位于加勒比海上的 San Pedro 游玩。考虑到一个女性初来乍到，恐途中多有不便，领导便决定让我一路陪同。

晓晖小姐是地道的上海现代知识女性。中上等身材，矫健而匀称；蓄一头长发，戴一副眼镜，文静又大方。临行前的那天早上，她上穿红绸衬衣，下配浅蓝牛仔,头上一顶雅致的宽边女式草帽。这身打扮使她看上去,就如同她的名字一样,透出朝霞的热烈与勃发的青春朝气。旅行尚未开始,我的眼前已经为之一亮,心境为之一振,旅游的兴致也因此增加了三分。

如果碰巧你也爱好旅游,尤对异外风景满心好奇,而且最最重要的,此时此刻你如有充分的闲暇和雅兴,那就请与我们一同结伴神游吧。

汽车从西部小镇 Benque Viejo 出发,横穿伯利兹全境,到达伯利兹城,路上用时不过一个多小时。由此你足以想象得到,这是怎样一个袖珍型的国家。一路上你看见的是满眼的绿色。如果说这个国家小,是因为其国土受了大西洋海浪的推压而被浓缩了,那么生长在这片土地上的绿色,也一定是跟着被浓缩了,浓缩得看上去已经有些拥挤和涨眼。你甚至要怀疑,这块弹丸之地能否承载得起如此沉甸甸的绿色?想一想那些寸草不生的大片大片戈壁沙漠吧,你会感到上帝实在过分偏爱这片土地了。绿而幽深的林中草场,绿而果实累累的柑橘园,绿而沉寂的沼泽地,绿而密不透风的原始山林,还有海岸边绿而连绵不尽的红树林。绿得让你不忍去踩踏它;绿得让你感到哪怕多修一条柏油马路也是在作孽犯罪;绿得仿佛你一抬头,看见天空也蒙上了一层淡淡的绿色。而我们的汽车不过是一只快活的金龟子,正匆匆爬行于这天然的绿色王国里。

伯利兹城位于加勒比海西岸,说起来是该国最大的城市,人口不过两万。假若把地球看成一座花园,那么这个国家只能算作园中的一棵无名绿草,而这座城池当然就是草叶上一粒新鲜的露珠了。你要是把这个国家比作一块镶嵌在加勒比海边的天然绿玉,我要说这座小城就是玉石上的一颗精美钻石。但我们还来不及细细观赏小城晶莹剔透的美质,就不得不登上飞往 San Pedro 的早班飞机了。

直升机像一只红蜻蜓,在海面上轻盈地低飞。放眼俯瞰,清澈的海水,在阵雨后明媚的阳光里波光粼粼,仿佛很浅,浅得只能淹着你的脚背。乳白色的海底清晰可见,一窝窝墨绿色的海草,像是攒在海里的颗颗翡翠。明眼的人,你甚至能看见海水里游走的银色鲨鱼。而远处的 San Pedro,宛若一只月牙船,顶着绿色的帐篷,漂浮在海上,轻轻随波摇曳。帐篷下,可爱的幼子在酣睡……

你到过陶渊明笔下的桃花源吗?但那毕竟还带有一丝人间烟火味儿。当你踏上 San Pedro 时,或许就要疑惑,是否误入了一方奇异而虚幻的天堂仙境?没有丑陋傲慢的柏油马路,没有疯狂狰狞的汽车,没有令人压抑的林立高楼,也没有人声鼎沸的闹市。有的只是明媚怡人的海上景色。右边,是湛

工程师的世界

蓝湛湛的海水，远至海天共一色。脚下，是细白耀眼的沙滩，引得你立刻想脱下鞋袜，去亲身感受那一份细腻与温柔。左边，是密匝而修长的椰树林，恰似戴斗笠的妙龄女郎们的婀娜群舞。树上，饱满的椰果，正可比作少妇们硕大而成熟的双乳。树下，一间间草棚错落有致。棚前，一口清浅的泳池，仿佛浑然天成的玉盆，盛满天庭的玉液琼浆。池边，两棵椰树间，系一条麻编摇篮，一位着比基尼的棕肤少女，静静地躺在里面，正沉醉于她阳光一样灿烂的青春遐思中。设若这位少女不是穿着比基尼，而是以三两片椰叶遮身，你一定不会怀疑，眼前的这幅景色，正像一个迷人的神话，在很久以前当人们第一次踏上这个岛屿时就这样存在着，并且将永远不变地继续存在下去。除了比基尼与椰树叶的那点区别外，细心的人，难道你还能寻到一丝一毫别样的不同么？只怕是枉然，你心中不由生发一种感慨：世间万物虽变化莫测，但总有些东西恒久不变。再看一看你身旁的女伴，你不觉得她的到来，为这幅古朴的海景图增加了一笔现代的亮丽的东方色彩，而使人与画相得益彰，交相生辉么？

　　置身于这如梦如诗的海景中，也许你心中无端地冒出一个词来——纯净。不知不觉中，你的心思变得纯粹简单了，心情轻松安静下来，记忆也暂时健忘了。这时你会发现，即使是最寻常不过的物象，在这块与世隔绝的净土上，也超越了庸常，而体现出某种神圣静穆的气韵，仿佛地中海及其附近所发生的久远的传说故事就在眼前。阳光，难道不是像圣母玛丽亚的目光一样温柔圣洁，阿波罗的套马战车一样炽热辉煌么？天空，不是像刚刚接受过圣水洗礼般蓝得发白么？海水呢？这一片洁净的海水，是足配用作浇灌伊甸园里的花果的。空气，是百分之百的海上空气，仿佛刚从海水里诞生一样，鲜灵灵，湿漉漉，还带有一丝纯粹而甜淡的海腥味儿，有如六翼天使酣睡时的轻轻鼻息。最轻盈是云，那是海神波塞冬的一片神思，倏忽间幻化为海天之间的一个虚无。最无迹是风，迎面拂来的清风，抚摸一遍你裸露的皮肤，亲吻一口你的发梢，撩拨一下你的衣角，再与你尚未失落的灵魂淘气地玩一回捉迷藏。当你用心灵的手去捕捉时，它却倏地离你远去了，像是一个海上的精灵，更像是海王宫中仙女们来去无踪的飘逸行迹。当你把关于美景的种种奇思妙想向同游者倾诉时，她正好是一位颇具艺术眼光又善解人意的忠实听众。你哪里会认为她是旅途中的累赘而不视之为启发灵感的宝贵火花呢？

　　探险，是游山玩水中不可缺少的刺激。你不必像海洋学家那样，刨根问底，去探究海洋深处的奥秘，那是老学究式的做派；也不必学都市里海洋馆中的泳女,与鱼共舞,作供人欣赏的表演秀,那是纯商业化的虚伪;单是浮光掠影似的浪里飞舟,令人胆战心惊,便是你不可不为的奇特尝试。租一条冲锋舟,让驾舟人开足马力,不要瞄着固定的方向,这里可没有什么交通规则的束缚,你的眼力有多宽广,任你驰骋的海上路面就更宽广十倍,只管信马由缰地去吧,风驰电掣般地向大海深处冲去,去拥抱大海,去接受大海的拥抱,任海天之间那深不见底的大口将你的全部身心吞噬,让你的勇气与胆量去接受大海威力的检验与锤炼。冲锋舟已近于直立,仿佛已离开水面飞了起来,你的心也随之提到了嗓子眼,但你还须故作镇静,以颤抖的笑来掩饰心中的胆怯,尽量体面地保持一副男子汉勇敢无畏的外表。而你身边的可怜女伴,早已吓得魂不附体,正在绝望地尖叫,双手不自觉地抓住你的衣袖。这样惊心动魄的场面,大概只在你身临万丈绝壁时才会经历。

赏完海岛美景,玩过浪里飞舟,你已经十分尽兴,如果这时令你踏上返程,你已然觉得不虚此行。但偏偏你是平生第一次见到大海,又熟水性,如果不亲自到大海里去畅游一番,你总会感到些许的遗憾。当你纵身跃入水中,你才第一次真正品尝到海水的滋味,苦咸,滞重,但这并不能减少你劈波斩浪的自由与欢欣。一个猛子扎下去,摸上来一个椰子大的空海螺,举在头顶,向坐在你衣物旁的女伴露一个得意的笑脸。

带着被阳光晒得发红的皮肤,带着粘滞在身上的咸涩,带着游玩后疲惫而快乐的心情,还有存于相机中的留影,你随我们匆忙返回。飞机上乘客寥寥,如同总统的专机。换乘汽车后,起初你或许要兴致勃勃地大谈游后感,却不知道同伴已在何时睡着了,你不忍去侵扰她的梦,便沉默下来,竟沉默到自己的梦里去了。

梦里一笑,河边街的二层小楼已赫然在目。晚霞里,该请你下车并与你道别了。

晓晖小姐离开伯利兹前曾答应我,回国后一定将游玩时照的照片冲洗出来寄到我家里。如今,十一年过去了,我一张照片也没有收到,不知都寄到哪里去了,心中留下一个小遗憾,一直未能抹去。但我与晓晖小姐结伴而游本身,却不曾有丝毫遗憾,同样成为我心中抹不去的记忆,正如河边街那个斑斓的晚梦。

2003年3月,初稿于北京安慧里。

工程师的世界

Appointments with Soft Rain

(相约毛毛雨)

January 1 to 7, 1999
Kothiyaghat, Bardiya, Nepal

In those days when the monsoon was ending, it drizzled most evenings, not every day but quite often and regularly like a lover's visits by appointment. When I opened the western window that dusk, the first view I caught sight of was a chain of dark mountains undulating against the setting sunlight, as if a group of girls were standing before me. And among them, one looked more charming and mysterious, for a sheet of gauzy haze floated about half way. If the upper part, against setting sunlight, were her black hair, the white haze her T − shirt, and the lower part her black skirt, then the sunlit top would be her splendid face. The sun disappeared behind the mountains, twilight rose and the sky grew darker and darker with thick cloud gathering far from the sky. And later fine rain started. Wet air drifted, approaching me with a breeze's blow. This was the first meeting with drizzle.

Firstly it reminded me of the excitement and exultation, even a little of the madness, that I had experienced when I fell in love and won my beloved girl's heart many years before. Then as it drizzled more and more my heart became more and more peaceful just as the appointments with a lover became plainer and plainer but more and more agreeable.

The charm of continuous light rain was irresistible. It produced a kind of solicitude and expectation, sometimes even very strong, in my mind in the days of no fine rain. In the beginning, it was not obvious. But the desire rose stronger and stronger as I got more and more to know the fine rain, and enjoyed the benefits from it more and more. Fine rain, I meant, would be the God's kind favor to the earth for its piety, if rainstorm were the dissatisfaction, hatred, anger and revenge the sky vent on the human being for its disrespect. At last I could not bear its absence at all. And I waited very anxiously for its coming, like a desert longing for oasis, or a boy for his lover's appointment. And everyday I said to myself: it should, and would certainly come tonight. When I got too impatient I even wanted to make a phone call. I believed that the electromagnetic waves of the telephone could reach the sky where drizzle lived, but perhaps the heaven could not understand or was not interested in the secular world's language. Moreover I did not know the number if they had a telephone. Therefore I could do nothing but wait and hope that the gods would be so kind as to present me a time of soft rain every evening in my plain, insipid and solitary life. Sometimes I was disappointed but sometimes it indeed rained. Maybe it was my pious praying and calling in the heart that touched the gods. But I would rather believe I had a common idea, or an inter-sensation of souls, with someone, perhaps a fairy girl, in the heaven—I needed the moistening of her affection while she was so understanding and so benevolent as to bestow mankind, especially myself, the celestial nectar. Therefore when I was bathing in fine rain, I always thought she knew me completely and I was grateful to her for the favor. A feeling of the secular world's combination with heaven, a harmony between the earth and the sky came to my mind at that moment.

The most wonderful feeling about drizzle was an aesthetic enjoyment of being between existence and no existence. You clearly knew that it was drizzling but when you looked fixedly to identify it you could see nothing but obscure mist. This is something like a girl's heart between love and no love. Intellectually, she says to herself: "I don't love him, I must not." But emotionally, she cannot resist him. He might come to her mind naturally and suddenly at any time, beyond her intellectual control. She has a light, but inextinguishable expectation of seeing him. She feels inexplicably vexed when not with him, and then picks up telephone unconsciously, dialing the familiar numbers.

Indeed, a drizzling day was a romantic girl in light make-up, her face veiled, walking with small steps, quite feminine, without any impolite or vulgar behavior or garish dress, even not a loud coughing or breathing.

I rambled in rain and it slightly wet my skin and hair as if under her eye's soft gazing. An umbrella or any form of shelter seemed to be not only unnecessary but a curtain obstructing the enjoyment of drizzle. I, both my body and heart, was fully soaked in the misty air and felt the soft, hardly perceptible, touching of the rain. I could even smell a diluted sweetness in the wet air. Coolness was flowing gradually into my heart, making me think of the moonlight and the river wind on a summer night. When the gentle rain cleaned the dirty air it was, at the same time, tranquilizing to my impetuous soul. All unhappiness, trouble and desire were washed away by the invisible droplets. What remained was only the purified thought of myself, accompanying the fine rain before the window, like a couple of intimate lovers.

The sky was colorless, except some dark gray in the far sky, like a lake that would inspire you to look forward to a pure and peaceful world. The grassland below the window looked as fresh and delicate as a baby's face and the wate-drops on the grassland were the lovable tears on the baby's smiling face.

A tree in my court stood there unmoved, like a meek girl before an appointment, being bathed, combed and dressed with new clothes by the drizzle, and looking brighter and glossier, but not lacking elegance, especially with the beauty of green youth. From that fresh greenness, you might find the anxious expectation of meeting with her lover and her new fancy of the future. And the occasional slight swaying of the tree against the sky must be the girl's turning before a mirror after dressing up. She was ready and stood there quietly waiting for her lover's coming with expectation and fancy full in her mind......

Far away were the mountains with a pervasive haze rising from the thick dark green forest, as dim and fanciful as in a dream. The dark green mountains seemed serious as if lost in meditation, but the smoke-like mist was cheerful and brisk like wisps of mountain's slowly rising thoughts. What a beautiful Chinese painting!

When it was completely dark, myriads of lamps lit up near and far, here and there, dense or scarce—seemingly in no order but indeed in the right places like the flowers or sparkling gems spread by fairy-girl from the sky. Or you might wonder if the Milky Way was shifted to the ground by drizzle. At this moment the town in a haze seemed much more obscure and charming like a fairy palace only imagined in some beautiful fairy-tale. Everywhere was quiet at midnight as if all noise and disturbance of the daytime had been swept away by rain, and the drizzling town was like a child-angel soundly sleeping under the kind gaze of God, deeply drenched in his infinite favor.

If the sensations of soft rain were the enjoyment of nature, then listening to its voice with the heart would be an intoxication of soul. It rained soundlessly, and could not be heard by ear. But it brought, or itself was, a celestial voice, a mute music from the heaven, which could only be sensed with the soul. Bright sunlight was a symphony of nature, fervent, warm, passionate, magnificent, encouraging people, bringing light for the world; drizzle was a serenade of heaven, soft, cool, serene, plain-elegant, consoling souls, making the world mysterious and more poetic. It did not make you crazy, nor arouse you to the battlefield but diluted your too strong zeal for fame and benefit and relaxed you, lulling you to sleep after toil. Therefore drizzle was more fitting to me, a solitary man who had been leading a vagrant life far from home and who liked to stay alone. Just as a soldier at night on the battlefield preferred the gentle mountain wind to the blasting of bombs. Or, rather than noisy modem music, he would like his lover's voice on the telephone at that moment, soft with a little ardor, sweet with slight sadness, even somewhat timid with shyness, which might remind him of the snug and romantic times together by candle. Such memories were more pleasing. And perhaps to him not the vague love in the words but her voice itself was an intoxicating enjoyment.

Soft rain was still flying quietly in front of the window, as if a fairy-girl was telling heavenly stories in a low but sweet voice, happy or sad, interesting or boring, frankly opening her pure heart to a man who was always so understanding and ready to listen to her. If the raindrops falling from the eaves were her sentimental tears, then the occasional silver – bell – like crying of a bird through the misty sky would be her pleasant smile when she recalled playing with her fairy – sisters. But more was the endless vivid relation, soft as to soundless, of her plain daily life in a deep palace, simple as her thought, and it seemed like a spring of clean water – flowing into my soul as continuous droplets fell into ground……I felt as if I was making a spiritual communication with the fairy – girl, and two gathered hearts were dancing a dance of life by the music of the gentle rain. And a sweet feeling was falling on to the impassioned hearts. Only at this moment did I seem to completely understand, and melted into, the mute music of the soft rain……

How beautiful an evening appointment in the soft rain!

工程师的世界

相约毛毛雨

在雨季将尽的那些日子，晚间的毛毛雨接二连三，虽非每天都有，但很经常而有规律，有如情人的如约造访。

那天傍晚，推开西窗，夕阳下起伏的群山如黛，最先映入我的眼帘，宛如一群少女伫立于窗前。其中一座山峰，腰间一片罗纱般的雾霭缭绕，看上去神秘而更具魅力。如果夕阳衬映的山上，是她乌黑的长发，雾霭是她的T恤，山下是她黑色的裙子，那么夕照的山顶，就是她灿烂的容颜。

太阳西沉，暮色初升，远方的浓云积聚过来，天空越来越暗。少顷，细雨乍起，潮湿的空气随轻风飘来。这是初会的毛毛雨。

起初，它让我重温了激动、狂喜乃至有点疯狂的记忆。多年前，我坠入爱河并赢得意中人的芳心，那时曾有过这样的经历。但随着毛毛雨的濒临，我的心情渐为平静，正如情人的约会，愈趋平淡而快愉。

连绵细雨的魅力，叫我无法抵御。每当那无雨的日子，一种挂念与期待就在我心中生起，有时还甚是强烈。最初并不明显。我对毛毛雨的认识日渐加深，并从中受益越多（我是说，毛毛雨是上帝对大地虔诚之心的恩赐，假若倾盆暴雨是老天因人类的不敬而发泄的不满、仇恨和报复），期待与牵挂越烈。到后来，我简直无法忍受那些无雨的时日。我在焦急地等待，就像沙漠盼望绿洲，也如小伙子等待情人约会。每天我自言自语：今夜它应该来，也肯定会来。太不耐烦的时候，我甚至想去打个电话。我以为，电话发出的电磁波，能飞抵毛毛雨所寓居的天庭。但恐怕天堂不懂凡界的语言，抑或对之不感兴趣。而况如真有电话，我也没有那号码。我只有无奈地等待，期望仁慈的上苍，在我每日平淡、乏味而孤独的生活里，赐以晚间的细雨。有时我失望，但确也有下雨的时刻。或许是我虔诚地祈祷和呼唤发自心底，感动了上帝。但我更信，我与某个天堂中人，也许是位仙女，有着共同的意念，或者心灵的呼应——我需要她深情的滋养；她则通晓人意，更有一副慈善心肠，赋给人类（特别是我自己）以上天的琼浆。故沐浴着毛毛雨，我总在想她透彻我的心底，并满足于对她恩赐的感激。每在此时，一种上下交融、天地和谐的感觉,就萦绕于我的心里。

对毛毛雨最为奇妙的体验,当数那似有又无的审美享受。你明知在下着毛毛雨,但若定睛去看,除了迷濛的雾则什么也看不见。这好似那颗似爱非爱的心。理智上,她对自己说:"我不爱他,我不可能爱他。"可情感上无法抗拒。与他相见,是她淡淡的却挥之不去的想望。或许随时随刻,他会蓦地自然而然浮现于她的脑海,理智难抑。无他的日子,她会莫名地烦恼,不知不觉地拿起电话,拨下那些熟悉的号码。

细雨濛濛的日子,正是淡妆又浪漫的少女,玉颜蒙纱,行走碎步,柔美无加,不作无礼粗俗的举止,亦不着浓艳华丽的服饰,更无大声咳嗽呼吸。

我漫步雨中,一任细雨轻轻润湿我的毛发肤肌,仿佛她目光温柔的凝视。雨伞或任何遮盖都显多余,实乃阻挡享受细雨的幕帘。我全心身浸润于雾气,感受毛毛雨细微难觉的抚摩。我甚至嗅到湿气中淡淡的清甜。凉爽渐沁我的心脾,令我想起夏夜里的月光与河风。毛毛雨清洗着污秽的空气,同时也在消解我浮躁的魂灵。细无身影的雨沫,洗去我满腹的不幸、烦恼和欲望,所存仅是我净化的思想。陪伴窗前的细雨,宛若一对至亲情侣。

除了远空的一些深灰,天空是一片无色的湖水,激起你对纯净世界的向往。窗下的草地,婴儿脸样的鲜嫩。草地上的水珠,定是孩儿笑脸上可爱的泪花。

我院中的独树,若凝定不动,则像是赴约前温顺的姑娘,听任毛毛雨的打扮梳洗,穿上新衣,更显容光焕发,光彩照人,却不乏优雅,尤显绿色的青春倩影。从鲜绿中,你不妨去寻找幽会情人的焦灼期待,还有她未来的最新憧憬。天幕下树身偶尔摇曳,必是姑娘妆毕在镜前轻轻转身。她已梳理停当,悄然而立,静候情人的来临,期望与憧憬充溢于心际……

远处的山峦,弥漫的雾霭,从墨绿的密林中袅袅升起,迷离朦胧,如幻如梦。葱茏的群山,看似严肃,如陷沉思。薄雾如烟,欢快轻盈,仿佛缕缕的情思,翩翩升起于群山头顶。怎样一幅绝美的国画。

天色黑定,万盏灯火已明,这里那里,疏密远近,看似无序,却又恰在其位,有如空中仙女抛洒的繁花,抑或灿然闪烁的宝石。你还可诧异,难道毛毛雨把银河搬到大地?雨雾中城,此时更加朦胧迷人,就像是神话中臆想的琼楼玉宇。深更半夜,万籁寂静。白天的嘈杂纷扰已被毛毛雨清扫尽净。细雨飘零的城市,像是睡梦中的小天使,受着上帝亲切的凝视,沉浸于他无限的恩赐中。

如若体会毛毛雨是享受自然,以心聆听其声则是灵魂的陶醉。细雨悄悄,于耳难辨。但它带来(抑或自是)上苍的佳音,来自天堂的无声妙乐,唯心灵方可感知。明媚的阳光乃大自然的交响乐,热烈温暖,激越壮丽,催人奋进,带给世界以光明;和风细雨则是天堂里的小夜曲,柔和清凉,宁静淡雅,慰藉心灵,使世界神秘而更具诗情。它不会使你癫狂,也不召你奔赴疆场,却淡化你对名利过分的热望,在辛劳之后,缓释你的筋骨,催你安人梦乡。是故,毛毛雨于我更为相宜,一位远离故土而又喜独居的游子。正如战地之夜,士兵更爱听轻柔的山风,而非炮弹的爆炸。抑或他讨厌现代音乐的嘈杂,但愿此刻电话中传出他恋人的情话,温柔又稍夹热情,甜蜜还略带伤感,更有胆怯与羞涩,令他记起,烛光里温馨浪漫时光,多少次曾与她共有。这般记忆欢愉而令其回味。或许于他,不是话语中的脉脉爱意,单是她那妙音也够如醉的享受。

细雨纷扬于窗前,有如一位仙女,以甜美的低语,在讲述天国的故事,高兴或者悲伤,意趣盎然或索然,向一位男子袒露她纯洁的心怀。而他总是善解人意,洗耳静听。屋檐落下的雨滴,是她伤感的泪水;迷濛的空中,偶尔划过银铃般的鸟鸣,那是她欢声笑语,在回忆起与仙女姐妹们开心玩耍的时刻。而更多的无尽的娓娓描述,细无声息,是她深宫里平淡的生活,简单得有如她的思想,好似一泉清水流进我的心灵,在这纷飞的雨沫降落大地的时刻……我似觉得在与这位仙女作精神的交流,两颗相聚的心儿,和着细雨之乐跳起生命的舞蹈。一种甜蜜的情感正降临于火热的心上。仅在此时,我似才完全听懂毛毛雨的无声乐章,并将自我融入它的旋律……

毛毛雨中,一个美丽的晚间约会!

1999年1月22日,初稿于尼泊尔。

兰卡威之晨

黑夜与白天,夜色与晨光,都难寻着明显的界限。兰卡威岛的那个早晨孕育于暗夜的月光里,大约降生于第一声鸟鸣时。

在岛的西海岸，掩映在椰树林中的是彩虹旅宿一幢幢独立的二层小木屋。当远方来的游客还在红顶小木屋里沉睡时，朦胧的天色中，窗外寂静的椰树林里，突然响起一声短促而清脆的八哥叫声，仿佛是在报告新黎明的诞生，并叫喊它的同伴们赶紧起床欢呼迎接。稍隔了一会儿，不远处又传来同样一声鸟鸣，算是一个迟到的应答，仿佛是在说："来喽！"随着晨色渐明，林子里逐渐热闹起来，越来越多的鸟儿从睡梦中苏醒过来，舒一口长气，扑打一下翅膀，清一清嗓子，便加入到晨练的歌唱声中。于是，八哥们的大合唱渐渐地清越洪亮此起彼伏，并伴着小麻雀们细碎的低音和声，歌声因此悠扬而又富有层次。而从树叶下传出的有节奏的"go—oh"、"go—oh"声，显然加强了鸟声合唱的韵律性。

晨练合唱结束后，鸟儿们一定是唱的时候太卖劲，此刻感到有些饥饿了，便纷纷从林子里的树上飞下来，一蹦一跳，连走带飞，到了近处的海滩上，悠闲地寻觅着海潮过后残留在沙滩上的细碎食物。同一片沙滩上，早起的一对外国老人，赤着脚，正在专注地挑拣贝壳。棕鹰（注：当地土语中，兰卡威意为红褐色的鹰）是不屑与这些唧唧喳喳的小鸟儿们为伍的，这时大概仍栖息在某个山上的原始密林中，继续做着它有关征服者的梦。只有等到艳阳高照时，它才肯一跃钻出山林，展开有力的翅膀，在蔚蓝的天空中孤独地飞翔，机警地傲视身下的海水和岛屿。

月儿姑娘起了个大早，却赶了个晚集。与大多数爱美的年轻女性一样，月亮临出行前想必也打扮了一番，只是更为用心费时罢了，少说也花去了大半夜的工夫，以致等她梳妆完毕，从东边的地平线款款地走出深闺（大约脸色还因羞怯而微微泛红），第一次赴约会似地慢腾腾升入当空时，早已是天亮时分了。无数次程式化的梳洗，已经使月亮姑娘成为一个训练有素的审美专家，这个时候，她懂得只把最亮丽洁净的大半张银脸暴露在空中，既大胆而自信，坦然地接受人间的欣赏和礼赞，同时又似在文静中透出一丝圣穆，怀着一种慈悲与怜悯，正安详地注视着人间的一切。月儿独悬碧空，徐徐生辉，清丽如刚出水的芙蓉。早晨微暗的天空也因其放出的银光而大为增色。大约是用马素丽公主白色的血液清洗过的缘故，那张银脸看上去虽不再有爱恨情仇的伤痕，但隐隐地总有些孤傲冷漠的神色，高高在上，真正令人可望而不可即。见过这样的月亮，你或许会觉得，"月是故乡明"多少有些狭隘和可笑。正如世界各地都有美女一样，月亮无处不动人。是的，"美在任何的地方"，一位诗人曾这样说。

晚起的太阳——这样一位懒惰贪睡的宇宙青年能否追得上空中的那位小

美人，是很值得怀疑的——还躲在旅馆木屋的后面，却伸出长长的手臂，将一层淡淡的金光洒向远处的绿色山林。尽管天边的云彩是巨帚扫过后留下的洁白痕迹，屋后的云霞是太阳的眼睛所发出的金黄色光芒，天空蔚蓝得有些幽深，海水蔚蓝得令人生畏，但所有的色彩都有这样的共性：色度纯净，色泽鲜亮。

也许午后的阳光过于炽热，空气也有点郁闷。但早晨的气候清爽宜人，让你体会不到气温的存在，最适合人们出来赏景或劳作。海边，高大的椰子树旁，站着一棵精心修剪过的伞形矮松树，如同一位年迈的老人领着蹒跚学步的孙子，站成一组自然的雕塑，伫立岸边看海景，抑或在翘首盼望夜间出海的亲人驾船归来。大海在经过一夜的汹涌澎湃后，只在细白的沙滩上留下一道明显的浸润线。此刻海潮已经全然疲倦地消退，海面显得格外宁静温柔，像是月儿姑娘晨梳时的一面明镜，抑或是那位公主深邃而幽怨的眼睛。昨日黄昏还是泡海水浴的地方，现在已经变成一片潮湿的滩涂。而远处曾被淹没的光秃秃的礁岩，也露出半个上身来，如同一块漂在水面上的大木头，或者更像某次悲惨的海船失事所遗留的一堆残骸，成为人们脑海中无法移去的伤情岩块，使人无不感到眼前良辰美景的珍贵与可爱。而几个大小不等的岛屿，像是满载而归的渔船，静静地泊在海面，仿佛是装载太多，以致岛屿下部裸露的岩面像就要沉入海水里的船舷一样狭窄。极目望去，海那边的群岛，只是轻描淡写一片，宛如一个淡蓝色的异国梦境。淡淡的晨色中，早已有赶海的渔人，在浅海里拾贝摸虾，弯腰贴在水面，看上去近处的如虫，远处的如蚁，更远处露出一个人头，只是似有又无的一点。

当太阳在红屋顶上露出迷人的笑脸时，从旅馆厨房里送来阵阵诱人的海鲜味，想必是厨师们正在忙于烹制赶海人刚送上来的鲜活海产品。木栅栏围成的室外餐厅，四周顶上簇簇鲜花盛开。客人们正在花影下享用自助早餐。一位客人刚起身，大胆的鸟儿便飞到餐桌上，敏捷地将一大块熏鱼叼走。

吃过早餐，早晨才算真正结束。而午前的美妙时光，恰似一个恭顺的侍者，早已在桌边悄悄地驻足等待，听任你恣意地打发。

2003年3月28日，初稿于北京安慧北里秀园15号。

作客他乡圣诞夜

我对圣诞节的概念一向是淡远生疏的，除了红帽子白胡子的老人，星光闪烁的塔松以及缤纷的瑞雪外，其他的几乎一无所知，而且作为土生土长的中国人，以前从未特别庆贺过，就连我近日托人捎回京城给妻儿的新年贺卡上，也没有捎带写上圣诞的祝福。

当北国，比如北京，正值天寒地冻瑞雪飞扬的时节，地处南半球的海滨城市利马正享受着一年中最暖和明丽的阳光。所以，这里的圣诞节与我的想象多少有些不同。这次到秘鲁后，我是第一次真正意义上经历西方这个一年一度最盛大的节日，而且是在一位华侨家里度过的。尽管是第一次，但对于人到中年的我来说，早已泯灭了孩童的新奇与渴望，也没有年轻情人的浪漫和激情，正如对待生活中的一切遭遇只能逆来顺受一样，我以平和的心态与新识的朋友度过了这个特殊的日子。如果这种心态是一种中年的成熟的象征，似乎成熟得有些老相和悲哀，是我不愿接受而又不得不拥有的。只是趁着记忆的流水尚未完全枯竭，来写下这篇不咸不淡的文字，记录下我人生历程中并不闪光但多少有些特别意义的一刻。

三天前的早上，经参处的马秘书打来电话说，陈金海先生邀请我们俩去他家里共度圣诞夜，当时我未置可否。

我与陈先生初识不久，而且只有一面之交。大约一个月前，马秘书告诉我，有一位华侨想与这里的中资公司合作，考虑到我们是在秘鲁的中资承包公司中业务发展最好的，便打算推荐我们公司。在马秘书的安排下，我与陈先生在经参处见了第一面。后来，陈先生的一位伙人，同我也只有过一面之交的贺先生来电话，欲约我与陈先生再见面喝咖啡。当时，我因正忙于一些事务而推辞了。

对于是否去过圣诞节，我一时颇犹豫。毕竟我与陈先生交往不深，又是一个不爱热闹不善应酬的人。从礼节上说，陈先生如果要请我去做客，理应亲自与我联系，也许他是怕再遭拒绝吧。据说，在秘鲁请人到家里作客是最高的礼遇。再说，我初到此地，作为生意场上的人，为了公司的利益，多结交朋友总是件有益的事。考虑再三,二十四日上午,我还是答应马秘书与他夫妇同去。

当晚九点多,半圆的月亮镜一样清明地挂在天空。我带上年轻同事苗小姐先去了经参处,再与马秘书及夫人端木女士一道驱车前往陈先生的家。穿过繁华喧闹的大街,拐入绿树夹道的窄马路,又在宁静幽深的富人住宅区转了一个来回,当车开到陈先生的家门时,他已经站在院门外等候我们了。

陈太太在家门口将我们迎进屋里。陈先生将他的母亲、姐姐夫妇、孩子们及其他亲朋好友逐一介绍给我们认识。陈先生讲一口并不流利的广东味十足的普通话,讲到困难复杂处只好改用西班牙语。其他人要么讲广东话,要么说西语,孩子们能说英语。与我们在一起,虽都是中国人,交流起来却常常遇到困难。因为我不懂西语,有时只好请苗小姐或马秘书夫妇作翻译。

我们端着软饮料,先初略地参观了陈先生的家。据他自己讲,宅地共占地一千五百平方米。高墙内是宽敞的前院和停车场,中间矗立着一栋两层洋楼,后侧是内院,有一块略隆起的绿草绒绒的大草坪,内院的尽头是一口小泳池。客厅里的陈设布置,除了圣诞老人和一幅油画外,其余全是中国式的。他的家看上去虽称不上奢华考究,但宽敞大气,住起来一定舒适方便,是远非一般的利马市民家庭可比的。

不一会儿,餐厅的食品桌摆上了丰富的食物,有烤火鸡、烤乳猪、炸鸡腿、炸大虾、鱼丸子等,除了一盘蔬菜色拉和蒸土豆外,全是地道的广东风味。但吃的却是自助餐,用的是刀叉。各自取了食物到屋外的餐桌上,就着葡萄美酒。陈先生夫妇陪我们在一桌上,其他的人在另一桌上用餐。

席间我们了解到,陈先生早在上个世纪六十年代就从广东来到秘鲁,在这里从小学念到大学毕业。起初与另一中国人合伙开鞋厂和制衣厂,经过几十年的创业奋斗,现在工厂已经成为皮尔卡丹设在秘鲁的分厂,也是这里同行业中规模最大的工厂。八年前,他又开始涉足建筑行业,主要从事利马的市内民用房屋建筑。他的两个儿子在秘鲁出生长大,已是十几岁的小伙子,但对中国和中国文化陌生。他打算让他们在秘鲁念完大学后送到美国念硕士,再派到中国去了解和认同中国的历史和文化,并计划明年初带孩子们回去看故宫,看长城。看得出来,虽然幼年即远离故土,年逾五旬的陈先生骨子里仍怀有浓厚的故国情结。当我问陈先生对他目前的事业是否满意时,他不无感慨地说:"其实,钱并不是最重要的,重要的是我在这里拥有自己幸福的家庭和很多要好的朋友。"听了这话,我心有所动,但竟又一时不知说什么好,颇有些茫然。

临近午夜,孩子们抬出一大箱鞭炮和礼花来迎接圣诞节。人们纷纷从餐桌边站起来,相互握手,行贴面礼,互祝圣延快乐,并静静地站在一旁,听鞭炮的爆炸声,观天空中美丽的礼花。四周也同时响起了鞭炮,燃起了礼花,空中弥漫着浓浓的烟雾和火药味,浓得有点呛人,有点让人睁不开眼,就像某种深烈而又难以描述的情意弥漫在这异国的天地间。陈先生家燃放的烟花爆竹响亮而持久,且是纯一色从中国进口来的浏阳产品。当问及过春节是否也要放鞭炮时,陈先生从容地笑着,肯定地回答:"要的,而且还要多得多。"我当时在心里想,这样的情景在北京的除夕之夜已经多年不见了。

告别陈先生一家,回来的路上已是车稀人少,空中仍不时闪耀着礼花,响着零星的鞭炮,那轮孤独的半月显得暗而远了。一路上,年轻的苗小姐在感叹第一次见识了富人家的生活。而我则想,其实陈先生家的圣诞夜和咱国内家庭的除夕夜差不多,只是不知道即将到来的春节自己将在哪里过,和谁一起过,捎回去的贺年卡想必已经收到了吧,心中不由生出些相思的惆怅来。

2001年12月25日,初稿于秘鲁利马。

路上的怜悯

冬天里的加德满都地区,虽非冰天雪地,却也很有几分冷意。一大清早,我驱车从加德满都城出发,赶往千里之外的工程工地。尽管穿着厚实的毛衣,车窗紧闭,我仍感到浑身凉飕飕的,不得不打开车上的热空调取暖。

翻过城西的山垭口后,是崎岖的盘山公路,像一条巨蟒蜿蜒伏卧在崇山峻岭中。蒙蒙晨色里,只见一些零落的山民,身穿单薄的破衣褴衫,蓬头垢面,紧缩脖子,躬着干瘦的身子,迈着细碎而急促的步子,在路边谦恭地行走。见此情景,我心中怜悯之情油然而生。冬天的清早,人们本应还在温暖的被窝里酣睡的。而这些贫穷困苦得衣不遮体的山民们,却将自己暴露在这冷气逼人的荒山野岭中。看他们的样子,一定受冻得严重。真是够可怜的。

这种怜悯的心境一路伴我远行,即使早已远离了山民,仍然无法从我心中排解，且引发我一路的思考。

绝对的，这些踏寒而行的山民是值得同情的。但他们自己是否想过需要得到别人的同情呢？或许他们并不感到冷，多年艰苦的山村生活已经使他们习惯了受冻，因此并不在意天冷，而是坦然地活着，以为生活中有时候本来就要挨冷受冻的。一路上，如果哪位山民怀着对家的向往，想象家中烧得正旺的炉火在等待他的归来，不由得加快了脚步，也许他就不觉得周身的寒冷，心中倒是有几份归家的温暖和满足。行路的山民也许并不知道，我这个匆匆而过的陌路人，曾对他们由衷地产生过怜悯，尽管这种恻隐之情只是短暂而苍白，充其量也不过是道义上的而已。

而他们又是怎样看我的呢？我坐在温暖舒适的车里一驶而过，就一定让他们羡慕吗？难道我自己的处境就不令人同情吗？我也是在冬天里起了个大早出门赶路的。我之所以坐车，在很大程度上说是因为我一路行程太远而不得不择之。走过短暂的一段山路，山民就到了家，就有家中的亲人伴有温暖的炉火迎接他。而我经过一天的颠簸才抵达目的地后，有什么可期待的呢？我对自己目的地的向往比寒路上山民对家中炉火的期盼更温馨热切吗？我的家又在哪里？我为何行驶在脚下的这条山路上？远离故土和亲人，一连几年孤独地漂泊在这人生地疏的异国他乡，会不会引来他人的同情目光？精神上的孤独与物质上的匮乏同样招致怜悯。难怪有朋友对我与家人长期分离而感到不可理解。这"不可理解"中是否渗进了好心的同情，让被"不可理解"者品味出一丝悲凉与无奈？在我人生的旅途中，是否也时常遇到一些素昧平生的人，曾经、正在和将会投我以我自己并不知晓的怜悯，即便仅仅是道义上的？一个不幸的人，一个人的不幸，都值得并可能招致他人的同情。一贫如洗的山民值得同情；腰缠万贯的富豪就一定没有令人同情的方面吗？人生的失败与不如意会赢得同情的泪水；一个事事遂心如意且身居高位的人，其生活的一切都注定招来仰慕的目光？一个忍饥挨饿的乞丐在饱餐一顿残羹剩饭后所获得的满足，也许要远胜于整日沉溺于声色中的阔少再经历一次新艳遇时所体会到的快感。但在不同的意义上，乞丐和阔少都有叫人哀其不幸的一面。

那么，我们人类作为一个整体，回顾历史，审视现状，展望未来，除了值得骄傲与颂扬（虽然有时失之盲目），难道就不值得同情吗？当人类面临共同的困惑与无奈，悲哀与灾难，还有人类自身能力的局限，以及人性中的弱点与缺陷时，又有谁以宽大的胸襟来可怜芸芸众生？是慈悲而至高无上的上帝，还是智慧已然高度发达的天外来客？

可是，上帝和外星人又在哪里呢？上帝，存在于圣经里，存在于教徒虔诚的心中，而唯物论者宁可信其无。外星人，也只不过是人类的猜测与幻想，尚无人真正见过一面。倒是人类中的某些分子，对自己的同类时有出于怜悯的善举，比如：为灾区无偿捐款的匿名者，慈善机构的布施，希望学校的建立，等等。更有一些出类拔萃大彻大悟的智者，思索和看清了人类所无法摆脱的命运，给予同类以深切的哀叹和悲怜。而他们本身的现实命运和他们伟大而孤独的心灵常常又多么值得和需要我们大家关怀与同情啊！

理智上，大多数人并不情愿接受他人的怜悯，因为那是软弱无能的表现。但在情感上，在我们心灵深处，由于我们时常陷于绝望的尴尬，命运的冷酷，还有人性中的脆弱与对爱的乞求，我们是否或多或少有意无意地在渴望怜悯呢？人生在世，大家本是同路人。如果每一个人由衷地同情他人，也心怀感激地甘愿接受他人施以的怜悯，我想，人人都会一路走好！

2001年3月1~2日，初稿于加德满都

纳嘎廓特与葛达瓦里峰

在环抱着加德满都城的莽莽群山中，远郊有两座著名的山峰。一座位于城东三十公里，名叫纳嘎廓特（NAGARCOT）；另一座位于正南，离城不到一个小时的车程，名叫葛达瓦里（GODAWARI）。

简直可以用"他"来称呼纳嘎廓特峰，因为旱季里的纳嘎廓特就像一位袒胸露背的汉子。棕褐色的草皮和裸露的山坡，是汉子久经风吹日晒的健康而粗糙的皮肤，山顶那一片葱茏的松林正可比他浓密的头发。圆滑的山体，似不具年轻人精干挺拔的身材，而颇有中年男子的敦实与淳厚。神韵中少了几份小伙子的锐气，却添了成熟男人的宽容与豁达。

沿着平坦而曲折的沥青路面，驾车登高，仿佛是去访一位平易近人的好友，心中生不出丝毫的紧张，只需偶尔用眼睛的余光看一看路面，大可以将大半的心思用来观赏沿路的风景，把山腰间层层叠叠的梯田和星罗棋布的茅舍纳入眼底。也可将眼光放开去，看邻山茂密的树木和苍茫的山色。偶尔回眸一顾，山下绿色的原野和远处的城市一览无余。

山顶一带是人工美的极致。修剪整齐的草皮，水泥块铺成的小巧而平整的停车场，沿坡而起的一级级方方正正的石阶，沿路两边摆放着鲜花竞开的盆景，半人高的小松树，山边台地上粉白的小神塔，还有山顶上精巧的二层旅馆，无不显出刻意求精的用心，仿佛镶嵌在山上的一幅工笔画。而满地的洁净，空气的沁甜，阳光的明媚，又能使人感到画面的清新明快。悠游其中，心里会多几分清静，少几许俗念。

但并不能实现完全的脱俗，而是处于上天与尘世的交汇点。山脊上错落的房舍，袅袅的炊烟，土坯墙的小学校；还有学校平地上无忧嬉戏的孩子，小店铺里悠闲自在的店主，神像前顶礼膜拜的信徒，让人分不清是人间的天上还是天上的人间，仿佛置身天人合一的理想境地。

沿山顶蜿蜒的小路，穿行于松林中，可领略树干列队礼兵般的挺拔与昂扬，感受脚底下松针叶的柔软与多情，品嗅空中松香的香甜与温馨。透进林中的初春阳光带来几分温暖，而蔽荫又使人获得些许的凉爽。林中的风声伴随着悠扬的神钟余音，如同大海澎湃的波涛夹杂着海鸥的欢叫，抑或是纳嘎廓特这位中年男子深沉而激越的情怀。

山顶小酒馆外，一方草坪，几对桌椅。靠一丛翠竹落座，耳里是竹叶在风中飒飒的脆鸣，而心神早已被对面的雪山摄去。朗塘（LANGTANG）山脉就横亘在前方，与碧蓝如海的晴空相衔，像一堵雪白的城墙，城墙里想必是一个巨大而幽深的千年古堡，神秘而久远的故事连绵发生。阳光照耀下的雪山是如此壮美，却又偏偏生发一种柔情。只见朗塘峰顶上，大风卷起一带白雪，因为相隔得远，看不出狂暴，倒显得有些轻盈，颇似姑娘胸前随风舞动的飘带。雪山脚下则是暗蓝而苍茫的群山，衬映得雪山越发的白净，而暗蓝则其暗如黛了。

转身向南眺望，可以看到群山之中，葛达瓦里山峰鹤立鸡群的身影。如果说纳噶廓特山是一位中年男子，则葛达瓦里峰就是一位身着绿裙的文静少女。走近后会发现，那陡峭的山峰如果裸露着，倒有几分男子汉的刚健与挺刮，但却被厚重的绿色覆盖，就更像是少女苗条柔美的身姿，只不过把固执而倔强的内在天性隐藏起来。满山茂密的绿色植物是少女的长裙，无不透出青春的气息。寻遍满山，也看不见大片大片姹紫嫣红的花团锦簇，只有一些细碎小白花的点缀。由此看出，大自然无疑是最高超的服装设计师，仿佛知道过分俗艳的装扮于文静的山姑是不相宜的。山间的宁静气氛正可让少女沉浸于未来的梦中，伴着她空守闺阁的寂寞与忧郁。微风拂煦是姑娘在作细声呼吸。山谷里传出的阵阵鸟鸣，那是少女唱出的一曲曲清脆悠扬的情歌。山间的潺潺溪水，流泻不尽她心中无限的柔情。但切莫把山脚下的那座皇家植物园错当姑娘的后花园，那是情侣们谈情说爱乐不思返的幽僻处。虽然近在咫尺，葛达瓦里的双脚却从不踏进植物园的园门，因为她心中早就有一位意中人。也不可将近旁的几池碧水误作姑娘的梳妆镜。清澈的湖水，映照着蓝天白云，还有近山的倩影，连同山间的空灵，却永远照不进葛达瓦里美丽的容颜。

　　通往山顶的盘旋路，那是葛达瓦里姑娘调皮地将长长的纱巾从肩头缠裹到脚跟（注：尼泊尔姑娘最常见的民族服饰是身着长裙长裤，脖围一条长纱巾）。一路陡峭崎岖，凸凹不平，就如探索少女的心灵之路般曲折难行。登上山顶，环顾四周是略矮一些的群峰，一样地绿色浓郁，像一群亲密无间的女友，那是捧月的众星。她们静默地相守相伴，以对视默望传情达意，让局外人永远猜不透姑娘们深藏不露的心思。在姐妹们的簇拥里，葛达瓦里山峰，多少年来静静地站立，落寞中，是在沉思、期盼，还是在向远处的情哥哥久久深情地凝望？跟随她的目光看过去，群山环抱中的加德满都，沉睡于菩萨铺就的摇篮，笼罩在一层神圣的佛光里。而城中密集的房屋更像河滩上密密麻麻的黑卵石。再向远处瞭望，雪山脚下，崇山峻岭中，望穿秋水，可见那座纳嘎廓特峰？

　　两相望，长相思，不相见，纳嘎廓特与葛达瓦里，竟是一对人间的充满异国情思的牛郎织女。加德满都城则像一位热心快肠的媒婆，尽管黑黑的有些丑陋。而那条从城中延伸出去，连接纳嘎廓特与葛达瓦里的逶迤幽静的山路，可是媒婆手中永久的红线还是七七的鹊桥？

　　　　　　　　　　2001年3月初，定稿于加德满都。

无名湖之夜

　　初夏的黄昏时分，西边的晴空，一颗闪亮的星星伴着镰刀月。华灯初放的都市中，林立高楼包围里，凹下去的是一座无名小公园。公园内，一座六角古亭旁，又凹下去的是条不太规则的宽不及一米的环状小路。环路里，再凹下去，圈着一池湖水，面积不大，方圆约百十米。

环路围着湖面，若不是在路肩与湖边之间疏立着几棵高大的白杨和俯弯的垂柳，往小的说，更像一只因营养不良而略为畸形的葫芦水瓢；又因一圈散落着高低错落疏密相间的怪石，再往小的说，如老太太大张歪咧露出豁牙的嘴，丑陋中显出沧桑的美。湖面平而不单调，静而不死寂。紧贴湖面浮着几匹碗口大小的荷叶，如残局时散布盘中的棋子。也有几根尖尖的新荷，矛似地戳破水面。但荷花未开，连花苞也寻不得一枝，省得坏了这淡雅的湖上夜色。只有胆小的几只小青蛙，因受了一时的扰动，从歇着的荷叶或岸上，"咚、咚、咚"地仓皇逃入水中，水漂似地在湖面激起一圈圈细微的涟漪，慢慢扩散开去，旋即水面又恢复了平静。但始终未闻得蛙鸣的鼓噪。

清淡的暮色里，人们三三两两地在环路上散步，竟也有几分热闹的景象。年轻的母亲推着婴儿车，时不时与车中的小宝贝呢喃叽咕，最是自豪与愉悦的时刻。半大的孩子，扎着头向前猛跑一大段距离，再倒退几小步，又朝前跑一大段，只几个来回就跑完一整圈路，然后又是一圈，最当无忧与开心的光景。老两口相伴着踱步，步子均匀、无声而缓慢，遇见相识的老伙计，还要停下来，互致个长短的问候，打发这无聊而多余的时光。

白杨树们似不介意，身子一动也不动，如转九十度看，像是在直挺挺地躺着睡觉。但睡得不很安稳。树顶偶尔会掠过一阵晚风，像一个淘气的孩子，正拿一根细草搔弄酣睡小伙伴的鼻孔。阵风短暂而无力时，并不见白杨有动静，再来一阵稍长而力大时，白杨终于似有所感觉，条件反射般地摇一摇硕大的头，"沙沙"地咕哝几句，接着便又做起了梦。垂柳最幸福，受不着晚风的袭扰，正倾心沉醉于同湖的热恋，钓鱼竿似地倾向湖面呈拥抱状，多情的柳枝垂直向下凑过去，给湖面一个长长的热吻。

渐浓的夜色像在无声地吆喝着，把人们一个个驱散开去。剩下一对老人，好像走得累了，也似有所迷恋，静坐在湖边的小树林中，许是在追忆曾经辉煌的岁月，回味热恋时的甜蜜，偶尔发出含糊不清的话语，间以一两声干咳。

孤星，残月，独亭，一青年单坐在湖边孤石上，双手支着前倾的头，凝定的，赏景，沉思，还是正做着青春与爱情的梦？那是另一片无限的星空。

2001年1月13~14日，初稿于尼泊尔乡村。

没见到香山红叶

一

香山最美的景致是什么？
有人说是秋末漫山遍野的红叶。
上香山去干什么？
自然多半是看红叶。

二

今天，我和妻去了一趟香山，为的是看红叶。

我想看香山红叶的愿望已经很久了。记得十年前的十二月份，我与未婚妻同游北京。从碧云寺出来，到了香山公园的大门口，我对她说："冬天看不到红叶，改日再上香山吧。"

往后数次路过北京，总是来去匆匆。心里想到了红叶，却顾不上去香山。在天津读研究生两年多里，曾几次约同学一起游香山，但终因这样那样的原因而未成行。

今春毕业后，我来京工作。天气晴好的时候，站在办公楼顶上，极目远眺，可望见西北郊外逶迤的群山，脑海里就会幻想着美丽的香山红叶。

今年夏天，妻把儿子留在老家上学，自个儿来到北京。妻在京的工作学习一直很忙，平时总抽不开身。今天赶上我三十四岁生日，她特意请了一天假。这些年，我们两口子为生计所累，日子过得很没有滋味。今天是一个难得的机会，都很想轻松浪漫一下，兴许能找回一点过去的感觉。于是，我俩不约而同地想到：上香山，看红叶。我们带上一杯茶水、几个苹果，就直奔香山来了。但是，我们却没见到红叶。

三

在香山，我们看到了碧波荡漾的眼镜湖，流光溢彩的琉璃塔；也听见了幽林中的声声鸟鸣，深谷中的阵阵林涛；还领略了重阳阁凌空的气势，苍松翠柏不屈的风骨……

更难得的是，我们碰上了香山少见的大风。这风比雪莱诗中的西风更犷野，比狄更斯笔下的风更淘气。凛冽干燥的寒风在缆索上呜咽，在山谷里奔腾，在山顶上呼啸，在游人身上呈威……一阵阵狂风来得干脆，去得潇洒，带着北方汉子的豪迈与干练。寒风过处，卷起一股沙尘，扶摇直上，恰似香炉上升腾的青烟。经历了这风，我猜想，香炉峰大概因此而得名吧。

但，就是没有见到红叶。

四

见不到红叶，我们就去四处寻觅。

在山脚下的见心斋，成群的红鱼儿在水中悠游，莫不是零落水里的红叶在随风飘浮？在半山腰，我们坐下来小憩。妻拿出一个"红富士"要削了吃，问我："红叶是不是像这苹果的颜色？"站在近山顶的一平台上向山下望去，看见山坡上一些年轻的姑娘们穿着红色的冬衣，难倒是一簇簇流动的红叶？登上山顶，看见一位小姑娘的脸蛋被寒风吹得绯红，也许是香山红叶给染成的？

我们沿蜿蜒的幽径一路寻下山，走出北门，回过头来，向青黑色的山峦投下眷恋的一瞥。

我们虽游过一趟香山，竟然没有见到红叶。

五

我们向碧云寺的门口走去。笔直的石板路，两边是塔形的小柏树，绿丛中缀满粉白的果实，一颗颗如同丰满坚挺的小花蕾，妻则说像是圣诞树上的小彩灯。而在两排小柏树的那一端，掩隐着的一团殷红，在我们心里泛起了一阵涟漪，莫不是……怀着最后一线希望，我们连忙跑过去。错了，路边商亭里的姑娘说那是两棵金银木。树上结满串串珍珠般大小的果子，红透了，美极了。我们赞叹这晶莹剔透的红果子。但是，最终还是没见到红叶。

六

我说想写一点关于香山红叶的感受。妻笑着回答："你连见都没见过红叶，怎么能写得出呢？"然而，我更担心，如果今天真见到了红叶，凭我这笨拙的笔，呆滞的思想，怕也无能写出它的美质来。如此岂不是有损于红叶的美吗？还不如没有见到红叶，迟一些，再迟一些才好。

我心中的红叶，既是一片空白，又任我驰骋想象。红叶是暗红的，带着晚秋的凄凉；还是鲜红的，带着"红于二月花"的热烈？是如山腰间飘浮的一片薄薄的红云，还是如盖在山坡上一床床新娘子的厚厚的大红被？是满山遍野纯净的红彤彤的一片，如太阳初升时满天的红霞；还是红中带紫，紫中显黄，黄中泛绿，一片色彩斑斓的世界？……

我心中的红叶是朦胧的，美丽的，因为我没有见到过真正的红叶。

其实，每个人心中都有一片未见过的红叶。它是你还未到过的大海，还未登临的险峰。它是你不曾进过的大学校园，不曾造访过的母亲的故乡。它是一个久藏于你心中的小小秘密，一位永不谋面的梦中情人……

你心中的红叶也是朦胧的，更是美丽的。

但是，未必就能真正见到那红叶。

七

在返回汽车站的途中，窄窄的街道两旁摆满了出售红叶纪念卡的小摊。两层透明塑料硬皮，中间夹着一片或一对红叶。红叶被刷上鲜红的涂料，很醒目，为的是招引过往的游客，但却掩去了红叶本来的自然美色。这只是小摊贩手中的红叶，已不是属于香山的红叶，更不是我心中的红叶了。

不过，我们还是挑着买了四张红叶纪念卡，上面还分别印有蛇、马、虎、鼠四种动物。我对妻说："这几张卡有纪念意义，咱儿子属蛇，你属马，我属虎，今年又是鼠年……"

拿着印有蛇生肖的红叶纪念卡，我们谈起了远在老家的儿子。记得儿子是能爬山的。如果他今天来爬香山，说不定比我俩都快，也一定很开心。妻望着我深情地说："等来年再与儿子一起来看红叶吧。"我在心中默默地说："是啊，且把心中最珍贵最美好的东西，留与你所爱的人一同共享！"

卖红叶的大嫂告诉我们，看红叶的最佳时节是十月中旬。看来这次晚来了一个月，但毕竟比十年前那次提前了一个月。我仿佛觉得离见到红叶的日子更近了。我幻想着，向往着，期待着将来有一天见到香山红叶。但我又害怕一旦见到真正的红叶，会破坏我心中那美丽的幻想，但愿再迟一些见到红叶。于我，这不正是红叶的魅力，红叶的美丽吗？

游一次香山而未见到红叶，心中虽有遗憾，但并不觉得失落。虽感到失望，但又伴生了新的希望。虽有点劳累，但心是愉快的，美丽的，那是因为我心中有一片还未见过的红叶。

1996 年 11 月 20 日
北京小黑虎胡同

五月的黄昏

西下的夕阳，将天空中最后一束余辉收网似地敛了去。而夜还没来得及拉开黑色透明的帷幕。空中只有一两颗亮星，与曾有的辉煌或将至的满天繁星相比，一时虽然显得单调无色，倒也平添几分清净。拂面的微风，既不残带初夏白天的暑气，又尚未捎上入夜后的凉意，像一杯不冷不热而又无色无味的白水，正配得上这悄然而至亦明亦暗的暮色。

京城的北二环路上，车流在接连不断地飞驰。车尾的红灯像机关枪射向天空的一串串飞弹。连绵的车声，远听上去有如幽谷里奔腾的山洪在咆哮，其间夹杂着大卡车闷雷般的吼叫。车子载货拖人，也连带着车上不同的人们五花八门的思想、心绪和情感。尽管车中无论人或物，还是车子本身，都各有各的目的地，但却汇聚行驶在同一条拥挤繁忙的路上。车中人也许怀有似箭的归心，也许抱着玩景的闲情，但却只能随着车速走，正如这车子本身，时速虽有一档五档之分，但却前有别车相阻，后有他车相随，受限于车流中，想快快不了，欲慢又不能。

路的外侧不远，凹下去的是一条二三十米宽的水渠。两岸柳枝倒垂，藏起往日风中的婀娜之态，冰挂般凝固着一动也不动，一两颗葱郁的古柏仿佛站在原地瞌睡。如镜的渠水悄无声息地静流，如果不是几片褪了色的花瓣顺流缓漂，你会以为那只是一渠死水。

马路与水渠之间，与其说是一条人行道，不如在某种意义上说是一座过渡与联系的桥。道路两边的白杨树叶在晚风里轻摇，三三两两的人们闲散地漫步其间。一对年轻的夫妻，在其分离而忙碌的白天与共枕相卧的静夜间的空当，一个推着婴儿车，一个被狮毛狗牵着，若即若离，在喧闹与沉寂相碰撞的地域，寻求一份怡然自得的心境，让白天里那些烦心与不烦心的世事统统从脑海里抹去，准备着渐渐归于宁静的梦乡。腆个大肚皮的孕妇，挽着丈夫的手臂，既不像车流那样迅疾，又不如流水这般徐缓，迈着肥鹅一样安稳自得的步子，并将路上汽车排出的废气与水渠边散发的金银花香，拌进腹中生命的晚餐里。走疲惫了的旅人，在人行道靠水渠一边的斜坡草地上——兴许是他以为离马路远一点，便可多得一份安宁（毋宁说少得一份嘈杂）——头枕行囊，微张着嘴在安然瞌睡，在行将启程的夜路上作短暂的歇息。他对周围一切的漠不关心，正如周围的一切对他的不屑一顾。空无表情的脸，看上去连梦都不曾有。

车流依旧，水流依旧，人行亦依旧，只是天色已完全黑下来了。明日的朝阳也依旧吗？

1997年1月15日，北京小黑虎。

什刹前海的夏夜

出了小石牌胡同，走过银锭桥时，可以望见夕阳在什刹后海的水面上燃烧。过桥后沿前海边的柏油路东行，一路上不见一丝风影儿。燥热仿佛在空气中凝固了。牵着的妻子的手早已是汗渍渍的。儿子正在吃刚从桥头买来的"新大陆"雪糕。在从嘴里抽出雪糕的当儿，冒出一声："爸，热！"

路拐向南，水面豁然开阔。恰在拐弯处，一阵悠悠的晚风拂拂地吹来，凉凉的，柔柔的，那感觉仿佛是触摸在一位刚从清泉中出浴少女的玉臂上，又像是在听情人在耳边喃喃细语，浑身的燥热不知不觉地已消去了大半。

天色微暗。儿子去一遍又一遍地数着白杨，再把数过的棵数扳着手指加起来。妻在岸边选一块干净地儿坐下来，双腿向水面吊着。我在一旁仰面躺下，把头搁在她的腿上，沐浴在夏夜怡人的微风里，品味着前海的晚景。

　　沿湖的路边是一排白杨，粗壮高大的树干，有笔直的，有微曲的，像是那些慈祥年迈的母亲硬朗的身子。粗糙的树皮正比着母亲身上皱褶的粗布旧衣。向上伸张的树枝，则是她们双双勤劳而有力的手臂。一树树的绿叶正像是母亲们呵护下满堂的儿女，无忧无虑，在尽情地玩耍。葱茏茂密的叶子，经风一吹，像是在轻歌曼舞，又像是在追逐游戏。看他们得意时，摇头摆脑像风铃；高兴时，像是在拍着一双双肥嫩的小手；恶作剧时，又像一对对小哥俩在交头接耳，暗暗窃笑。一只只蝙蝠也禁不住加入到它们的嬉戏中来。这情景让我想起，觅食一天的母鸡婆卧在鸡笼旁闭目休息，一群雏鸡，有的藏在它的胸脯下，有的栖在它的背上，有的从翅膀里钻出头，还有两只在一旁的空地上怒目对峙着，一会儿又扑闪着毛茸茸的小翅膀，去追逐飞来飞去的小蛾。

　　远处的水里，有一些人在游泳戏水。女人们则站在岸上，看着自己的丈夫和孩子在水中嬉闹。形状各异的游船自由地游来荡去，在湖面留下一行行浅浅的涟漪。而脚踏桨发出"扑扑"的声音，却与远处男人们的戏水声正相宜。一只无顶的小船穿行如梭，船中几个年轻女子与岸上的孩儿高声而含混地应答着，此一声，彼一声，谁也不明白他们之间的对话，但似乎很默契，就像他们之间存在着某种天然的联系与理解似的。夜色朦胧时，游船已驶入近岸的一片荷丛中，泊在那里一动也不动，似是玩累了的孩子，坠入母亲温馨的怀抱，沉醉于甜甜的梦中。偶有荷叶摇曳，则是母亲于似睡又醒时为怀里的孩子摇扇驱蚊。

　　天微黑了。湖心的岛上，一串串小红灯笼先亮了，四周的灯光也逐渐多了起来，映在微波荡漾的水面上，椒红的，荧白的，金黄的，翠绿的，幽蓝的，绚丽处如画家手中的调色板，密排处如一幅彩条布门帘。而那对粉红的光柱，比映在洞房之夜新娘眼里的燃烧着的红烛更添一份艳丽与浪漫。对岸一排浓密垂柳的倒影，在水面形成绵延起伏的黛色群山。一盏盏路灯和小平房门前的灯光，稀疏地掩隐在垂柳里，在水面投下长长的荧光条，宛如五线谱上一个个闪光的音符。偶尔一辆轿车从柳丛里驶过，红色的尾灯在水面化作一根少女的纤指，拨动着那串银色的音符……夜幕中的前海正是一片彩色的世界，一曲无声的乐章。

　　天黑了下来，天水已是一片暗蓝。船儿停靠在岸边，游泳的人们都已离去。前海渐渐变得宁静了，仿佛整个大地都在苍穹的怀抱里渐渐静下心来。天上的星星大概因为顶着夏天的烈日晒了一天，也有些热了，便早早地跳入前海里来洗浴消暑。先是偷偷的怯怯的一颗，然后三三两两，接着五六成群，最后整个前海里都浸满了星星。但却出奇地安静，不知是四周的静谧让星星们专心享受这清凉的湖水，还是默无声息的星星让四周静谧下来，连映在水里的灯光似也收敛暗淡了一些，弥漫着只是天地间浑然一体地和谐的氛围。正眼望天空，满目已是璀璨的群星了。我在天空的群星中默默地数着，注视着，寻觅着，渐渐地有些倦意，便微微合上了眼。

　　这时，隐隐约约觉得一辆小汽车从身边的柏油路上驶过，我的背后似乎感受到一阵大地的律动。模糊的脑海里不禁隐约浮现出几年前的一幕情景：那时，儿子还不到半岁，妻抱着他，把他的头贴在左胸，不一会儿，不安分的儿子就睡着了……

　　慢慢地，我的心绪安宁下来，仿佛回到渴别已久的遥远而宁静的故乡，躺在那里悄然入梦。再次睁开眼时，我看见正对头顶，近在咫尺，仿佛是两对美丽的星星，一对稍近，一对稍远，或深情，或天真，正无言地凝视着我。

　　　　1996年10月26日，初稿北京小黑虎胡同。

工程师的情感世界

老大姐

一张火车票

千万里追寻着你

给老同学的一封信

老 大 姐

当初称她为老大姐的时候，其实她还不算老，连三十岁都不到。那是在1982年秋，我大约二十岁，刚参加工作数月。也许是因为年龄上的差距，或者是因为工作年限长的关系吧，自打认识开始，她就心安理得地以"老大姐"自居。

我初到单位时，识人不多，生活也相对简单一些。白天上班，在单位大院后面机库里，与工人师傅们一道修理机械。晚上就在寝室里看书，刚毕业，抱定了考研究生的决心。

我们一间寝室住了几个小伙子，都是当年夏毕业来单位的学生，很快彼此成了朋友。有一天，同伴对我说，医务室里有一位医生大姐，为人挺不错的，要为我引见，听起来他们已经相当熟悉了。我起初有所顾虑，一来我生性内向，不爱接触人；二来怕误了学习时间。经他再三劝说，我才硬着头皮去认识了老大姐。

老大姐个子不高，沉稳干练，说一口四川话。老家在宜宾，早年来鄂读书，卫校毕业后就留在湖北，一直在我们单位当医生。初识时已经工作八年了，丈夫和一个五岁的孩子都丢在老家。因为种种条件的限制，想调回老家去团聚，却始终不能如愿以偿，每年春节才能回去探一次亲。一个女人独自在外，其艰难的程度是可想而知的。但这一点，当时我一个单身汉是体会不到的。正是考虑到刚毕业学生年轻单纯，她才乐意与我们交往，一则由于年龄相差悬殊，不会引起他人的闲话；二则无形中我们也保护了她。这是她后来才告诉我的。

老大姐为人心直口快，热情大方。当时我和同伴在单位吃食堂，她在家做了好吃的，就喊我俩一同去分享。她总是说食堂的饭菜没有吃头，催我们多吃她做的菜，而自己却很少动筷子。有时在星期天，她就煨上一罐排骨汤，特意为我们改善一下生活，或者叫我们过去一起包饺子，当初我就是从她那里学会包饺子的。后来混熟了，到了吃饭时间，不用她叫，我们也会双双端了饭碗，从单位食堂直接去她家。吃完饭就在她家玩一会儿，有时要玩到很晚才离开。大家在一起有说有笑很是开心，她那个孤单沉寂的家里也因此有了些生气。现在想来，那真是一段纯真愉快的日子。

不久，同伴开始谈恋爱，去老大姐家的次数日渐减少，加上其他方面的原因，他俩的关系就逐渐疏淡下来。而我对老大姐的信任与感情却日渐加深，在那个人生地疏的单位，她几乎成了我的唯一依靠。身上有个小痛小伤自然要去找她医治，衣服破了也要找她缝补，就是买重要一点的东西也得请她拿个主意，遇到什么心思更是要一五一十地告诉她，倾听她的意见了。

大约是因为小时候的特殊家庭背景，加之孤僻的性格，我在感情的发育成长上是很迟缓的。正是从老大姐那里，我通过自己的亲身体会，明显地意识到了人与人之间那种坦诚信任、关心与爱护，还有姐弟般的亲切与亲密。在我心目中，她已经成了难舍难离的老大姐了。

所以，当她最终要调回老家时，我的心情是复杂的。一方面，老大姐在经历长期分居的痛苦生活后，终于可以和家人团聚了，我打心底里为她高兴。另一方面，她一走，我将失去依靠，所以又觉得舍不得。

她是在当年底调回老家去的。临走前要跑调动手续，与人告别，还得收拾行李等，尽管一直很忙，她还是抽出时间来为我做了两件事。一是利用晚上时间，把我在大学里穿了四年的毛衣拆洗了翻新重打，她说连给自己家人都很少织过毛衣。二是介绍我认识了她的一位同事，就是后来的莘阿姨，她是担心离开后我遇事没人照应。

我与她的一些朋友一道，提前将行李家具打包，运到火车站去办了托运。她要先到城里的亲戚家住，两天后才乘火车离开。所以，我只好在单位门口与她道别，没有最后去火车站送她。临别前那份难舍的沉重心情，我至今仍难以忘怀。

她走后，我心里感觉失落，常会想念她，人的感情就是这样子。当年春节前，我有事路经武汉，知道她原来爱吃孝感麻糖，就特意在武汉商场买了几盒寄过去。春节后，她给我寄来了自制的香肠卤肉等熟食，带着浓郁的四川风味。

别后的最初几年，我们保持经常通信。她来信谈得最多的是在新工作单位遇到的麻烦，对那边的人和环境很不适应。家庭生活也总有一些磕磕碰碰，她原本心气高，又泼辣能干，加之离家时间长等原因，难免产生家庭矛盾。看信后我也无能为力，连出主意和安慰的话都不会说。她大约不是要来寻求帮助，只不过想找个信得过的人倾诉心思罢了。

唯有一次提出来要我帮忙的，是1986年底我从国外工作回来后。那时候，进口家电还是紧俏物资，她来信问我能否帮她买一台进口洗衣机或电冰箱。但是，我却没有帮上忙。回国买的电器中，本来就没有洗衣机，电冰箱倒是多买了一台，但在她还没提出来之前，已经早在北京处理了。为这事，多年来我一直在心里觉得对不住她。

后来我成了家，接连地下工地，出国，读书，再出国，行踪总是飘忽不定，渐渐地就与老大姐失去了联系。但仍然没有忘记她，我曾暗自在心里有一个计划：等将来有空了，一定要去宜宾看她一回。我曾设想，失去音信多年，也许到那时，她早已换了工作单位，那我就通过电视或广播等媒体，一定要找到她。

山不转水转，我在举家搬到北京后，竟再次与她联系上了。2000年夏，从国外工作回来休假期间，我回湖北老家探亲，顺便去看望了原单位的朋友。从一位老医生那里知道了她的下落，原来她又到湖北来工作了。我立即与她通了电话，电话里两人既高兴又激动。因为已经买好了当日回京的车票，我就没有去武汉见她。不久，我又出国了。

回国后，我们经常联系，想起来了就打个电话聊一聊，逐渐对分别后彼此的生活情况有了了解。最初几次说到伤心处，她竟在电话里哭了起来。以我对她的了解，她平日里坚强自信，在外人面前总是有说有笑的，难得见到她伤心。自电话和电子邮件普及后，我已经很少写书信了，但还是特意给她写过两封信。收信后她告诉我，第一眼看到信上叫她姐时，她激动得落泪了。这一声亲切的称呼的确是久违了。

2005年初，我再次回老家探亲路经武汉，终于与老大姐重逢了。那天很晚我才到武汉，等在旅店安顿下来，已经是晚上九点多了。我们只在旅店匆匆见了一面，但聊得很开心，仿佛还是先前的感觉，只是我比当年话更多更敢说了。而这毕竟是分别二十多年后的第一次见面，感慨彼此都已发生了很大变化。她看上去已经成了名副其实的老大姐，如果我俩在马路上擦肩而过，恐怕都互不相认了。

后来有一段时间，我几次给她单位打电话都找不到她的人，她换了手机号也没有告诉我，所以总也联系不上。终于接通电话后，她哭着告诉我，爱人患癌症刚去世了，前一段时间她就在老家与医院之间来回奔忙，料理爱人的事情。老大姐才五十出头就失去了爱人，真的很不幸。听到这一消息后，我为她难过，想一想，觉得她这一生也是不易。本想专程去武汉看她，转念一想，见了面不过是惹得她再伤心哭一场，不如请她出来散一散心，江南的风景还是不错的。

去年初秋,她来了宁波。原本要陪她去普陀山玩的,却遇到连阴雨和大风天气,起了两次心都没有去成。只陪她在宁波城里转了转,最后送她到杭州去游了西湖。随后就在杭州与她道别了。

老大姐知道我近些年来喜欢搬弄点文字,而且看过我的一些文章,其中一部分是关于我身边亲人和朋友的。这次来宁波,她对我说:"你写了那么多人,就没有想到写一写你老大姐?"好像不高兴的样子。

其实,我早就想写她,而且想往深里写,只是觉得自己的积累还不够,所以一直没有动笔。既然老大姐发话了,我就先捉笔把这几十年的交往记录下来。当然,我与老大姐之间的情谊,单凭这篇短短的文字是写不尽的。但如果能因此消除老大姐心中的不快,我也就满意了,多少也算是了却自己的一个心愿吧。

2007年1月15~21日,初稿完于宁波北仑。

一张火车票

那天晚上,当她火急火燎地打来电话,要我代买一张回老家的火车票时,我着实吃了一惊:两个多月前才在老家见过一面,怎么这么快她就来北京了呢?要知道,虽然我与她小时候同村,是从小学到高中同班九年的同学,在此之前却曾有二十四年未见面啊!

去年秋,我趁回大学母校参加七七、七八级二十年校友会的机会,顺便回老家一趟,主要目的是想见一见过去的老同学。绝大多数同学自高中毕业后就再没有过见面。老实说,这些年来我时常想念他们,个中原因,连我自己也难于说清楚,兴许是怀旧情结,但又似乎不全是。大约世上有些事情是不需要弄清什么缘由的。

回到故乡小镇的第一个晚间聚会,我向同学们提到她,知道她就住在镇上,平日在夜市上摆一个夜宵摊,每天要到夜里晚些时候才出来开张。因为无法及时与她联系上,那晚她没有到场。有同学说,晚一点的时候到夜市上去，一定能找到她。

聚会散后，带着微醉的酒意，我在同学们的簇拥下，特意去了夜市。虽然她的身材相貌有了明显的变化，暗淡的路灯下，醉眼迷离的我，还是一眼就认出她来。只见她正在摊位前有条不紊地张罗着，儿时惯有的恶作剧念头一时间涌上心头。我叫同学们在后面放慢脚步不要做声，自己独自走上前去，用地道的乡音说："老板娘，请炒两个菜！"

她先只是随意地应了一声，待转过头盯着我迟疑片刻后，便略带惊异地问："哎，你啥时候回来的？"见她分别这样久仍能认出我来，我一激动，竟高声叫着拍起巴掌来。

乡间小镇，夜静星疏，风清气爽。午夜时分，灯影柔暗，人去街空，只有路边的小桌一方，清酒几杯，旧友三五个，正把酒言欢，早已醉意朦胧，仿佛天地间只闻见这一片笑声，那是发自心底的顽童一样快乐的笑声。

经不住同学们的一再挽留，我在故乡多停留了一天。第二天晚上，同学们又相约聚在一起，她早早地来了。由于同村同学的缘分，多年不见，我与她免不了多碰了两杯。

人世间的离合难以预料，也令人寻味。没想到故乡一别仅两个多月，我们又见面了，地点是在北京。就在元旦前几天的晚上，她急匆匆地打来电话，说已经来北京打工一个月了，觉得不称心，想马上回家去，因为住城郊，对北京又不熟，想让我替她买张火车票，并且越早越好。说完就挂断了电话。

第二天一早，我去了车票预售处。本来有当天的普快车票，我嫌普快太慢，怕她在路上费时长，人要多受些罪，便多花一倍的钱，买了一张第二天的特快车票。这样，我既有时间接她到家里来见一面，又能让她在元旦那天回到家里与亲人团聚。

在我眼里，这本是件合情合理的平常小事。买完票，我就给她打电话。没想到她一听是特快票，就埋怨说买贵了："哎哟，我到这里一个月辛辛苦苦才挣了三百多块钱，一张票就花了一半！"

第二天上午，我正巧工作上有件急事要办，就让爱人开车去郊外寻她。

在我家里，我们高兴地谈起一些过去在一起时的趣事，我又问了她一些其他同学的情况。末了，她还讲了这次来京打工的原委。因为天气转冷，她在镇上的夜宵生意渐不如从前，听朋友说到北京做家政服务，一个月能净挣一千多元，便只身来京，这是她平生第一次出远门。但实际情况远不是她想象的那样如意，不仅工资低，而且她去的那家人的家境也不好。一家四口住在小平房里，老两口八十多岁了，老头子半身不遂瘫在床上。两个儿子都是四十开外的光棍汉,一个是傻子,一个是瘸子。一家人仅靠老头的一点退休金和瘸儿子微薄的工资度日。这样家庭中的人,性格有些古怪是可以想见的,也就难免时常对她没有好脸色。白天,老太太和瘸儿子出门了,她就成天面对一个瘫痪老人和一个傻男人,感到心情格外压抑。加上初来乍到,饮食气候不习惯,又思念牵挂丈夫孩子们,这一切让她感到度日如年。好不容易熬到一个月,无论那家人如何挽留,她都坚决要回家去。她说,有了这次的经历,以后再也不想出门了,要好好在家经营夜宵摊。

给她车票时,她一再坚持要付钱,被我拒绝了。想一想在老家的那天晚上,我只图自己一时高兴,与同学们在她夜宵摊上白吃白喝,于她的经济状况来说,是让她破费了一大笔,还影响了她一个晚上的生意。当时,看到她两口子仅靠一个夜宵摊维持生计,而且生意清淡,我就体会到了她生活的难处,所以有意克制自己少喝酒吃菜。这一次代买车票,本来出于好心,因为自己一时考虑不周,办得令她不满意,我心里觉得愧疚,怎好意思收她的钱呢?再说一张车票钱对我来说毕竟算不得什么。

因为要赶车,她只在我家里坐了一小会儿。我约上在京的那位高中同学,在附近一家餐馆请她吃了一顿便饭,就匆忙送她上了去火车站的公交车。

送走老同学后,我怔怔地站在岁末寒冷的暮色中。只见人们接连不断地从不同方向聚到同一站牌下,然后被拥挤的公交车带走。乘车人,无论是乘火车还是汽车,来去总是有目的的,是为了逃离令各自失望的出发点,还是抱着某种希望去寻找新的落脚处;或者相反,从失望的落脚处回到曾给予温暖的当初出发点?虽然始发站相同,人们所抵达的目的地却有着怎样的不同!乘同一辆车,搭行同一程路,要掏同样多的钱买票,但有的人会毫不犹豫地掏出来,而有的人却可能要反复掂量,即便只是几块钱。如果不是路途太远,恐怕有人连想都没想过要坐车,就自己辛苦一点走着去了,就像我的这位同学回家不会想着去坐火车卧铺或飞机一样。就是花同样多的车票钱,上了车会有人坐着,有人站着,享受着不同的待遇。但对这一切,公交车毫不关心,只管卖票收钱,匆忙地运送着来来去去的人,似乎是绝对的公平。

而在嘈杂与光怪陆离中,我低着头,不知不觉地误入一大片废弃的草坪,里面是大大小小的坑,灌满黄泥水,枯草里瑟缩着几只看上去病弱不堪的猫狗,无人理睬。抬起头,我两眼迷茫,竟一时找不到家的方向。

老同学离京后的第二天是元旦。晚上她打来电话,告诉我已经平安到家。我想,那个家也许还过于简陋,但于她一定倍感温馨。但愿在新的一年里,她夜宵摊的生意会越做越红火，日子越来越好，将来有一天能不假思索地掏钱买张飞机票，再到北京来看我。到那时，我一定亲自开车去接她。

2003 年 1 月，初稿于北京望京。

Recollection of the Black Eyes

（黑眼睛的回忆）

After all, human brain is different from computer. Information that has been put into a computer, once saved, will be faithfully presented before you in its original flavor and style without any change whenever you switch it on again. But the human brain is forgetful. Sometimes, you may forget in a twinkling or remember only partially what you have just experienced even though it might be of vital significance in your life or have deep impact on your soul. Perhaps, the most inscrutable thing about brain is that, throughout your life, you do not know what will be forgotten and what remembered forever. Something, probably just a trifle that happened momentarily, may reappear in your memory again even after many years. And as time goes on, its impression in your mind becomes increasingly clear and endowed with beautiful and rich color of emotion, leaving you an infinite imagination and making you feel fresh every time you recall it.

That was twenty-two years ago when I was just 15 years old. It was a night of the winter vacation before the national university entrance examination. I was preoccupied on revising for the examination under a dim kerosene lamp in the kitchen when I heard someone outside saying that my classmates had come to see me. I went out very unwillingly and saw Miss W, a girl classmate of mine from my village, with her pretty friend, Miss Y, another classmate who lived in the town, standing at the door. Previously, I had had no intimate intercourse with Miss Y. I was surprised by her unexpected visit and at the same time flurried. I rushed back to fetch the lamp.

Due to my fluster, the lamp went out. Then, I hurriedly fumbled for matches in the dark but no match would strike easily. I tried to make the lamp a little brighter but it remained a small ring of dim yellow light. After quite a long time, I hurried out again with the lamp, and invited the two classmates to have a seat within. But they stood there silently without any movement and Y was looking at me with a smile, sweet, and somewhat foolish. She was a head taller than I was. And as she was standing on the stair one step lower before the door, we could look at each other on the same level. With the help of the lamp, I saw clearly her bright eyes, giving out luster like pearl, glittering like stars, clear and transparent as a spring, and fresh and vigorous as a green vine that had just climbed up a tree branch. Under the faint yellowish lamp, the black eyes beamed wonderfully as gems, making the lamp in turn seem darker and more ugly. Under the gaze of the beautiful black eyes, my heart began trembling and I had a strange feeling throughout my body that I had never experienced before as if on air. With a swelling heart and contracting body, there were pins and needles in my body as if I had got an electric shock. My voice was quivering, and speaking incoherent, and I invited them into the house time and again. At that moment, my mind was blank, and I did not know what else to say. About three minutes later, they left. Probably the time lasted longer but it did not seem to elapse so fast at all! Before departure, Y glimpsed back at me with a smile. I stood there dully, neither persuading them to stay longer (though how I wished they would not leave), nor saying any other things, nor setting out to accompany them away for a distance. Standing there as dumb as a wood, I gazed at their backs disappearing into the dark night, and did not recover for a quite while.

After my two classmates had left, a neighboring uncle came and said that as the girl classmate had come specially to see me so late at night, then she was certainly interested in me. What he meant by "interested" was no clearer, but I flatly denied it. Perhaps what he said was incorrect. Originally, W and Y were a couple of good friends. Y had come to W's home for the Spring Festival, and had probably made a quick decision to visit me by the way. However, my heart was still unusually hot. That night, I was very excited, and there was a strange unrestrained restlessness in my heart. Though I studied late into the night I really did nothing but pretend, and my heart could hardly calm down. It was as if the beautiful eyes were still looking at me, making it impossible for me to concentrate on my book.

Then, the new semester began, and I had classes with Y in the same classroom again every day. As before, I hardly talked with her as if the event of that night had not occurred at all. I seem to remember her silent smile at me occasionally, as frank and sweet as before, which puzzled me. But I did not return the same smile even out of courtesy. At that time, I was too young to understand simple politeness and even more muddled about emotional matters. And in those days, how did a poor country-boy dare to have a fantasy about a pretty town-girl. Even if I had, it would have been nothing but a fantasy, and I dared not to take any real action. Maybe, a lovely innocent girl of her age is naturally born to be fond of smiling and she may do so sweetly, passionately to anybody for no particular reason. I had to work hard at school and the night visit was soon put behind me.

On the last day of the examination, all the classmates departed quickly, neither taking photographs together, nor presenting gifts to one another. I did not seek out her farewell or give her another glance. Since then, I have never seen her. In the autumn of that year, I was admitted into a university in the provincial capital while she failed in the examination. It was said that she became a shop assistant in the town. Since then I have barely heard of her. I have once tried to look for her but I have not seen her again.

I graduated, took a job, fell in love and had a child; years passed in a flash. I have been suffering from neurasthenia since childhood, quite often unable to sleep well, and the condition has been deteriorating, as I got older. At night, while tossing and turning in bed, unable to sleep, I often think back to the old times and my close classmates, and naturally, I sometimes think of her, the meeting of that night and her beautiful eyes. Then the black eyes suddenly appear in front of me, still gazing at me. In the moment between my slumbering and awakening, even her face is blurred, and I cannot remember her dress and hairstyle (perhaps I did not pay attention to them on that night at all). But only one thing is as clear as before and that is the pair of bright black eyes, glittering wonderfully as they did that night. If my mind were an indistinct gloomy sea this moment, her eyes would be the beacons flickering over the sea in the dark night.

Sometimes I regret not writing a letter to her while at the university. Had I done so, perhaps she would have responded. And would we have exchanged our feelings by letters, approached each other slowly and come together finally? Would she then be willing to go around the world and lead a wandering life in common with me? In that way our fate would be absolutely different. Even though we could not come together, would she like to retain her friendship with me for a long time, even the whole life, for the pure reason of that beautiful night? It is a pity that we did not take a picture of the whole class before graduating from our middle school. But how is it possible to find out the beauty of the black eyes from a yellowed class-gathering picture? Through the dust of past time, that inextinguishable star is shining in the night sky of my mind; the black pearl will never fade in the oyster of my soul. And the clear spring is flowing incessantly in the woods of my thought; the evergreen vine has spread over the field of my memory. What is the use of a picture that has been wrinkled by the ages?

In recent years, maybe out of simple curiosity, I have been interested in her situation (whichever respect it is about her, she was, after all, a classmate of mine). Or it is due to that evening that I had in my heart a desire to meet her. Although that desire is not very strong, in no way can it be removed as if it were rooted in my mind. There, in my heart, is a string of question marks about her, like flying kites linked into a string in the sky. More than twenty years have past. Probably all others who were present then have forgotten, but has she still remembered that night visit, and remembered her impression on me at that moment if she also had an impression and it was a special one? If she keeps it in her mind as strongly as I do, is it that we are keeping the same secret in common, with no prior agreement between us, living in different places, and not knowing each other? If it is true, what a beautiful and romantic secret it is, slightly mingled with sweetness and bitterness! Some day in the future, may we meet unexpectedly, and be able to recognize each other? If so, will our eyes give out a joyful surprised light? What feeling is to well out from our hearts? After our meeting, would we like to separate hurriedly or have a heart-to-heart talk? Will the brilliant light reappear in her eyes as before if, on a quiet night, sitting opposite her in soft candlelight, I recollect that romantic night and tell her the impression I have had of her? Maybe she has never taken that night seriously and forgot it a long time ago. When recalling it, she may only respond absent-mindedly with a disinterested countenance, not being much interested in it, and feeling in her heart surprised and funny at my brusque-seeming behavior and sensitive nerve. Or owing to some reason that I do not know, she may be reluctant to mention it, only saying a little sadly: "Forget the past as we have both grown up." Since she was a head taller than I that year, she might be one or two years older, and must be over forty now. But in my memory, she is still as beautiful as a flower before the departure. In reality, she must have become a wife and mother. Even if not so pretty as before, she must, in anyway, be an honest and elegant girl of a little town, or may have the charming demeanor of a mature woman. Is she, at present, becoming plumper or slimmer? Perhaps due to life's affliction and events of fate, her beauty may have become a withered flower of yesterday and time may have engraved trace prematurely on her face that used to be beautiful. And most unacceptably, the eyes that used to be as brilliant as stars may have already lost the luster of the past, and become glassy or as turbid and dim as the kerosene lamp which I failed to make brighter that night. How cruel and ruthless the cursed time is! Such an appearance of hers would smash the dream in my heart. I would rather cherish a beautiful dream, and depress the looming desire and never see her again.

How is she writing her life story in these twenty years of flower's bloom and fade, frustrated or being easy, fully understood only after life's up and down? And what has her life been like, with hopes or disappointments, good luck or misfortune, and endeavors or carelessness? In her daily life, simple or complicated, is her thought as pure, simple and lovely as the black eyes of that year? And where is she now? Has she moored in a snug harbor and leaned all her life on a reliable firm shoulder? Is there a broad chest that can put up with her occasional childish behavior and small errors and defects? In my point of view, can anything not be forgiven when facing such a pair of limpid pure black eyes? Does she now have a good and happy life? Does her husband love her and love her forever? Has her child grown up, and gone to a campus to realize her own dream of university? How I wish her life is happy forever with all her good dreams realized! I do not wish her a splendid life but rather a perfect and dependable destination.

And what about her? Has she still remembered me, regarding me only as one of her ordinary classmates or with special sentimental yearning for me, occasionally or always? In these years, has she inwardly been concerned about me from time to time and quietly inquired about my whereabouts? Does she complain about me for completely disappearing after my departure? In the unendurable lonely moments, has she looked up at the starry sky, and in her heart sent me a sincere far-off wish, and been quietly and hopelessly waiting with an inexplicably dismal mood? Probably, what she waits for is not my permanent return to her but a short meeting. If she was expecting something when she was a girl, has she thoroughly despaired after getting married and giving birth to a child? On her wedding night, were the two red candles in the window flowing happy tears or glimmering a faint light of loss? If she really remembers me, what am I in her heart, still the country-boy a head shorter than her as I was more than twenty years ago? While remembering me, is fine ripple being stirred up in her heart, faint sigh breaking out from her mouth, slight pity flashing through her mind and subtle melancholy showing in her eyes? How beautiful the black eyes with a trace of melancholy are! For her, remembering or forgetting me, which is the better choice and what has she actually chosen? She might choose both, or now remember and then forget me, so the impression will be intense or simple from time to time, between existing and non-existing, looming and drifting, and eventually obscured and forgotten. Once I think of this, a floating cloud of complaint and dejection passes through my heart and I cannot help but silently making a dismal sigh.

In these years and nights, whenever I recall the event of that night, I am always self-meditating and questioning myself over and over again in this way, carefully thinking things over and re-experiencing. The black eyes are originally a maze unresolved for years, from which a string of question marks come out continuously, twining in my heart, forming a block, tying an emotional knot. Because of this I have been too excited to sleep or tired into a dream gradually. However, such a night is always wonderful to me.

After rain, it is particularly clear and pure tonight. With the moonlight at the window and a cool wind in the woods, I recollect the black eyes again. Outside, the midnight bell has sounded and I am completely sleepless. Thus, I get up dressed and turn on the computer to record the story of that night. And that pair of black eyes of twenty-two years ago seems to gaze silently at me working quietly. Her face seems to take on an understanding smile, a smile apparently permeated with beauty and happiness but concealing a slight, endless sadness and dejection.

At a village in Nepal (Chinese draft), Apr. 16~29, 2000
Nepalgunj to Kathmandu, Nepal (draft English translation), July 9~15, 2000

黑眼睛的回忆

人脑与电脑终归是不同的。输入电脑中的信息一旦保存下来，无论你何时再去打开，它都会忠实地呈现在你的眼前，原模原样，原汁原味，不会有丝毫改变。而人的大脑却时有健忘。有时候，即使不久前才经历的事情，或许在你一生中至关重要，或许对你的心灵有所撞击，但仍可能转身就被淡忘了，或者褪色了。然而，对于人脑最莫可名状的还在于，在人的一生中，你并不知道到底哪些事情会忘却，哪些会牢牢记住。也许有些事情，原本是不经意的只不过短暂一瞬发生的小事，多少年过去了却又让你重新记起来，而且随着时间的推移，在你脑海里的印象更是越来越清晰，并渐渐涂上了一层美妙丰富的情感色彩，让你回味无穷，常忆常新。

那是二十二年前，我才十五岁。在高考前寒假的一个夜晚，我正在灶间一盏昏暗的煤油灯下聚精会神地复习备考，就听得屋外有人说我的同学看我来了。我极不情愿地出去一看，见是同村的一位女同学 W 带着另外一位家住镇上的漂亮女同学 Y 站在了大门口。先前，我与 Y 并无过甚密切的交往。我在惊讶于她突然来访的同时，也立刻慌了手脚，忙回灶间去端油灯。慌乱之中，油灯熄灭了。我又赶紧摸索着到灶前去找火柴，找着火柴了却一根接一根地划不着火。我想把油灯拨得再亮一些，却怎么也是小小的一圈昏黄的光。忙乱了好一阵子，我才端着油灯再次跑出来，请两位同学进屋去坐。她们却默不作声地站在原地不动。Y 则一直目不转睛地盯着我看，并柔声微笑着，笑靥甜美中带点傻气。Y 要比我高出一个头，但站在门前低一级的台阶上，正好可以与我平视。借着油灯，我看清了她那双漆黑而明亮的眼睛，正焕发出黑珍珠般的光泽，清澈透亮又如一泓泉水，鲜灵与活力更似初上枝头的青藤。黑眼睛借着微弱发黄的油灯，却闪着奇异的亮光，反把油灯比照得暗淡丑陋了许多。在那美丽的黑眼睛的注视下，我的心颤动起来，浑身有一种从未体验过的十分奇特的感觉，脚下轻飘飘，心在向外膨胀，而身体却像在收缩，全身仿佛触电一般发麻、发炸，说起话来也打颤，又语无伦次，反反复复邀她们进屋去。当时的我，思维已经僵住了，不知该再说些什么好。大约过了三几分钟，两位同学离开了。或许时间更长一些，只是我没有觉察到竟过得那样快！临走前，Y又转过身来微笑着朝我回眸一眼。我木头样地傻站在原地，好一会儿没有回过神来。

两位同学走后，隔壁的叔叔过来对我说："女同学这么晚专门来看你，她一定对你有意思。"他说的"意思"是再明白不过的。我矢口否认了。叔叔的话也许并不对，W和Y原是一对好友，Y过春节来W家里玩，想必是一时兴起，顺便来看一看我罢了。但我心里依然异样地热。那一夜，我很兴奋，心中像突然长出一蔸青草来，胀胀地躁人。我在灯下学习到了深夜，但却是在装模作样，心怎么也静不下来，仿佛那双美丽的黑眼睛还一直在盯着我，盯得叫我无法把注意力集中在书本上。

开学后，我又天天和Y在同一个班上课。仍和以前一样，我同她几乎很少讲话，好像那晚的事根本没有发生似的。依稀记得她偶尔也曾对我无声地微笑过，还是那样率直而甜美，让我觉得有些摸不着头脑，但我并未报以同样的笑容，哪怕只是出于礼貌。那时我还太小，小到还不懂得礼貌，对感情上的事情更是懵懵懂懂的。而且在那样的年代，一个农家的苦孩子也不敢对一个镇上的漂亮姑娘有什么非分之想。就算想过，也只能是想想而已，不敢有任何真实的行动。也许天真可爱的女孩在她那样的年龄段天生就爱笑，无论对谁都笑得甜美动情却又无缘无故。因为学习紧张，所以，不久夜访一事就被抛在了脑后。

高考结束的当天，全班同学既没有来得及照一张合影，也没有互赠纪念品就匆匆分手了。我没有特意去同她告别或多看她一眼。自此后，我再也没有见到她。当年秋，我上了省城的一所大学，而她却落了榜。只听说她毕业后在镇上做了一名店员，后来关于她的消息就近乎杳然了。我曾试图去找过她一回，但终于还是没有见到她。

我毕业参加工作，恋爱结婚有了孩子，一晃就是数年。自小就有些神经衰弱，时常睡不好觉，随着年龄的增大，我的觉更是越来越少。入夜，在反辗难眠的时候，我常追忆起过去的时光岁月和旧时的好友同学，自然有时会想到她，想到那个晚间相会，想到她那美丽的眼睛。那黑眼睛就会突现在眼前，仍在盯着我。有时在似梦又醒的时刻，甚至连她的面容都模糊了，那晚她穿什么衣服留怎样的发式就更记不清了，也许当时我压根儿就没注意她的服饰发型。但唯独那双又黑又亮的眼睛还那么清晰，仍如在那个夜晚一样闪着生机勃勃的奇异亮光。假若说此刻我迷蒙的思绪是一片苍茫幽暗的大海，她那双黑眼睛就是夜色中荧光闪烁的海上灯塔。

有时，我后悔在上大学的时候没有主动给她去过信。如果我写过信，她兴许要回信的。而我们会不会鸿雁传情，慢慢地走近，最终走到一块呢？从此，她可愿与我同闯天涯海角，共度漂泊人生？那样，我们的命运将完全是另一幅景象。即使不能走到一块，她可愿与我保持很长、直至一生的友谊，就因为那个美好夜晚的缘故？中学毕业前没有留下一张全班同学的合影，不免遗憾。但那双黑眼睛的美丽，多少年后岂能从一张发黄的合影中寻得？经过岁月的沉淀，那黑珍珠在我心灵的蚌壳里永不褪色，那一股清泉在我思维的森林里长流不息，不凋的青藤已在我记忆的旷野蔓延攀爬，一张烙上岁月褶皱的照片能派何用场？

　　这些年，不知是出于好奇，想直接去了解她的情况呢，还是纯粹因为那晚的原因，我心中总有一种想见她的挥之不去的愿望。心中是一连串关于她的问号，就像空中悠然飘荡着的连成串的风筝。二十多年过去了，也许在场的别人已经忘记，但她可否记得当晚的造访，记得造访时她心中关于我的印象，假若她那时曾有过，而且是特别的印象？如果她也像我这般牢记，我们算不算得共守一个秘密，不约而同的，在这天各一方，彼此不知音信的时刻？真是这样的话，这是怎样一个美丽而浪漫的秘密！一个略掺苦甜的凄婉的秘密！未来的某一天，我们会不期而遇并能彼此相认么？相认时双眼能迸发出惊喜的目光么？心中会产生何种感慨？见面后，我们只是匆匆而过还是共有畅谈的欲望？如果在一个宁静的夜晚，柔和的灯光里，我与她相对而坐，回忆起那个浪漫的夜晚，告诉她我曾经有过的感觉，她的双眼是否将重放昔日的光华？或者她从来就没有把那晚当回事，早已遗忘。重提旧事，她只是轻描淡写地应对，并在心里对我看似唐突的行为和敏感的神经感到惊讶和好笑。或是出于我并不知晓的原因，她不愿再提及此事，只是略带哀伤地说："过去的事就让它过去吧，我们都已经长大了。"当年她要比我个儿高，年龄怕也要大一两岁，现在该已进入不惑之年。而在我的记忆里，她仍是分别前如花似玉的容颜。现实中的她，想必已为人妻，为人母，即使不如当年年轻美丽，至少还应该保持小镇女子的纯朴与灵秀，抑或更添了几份成熟女性的妩媚与韵致。现在的她是日渐丰腴还是更趋苗条？或许由于生活的折磨，命运的打击，美丽已成昨日黄花，岁月已在她原本美丽的脸上刻下了未老先衰的痕迹。更不能接受的是，曾经灿若星辰的双眼，已经失去了往日的光彩，变得黯淡无神乃至浑浊不清，就像当晚的那盏无法拨亮的油灯——该诅咒的岁月是多么残酷无情啊！如果我见到她是这副模样，将会把我心中的梦幻击成粉碎。与其如此，我宁愿怀着一个美好的梦境，克制见她的隐约向往而与她永不谋面。

　　坎坎坷坷或平平坦坦，大起大落方大彻大悟，在这二十多个花开复又花落的季节，她在怎样书写自己的人生故事？曾经有过怎样的希望与失望，追求与苟安，幸与不幸？而在或简单或复杂的平常生活里，她的心思可一如当年的黑眼睛那样清纯可爱？此时此刻，她又身在何处？是否已停泊在一个温馨的港湾，将自己终生托付给一副坚实可供依靠的肩膀？可曾有一副宽大的胸膛去包容她也许时尔还会表现出来的孩子气和小小的错误与缺点？在我看来，面对那样一双清纯的黑眼睛，有什么不能原谅呢？如今，她生活得幸福吗？她的丈夫是否爱她到永远？她的孩子是否已经长大，走进大学校园，圆了她当年的大学梦？多么希望她永远幸福地生活，好梦都成真啊！不求她有多么轰烈壮丽的人生，但愿她有一个圆满实在的归宿。

　　而她呢？她是否还记得我，或偶尔，或一直；或作为一名普通的同学，或对我怀有一份别样的眷恋？这些年，她可曾时不时暗暗关心我，打探过我的行踪？对我的一别而踪影全无是否有所抱怨？在寂寞难耐的时刻，可曾仰望星空，在心中为我送上一份至诚的遥祝，并怀着莫名的惆怅在悄悄地作无望的等待？也许她想等待的不是我永久的归来而只是一次短短的相逢。如果说在少女时代她还有所期盼，在嫁人生子后是否就完全绝望了呢？在她的新婚之夜，那一对窗前的红烛是在流淌着幸福的泪水，还是在闪烁着失落的柔光？若她真还记得我，我在她心目中又是怎样的我？依然是二十多年前那个比她矮一头的农村少年？在记起我的时候，她是否会在心中激起一阵微微的涟漪，眼中显露出一线浅浅的忧郁呢？略带忧郁神色的黑眼睛多美！于她，记住我或忘记我，哪一种选择更好，而实际上她又作了哪种选择？或者二者兼而有之，抑或时记时忘，那印象也就或浓或淡，似有又无，隐隐约约，飘飘忽忽，终至模糊不清而忘却了。想到此，我心头就会掠过一片哀怨忧伤的浮云，不禁要黯然轻叹……

　　多少年，多少夜，每当回忆起那晚的往事，我总要这样翻来覆去地自忖自问，于夜深人静时独自细细地咀嚼回味。那双黑眼睛原本就是个多年未解的谜，由此引出的一连串问号更是接连涌出，盘踞于我的心头，构筑成一个块垒，牵系成一个情结。曾经因此兴奋得夜不能寐，也曾因此疲倦地渐入梦乡。但这样的夜于我总是十分美妙的。

　　雨过天晴，今晚的夜色格外地明朗纯净。伴着窗前的月色，林间的清风，我再次想起了那双黑眼睛。屋外十二点的更已经敲过，我仍然毫无睡意。于是，我索性披衣起身，打开电脑，记录下那个夜晚的故事。而二十二年前那双美丽的黑眼睛,此刻仿佛依然在默然地注视着我,静静地看我在电脑前工作,仿佛她的脸上露出会意的微笑,笑容里分明洋溢着美丽和幸福,然而却隐蕴着淡淡的缠绵的哀婉和惆怅。

2000年4月16~29日,初稿于尼泊尔乡村。

千万里追寻着你

我在上大学的时候,曾听同学讲过一个手抄本的故事,说的是一对相爱的人临别前握这一次手,等到第二次见面握手时,已经是十年以后,各自的生活和命运都发生了天翻地覆的变化。这个故事当时曾令我很感动。这就是后来公开出版的小说并改编成电影的《第二次握手》。

二十四年前,你我高中毕业分别时,不是恋人,也没有握手,甚至连挥手说声"再见"也不曾有。

但是,当分别二十四年后,我与你短暂相逢并再一次分别,情不自禁地第一次拥抱你的时刻,我更为发生在自己身上的真实故事所深深地感动,尽管你在接受我的拥抱时还显得有些拘谨,有些躲闪和逃避。请莫要怪罪一个老同学的粗鲁失礼。那天,我多喝了几杯。但是,我拥抱你、请相信,完全是宣泄内心情感的无邪举动。

我原本计划只在胡集逗留一晚的。还在钟祥的时候,一大早,国静就特意给我留下一封信,说因急事要到武汉去一趟,要我一定在胡集等他回来。在胡集第一个晚上聚会后,德亮和其他同学又一再挽留我。德林和刘英夫妇这次一路专程陪我,他们将家里重要的事情放在一边,没有提出来要提前赶回家。还有,第二天,再亮和国静在往回赶的路上,又不断地给我来电话,要我等他们回来相聚。面对这么多同学的如此深情厚谊,我怎能无情地一走了之?如果是那样,以后我又何颜再见这些厚爱我的故乡同学?

在最后相聚的那天晚上,同学们在一起是多么开心热闹啊!我原打算晚上六点钟开始聚会,八点钟离开驱车去襄樊的。但是,我舍不得离开大家。我原是极爱清静和独处的,然而这次我却贪恋这热闹相聚的场面,我已经是很久很久没有如此放纵忘情过了。八点钟早已过了,同学们仍在兴头上,我不想扫大家的兴,何况自己又是那样依依不舍,只得偷偷地一次次看表。十点钟到了,同学们还是兴犹未尽。但是,我不得不走了,因为我还有一个多小时的黑路要赶。而路的那一端,还有我的一些亲朋好友在期望等待。匆匆地起身,用力地一一握手,但仍不能表达我此刻难言的激动,再一一热烈地拥抱。然后,毅然钻进车里,赶紧逃离这难舍难分的场景。我不愿意这样慌忙地离开大家,但我必须迅速地逃跑,因为在我握手与拥抱的时刻,我已经感到了双眼的酸涩与沉重,还有我话语与心跳的微微颤抖。我是不敢继续待下去了,待下去我怕就要在同学们面前禁不住哭一场的。

正是在这分别的最后时刻,二十四年分别后再一次面对分别的时刻,我第一次拥抱了你。你是我拥抱的同学中的最后一位,也是全班同学中唯一拥抱过的女生,可见我对你确实怀有一份独特的感情。

两年多以前,我曾经就与一位女同学发生过的一段小故事,写了一篇《黑眼睛的回忆》。写作期间,每当我想到,尽管二十多年过去,我对这件小事仍铭记在心,而假设她已经完全忘却了的时候,心中就有一种不平衡感,心头因而就像我在文中所描述的,略过一阵哀伤的浮云。这不过是我写作时的一种猜测。所幸后来见到她时,经我提醒,她记起了这件事,并且为之感动。

然而,这次见到你,却让我真实地体验了一番那次写作时的心情。因为经过二十四年的分别后,你第一眼竟没有认出我,尽管这些年来,正像我在为你敬酒献歌时唱的,"千万里,我追寻着你——"。所以,才有这样的巧合——我为你唱歌时,喉咙里正好积了一口痰,歌声是嘶哑的,嘶哑中难免含有一份哀怨。所以,也才有当你第二天未按时赶来聚会时,我看上去有些闷闷不乐。同学们曾数落我说,我的不开心是因为你不在场。同学们所说的是因为你,倒是说对了,但并不是因为你不在场,而是我心里又一次在体验上面所说的那种不平衡感。

我怀着一种特殊的感情追寻你,不是因为你长得像我的妻子,尽管聚会上我与你开玩笑说:"当年我爱你,而你却看不上我,后来我只好照你的模样找了一位妻子";也不是因为你与我的一位远房亲戚同名,而她曾带给我多少儿时的快乐和美好的回忆;更不是因为你我之间发生过刻骨铭心的爱情故事,这样的故事果真发生,想必是浪漫而美丽的。我多年来一直追寻你的踪迹,原因很简单,仅仅是因为我零星地知道了一些你自己的故事。

高中毕业那年夏天，我和少数几个同学考取了大学，而你却和大多数同学一样，落榜回到了农村。后来，你从一个乡村小学民办教师，通过公开招聘考试而成为一名远方山镇的干部，实现了你人生路上的第一次成功跨越。我们少数几个同学能一次考取大学，只能说我们更为幸运。或许，有的同学（可能包括你）要羡慕我们这些幸运儿。其实，我们后来的生活道路并不平坦，生活曾给我们（尤其是我自己）太多的不如意。坦率地说，高中同学两年，你我交往并不多，除了好看秀气的脸上那双黑亮的大眼睛，齐肩的双辫，还有带天蓝色小花的黄色上衣，当初你并未给我留下什么特别的记忆。但是，在得知了你并不复杂的故事后，我芜杂的脑海里，却从此印上了你的身影，如山的影，如水的迹，如烟又如云。我曾经怎样地惊讶，你个儿并不高，双肩并不宽，看上去总有些胆小，怎会有如此大的挑战自我的勇气，还有把握机遇的睿智。当故乡的同学在钦羡我（们）的时候，殊不知远游他乡的我，正时不时暗自对你，以及和你一样敢与命运不懈抗争的同学们，表示我由衷的欣赏和敬意。

就我所知，你曾工作过的那个山镇，有诗一样美丽的名字。而那大山本身，对生于平原长于平原的我来说，永远是一个深不可测的秘密。正是秘密地怀着如诗的向往，更重要的，是对你的这份钦佩之情，多少年来，千万里，我在追寻着你。

凭着交通的便利，凭着我的执著，我想我老早就能容易地寻着你。但我并没有匆匆地去寻你，而是宁愿将你的故事和欲见你的向往，在心中更长久地保持成诗样的秘密。所谓"千万里追寻着你"，只是意味着，纵然远离故乡千山万水，我依然时不时在心中悄悄问自己：你到底在哪里？

追寻，但不刻意。二十四年后，自然得有如水到渠成，我终于找到了你。面对眼前的你，我不禁惊叹，简直不敢相信，二十四年前那个穿细碎蓝花黄上衣的村姑，何以神奇地变成了眼前这个神采飞扬的你。不要说你认不出我，如果没有人提醒，我又怎敢把你相认！眼睛依旧大而黑，眼神里却磨炼出一份机警，还透出直面人生的勇气。岁月的风，将垂肩的双辫，慢慢地吹散成一头飘逸的散发。生活的浪，将言谈举止的局促与胆怯，轻轻拍打成爽快与干练。美丽之神，扯下你身上简朴的黄外衣，偷偷将你打扮成一个都市里的成熟而妩媚的女性。你的气韵岂止是依旧灿烂，那完全是焕然一新的风采。

同样令我追寻的，是旧时同学的那一份真挚情谊。相思是那样的缠绵恼人。多少个如今，我反复地问自己，他在哪里，她过得可好？多少个昨夜，我曾梦中见到他，见到她。追寻又是如此简单和单纯。特意的寻找只是为了见到常常牵挂的他和她。见面时只是将眼前的他和她，与印象中过去的他和她，与梦中的他和她，作一番比照。相互倾诉分别后的人生故事，知道彼此都还算平安，相思的苦恼就不见了，追寻的心愿就满足了。

追寻是为了相聚。相聚仅仅是为了快乐地相聚。你不问我挣了多少钱；我也不在乎你身居什么官位。你没有提出需要我什么帮助；我也不想求你什么提携。碰一杯酒，照一张合影，二十四年的相思和追寻，只不过浓缩成一杯烈酒，外加一张并不清晰的合影。一起干杯，一起合影。

从高中毕业到再次相聚，跨越了二十四年的漫长岁月；从北京到故乡，走过数千里的蜿蜒路程。我一路追寻着你，最终寻着了你。在这相聚又将相离的时刻，叫我怎不尽情地与你欢言，与你干杯，与你握手，再与你拥抱，用我的双臂，用我热烈的情怀，我可爱而美丽的同学，还有你——故乡同学间的那份看不见却感觉得着的真情厚谊！

2002 年 10 月，初稿于北京六铺炕。

当年，对你没感觉

在老同学的聚会上，破例多喝了几杯，带着几份醉意，我亲口对你说："当年，我对你没感觉！"

这话虽有些尖刻，不仅不能满足你的虚荣（假若你还像小姑娘一样爱慕虚荣的话），兴许还要让你感到伤心，但却也是难得的一份真诚。请原谅我的率直与坦诚。在我看来，老同学之间，没有什么比真诚更宝贵重要了。

然而，我们之间确实还曾发生过一些故事，一些并非爱情的故事，不知你是否依然记得。

想当初，我似乎还没有度过与女同学吵嘴斗气的顽童阶段，但却从未动气与你打过架。相反，你算是我与之交往颇频繁密切的女同学之一。那时的我，心里虽然有男女之别的概念，也偶尔听同学私下议论，哪位男生与哪位女生在谈恋爱，但在年龄和心理上，却还像一根尚未脱掉花蕾满身长粉带刺的嫩黄瓜。脑袋瓜也还很傻，傻到还不懂得对爱情、对某个专门的女同学有什么特殊而持久的感觉。

记忆中我只依稀觉得，你有一张白皙微胖的笑脸，永远是那么灿烂，单纯，甚至有些撒野；又像是春天的阳光，新鲜，温柔，并且妩媚。

初上高二时，全国恢复了高考。老师为了让我们提早感受统考的气氛，从班里选了六名尖子学生，进行单独补课复习，以参加"文革"后的第一次高考。三名男生，三名女生，其中就有我和你。那时候，我们天天在一起听课，讨论，做作业；生活简单、紧张而又充满乐趣。男女同学间，有说有笑，无拘无束。这种情谊，现在想来，远比什么"男女搭配干活不累"要纯洁得多。你曾怒笑着伸拳追打过别的男生，却始终没有碰过我一根手指。

虽说复习抓得紧，我们还不得不参加班上的勤工俭学活动。一个冬日的下午，全班同学在校内开挖池塘，以用来养鱼。当我吃力而自信地挑着一担泥土走得正欢时，老师把六位同学高考用的登记照发下来了。你的照片，虽然只是小小的黑白照，一张爽朗明媚的笑脸，与那时的你本人一样，光彩照人。而照片上的我，眯着一双细小的眼睛，脖子微缩，脸色严肃、忧郁而苍白。当年，我是很少有机会照相的，也难得照一照镜子。看到照片，我为自己的长相感到失望，简直不敢相信那就是自己。而你却抢过去端详一番，又大胆地盯着我本人看了又看，白皙的脸笑得热烈而放肆，竟腾起了勾人的红云。实在不知道你在笑什么（现在你能告诉我么，假如你还记得的话？），但你的笑却让我感到分外胆怯、自卑和懊恼，且沉重地快乐着。想必当时我看你的眼神是复杂圣异的。

学校的晚自习通常要上到深夜十一点后才结束。回家的路上，你要经过我的住处。有一两个冬夜，你曾"咚咚"地擂响我的窗户。等我猛地打开窗户时，要么你呜哩哇啦地喊叫着飞也似地跑开了，而我并没有摸黑跑出去追赶；要么你站在窗下，无话找话地说着，迷人的笑容，热情的眼神，直勾我的心魂，让我接下来难眠近天明。但过后便没什么感觉了。

后来，我们同在省城上学。你上专科；而我卖的是大学。初上学时，一位高中的同班男生曾约我去看望过你。隔日不见，你竟完全变了一副模样。一头长长的黑发，整齐地披在身后。灰黑色的衣着，将脸庞映衬得雪白清纯。大胆的笑声变成了矜持的甜甜的微笑；说话的声音也柔和了许多。这样一个洋气文静的少女，如果走在大街上，没有人会想到你是来自乡下小镇。在这样的你面前，我的举止言谈乃至心情都是怯忱的拘谨，岂敢对你有那种非分的感觉？

自那以后，我多年没有见过你。偶尔回老家听同学们说起，你毕业后留在省城，并与高中的一个同班男生谈起了恋爱。而我却被分配到一个基层施工单位，长年在野外工作。初入社会时，我的生活道路并不平坦，最初的爱情经历更是彻底的失败。确切地说，我的初恋，是一个不谙世事的充满激情的单纯青年所害的盲目单相思，除了留在心中永远的耻辱与伤痛，自然没有什么结果。在人生最黑暗最失意的时刻，我多么需要安慰，多么需要有爱来及时地抚平心灵的创伤啊！假如恰在这时，你走近了我，哪怕只给我一个同情的微笑，也许就会让我在心中重新燃起生命的激情，再次唤起我对爱的热切感觉。然而，那时你在哪里呢？恐怕正沉浸在某个男人爱的怀抱中，早将我这样一个普通男同学忘得一干二净了吧。就算我有意想从你身上去寻找那种感觉，又到何处去寻找你的踪影呢？何况那种感觉本是可遇而不可求的。

等再次见到你，是在前年夏的北京相会，彼此分别已经二十年了。人生毕竟是短暂的。当一件事物所经历的时光，要用十年为单位来计算时，在我心中便常常引发一种人事沧桑的感觉和慨叹。

也许我因年纪渐大而反应迟钝，也许我本来就仍如当年那样思维简单，那次你出差来京，我竟没有感觉到你有到我家作访的念头，倒是细心的妻子提醒了我："多年不见的老同学应该请到家里来。"我这才恍然大悟。于是，多年未做过家务的我，花了整整一个下午，把家里彻底清扫整理一遍，我甚至有失体面地跪在厕所的地板上，将抽水马桶里里外外擦洗得干干净净，还在每个屋子里洒上浓烈扑鼻的法国香水，俨然是在准备迎接一位最尊贵的客人。

见面时的高兴愉快自是不必言说的，不停地举杯碰杯，畅快地欢言笑语，还强人所难地要你留宿一夜。但偷偷地，我认真观察了你，发现原本白净光洁的灿烂笑脸已经明显地泛黄，岁月让你变得消瘦苗条，也无情地在你脸上留下了清晰的褶皱。开心的大笑消失了，矜持的微笑也不见了，呈现在眼前的是平和从容的笑脸，笑脸上还藏着一份难于察觉的倦意和憔悴。

饭桌上，在我的旁边坐的是几乎与我同高且无不令我自豪的儿子；热情为你斟酒的是我的妻子；关切地问长问短，谈的是关于你的老公和孩子。面对面目都已全然改变了的彼此，成熟而理性的你我，早已没了昔日的激情，把酒共盏，除了怀着一丝淡淡的忧愁，来共同哀叹岁月的沧桑外，心中怎可能还会有什么别的感觉，尤其是迟到的那种感觉？

从北京回家后，在一个节日里，你曾向我的手机发过一份节日的问候。我一向对手机用得不熟练。等我从手机上查获这份问候时，已经是几个月以后的事了。唉，当你我之间注定没有感觉时，似乎一切总是那么姗姗来迟。

但是，在这次老同学的聚会中，我终于从你身上发现了感觉，一种似曾相识又十分新鲜难得的感觉。

回乡的路上，几位老同学去游览了那条大河，那条曾让云游四方的我多少回梦牵魂绕的故乡的河。草场，牧牛，白鹭，清风，秋阳，河水，还有那片一望无际的白杨林。我们一同渡河，又一同静静地看河里河外的风景。我为同学们拍照，还颇绅士地搀着你踏过草地上的浅沟。我们此刻的心胸，就如眼前的沙滩和河水，宽广而平静，让快乐在彼此间真实地延伸，自然地流淌。这一切让我感觉到，仿佛是回到二十多年前，高中的同学们在作一次野外春游。但是，谈笑间冷不丁儿冒出的"滚绳子，水袜子（即棉袄和袜子）"的故乡俚语，却又让我们比当年更添了一份幽默情趣。岁月的确让我们失去太多，但同时回赠的又是同样的多。

高中毕业后的几年里，每次春节同学间的拜年，一大帮同学从这一家串到那一家，招待的饭菜都是同学的母亲做的。这是许多同学都曾有过的经历。但在当年，如果不是恋人，你绝不会像在我这次访问你家时那样，亲自买菜下厨，并为用绝线缚住六只螃蟹而胆战心惊地忙乱了整整一个下午。繁华嘈杂的大街旁，一间静谧的小屋，你我并肩而坐，心情恬淡中生发一份隐约的激动，共饮一席美酒佳肴，那浪漫的氛围有如一对情侣的烛光晚餐。但谈话的主题却是，当年我怎样傻乎乎地当了一回你和一个男生间的电灯泡。席间，无须我过分地追问，你也毫不掩饰地道出了自己旧时感情上的恩恩怨怨。试想如在当年，以一个少女的羞涩，你会对一个同班男生如此坦诚地敞开爱情的秘密么？

你我不是情人，但却彼此紧贴着身照相，自然而严肃的神态，俨然一对百年夫妻。你我未做夫妻，但却手挽手喝起了交杯酒，认真而开心的样子，仿佛一双婚宴上的新人。人到中年，却玩起了近似儿时过家家的游戏。倘若在二十余年前，我们哪敢如此放肆？岁月并没有消磨掉那份同学间的率真和稚气，却赋予了我们面对人生的胆量与豁达，让我们在昔日的同学面前大胆粗鲁到放肆，却激不起彼此间哪怕是假装的愤怒和生气，只是除了忘情地笑，还残留着往日的一点点羞怯。

当然，最开心的莫过于同学聚会上的碰杯劝酒。记不清碰了多少杯，劝了谁人的酒。碰杯劝酒多了便感觉到明显的醉意，醉得全身从上到下，从体内直醉到体外，醉在酒中，醉在相视一笑无言中，更醉在同学浓烈的情谊中。沉醉中，我糊涂又清醒，竟然对你说："当年，我对你没感觉！"这是我的心声，想必也是你的心声，既对又不对。对，是因为彼此从来就未曾相爱过。不对，是因为我其实对你还是有感觉。这感觉，比一般男女之间更纯洁无邪，比平常夫妻更温馨浪漫，比旧时恋人更值得眷恋回味。这是一种故乡少时的男女同学间，经历了多少年人生的沉淀与淘刷后，仍然保有或才会产生的那种独特而珍贵的感觉，就像一坛窖藏了多年的故乡烧酒，醇厚清澈，一旦打开，便芳香四溢，沁人肺腑，令人怀念，令人梦想，也令人贪杯，更叫你我无限地沉醉。

在我的心中，伴随这种感觉的，是你的笑脸，笑在故乡沉静的河边，犹如秋天里的阳光，成熟，清朗，还有一份老辣，却灿烂如初，别有一种魅力在里头。

2002年10月，初稿于北京六铺炕。

同桌的"冤家对头"

近几年，我平淡的生活时常被高中时的情谊裹卷着，记忆被一次次带回到那些业已流逝了的纯洁岁月，就仿佛是到一片遥远的净土去作故地重游，又像是在雪夜的炉火旁独斟陈年醪酒，宁静的心空因此而拂过阵阵温润沉醉的暖风。

起初是在某一天晚上，一位和我考取同一所大学的中学同班同学，在失去了多年的联系后，突然给我打来电话，告诉我他也在北京工作。这真是山不转水转，着实让我激动了一番。于是，我们迫不及待地见面，畅叙分别后各自的工作生活情况，回忆那些中学里的美好时光。自那后，逢年过节我们就会相互走动走动，或者有事无事打个电话问候一下，聊上一阵。他的儿子正好和我的儿子同岁，我们自然把这种源自故乡少时的友情传给了下一代。

因为《黑眼睛的回忆》一文的缘故，前年夏天回国休假期间，我回老家时，专门去寻访那位黑眼睛的女同学，还居然见到了她，并且通过她的安排，见到了在家乡的几位高中同学，度过了愉快而热闹的两天，成为我那次老家之行最有意义的事情。

后来，一位在武汉工作的中学女同学来京出差，已经近二十年没见过面，通过这位在京的同学与我取得了联系。大家自然是要在一起聚一聚的，且相聚必然是惊喜而愉快的。

从这位女同学那里，我打听到了中学老校长和数学老师夫妇现在的住址和电话。教师节那天，我特意给他们去电话问候。今年春，我又专程从北京去河南拜望这二位老师，以了却自己多年的一个心愿。

刚踏进老师的家门，表兄——也是我中学的同班同学——的电话跟着打过来了，说近期要到北京来。心里一时颇激动，因为这还是他第一次要来我家。从老师家回京后的第三天清早，我到北京西站去迎接表兄。他在北京小住两日，我约了在京的同学和另一位毕业于同一所中学的老乡，欢聚一起，饮酒叙旧，十分惬意。

今年"五一"长假，数学老师与人结伴来京旅游，住在亲戚家。因为她的日程安排得紧，我只能陪她一天时间，逛了天安门和故宫。原本打算邀在京的同学见老师一面的，没想到他带着老婆孩子回老家去了。回京后，他给我来电话，兴奋地说起，在故乡见了哪些中学同学，大家在一起玩得怎样地开心，直说得我内心激动羡慕不已，甚至还有点后悔和嫉妒，恨不能马上长翅膀飞回老家去，亲眼见一见那些曾经朝夕相处而今天各一方的老同学们。

而在高中的同学中，我尤其想见的是同桌的她，那个曾经的"冤家对头"。

我的初中是在生产大队办的乡下学校念的。那时候，一些学校成立了"毛泽东思想文艺宣传队"。有一次，我在看镇中学宣传队表演文艺节目，其中一个节目是木偶剧《草原英雄小姐妹》。两个可爱的小女孩扮演龙梅和玉容，把当时正在流行放映的木偶影片《草原英雄小姐妹》，模仿得惟妙惟肖。与其说是精彩的节目吸引了我，倒不如说是扮演者美丽的容颜让我心猿意马。在我眼里，她们简直就是可望而不可即的画美人，我从未想过会在现实中遇到她们。

但事情往往就是那么凑巧。后来，我不仅在现实中见到了这两个画美人，而且和她们作了同班同学，更是和其中的一位共用同一张桌子。然而，不幸的是，只同桌短短几天，我竟与她成了"冤家对头"。

毕业后，我升入镇上新成立的高中就读。时值"文革"末期，我们那一年级的新生被分成红医、农技和文艺三个班。我因为原来学习成绩好被分在文艺班，搞所谓的"文艺创作"；而她俩也是镇高中的新生，因为表演天赋被分在了文艺班。刚上高中时，我才十三岁，是班里年龄最小个头最矮的；而她是最矮小的女同学之一。于是，我和另一位男生、一位女同学及她共四人，被分在最前排的同一张长条书桌上。那位男生是我初中时要好的同学，而那位女孩也与我初中同班，但却是与我打过架后一直未说过话的死对头。

因为是文艺班，班里的确有不少好看的女同学，可以说全年级称得上漂亮的女生都集中在我们班上。而在我的印象里，她是漂亮女生中特别的一位。玲珑的身材，素净的衣着，再配上脚下的一双蓝色网球鞋，总是那么般配协调。柔眉，黑眼，尖尖的鼻梁，红唇皓齿间，嗓音沙哑而甜美。但她最特别的，是从两鬓到前额间自然卷曲略泛黄的柔发。而她最美丽动人处，是永远挂在两颊的红晕，就像晴空里美丽的朝霞。如果受了寒风的吹拂，或者出于羞涩、兴奋或激动，那红晕就更加扩大而红艳了。两颊有红晕的女孩子，即使生气，样子想必也是极可爱的。但她绝不是那种妖冶的女孩，如果与其他的女同学作比较，你只会觉得她像朝露里的花丛中分外清丽鲜亮而抢眼的一朵，尽管总是毫不张扬地掩隐在花丛的低矮处。

刚坐在一起时，她对我们两个男生友好和善，曾经转过头来，带着善意的笑容，主动与我们打招呼。但我却刻意要与她作对，好像我天生就要与女生过不去一样。我的刻意以女生为敌，正如她在与我吵架时说的，是我从乡下学校低年级带来的坏毛病。

记得在读小学的时候，因为年龄小个矮又体弱多病，我常受到女同学们的嘲弄和欺侮。读四年级那年，一次受到女同学的欺侮后，我哭着跑去向班主任告状，却被他狠狠地训了一顿，说我一个男生竟然打不过女生，还要哭鼻子，简直没出息，我实在感到委屈。我对女生的仇恨想必就是从那时开始的。

后来年龄大了一点，病也逐渐少了，而且学习成绩好，我便在班里有一点号召力，纠集了几个男生，专找女生的茬儿，而且越是漂亮的，我们越要与她过不去，有理无理就与女生打闹，让她无法正常上课。为避老师的惩罚，对女同学的挑衅更多的是发生在校门外。直到初中毕业，班里仍有几个女生我从来不搭腔。

有了这样的经历，我与她发生矛盾几乎是不可避免的。就在同桌后没几天，我们就爆发了"战争"，虽没有两伊战争那么漫长，但其猛烈的程度也足可与海湾战争媲美。起因已经记不清了，但肯定是我先挑起来的。口仗是很认真很愤怒地打过了，但还未凶狠到拳脚相加的地步，就像战争还没有发展到动用核武器的地步一样。争吵中，我心里只有对她的"仇恨"，哪里去留意她神态的可爱呢？双方用直尺量着，在桌子中间划了一条线，认真较劲的样子，大有"寸土必争"之势。总算划定"国界"，暂时解决了争端。从那以后，双方沉默着各行其是，仿佛对方根本不存在似的。遇着女生无意中越了界，是一定要用胳膊使劲拐一下的。于是，女生不无敌意地翻一白眼，默不作声地将手臂缩回去。

两个男生都不愿意挨着女生坐。为公平起见，只好轮流着每人挨着她们坐一天来，就像做该死的值日一样。后来，男生间也不知为了什么鸡毛蒜皮的小事闹翻了脸，从此互不搭理，但各自仍然很自觉很默契地轮换着挨女生坐。

在与她吵架时及随后的一段时间内，我想我是很认真地"仇恨"着她的。但时间一长，"仇恨"渐渐地减轻了。傍晚放学回家时，我和她要同一段路程。有时，在暮色中或夕阳里，宁静的乡间林道上，一前一后只有她和我两人。她静静地在前面不紧不慢地走着，我保持一段距离默默地在后面不慌不忙地跟着，悄悄地盯着她的背影，直到她消失在村头的树林里，心里颇有些恋恋不舍的滋味，希望那段同路再长一些。现在想起来，这是多诗意的情景啊！有几次，我心痒痒地想主动上去与她讲话和解，但少男的自尊又阻止我有任何的行动。当时我想，如果有坏人来欺负她，我一定会勇敢地冲上前去保护她的。那样我们就自然和好了。但所幸这种事情并没有发生，尽管这多少令当时的我有些失望。

"文革"结束后的第二年秋，学校里逐渐恢复了教学秩序，我们开始准备高考，而她却突然辍学了。因为有过以前的"恩怨"，虽然内心里隐隐地有些惋惜，但表面上我并不很关心她的离校，彼此更不可能话别。据说，她的父亲从前是老师，"文革"中受了冲击，被遣返原籍，即我的邻村，作了农民。"文革"结束后，她父亲复了职，但已到了退休的年龄。为尽早工作养家，她只好放弃学业，顶父亲的职，在百里外的一个镇办供销社作了一名普通的店员。

随着岁月的流逝和年龄的增大，虽一直记着我与她吵架这件事，但我对她的"仇恨"早已消解得无影无踪了，反倒常常暗地里觉得自己以前的举动幼稚好笑，并对她的生活和命运多了一份惦记。大学毕业后，为了化解我们之间的矛盾，抑或为了表示我对她的歉意，也许纯粹出于对分别后她的生活的好奇吧，我曾专程去看望过她一次。去前早听说她已经结婚了。当我突然出现在她面前时，她正腆着大肚皮站在柜台前，看来马上就要做母亲了，但前额仍然留着卷曲好看的头发，而两颊更加红润鲜艳了。她愣了一会儿神才认出我来，红润的唇立刻灿烂地笑着叫了我的名字。"天呐！你怎么来啦？"她是一定没有想到我会专门去看她的。

她告诉我，到供销社工作后，本单位里一个比她大八岁的青年，一直对她关心备至，两人经常出双入对。但她只把他当做老大哥一样敬重，没想到这个青年从她来的第一天起，就在默默地深爱着她。他向她求爱时，已经是近三十的人了。他发誓说如果她不同意，就等她到永远。她无法拒绝这样一个深深爱恋着她并令她敬重和感动的人。她说完这些后叹了一口气，就不再言语，头略低着，垂眼向下看，双手按在凳子上，一只脚在地上来回地画着弧形，脸上没有任何表情，红晕似也全然消退了。听得出，在她的话语中流露出深深的无奈。我想，她是以爱情的代价，换来了初入社会的第一课，这是她在高中课本上无论如何也学不到的。

在她简陋的家里，我见到了她的丈夫，一个沉默寡言的人，看上去比她老成得多。我在她家里吃了两顿便饭，饭桌上的气氛显得十分郁闷，场面颇有些尴尬。夹在他们两口子中间，我显然是多余的；而如果没有他在场，我与她的同学关系却要自然放松得多。

她所在的那个镇上，还有一个同班女同学。我们三个人在一起倒是开心自由得多，她更是像刚出笼的小鸟一样欢叫不停。自然，我们要愉快地回忆起高中时的那段"不愉快"。重提旧事，同学间止不住爆发出阵阵欢笑。这时，她仿佛又回到了中学时代，笑开的红唇，卷曲的黄发，红艳的双颊，她脸庞的美丽，似乎并没有因为隆起的腹部而受损减少，但只是显得不太协调，就像一只过大的鼓肚细颈瓶上，插了一朵刚采摘下来、隐隐地显出萎势，却仍不失美丽的小花骨朵一样。这样一张年轻的脸下面，似乎不应过早地系上了如此沉重的包袱。

因为路远，交通又不方便，经不住两个同学再三挽留，我在她家里勉强住了一宿，第二天一早便离开了，从此再也没有见到她。

北京的同学从老家回来，我问起她的近况。原来，这些年因为单位不景气，她的日子一直过得很紧巴。最近，他们两口子双双下了岗，在县城一家招待所里承包了食堂，还难料前景怎么样。孩子的学习成绩不算好，今年考大学，如果考不上，她会感到失望；如果考上了，一时又难于凑足学费。这于她那个小家实在是两难的境地。家庭生活并不美满，她丈夫心眼小，对她看管得很紧，不许她与外界接触，甚至不准她接电话。但近来情形似有所改观。

听罢同学的介绍，我不禁心生感慨。我想，假若不是"文革"，假若没有急于去顶职，假若不是在一个偏僻的小镇作了店员，假若……那么，她的生活，她的命运，一定是另外一副样子。但是，现实生活中是连一个"假若"也没有的啊！我极想去了解她，我对她的了解还是极肤浅的，但我知道，她是我们普通人中的再普通不过的一员。也许她的生活中没有太多强烈的悲或喜，只是存有一些遗憾和未了的愿望，还有接受与忍耐；也许她的命运里没有过分的幸运与不幸，而或多或少却始终伴随着烦恼和无奈，还有不甘与奋争。过去的一切已经不太在意，或者已经全部忘记。兴许，这就是我们普通人的普遍生命现象，我们共同的生命过程，我们注定的命运吧，虽然我们每一个人可能会有不同的人生故事。

我与北京的同学商定，下次一道回老家去一趟，一定约上多多的老同学，好好地聚在一起，真真切切地热闹热闹。到那时，在浓浓的中学氛围里，我想我会去追寻那卷曲的黄发下曾经泛起的红晕，并亲口悄悄问她："我俩之间那档子鸡零狗碎的陈年趣事，你是否还记得，我说，你这个'冤家对头'？"且听她怎样灿然地笑答。

2002 年 7 月 9～11 日，初稿于北京六铺炕。

送　别

一个痛苦而普通的生命离开了这个世界，离开在他匆忙回家的夜路上，在我送别他三小时之后。

说痛苦，那是因为他生前曾遭受过太多太久的病痛折磨；说普通，是因为他的确曾经是这个世界上最平常不过的一员，普通到如果不是有人写下一点文字来纪念他，如果没有亲朋好友为他的离开而深感缺失与悲痛，这个世界中恐怕就不会有更多的人去关注他的离开，就像深夜里同一列车上熟睡的人们，不会关注在中途无名小站悄然下车的一名旅客一样。也许所不同的只是，他离开得比一般人要稍早一些，没有走完从出生到童年、少年、青年、中年，再到老年，最后才抵达死亡这个人生的终点大站这样一个完整的生命全程，就在生命的年轮刚刚艰难地越过中年后，中途下车换乘另一列特别快车，走了一条不应有的岔道，提前到达那个共同的终点站。这是一个生命的遗憾与悲伤，于他，更于认识他的仍活着的人们。

工程师的世界

在他离开后的第五天，也就是今天，当我开始写这篇文字的时候，正是春分时节。这是一个很特别的时刻，不仅表示岁月正值仲春，万物早已开始复苏，而且意味着这一天的白昼和黑夜有同等长度，时光老人在这一时刻表现得绝对公平，既不偏袒白天，也不厚爱黑夜。然而，如果把一个人的生死比做白天和黑夜，那么，时光老人却往往厚此薄彼有失公允。比如对于他，时光老人就显得太过急躁，过早地为他拉上了生命的黑幕。为此，关爱他的人们可以提出质疑以至抗议，但老人却保持着他惯有的沉默，残忍地沉默着。

而我所以要写这篇文字来纪念他，就因为他曾是我的大学同学，他的名字叫徐庆春。

但当我真的动起笔来时，却又一时不知道该写些什么，因为他生命的轨迹在我的印象中留下了太多太长的断痕，更确切地说，是在人生的聚聚散散中，只剩下一段极短而又模糊不清的点画线，让我很难把握他生命的全部，尽管他自己是一步一步地走完了生命的路程。

对他最早的印象，当然还是大学同学四年的时光。但那都是一些普普通通的学生生活，而且是二十余年以前的事情，我大多已经忘却了。仅能记得，他是来自江西的老表，在班上做了四年的学习委员，而且是极为称职负责又成绩优异的学习委员。毕业后，他没能如愿回江西老家去，而是听从分配，去了大西北的一个基层施工单位。从此以后，我就没有了他的消息。

再一次得知他的消息，已经是毕业整整二十年之后的事了。2002年秋，我回母校去参加20年校友聚会活动，班上大部分同学都去了，但他却没有去。这时，同学们已经称他为老徐了。从同学们那里得知，老徐在单位里干得很出色，早已成为公司的主要领导和技术骨干。这本是我可以预想得到的事情。但我所没有料想到的是他没来参加聚会的原因，竟是他患了白血病，而且到了生命的最后关头。聚会上，同学们共同举起酒杯为他祝福，遥祝他早日康复，并都一一为他写了留言，商定连同稍后制作成的聚会活动的光盘一起，由留校任教的同学负责给老徐寄过去，以表达同学们的一片情谊。

生命过程往往会出现奇迹。第二年夏天，突然有一天，在京的同学打来电话说，老徐到北京出差来了，并邀在京的部分同学晚上聚一聚。听到这一消息，我的确为他的重获新生感到惊喜和庆幸，连忙赶过去见他。从他口里得知，他后来做了自体骨髓移植手术，而且手术很成功，他已经恢复了正常的生活。这不，因为工作的关系，他到北京来了。那晚，同学们聚在一起，有说有笑，气氛十分热烈，而老徐的身上更张扬着一个中年男子的旺盛生命力，全然不像是从死亡线上回来的人。

然而，生命毕竟又是脆弱的。去年秋，他旧病复发，只好来北京住进北大附属医院，接受异体骨髓移植手术。能够找到与他配型的骨髓，也算是他的万幸。我第一次去医院看望老徐时，他已经完成了手术，独自躺在无菌隔离病房里。我和两位在京的同学只能隔着窗户看到他，并通过电话同他作简短的交谈。从他的精神和气色上看还是令人乐观的。那时，我从心底里希望，老徐这次能彻底摆脱病魔的困扰，因为就目前的医疗水平看，骨髓移植是最有效的治疗办法，而他也再经受不起这样的反复折磨了。

冬天的时候，我陪一个路经北京的同学再次去看老徐。他已经转入普通无菌病房，但我们并不能进病房里去当面见他，只能通过病房外的电话同他说话。这次他告诉我，正处在术后排异反应时期，感染相当严重，是最为难受的时刻。我既为他担心，却又无能为力，除了给以安慰和鼓励。但愿过了这个时期，他就会好起来的。

没料到三月的那个傍晚，我突然接到他爱人打来的电话。徐嫂子说，老徐已经快不行了，医院决定放弃治疗，他们当夜将离京回家去。放下电话，我连忙往医院里赶。

在病房外，徐嫂子正在来回穿梭忙碌，与医生们交涉出院、用药及护送车辆的事情。不一会儿，在京的一位同学，还有正好出差路过北京的另一位同学，也赶到医院来为老徐送别。这期间，一直身在病房里的老徐曾出现过思想动摇，他不想回家去，而要留下来继续治疗，可见表现出强烈的求生欲望，是嫂子进去说服了他。

当一切准备停当后，老徐躺在担架上，被从病房里抬上了救护车。临行前，三位同学分别从车窗外向他告别。我是最后一位同他告别的，除自报了姓名外，我什么也没有说，只是紧握拳头向上举了一举，我是想借此传递给他以生的希望与力量。这时，我看见他的眼睛突然亮了一下，但很快便又无望地暗淡下去。他似乎也想握起拳头挥动一下，但苍白的手臂终于无力挥动起来。

当晚八点，救护车开出了医院的大门，很快就消失在车水马龙的大街里，奔忙在通往回家的夜路上……

第二天一早接到同学的电话，说老徐在离开医院三小时之后就永远地离开了人世。这一不幸消息很快在同学中间传开，谁也没料到是他最先离开了我们这个集体。

当初，我们班上总共三十八个同学。自毕业后天各一方，同学相互间在聚聚散散中度过了二十余年。曾经的一次次分别都会有再次相聚的机会，而与老徐的这一次分别却成了永无相见的时刻。我想，如果在未来某一天，当全班的同学再聚首时，每点一个同学的名字，就会随后听到一个"到"的应答声，唯独点到老徐的名字时听不到那熟悉的应答声，而在座的每一位同学都将为他保持一阵沉默。

在老徐临离开医院前收拾行李时，曾从病房拿出一个笔记本来，那是他病中写下的对自己过去的回忆文字，大约是在那段最后的日子，他已经深知所剩时日不多，就将自己的一生记录下来，留给后人作个纪念，或者对自己的一生作临别前的总结与评价。我看过后发现，文字只写到他的童年，剩下的大部分生命过程，他还没有来得及写，这大概是他留在世上的最后文字。同时，他留在世上的还有相伴多年如今孤苦伶仃的嫂子，和一个失去父亲今年即将参加高考的女儿，而留给我们同学的却是对同窗的惋惜与怀念。

老徐是在二〇〇五年三月十五日晚离开的，距春分还有五天时间。那一天，白天的长度的确要比黑夜短！

2005年3月20日~5月24日，初稿于宁波北仑。

误　会

初次见到枫，我还以为她是刚来报到的学生，那还是大约二十年前的事。当时，我参加工作还不到半年时间。

初冬的一天，近午时分，我下班回来，在单位宿舍大楼门口第一次碰见她时，她正在从容地招呼人们帮她往楼上搬运行李。只见她一副高挑挺括的身材，一双漆黑有神的大眼，扎一对粗黑的辫子，外套一件粗格呢上衣，内穿一件黄色的高领绒毛衣，看上去完全一副学生模样。我一边往楼道里走，一边在心里说：又来了一个跟我一样不幸的人！那时我想，自己辛辛苦苦四年大学毕业，被分配到一个远离大都市的水利工程基层施工单位，实在是一件最不幸的事情。

因为同在一个施工队工作，又住同一栋楼里，不久以后，我认识了枫，得知她是早我一年分来的技校毕业生，在单位正在承建的一个偏远水电站工地工作了一段时间后，此次搬回单位机关来了，并且知道她已有了男朋友，是和她同一年分来的医学院的学生，在她工作的那个工地做医生，他们就是在工地上确立恋爱关系的。

相似的经历和处境，使我和枫有了某些共同语言，我们经常会在一起发一发牢骚。相处时间一长，谈论的话题就更广泛了，我对她的了解也多了，知道她其实是一个思想简单、容易相处的女孩。且出身普通家庭，却颇有大家闺秀的气质。她的美丽是毋庸置疑的，最迷人的莫过于她的笑容，总是先微微一抿嘴，再爽朗而清脆地笑出声来，而眼神总是在亲切里透露出自信。这种自信也许源自她知道自己很美，但她从不刻意打扮或炫耀自己，也不因此而处处表现出盛气凌人的架势，只是不刻意去迎合他人，也不会因为他人的恭维或赞美而立刻心花怒放，也许是多年来溢美之辞听得太多了，早已使她能泰然处之。

枫还让我看她的相册。由此我知道，她一家姐妹四个，虽然都很漂亮，无疑她是最美丽的。她告诉我，两个姐姐都已结婚，还有一个妹妹是幼儿园的老师，连同父母，都在她老家的一家大工厂工作。

作为朋友，枫对我的事情很热心。曾经有一段时间，她总在说要为我介绍女朋友，似乎我的个人问题成了见面时的中心话题。枫甚至多次提出来，要在过春节时带我到她老家去相对象，因为在她看来，我们单位没有合适的姑娘。那时，我一心只想考研究生尽快离开倒霉的单位。所以，对于她的提议，我并未认真考虑过。

春节前，枫的男友从工地回来。听说他有点小心眼儿，我怕引起误会，有几天没有再去见她。这颇使她生气，便把我叫去，当着男友的面质问我为什么不再去见她。我只好将自己的顾虑如实相告。她则气愤地指着男友大声说："你亲自问他，看他是不是那样的人？"

我以为，只要自己没有动歪心思，继续正常的朋友间的交往倒也没什么。如果她男友不在时经常来往，回来后就中断接触，这样反而容易引起误会。所以，我们恢复了往常的交往，她做了什么好吃的就叫我去。多半是在吃晚饭时，我端着从单位食堂买来的饭菜去她的宿舍，和她及她的男友一道，吃她做的菜。最可口的是她做的烧鱼，里面总要放一些醋。吃鱼的次数多了，我难免有被刺卡住喉咙的时候。通常吃完晚饭，聊一会儿天，我便回到自己的宿舍去看书。现在回想起来，我同她交往的那些日子，除了共有的时光，我在物质上没有给她什么，反倒让她多有付出。与他俩在一起，我们更像是要好的同班同学，但物质生活又比纯做学生丰富一些，毕竟我们每月有虽然不多却固定的收入。

　　我最终还是没有为对象一事随他俩回她老家去过春节。节后的一天，枫告诉我，她的妹妹要来看她，让我到时候一定去她那里吃饭。我隐约能猜出她的用意，但还不十分肯定，又惦记着要考研究生，心里一犹豫，就没有按时去赴约。她很生气地来找我，我只好硬着头皮去作陪。饭桌上，我思维僵直，又有些害羞，所以，只是陪着吃了一顿饭，没有任何其他反应，尽管我身旁坐着她那位美若天仙的妹妹。

　　不愉快的事情还是发生了。他俩办了结婚登记后，在单位分到一套房子。一个夏日的傍晚，我仍像往常一样去她家里玩。路过篮球场时见枫的未婚夫正在玩篮球，我心里稍犹豫了一下，还是去了。那次，我与她谈到了《安娜·卡列尼娜》。我和她对书中女主人公有不同的看法，便有些并不激烈的争论。也许是谈得过分投入，当她的未婚夫浑身是汗地回来与她打招呼时，她竟然没有理会。这下可惹恼了他，当着我的面与她争吵起来。这时，我才猛然意识到，这事是由我引起的，便连忙起身向他道歉，并离开了他们的家。听说，当晚他俩狠狠地吵了一架。此事大约在单位里引起了某些传闻和猜疑，但我并不太清楚和在意具体的内容。

　　此后相当长一段时间内，我们没有再来往。见面时甚至连招呼都不打，如同陌生人一样，不过，偶尔也会毫无表情地匆匆对望一眼。不久，我们下到同一个野外工地工作，他俩已成了夫妻。平日里，她的丈夫不善言语。有一次，我和她的丈夫单独在一起，见他老拿眼盯着我，脸微微发红，嘴张了几张，仿佛要开口同我说话的样子，我想作为男人应该大度一些，其实那晚的事原本没有什么，我与她在一起从未有过什么出轨的言行，完全是一般意义上的好朋友，便主动与他打了招呼，算是和解了。为此，他特意邀我去吃了一顿饭，大约是对那次一时冲动的作为表示一种歉意吧。当然，饭是枫亲手做的，少不了有她的拿手菜——烧鱼，但似乎味道已不如以前那么可口了。

　　后来，枫又去上学进修了两年，我则出国工作了一年多。等我回国再次见面时，她已经快做母亲了。那一次，我才真正有意识地欣赏枫的独特的美丽。她上穿一件淡红色的罩衣，安然地坐在初春午后温暖的阳光里。因为个子高，她的身体看上去并不十分臃肿，唇上施以淡淡的口红，双颊红润鲜艳，眉宇间却略显疲惫和苍白，而眼睛和神态是那样安详平和，而且透出成熟、庄严和神圣，仿佛正怀着一份恬淡宁静的心情在静静地等待着什么。我只是从侧面静静地欣赏她的美，没有与她交谈，更没有告诉她我对她此刻的感受。实际上，在那些与她相处的日子，我从未当面赞扬过她的美貌。而以当时的关系来说，我们已经不能像当初那样自由交谈倾吐心声了，即使我真心想当面赞美她。

的确，尽管后来我与她的关系有所恢复，我们都先后从工地回到机关工作，后来我结了婚，我的爱人同她的丈夫同在单位医务室工作，我们经常见面，也偶尔谈谈天儿，但关系已没有往常那样亲密，我也再没有去过她家。

没过几年，我和她两家先后离开了原单位。她的丈夫与原单位某位领导关系密切，当这位领导调往省城后不久，听说她一家也通过这位领导调进省城。她走的时候，我们的关系已经很淡漠了，她什么时候走的，我不知道。就算知道了，我大约也不会特意去与她话别，但在心中可能会隐约地生发一些留恋与祝福，并为她感到欣慰——她总算离开了原本就不想来的而又空耗了许多时日的那个单位！这不正是我们当初所共同期望的么？

听说枫先在省厅机关工作，后来在一家中外合资企业做了老板的私人秘书。前几年，这家合资企业垮台，此后她去了哪里，我不知道，也没有专门去打听。据传，她最近在南方工作。见过她的人说，她现在已变成浓妆艳抹、打扮粗俗的徐老半娘，个人生活也不够检点。又传她丈夫仍留在省城，现在已经开通得到了无奈的程度，宣称只要她不主动提出来离婚，她愿意在外面怎样就怎样。最近，又有人传话给我，竟说我当年曾经追求过她，云云。

究竟我当年是否爱过她，只有我和她心里最清楚。像枫那样漂亮的女人，在这样一个社会里，时常有这样那样真真假假的故事，似乎不足为奇。自从我与枫分别后，她到底成了一个什么样的女人，我不得而知。关于她后来的种种传闻，我未亲眼得见，不想妄加评论。而在我心里，枫曾经是我年轻时的一位朋友，而且是我所认识的异性朋友中最漂亮的一位，只此罢了。

2003年7月3日，初稿于北京安慧北里安园甲8号。

我与表哥

我与林表兄是姨表亲，且同庚属虎，他生于年初，我生于年末，相差十个月。

工程师的世界

小时候，我住乡下，他家在离我村子约两里地外的一所乡村小学。姨父母是那所学校的公办教师，所以表哥从生下来就是"吃皇粮"的人。那时，我很崇拜他，不仅因为他比我大又是"吃商品粮"的，更因为他的聪明伶俐。但那时我并没有一口一声"表哥"地叫他，而是直呼其名，但叫得并不多。没读书前，他到我村里来玩，总是穿戴整洁，还会劈叉翻筋斗，又能背诗唱歌，显然要比我们这些土生土长的乡里娃聪明得多。他的到来让我就像在过节一样快乐。他走到哪儿我就跟他到哪儿，像个跟屁虫似的。而且我对他的话多半是言听计从，即使时有半信半疑。

我屋前自留地边有一口大塘。记得一个夏天的午后，我与他在塘边玩耍，见有许多人在塘里玩水。我们心痒痒地直想下水去，但都还不会游泳，更主要的是怕被外公见了少不了要挨一顿打骂。我们在塘边相互怂恿，相互壮胆，磨蹭了好一会儿才下个大决心去下水。不料，等我们刚脱了衣服光着屁股蛋，一步步小心翼翼地探入水中，外公就来了，站在塘边大声呵斥吓唬，吓得我俩连忙爬上岸，连裤子也顾不上穿就逃跑了。

上学后，我们就读于同一所小学，就是表哥家所在的学校。起初，他高我一个年级，像他那样聪明的孩子自然是要提早上学的。我们都是小说迷，但那时没什么小说可看，只浩然的书正走红。有一次，我们一同到镇上去玩，看见书店里摆着新到浩然的《金光大道》。我俩很想买，但各自带的钱又不够。于是把两人的钱凑在一起，买了这本砖头厚的小说，喜滋滋地很满足。

我上初一时，姨妈嫌表哥年龄太小，让他留了一级。这样，他就和我成了同班同学。新学期伊始，班主任指定他当班长，我做学习委员。那时做学习委员的唯一条件就是学习成绩好。上小学期间，我已连续做了好几年的学习委员。但我认为表哥的学习成绩一定比我好，便偷偷地去找班主任，要求由他做学习委员，但最终未获老师的首肯。

只可惜我俩同学不到一年，他就因父母调动转到镇上读书去了。在我心目中，表哥是一位风流倜傥的小才子。那时虽大家还不富裕，但他总能把自己收拾得潇潇洒洒。头略微的上翘似在藐视一切，走路时腰挺得笔直，小有一点气宇轩昂。他写得一手工整刚劲的钢笔字，又能写诗作画，能说会道，还会唱歌玩体育。这样多才的翩翩少年很招人眼。不久，我到镇上去看他时，他已和一个家住对门的同班女生成天在一起玩得正热。我似乎初次懂得，那是在谈恋爱。那女孩个儿不高，身材微胖，皮肤细嫩，满头微卷的乌发扎成一对垂肩的粗辫，圆圆的脸上忽闪着一对会说话的大眼睛，就像童话里的洋娃娃。我那时在农村难得见到这样洋气好看的女孩子，打心里羡慕表哥成天能和这样一位天使般的女孩说话相处。

等我到镇上读高中时，我与表哥又成了同班同学。头一年并未读多少书，我们有的是时间在一起说笑打闹。第二年高中毕业，赶上恢复高考，我们之间的关系起了些微妙的变化。因为复习功课紧，会不能回家，就寄住在他家。当时，我的数理化稍强于他，而他的国文在全班是最好的。他自己的志愿是学文科，姨妈却偏要他读理科。姨妈曾三番五次地要我辅导他数理化，为此还专门找老师一度将我和他在班上的座位安排在一起。我也曾作过些尝试，但似乎我俩都觉得不自在，而他那时常与身后的几位女生很是谈笑风生，所以姨妈的初衷未能如愿。为此，在复习备考的紧要时刻，姨妈曾不止一次狠狠地责骂过我。我俩虽同吃一锅饭，同上一班课，上学来回沿着同一条路，但却很少一同上学下学。晚上，从学校里自习回到家里，各自一盏灯一张桌子复习功课，一天难得讲一句话。我与表哥并未发生过什么争吵，但却不知怎的有些别扭。升学竞争的压力扭曲了我们尚未长大的心灵，也扭曲了我与表哥的关系。

高考结束后，他约了几个要好的同学，还有我，一同到汉江里去游泳。那天，我们几个毛头小伙子把衣服全扒光了，一次次在身上涂满泥巴，再跳进水里冲个痛快，玩得很开心。尤其他更是痛快之极，尚未摆脱孩童的稚气，又稍带成年男人的野性，豪爽中不失幽默，这在他尽情的戏水中自然地显露出来。我则跟在他们后面怯怯地起哄，始终未曾放开自己发泄个痛快。

表哥第一次高考落了榜，转到另一个镇上去复读。我当年到省城去上了大学。在一个秋天，我上省城路经他所在的镇子乘当晚的火车。下午，我到他就读的中学，约他去爬了一座离镇子不算远的山。山的海拔不过二三百米，却也有些陡峭。对于生于平原长于平原的我来说，山一直是一个神秘而未及的向往。爬上山顶，在近晚的清风里，我们可以清晰地看见汉江宛如一条美丽洁白的玉带，仿佛离我们很近，就缠绕在眼前的山脚下。那是我俩第一次一起从高处看故乡的风景。

复读时，他同另一个女同学（也曾是我的同班同学）谈起了恋爱。后来，这女同学就成了我的表嫂。因为怕影响他的功课，姨妈死活不同意他们恋爱。一个夏夜，姨妈一气之下，抄起扁担就朝他头上劈下来。当时我正在场，急忙拦在了扁担和表哥之间，结果吃了姨妈一扁担。他俩真是一对棒槌也打不散的鸳鸯。他们结婚时，我已经参加工作了。我从二百里外赶回老家，送他们的礼物是一口玻璃鱼缸，里面盛着一株藕莲和一对戏水的金鱼。婚礼那天下起了大雪，天寒地冻，我作为表哥的伴郎，一同去把新娘接到了家里。

他终于还是学了汉语言文学专业。每年春节我们都从外地赶回老家过年。寒夜里，我俩自觉不自觉地会坐到一起，一直闲聊到深夜。他向我谈康德和费尔巴哈的哲学，文艺理论与电影评论，还有他在文学事业上的理想。这使我一个学工科的人倍觉新奇和长见识，也感到他是一位有抱负有才华也一定会有远大前程的文学青年。我则畅谈自己的工作和生活经历。这时，他几乎总是一言不发，凝神盯着我，很用心地听我胡侃一通，其中免不了些自我吹嘘。

我恋爱结婚后，回老家过年的次数渐疏，与表哥见面的机会也就不多了，而且几乎相互不写信：直到我上研究生时写了第一篇散文，我又才主动与他通信。因为我是一个文学门外汉，对自己所写的东西质量到底怎么样心里没谱儿，于是我想起了他是学文学的，想请他提出些修改意见，也可听听他对我初写文章的看法。我将散文寄给他后，心里一直忐忑不安。他很快回了信。我拿着他的信，一时竟不敢拆开来看，心情紧张得就像学生不敢看考试分数一样。不料，他对文章的评价很高，用了"极好"二字，想必是有意抬举和勉励我。这给了我莫大的鼓舞。

这些年，我与表哥相见的机会越来越少了，几年未能见上一面。我很想找个机会与他好好聊一聊，直至通宵达旦，哪怕只一次。在我人生最失意最孤独的时刻，我曾在日记中模拟给他写信，仿佛是在面对着他倾诉我的心思。我不止一次地幻想，我与他相约于故乡一家茅草搭成的小酒馆，临窗而坐，窗外的雷雨不绝于耳，我与他开怀畅饮，我不求他给我以理解、同情和安慰，我只需要有一个耐心忠实的听众，用平和到麻木的心态来倾听我倒出心中的全部苦涩与孤独，就像窗外的雷雨泻向沉默广袤的大地。但我终于没有真的向他说什么。我担心，每个人都有自己的事要干，大家都在忙，为生计，为事业。谁愿意吃饱了没事干，去专心听你婆婆妈妈地唠什子叨呢？我时常想将我自己这几年来不成器的习作送他一读，更想拜读他的作品。我想请表哥来家里看一看，我也愿意走进他家门一次，毕竟我们自高中毕业后，对彼此的现实生活是十分陌生的。但都未能如愿。我们连通电话的次数也有限，只在我将出门远行前或从远途归来，我才给他打一次电话，没有什么深谈，语气中没有惊喜和激动，平平常常的几句问候，就挂断了电话。有时倒是觉得表嫂更愿意多聊几句，话语也感亲切些，她毕竟是我多年不见的老同学和表嫂，又是个女人。我也一直在等他打过电话来，但至今未来过。

最近两次约他回老家见面，相处的时间很短暂，机会也不适宜，所以仍未作深长的交谈。回顾我与表哥近些年的交往，总感到我俩之间有什么莫名其妙的东西隔着，好像彼此很陌生，心中难免产生遗憾和失落，似有什么东西在心里堵着，却又好像空空的什么也没有了。我真愿与他回到那童年的时代，回到那曾经的一个个倾心畅谈的故乡的冬夜。当我的愿望尚只是愿望时，我只能常在心里一如既往地与他交谈，也牵挂着他，并遥寄他以我的祝福和希望。

2001年1月7~10日，尼泊尔乡村。

访师路上

夜里乘火车从北京出发，清早到新乡，再改坐汽车，约莫一个小时的车程到原阳县城，下车后即可见到阔别二十余年的许老师。应该说，如今的交通工具已经使旅行变得十分便捷容易，但对我来说，这条寻师之路却久远而漫长。不知道这条心路历程确切地起自何处，只觉得在心里先是散淡无迹的云雾，随着岁月的推移慢慢地汇合聚拢，渐渐形成一条萦绕于心头的云带，而最终凝固成了一个明确而持久的概念。

我上的中学是一所新成立的农村公社中学，许老师夫妇则是刚从邻校调进来的，她的丈夫来做校长，她本人是高二毕业班的数学老师。

还在上高一的时候，有一次，我们班的数学老师出差去了，许老师临时来代了一次课，那是我第一次做她的学生。她个子不高，衣着整洁，略带河南口音，讲起课来声音清脆，思路清晰，我一下子就被她干净利落的讲课风格所吸引。那时的课程安排，通常是一门课一次接连上两节。上第二节课时，约莫离下课还有半小时，许老师就不再讲课，布置了几道题目让同学们做课堂练习。因为我本来就喜欢数学，老师的课又讲得好，所以那几道题目对我来说并不是什么难事，老师估计需要半小时才能完成的，我只用了十几分钟。我做完作业后闲坐着，被老师发现了。她问我为什么不做作业，我回答说已经完成了。此事一定引起过她的注意。

第二年，她成了我们班的数学老师。我因为个头小，坐在班上的最前排，听课很专心，眼睛一动不动地盯着黑板。所以，连许老师偶尔在黑板上出现的板书笔误，我也能发现，并且立刻指出来。许老师并不因此生我的气，而是马上改正过来。后来有好多次，不知是否有意，她在黑板上写完几行解题步骤后，总是眼睛盯着我问对不对。我则默默地点一点头，或者会用疑惑的眼光盯着她。这时，她就会回过头去检查黑板，并与备课笔记作对照。可见我与老师在课堂上已达到了十分默契的程度。

那时，她已是两个孩子的母亲。也许是我的特殊身世引起了她内心的同情，也许是因为我数学成绩好自然博得她的欢喜，她对我（当然，还有另外一两个同学）总是特别关注，倾注了更多的心血。遇到疑难问题去请教，她总是不厌其烦地解答。我在学习上有时好认死理，她会和蔼地对我说："看看，你又钻进牛角尖了。"每次考试一完，我们几个同学就迫不及待地跑到她家里去看分数，她也总是先把我们的卷子判出来。

高考前有一段时间，我在数学上产生了骄傲松懈情绪，结果一次考试成绩不理想。许老师批评了我，但不是像有的老师那样简单粗暴，当着全班同学的面恶狠狠地训斥一通，而是私下里和颜悦色地教育我，而且说得也不多不重，就像一位仁慈宽厚的母亲对待自己做错事的孩子。这样的方式更能让一个自尊心极强的少年感到舒心和乐意接受，并从心底里产生感激。这件事这些年来甚至潜移默化地影响了我对自己孩子的教育。

虽然许老师对教学倾注了全部心血，可能是因为我们这些在"文革"中成长的学生底子太薄的缘故，我们在高考中的数学成绩并不突出，这或许多少令她失望吧。初上大学时还与许老师有过一两次通信，后来失去了联系，听说不久许老师一家就调回河南老家工作去了。

我们每个人的一生，都要经历不同的阶段，遇到各种各样的人。对于我来说，高中时的那段经历，我与许老师的那段师生情谊，无疑是我一生都难于忘怀的记忆，虽然在那段时间我做她的学生并不长。如今，时常耳闻目睹，一些学校和老师热衷于办五花八门的课外辅导班，质量不高而收费惊人；一些学生和家长为得到老师的重点关注而请客送礼；连一些小学生也学会如何当面拍老师的马屁了。我在感叹世道人情变迁的同时，越发怀念和珍惜自己曾经拥有的那段学生生涯，想念起不计名利于我有恩的老师来。这种情感并没有因时间的推移而减退消失，反而更趋浓厚和珍贵了。

参加工作后，偶尔回故乡一趟，我总记着抽空独自到母校去悄悄地走一走。校园里添了许多新建筑，也比从前美化了许多。走在校园里，新老师和学生们与我两不相认。而当年用过的教室依然存在，但已经住进了人家，看上去明显的陈旧，远不及当年那样高大宽敞了，但在我眼里更显古朴和亲切，仿佛见到一位饱经风霜而沉默寡言的少时朋友，不禁让我浮想联翩，感慨万千。当年，我们都是怎样地簇新年轻而又意气风发啊！当年语重心长的教诲重在耳边回响。而此刻，曾经朝夕相处的老师又身在何方呢？

有一句成语叫"知恩图报"。我以为，不知恩而不报者不为过，知恩而不报者是无情义，但知恩欲报却不能者，只留下愧疚与遗憾了。刚断奶的孩子，是不会有谁图他报答养育之恩的。刚走出校门的学生，于过去的老师来说，多少有点像刚断奶的孩子。我们踏上社会，成家立业，随着年龄的增大，肩上增加了责任感，也逐渐懂得了一些做人的道理和准则，在五颜六色的冲击与诱惑中保持着一些基本的人生信条。

毕业多年后，等到我慢慢明白知恩图报的人生意义，却不知道拿什么去报答许老师，唯一能做的，或许就是亲口对她说一声迟到的"谢谢"，但又不知道她身在何处。带着心中的愧疚和遗憾，多年来我总想着打探她的消息，寻思着一定要去看望她，哪怕一生只去看一回，心里也能得到些许的慰藉。直到有一次，我在北京见到了一位分别二十多年的高中女同学，才从她那里得到了许老师最迟的住址和电话。拿起电话，我又听见了那熟悉而阔别了的声音，心里是一阵难于言表的激动。

终于选在一个桃李花开的季节，我怀着近乎虔诚的心情，独自踏上了拜望老师的旅程。清早，我从新乡火车站出来，去向路人打听开往原阳城关的汽车，一位慈眉善目而淳朴的当地老人为我指明了路……

2003年3月30日，初稿于北京望京。

给老同学的一封信

××同学：

你好！

在新世纪即将来临时，我开始给你写这封信。因此，首先请接受我对你及你家人们的新年祝福,一份来自远方的祝福。祝你们全家元旦快乐,新世纪的第一年里万事如意!

我在十一月初再次出国。出国前,我曾给你打电话告别。那是在一个星期五的下午,我先打电话到你单位,你单位的人说你有事没来。我又打到你家,结果没人接。最终没法同你告别,心里很遗憾。第二天我就踏上了出国的路程,从北京经泰国到了尼泊尔。到这里后,我曾想给你打个电话,但始终没有打成。我大约有一年多没写过信了,所以拖到今天才给你写这封信。家乡一别,数月没有告诉你有关我的任何消息,你是否怪罪我不够老同学的情谊,并在悄悄等待我的新消息?

分别几十年而又彼此不知音信,在你几乎完全记不得他的时候,突然有一天,有位中学的老同学来见你,你是否觉得意外而又很有意思,心中有无限感慨?我那次回故乡,也有想单独见一见你这个老同学的原因。告诉你一个曾经发生而未完全展开的真实故事,在这故事发生后几十年,你听了是否觉得不可思议,并怀有几分遗憾和莫名的惆怅?世界上有多少不该发生的故事发生了,又有多少该发生的故事没有发生。因此,我们常常会在寂寞宁静的独处时刻,去追忆过去的往事,作各种可能的幻想,常伴有几分惋惜和酸楚,又有几分甜蜜和温馨。

没有见到你以前,我曾设想见到你会是什么情景。那天的天气多半是阴郁,虽是盛夏却染上秋的况味,而且下了雨。如果雨是下在晚上,如果那晚烛光下不是那么多同学们的聚会,不是那么喧闹甚至放肆,那就与我想象中的情景完全一致了。总之,由于见到了你,并由于你和你丈夫的热情安排,我度过了愉快开心的两天,令我难于忘怀,这样的机会一生毕竟是不多的。我没想到临别前你还专程赶来送我。当我们最后分别时,我真感觉到彼此都有些依依不舍了。我感慨不知未来哪一天能再相见,而且也是那么坦诚和开心,也许要等几年、几十年。

附后为我前些时写的一篇文章,如果你有兴趣不妨读一读。我自以为比较满意,所以后来就翻成了英文。最近,正巧得到一个英国教师的指点,对之作了修改。现一并寄来。春节就要到了,我本应随信寄你一张贺年卡,但一时难于买着。所以寄来的文章,权作送你的新年礼物吧,虽然一钱不值,但毕竟是我亲笔写成的,其中至少倾注了我多时的劳动。

上次没见到你的儿子,很遗憾。他一定已长成一个高个英俊的小伙子。快临近高考了,望他注意身体和休息。你做妈妈的不要逼他太紧。只要他努力了,也不要去过分责怪他。祝他高考有好运。如果他考到北京来,你就送他来北京，我相信并期待着有这样一天——北京见。

望常保持联系。我很想经常知道你的消息。

再过五分钟就是新世纪的元旦，外面已放响了迎接新世纪的鞭炮。请接受我作为一个老同学对你新世纪的真诚祝福，我相信我一定是新世纪里为你祝福的第一人，并且也许还是在你已经入梦的时刻。

老同学
2001年1月1日零点整，草毕，尼泊尔加德满都。

注：本信略有改动。

表　嫂

假如我是表嫂，而且还有点小肚鸡肠，无论从哪个角度讲，也会对我这个做小叔子的高中同学要生气和失望一回了。是的，无论如何该写一写嫂子了，谁让我，借用表哥的一句口头禅，"就这么点爱好"呢——我是说，我是一位初级的业余文学爱好者。

"在班里女同学中，你写了那么多，连八竿子打不着的都写过了，为什么你就不写一写我？难道我不如她们漂亮？你看过那位'冤家对头'的同桌的演出，难道就没看过我的节目么？"

是的，第一次见到她也是小时候在舞台上。那晚她随校宣传队下乡，到我所在的学校来演出，跳了一首名为"阿佤人民唱新歌"的群舞。一群穿红舞衣的小女孩中，她是高个、苗条而漂亮的一位。

"当年，有几位女同学像我与你那样关系密切过？"

她们的确没几个正眼瞧一瞧我这个又丑又矮还有点傲气的农家穷小子。倒是有一段时间，我与表哥坐前排，她与另一女同学坐后排，上课做作业的时候，四人常围在一起讨论问题，课间休息的时候又有说有笑，紧张而又轻松，是很值得怀念的。

"我与你表哥是夫妻，按说你本应同等看待，为什么你专门写了他，而只在文中顺带地提了我一下？你还为我儿子写过一篇文字呢。"

她指的是他俩的婚礼。那天正下着罕见的大雪，天气出奇地寒冷，我陪表哥赶了几十里的路去她家。在她拥挤而温暖的小屋，虽然只有我与表哥两位客人，她父母还是按老家的风俗，准备了一顿正式而丰盛的婚宴。风雪迎新人，多富有诗意！

还有一次见到她是在她结婚前。当时，她刚从卫校毕业回镇卫生院做了护士。我也在外地参加工作了。因为要乘火车回单位，我提前一天从老家赶到镇上。晚上，她安排我住在卫生院一间空病房里。当晚她值班，穿一身雪白的护士服，看上去极漂亮。我与她在办公室里谈了很久。作为未来的嫂子，我虽然对她没有什么非分之想，但静夜里与一个漂亮的老同学在一起畅谈，毕竟是一件很愉快的事。第二天，她送我去车站，还帮我提着唯一的小皮包。从她家到火车站，不过几百米，却的确是很令我长脸的事。路上的年轻人一定会生发美丽的错觉，吃惊而嫉妒地把她当做我的女朋友。单独与一位漂亮姑娘公开走这样长的路，而且看似一对恋人，在我的印象里，这还是我有生以来第一次。

"你到北京后，我是很关心你的，经常和你兄弟念叨你。你哪怕用我对你一半的心来关心一下我这个当嫂子的，我也就心满意足了。"

初到北京的时候，我与他俩很少联系。偶尔打一两次电话，似乎总是她先接。一听出是我的声音，她听上去好像马上就高兴起来，唠唠叨叨，问这问那，给人以温暖和亲切。后来，不知怎的，互通电话的机会倒是渐渐增多了一些，而她先接电话的次数似乎越来越少。好像已经很有一段时间没有听见她的声音了。真想再听一听她亲切的唠叨，确切地说，是唠叨声中的亲切。但我似有些不配，因为前一段时间，她忙于照顾她病中的父亲，我得知后也没有专门打电话问候她一声。

"我看你有点不识好歹，人家好心陪你到河边去吃晚饭，你还挖苦我。怎么，嫌你嫂子老了，不值得你糟蹋笔墨？"

叔嫂关系与兄长弟媳间是不一样的，加上老同学这一层，所以在小叔子的地位由预备转为正式之后，有时我见了她要开一些亦荤亦素的玩笑，但她从来都不生气。那天他俩请我在河边吃晚饭，我就曾对她感叹说："你要再年轻二十岁，这顿饭可就更美了。"她听后只是冲我默然一笑。

但那实在是最富情趣的一顿晚餐！

去年秋，我趁回省城参加一次活动的机会，顺便去了老家一趟，以图缓解我心中的中学情结。几乎一路都有老同学们陪着，全是瞎闹胡侃和狂饮，心情不是亢奋就是激动,简直是闹疯了。

但唯独在表兄嫂家里,我获得一份恬淡愉悦的心情,觉得到底与外面是不一样的。从省域到故乡,中间要经过他们家,我决计在那里逗留一日。一到他们家,表兄嫂就双双在厨房里忙活开了。吃过中饭,一家三口又陪我到附近的田野里去走了一圈。两排笔直参天的水杉,中间一条宽宽的水渠,渠顶上是窄窄的土路。渠外,平阔的田野刚收获过;眼前,村舍掩映在小树林中……看到似曾相识而又久别了的乡村景致,我有一种回家的感觉,压抑多时的心胸顿感轻松开阔。

夏秋之交的傍晚,是一段由喧嚣转入宁静的交替时刻,一节渐入佳境的光阴列车;而天色也像我的心情一样淡然。表兄提议说:"你从北京来,大约不在乎小地方的馆子,不如我带你去一个你没去过的地方吧。"乍暗还明的暮色里,我们开车行了几十里路。下车一看,我便来了兴致,连连称道:"真是再好不过的去处!"

绕过一座沙堆,眼前一片豁然。近处是那条从故乡悄悄流来的大河。近岸稳稳地泊着两只大船,甲板上静静地躺着三五套供客人用餐的桌椅。河上有捕鱼的小船在悠悠地游走。而对岸则只有一派苍苍的旷野了。清凉的晚风,从河面轻轻地袭来,带走夏末残留的余热和白天的浮躁。四周在苍然暮色中保持着神秘的寂静,除了从河上传来小渔船的桨声。

我们选在堤顶的一个敞棚里坐下,点了几道清淡的当地菜蔬鱼虾和两瓶啤酒。其中有一道蜡烛火锅,主料据说是河里特产的一种鳗鱼。在等上菜的时候,我想,身边有静夜、河水、清风;面前是烛火、美味、淡酒,还有一对知心老友,人生还有何求?也许唯一稍有缺憾的是少一位妙龄少女。于是,我拿表嫂开起了玩笑,希望她年轻二十岁。

我们边吃边谈,吃得少,谈得多。话是平平常常的话,心是安安静静的心。单是无声地对坐就是一种莫大的享受,正所谓"此时无声胜有声"。若在这样的时刻高谈什么严肃的话题,也许是一种不合时宜的矫情和浪费。

司机走开了,老板娘躲进伙房里去了,周围一切的景致藏进黑暗中去了。剩下的,一盏灯,两瓶酒,三个人,相伴在四周黑暗里,是怎样一种诗情画意的氛围!我们久久不舍离去,如果不是怕给司机造成不便,大约要这样坐到天明。

第二天回故乡。原本是表兄随我一同去,她须留在家里照顾孩子上学的,经我一说,她便一声不吭地进了车子。两口子一路陪我,直到我离开家乡后他们才折回。

"……?"

……

其实，我知道，以表嫂大度随和的性格，是不在意我为她写不写一点文字的，何况我的文字既没有水平又没有名气。以上那些抱怨的话语，不过是我过于自重的猜疑，恐有"以小人之心度君子之腹"的嫌疑。而且，即使不写，仍然改变不了她在我心中老同学加嫂子的地位，这是任何其他女同学都无法相比的。

尽管如此，我还是用手中的半截子秃笔，这样试着来写一写嫂子，或许未能再现她二十年前的美丽。不过，别看平日好同表嫂开个玩笑，这回我可是在当真！

2003 年 10 月 31 日，初稿于北京安慧北里安园甲 8 号。

呼唤阿姨

——悼念敬爱的莘玉清阿姨

莘阿姨，您就当真走了？您别走得这样突然，这样着急，听侄劝一声，先歇下脚来，为侄的还有几句话要跟您说。

您可不知道，昨晚我原想着先给家里的孩子打回去电话，然后再给您打，没料到电话一通，您的老乡，也就是我楼下的邻居小邓，竟抢先在电话里告诉我，说您突然就撒手走了。我哪里肯相信呢？就连忙给您家里拨电话，果然不能像先前那样听到您的声音了。但从阿蓉妹妹和张叔叔的声音里，我听不出悲伤来，他们大约和我一样，绝对不相信您已经这样突然地离开了。阿蓉妹的声音仿佛只是在说"我妈不在家"。张叔叔也好像只是在说"你莘姨有事回老家去了"。老家，您是该回去一趟的，去看一看故乡的亲人，亲一亲生养您的土地。可您要想一想，这一个大家更让您魂牵梦系啊。家中有您几十年如影相随的伴侣，有您一手拉扯大的三个亲生儿女，有您刚过门的儿媳，还有我们两口子——您的一对特殊的侄儿侄媳，以及我们的儿子——您所称的心肝宝贝。我们中有谁不曾得过您无限的厚爱，哪一个不是在您心中时时惦记呢？家里的一日三餐还得您亲手去做，儿女们的前程还靠您操心张罗……可是，您怎么舍得下一群的亲人，去固守家乡荒野的一方孤寂呢？就是要去，您还是去去就回来吧，莘阿姨。

　　您也知道，我是一个漂泊他乡的孤儿，自幼失去了母爱。当年，我刚毕业参加工作的时候，虽然已经是个大小伙子，但在性格和感情上却还像个孩子，曾一度得到过您的同事陈蓉姐的悉心照顾。她在临调走前放心不下，就把我托付给您。自那以后，十余年来您从未间断过对我的关心，不是母亲胜似母亲。每次我从外地回来，走进您的家门如同回到自己家里。您总是一句"你回来啦"，转身就进厨房去做好吃的。记不清多少回吃水饺、蒸面，您最先给我盛上热腾腾的一大碗，下面藏着的荷包蛋比弟弟妹妹碗里还多。有时我甚至觉得，您对我比对您自己的亲生儿女还亲，真担心他们会因此妒忌生气。我那时年轻，食欲出奇的好，只顾狼吞虎咽，每次几乎撑破肚皮，就跟贪吃的孩子不去从可口的饭菜里品味母亲所付出的艰辛和倾注的欢喜一样。衣服破了，我也是找您去缝缝补补，如同贪玩的孩子将弄脏了的小手伸向妈妈的面前。您也许不懂我的事业和理想，却只给我一份纯厚的关怀，并且从不去故意对任何人显示这份关怀。无疑，我身上存在诸多不足和缺陷，但我在您眼里却一贯正确，就像母亲眼中的孩子总是那么完美可爱。我们这一家，一次次曾在阳台的竹床上，沐浴着夏夜里皎洁的月光和清凉的河风；也曾在除夕的餐桌上，倾听着节日爆竹的炸响和合家的欢笑。我与妻子刚成家的时候，您手把手教我们做菜灌香肠；妻子怀孕的时候，您连忙送来酸白菜；她临产的时候，您深更半夜去找车子；有了孩子，您不是买衣服就是送玩具和书包……您给予我的家庭般的温暖，和母亲样的慈爱，我还没来得及报答，您怎么就匆匆走了呢，莘阿姨？

　　在单位里，我与您一家这非血缘的亲属关系，早已是尽人皆知。但是，人们对我可能还有所不知。我生性木讷，回故乡时常常因遇到邻里乡亲未叫喊他们一声而备受责怪。十余年来，于公于私，我叫周围的人什么什么长，某某师傅，但我从未对别人开口一声"阿姨"，闭口一个"叔叔"。唯在您面前，我才发自心底地叫一声"阿姨"，您是我在单位里唯一的阿姨。也许对于一个男人来说，要叫母亲以外的人为妈妈是极为困难的，但我在心里是已经把您当做再生母亲了。有了孩子后，教他称呼别人都是"某某叔叔阿姨"，唯叫您的孩子"叔叔"、"姑姑"。在您面前，我称不上是一个孝顺的侄子，因为没有及时得到您去世的噩耗，我不曾在您离开人间时去送一送您。生前您有什么病痛，我也不能陪一陪您。前几年，在您家境最困难的当头，我也无力帮一帮您。我甚至不知道您的生日和年龄。回想起来，这些年我对您的唯一报答只是叫您一声"阿姨"。这一叫就是十四个年头，还将叫完我的余生。这在我今生是唯一，在当今的社会恐怕也是少见的了。

莘阿姨，您没有走。半年前，我和妻离家来京时，您还送来了煮熟的茶叶蛋和油亮的炒面。那晚，您和张叔叔一同送我们到待发的车门前。我怎会想到，那一次竟成永诀！夏天里，您专门打来电话，说仅仅是因为想念我在这边的小家。未曾料，那是您留给我的最后声音。这些天，也不知怎的，我和妻子常念叨您，难道是您的亡魂已悄悄来到我们身边？妻对我说："中秋节没能给莘阿姨打电话，你在外面工作，莘阿姨在家挂念，正经想听一听你的声音。"莘阿姨，其实远在他乡的我，何尝不想聆听您的声音呢？就在昨晚，我们还准备先给孩子挂了电话，再给您家打。我甚至在没打电话前，心中就已经听到了您熟悉而关切的声音。可是，在电话里却传来一个不可接受的消息：您已于十月四日猝然离去！

有一句话叫"说走就走"。可是，莘阿姨，您是连说都没说一声就走了啊！我不想您走，您却执意地走了，真的很让我伤心。我知道，无论我多么诚心，都无法拉您回来。我怕您一个人在故乡的荒地里寂寞，就对您说了上面这些话。先这么在心里说一遍，并记在纸上，等我下次到您老家专程看您的时候，就在您坟前烧给您，相信您一定能收得到。我自己呢，也把这篇文字留一份，在想您的时候就拿出来看一看，只当是又陪您说了一会儿话。

1996 年 10 月 13～14 日，初稿于北京小黑虎胡同。

一床旧棉被

人的一生中拥有（或者说跟随自己）时间最长的，恐怕只有两件东西：身体和名字。但若细究起来，心中不免犯疑。你能说你现在所拥有的身体就是你过去——比如说，三十年前——的那个身体吗？我看未必吧。身体大体上可以分成精神和物质两个层面。在精神层面上，你的大脑虽不能说完全淡忘了三十年前的某一时段的思想,至多也不过是遗存了关于那一时段的一些极为有限的残断的记忆,其余的一切都随着时间的推移而灰飞烟灭了。在物质层面,你现今的这副皮囊,除了在外表上保留了一些似曾相识的当年模样之外,由于生物体的新陈代谢作用,也早已是脱胎换骨了。这样一来,你还敢说拥有自己的身体时间最长吗?显然不能,充其量只可以放心地说,相对较完整地拥有自己相对较近的过去的身体,而三十年前的那副身体只是曾经拥有过。

再说说名字。当我们一生下来或者刚上学时被冠以某个名字之后,就这样被人叫着或者书写着,我们也在各种场合向别人通报自己的名字,或者签署自己的名字。名字还为我们承载外界对我们的一切评价,无论是功名还是罪名,誉名或者毁名。但是,名字每叫一次,每书写一次,都不尽相同,形式上此一名非彼一名也,相互间的区别就如同世界上没有两片完全相同的树叶一样。而当年被叫名字的声音早已随风而去,写有名字的纸条也消失在不知哪个角落里。所以,认真说起来,我们不能说拥有名字时间最长,甚至不能说时间很长,除非我们将当年被叫名字的声音录了下来,或者将写有名字的纸条保存了下来,并带在自己身边。至多,我们只能承认在理论上拥有自己的名字时间最长,这情形有点类似于数学中的那些数字符号,抽象得很。

所以,当我再一次看见这床棉被时,心中一下子涌出一阵久违的亲切和感动。细一想,这床棉被竟已经跟随我三十年,可算得上我拥有时间最长的东西了。人一辈子能有几个三十年呢,我与它不能不算作老交情了。眼下,这床棉被尽管看上去有点陈旧,早已失去了当年的光鲜模样,但与自己的身体和名字比起来,毕竟还是更多地保留了原先的存在,相比之下更让人觉得温暖踏实。

的确,在我身边,还有一些较长时间拥有的东西,比如书橱里的老照片和旧书籍,藏在家里某个角落里的旧邮票和外国钱币等。当然,还有自己的妻子和儿子。但是,我保留下来的最早的照片是在上大学期间照的,那些旧书和邮票最早也是那时留下的。至于外国钱币,则是在参加工作后,几次出国期间陆续收藏的。后来才有了妻子,再后来又有了儿子。唯独这床棉被,与我且聚且散却又不离不弃,相伴了整整三十个春秋。

记得这床棉被是在三十年前的那个秋天,在我上大学的前一天来到我身边的,是父亲为我上大学而特意准备的。被絮用新棉花弹成,棉花则产自故乡的泥土,带着故乡的养分和气息。被面是大红底儿的细棉布,缀满大朵大朵的黄白菊花图案,配以红白条相间的被里,朴素,簇新,光鲜,柔软,如俊俏水灵的农家少女。那年月，要不是上大学，像我这样一个农村少年，是无权享受这样一床新棉被的，它分享了一个出自农村的大学新生的喜悦与荣耀。与我一同进入大学的，还有一口小木箱，是会木工活儿的一位伯伯在我临行前连夜赶制的，草草刷上的薄薄一层土红色油漆还未完全干透。父亲挑着新棉被和红木箱，亲手将我送进陌生的省城和同样陌生的大学校园。

　　南方的冬天不供暖气，而且初上大学的那个冬季天气特别寒冷，但晚上睡在被子里却是暖融融的，一点儿也不觉得冷。天气实在冷得受不了的时候，干脆一到晚上就早早地爬上床，捂在被子里看书。那时经常在熄灯以后，一屋的同学就会开始聊天，七嘴八舌，天南海北，无所不谈。我是不善言语的，每到这时候，多半不插嘴，只是躺在舒适的被子里静静地听着，直到迷迷糊糊进入梦乡。上学期间，我还算勤快，又爱干净，几乎每个月都要洗一次被子。总是在一个天气晴好的星期天早晨起来，拆被子，洗被子，晾被子。傍晚的时候又收被子，在狭窄的单人床上装订被子，然后叠得四四方方的放在床头。晚上睡在新洗晒过的被子里，感觉特别软和香甜，仿佛就连梦里都弥漫着阳光和香甜。

　　四年后，走出大学校门时，陪伴我的依然是这床棉被和这口红木箱，只不过身边多了沉甸甸的一纸箱子书籍，脑子里装进了一些被称为知识的后来被证实没有多大用途的凌乱记忆。

　　最初工作在一个基层水利施工单位，经常要下到偏僻的野外建设工地，条件十分简陋艰苦。于是，我经常带着棉被和小木箱，还有一些简单的其他行李，走南闯北，浪迹天涯。无论我身处哪个偏僻的角落，白天里任由我在外面奔波打拼，这床棉被总是独守陋室，在孤独寂寞中安静而又自信地等待我的归来；黑夜里又为我遮风避寒，陪同我度过一个个孤独寂寞的不眠之夜，让我在最失意的时刻感受到一丝温暖。也许是这种来回搬运过于频繁，也许是使用年限已久吧，那口小木箱终于经不起折腾而残缺破损，无法再用，只好离我而去。但棉被却完好无损地留了下来。

　　结婚的时候，家里人又为我准备了两床新棉被，绸缎绣花被面，水红色的印花棉布里子。于是，那床棉被就从盖被变成了垫被，铺在了婚床上的床单下面。说真的，我并没有刻意拿它做垫被。倒不是因为它尺寸小，现如今不够两个人盖的，它与新被子的尺寸是一样的，那时老家自制的被子都是一样大小。也不是因为用得久了不再保暖，多年里我一直没有感觉到它不温暖。相反，倒是在天气暖和的季节，时常半夜里醒来觉得它热得有点过了头。之所以做了垫被，只是因为我有了两床新被子，而家里又没有额外为我结婚准备垫被。这样,原来的盖被只好让位,顺理成章地现成做了垫被。垫被就垫被吧,从此,这床经常在我面前晃动的棉被就躲向后背,不抛头露面不动声色地在身体下面温暖着我,和我怀里的新婚娇妻。

正是在这床棉被上,小两口尽情享受着新婚的甜蜜幸福,播下新生命的种子。也是在这床棉被上,妻子在我的期盼憧憬中完整地孕育了一个新的生命。婚后一年多,儿子降生了。儿子初生那段时期排出的屎尿,也浸透薄薄的一层床单,沁进这床厚实的棉被里。等到儿子稍大一些后,有时在睡觉前,我们要陪儿子在床上玩一会儿,任由他在这床棉被上奔跑翻滚,蹦跳踩踏,玩累了便倒头睡下,一觉到天明。

我已经记不得,后来我在外地读研究生期间是否带着这床被子。但可以确定的是,毕业后我与妻儿在北京团聚时,这床被子也在身边,尽管初到北京时身边所拥有的除了妻儿外,其余的并不比当年大学毕业时多多少。也许并没有因为它伴我时间久或者有不可或缺的作用而刻意将它带到北京来,但不知怎的,它就是与我们一家人在北京团聚了。

不久,我们在北京第一次有了属于自己的房子,住房宽余了,儿子也大了,有了自己的卧室。我与妻子睡上了双人席梦思床,不再需要垫被,这床棉被就垫在了儿子的单人硬板床上。

一晃到北京也十年有余了。在京的这十多年里,我们搬过好几次家。原本家里的东西就不多,每搬一次,都要因为无用或破损而扔掉一些,再添置一些新的家具器物。搬家时,最令我头痛的是那些越积越多的书,装在了一个个廉价的大蛇皮袋子里,死沉死沉的,我却当成宝贝疙瘩似的,压根儿就没有注意到这床棉被的去留。然而,它总是一次次被随便塞进一个袋子跟到了新家。

最近一次搬家是在两年多以前。这次我们住进了更漂亮宽敞的房子,新家里摆上了一色全新购买的高档家具。夫妻睡的是更宽大舒适的双人席梦思床,说实在的,躺在上面我都觉得有点奢侈。儿子也睡上了加宽的单人席梦思床垫,这床旧棉被委实没有多大用处了。但儿子的房间在北面,妻子担心他冬天睡觉冷,仍将它铺在席梦思上,大小还正合适。

直到去年秋,儿子出国留学后,妻子才在收拾儿子房间时将这床被子卷起来,藏进壁橱的一个角落里。此后,这床旧棉被就完全失去用处,似乎有点成为家里的累赘了。

举家搬到北京后,我们一家已经多年没有回过老家了,故乡在我记忆里似乎越来越淡漠遥远。春节前,儿子从国外回来,我决定趁这次机会,带着妻儿回老家去看望老父亲。尽管南方的冬天令人难耐,而且又是在罕见的雪灾之后，久居北方的我们一家，已经不太适应故乡这种湿冷的气候，但在老家的短暂几天里，我从父亲苍老的笑容和浑浊而热切的眼神里，仍然感受到一种久违的亲切与温暖，一如当年的那床新棉被，朴素，簇新，光鲜，柔软。

春节后回京，儿子就要出国返校。妻子在为他收拾行李时带出了这床旧棉被。也许是壁橱里装的东西太多，妻子在翻动时，被子自己滚了出来。再一次面对它时，我心中除了油然而生的亲切和感动，更觉得感慨：这床被子怎么会就跟了我三十年呢？三十年里我不知辗转了多少个地方，如今的床上已经盖上了更宽大轻便暖和柔软的太空棉被，结婚时添的两床被子尽管比它更新一些，还有以前用过的其他被子，连同床单、枕头、枕巾什么的，统统早已没有了踪影，怎么就唯独这床旧棉被保存了下来？这真是一件不可思议的事情。三十年前的那个我早已消失在岁月的风尘里，而它还基本保持着当初的本色与内涵，相比之下，它骨子里真有一股子顽强劲儿。被子上还残留着一片片尿渍的痕迹，显然是儿子幼时留下的。而今天，儿子已经长大成人，跨出国门留学了，一切仿佛就在眨眼之间发生。而无论他走到哪里，恐怕在他的身上，通过我和他都曾经睡过的这床棉被，总会携带上源自故乡泥土的气息，还有遥远先祖的气息。然而，它承载的仅仅是看得见的儿子的尿渍吗，一家人两代父子之间的温暖亲情不也是由它在传承么？它还见证过多少个美梦与噩梦，孤独委屈的泪水，相拥欢愉的笑声，疲惫的身躯，熟睡的鼾声，还有生命的孕育、诞生、成长与衰变，人生迁徙的痕迹……这一切的一切是怎样地丰富啊，丰富得像一个人的半边生命舞台。人从生到死一辈子，每当黑夜来临时，总是在或断或续地与自己至亲至爱的人同枕共眠，肌肤相亲。三十年里，有多少个夜晚，我曾与它零距离的接触，这也算另一种肌肤相亲吧，彼此曾是那样真实而毫无遮拦地将自己呈现给了对方。

当年上大学时我是怎样地爱护它，几乎每个月要拆洗晾晒一次。参加工作后，最起码也要在每次换季时清洗一次。可是后来呢？被子上遗留下的尿渍说明，它已经很长时间没有拆洗过了，大约自从当做了垫被后就没有拆洗过，算一算近二十年了。不仅如此，当我渐渐不再依赖它保暖后，就不怎么留心关注它了，直至将它抛弃遗忘在壁橱的角落里。其实，它越老旧破损孤独无用时，就越需要加以留意和善待。想起我后来这些年对它的冷漠，心里还真有点愧疚。如果它有眼睛，或者能开口说话，我想我都不知道该怎样面对它。好在它很大度，沉默着，久远地躲在目光够不到的家中一隅。

这回我特意吩咐妻子，将被里被面都拆下来，放进洗衣机彻底清洗了一遍，也算是作一种补偿吧。没想到它像一位风烛残年弱不禁风的老人一样，已经老旧脆弱得经不起浆洗，被里子从洗衣机里拿出来一看，竟然破了一个大洞。即便这样，我还是要妻子把它晾干后收藏起来，仿佛是在收藏一片残破的记忆，一份温暖的情感，一段人生的历程。

人活一世，总该拥有点什么。不过，在我看来，无论是否拥有别的什么，一定要有一个家，家里要有一张床，床上至少要有一床被子。否则，人恐怕就会觉得无家可归，归来了也无处可以躺下睡觉，睡下了也不觉得温暖踏实。那么，拥有别的什么东西再多又有何意义？！

2008年3月7日，初稿于宁波北仑。

孩子，你是我生命中的奇迹

——寄语儿子的成人礼

儿子，我们是男人，一对有着血缘关系的男人。男人之间的交流，经常会选择沉默，在沉默中彼此感受对方的一切。十八年里，你我之间几乎都是这样，以沉默来交流着走了过来，但谁能说沉默不是一种交流？一种最直接明白和默契，却又可以留下无限想象空间的交流。而在今天你将跨入成人门槛的特殊时刻，当我不得不打破沉默，需要以书面的形式对你说点什么的时候，我最想说的是："孩子，你是我生命中的奇迹！"

有人把生命看做一条不息的河流，但我更愿意将她看成是一个无尽的空间。当我还如你今天这般年轻的时候，我的心空是一片茫然，全然不知，在我未来的生命中，将会有一个奇迹出现，而这个后来的奇迹正是你。在你身上，承接了我生命中的遗传基因，那是一串来自远古的生命符号；也奔涌着我的激情和热血，更显示出我的创造生命的能力，贡献着我对人类这个物种的一份责任。因为有了你，我为自己的生命感到欣慰、满足和自豪，冥冥中这也许是出于原始的生命崇拜，但却一定是一个作为父亲的男人的最纯最真的感受。

当我沐浴在爱情的阳光里，我的心空变得丰富灿烂，头顶的那条彩虹，将心空划成不可分割的两半，一半属于我自己，一半给了我的爱人，也就是今天已经做了你妈妈的那个女人。直到在奇幻的梦境里，感受到你的到来，有如天使的即将降临，我们便在共有的那一片心空里，为你预留一个洁净的空间。起初，这个空间还只是一片空无，但它的确是一个存在，而且是一个未知的无限的空间，像我生命中的一束亮光，伸向那遥远的前方。

如今依然清晰记得，当年在那个生命的产房门口，暗淡的楼道里，我怀着怎样期待、焦急和忐忑不安的心情，在等待你的降生。那是一个盛夏的正午，那一刻，我的心也如四周的空气一样，充斥着燥热，凝固着紧张，但却又偶吹一阵喜悦的凉风。直到那位穿白大褂的女医生推门出来，在匆匆的脚步里，泰然地报告你的平安出世，一块沉重的石头才心头落地。

第二天早晨，新鲜明亮的阳光刚从窗外照进来，你和阳光一起来到我身边，注定已经并将继续给我的生命带来阳光的灿烂与温暖。当我第一次从护士手中接过熟睡中的你时，心情是难以言表的，也许只能以激动来大致形容。看到你第一眼，我觉得你是多么值得期待的鲜活生命。那个预留的心空里，也因你的到来有了确凿的雏形，开始显得充实和灵动起来。从此，我的生命必将与眼前的雏儿结下难解的缘分。我笨拙地把你轻抱在怀里，却一时与你没有多少言语，或许是怕吵醒你生命中最初的梦，只是看着你，目不转睛地注视良久，仿佛是要把一个赤子的形象，永远印在初为人父的脑海里，也仿佛是在陌生的小世界里，寻找一个熟悉的身影。而你，也许还听不懂我无声的语言，却似乎用新鲜的心跳，感觉到了一个似曾相识的声音，所以睡得那样安详。这就是我们父子间的第一次见面，就像是一种仪式，完成了最初的近似天籁的交流，平常简单却温馨畅快，一切尽在不言中，如同一对早已十分投缘的老朋友。

这一切再平常不过的景象，或许每时每刻都在产房外的新生父子之间发生，但在我的一生中却仅仅出现了这一次，于我是特别而珍贵的，所以，我仍然要说："孩子，你是我生命中的奇迹！"

转瞬间十八年过去，你已经从呱呱坠地的婴儿，长成一个天地间的汉子，你所特有的心空已经从一派混蒙，逐渐变得色彩清晰和丰富起来。想一想，这一过程难道不也是一个不可思议的生命奇迹吗？无论十八个春秋是漫长还是短暂，曾有过多少艰辛和喜悦？如果说你的降生是我生命中的奇迹，那么这十八年的成长历程，更多的是你自己在不断创造自我生命中的奇迹。

十八年里，你从一个不足尺长的细柔身骨，长成健康伟岸的身躯，如同一颗温室的幼芽长成傲然临风的青松。你的人格从柔弱简单变得丰富健全，如同一艘水中的行船渐渐鼓满了风帆。而你的大脑则从单纯空洞而逐渐吸收了你自己人生的最初经验、以往先哲们的思想以及人类发展过程中积淀下来的知识，像一台计算机慢慢加载了各类不同的应用软件。从幼儿园里获得的一朵朵小红花，到一次次戴上全市健美儿的桂冠；从小学时交出的一张张满分考卷，到初中时赢得的一个个"三好生"和"优秀班干"的称号；从一所普通中学以优异的成绩考入全市的重点名校，再到今天成为这所名校里众多优秀中学生中的一员，你用行动来证明，你一直是最棒的，一路走来都在创造自己生命中的奇迹。见过你的亲人曾这样对你妈妈说："没想到你这么弱小的身子骨，竟养育了这么棒的一个儿子！"也有朋友这样对我说："你儿子会比你强得多！"没有比听到这样的赞美声更让父母深感自豪和欣喜的了。是的，我们已经看见，在你的心空开始闪现着几点耀眼的星光。

也许"奇迹"一词有更深更广的含义，但当我们按字面去理解时，可能会更接近其最初的本意——奇异的轨迹（或痕迹、踪迹、足迹）。如果把生命看成一个行走的过程，由于生命系统的浩瀚，我们中的绝大多数人在绝大多数行走的路程上，是难以留下什么踪迹的，更无须说那奇异的轨迹了。这可以从我们日常生活的经历中获得最直接的验证。而你心空的那些星光，无疑就是你生命中的奇迹。

一位哲人曾说："人是应当被超越的，你们有否努力过要去超越人类自身呢？"（注：尼采语，摘自《尼采生存哲学》第271页，九州出版社）这是对人类全体的拷问与召唤。事实上，没有对自身的超越，人类不可能走到今天。只有在回头时，才能看见自己的足迹，包括那些奇异的足迹。换句话说，你生命中已经创造出的奇迹，总是在你的脚后跟以外，只属于你的过去，并与你渐行渐远。而当你看见别人的奇迹时，你就已经落在了此人的后头。人生是没有回头路的单行线，我们唯有义无反顾地奋勇前行，在前行中不断实现对人的超越，去创造一个个新的奇迹。

如果说你用过去的十八年时间，完成了人生竞跑的资格赛，如今你才算真正站在了生命冲刺的起跑线上。记得你小时候很喜欢关于超人的故事，那么今天你实现超人梦想的时刻到了。实现这一梦想，需要完成从低到高的三步跨越，即超越自我、超越邻人、超越人类。低一级的跨越是在为更高一级的跨越作准备，而高一级的跨越则同时包含了对低级的跨越。我们当向赛场上打破世界记录的赛跑冠军致敬，因为他在极短的时间内，一举超越了全人类。发令枪一响，他迅速起跑，一路不停地实现他此一刻对他前一刻的自我超越，否则他将停滞不前，被别人远远抛在后面。他因为跑的速度快而实现了对邻人也就是对手的超越。当超越所有的邻人而达终点，并创造一个新的世界纪录时，他已经超越了全人类，尽管他只比所有的前人快跑了很小的一步。而在此之前，他在赛场下的一切训练，都是在努力作较低级的超越——

超越自己或对手，是在为最高的超越作准备。

十八岁是一个生命成人的标志，是生命旅途中的一块重要里程碑。行至此路段，而且面临着即将参加高考这样一个重要的人生关口，或许你能从上述的赛场上获得某种人生的启迪。是的，拿你的每一个今天与昨天相比，如果你能做到体魄更加健壮，品行更趋完满，思想更为成熟，学习中掌握了新的知识，那么你就是在超越自我。当你在这些方面的努力使你超越了周围的同学时，你就是超越了你的邻人，并为自己在未来的事业中最终在某一方面可能超越人类而奠定了基础。

超越就是在创造奇迹，超越自我成就小奇迹，超越邻人成就大奇迹，而超越人类则成就伟大的奇迹——那是奇迹中的奇迹。如果你创造小奇迹，你生命的色彩将辉耀我生命的心空；如果你创造大奇迹，你生命的色彩将辉耀一群人的天空；而当你创造伟大奇迹的时候，你生命的色彩将如一颗闪亮的恒星，久久地辉耀整个人类的天空。

但是，无论你创造怎样的奇迹，孩子，你都是我生命中的奇迹。

2006 年 11 月 12 日，初稿完于浙江宁波北仑。

回 乡 祭

一次突如其来的电话，把我召回数千里外的故乡。元旦前的一个清晨，我还在迷蒙的睡意中，床头的电话铃突然响了。拿起电话，在一片哭喊的包围中，传来小弟媳平静的声音："大哥吗？春儿（小弟的乳名）刚刚过了。"

"咳——咳，怎么是这样？！"我一骨碌坐起来，脱口而出。

接着便是父亲的哭诉。记忆中，这是我平生第一次听见父亲的哭声，老年丧子，怎不让他失声痛哭？

小弟才三十出头，平日里体壮如牛。前一天晚上入睡前还是好好的，后半夜突然发病，不过半个小时的时间就匆匆走了，生死的跨越竟是这样短暂！据说，人是唯一知道自己会死亡的动物，但谁能料到，死神的来临有时竟是如此突然，让人来不及意识到它的降临，它就已经把一个鲜活的生命带走了。

小弟既已死了，我是无力挽回他的生命的。唯一能做的是赶回故乡去，为活着的人送去一份安慰。

我终于没有见上小弟最后一面。第二天傍晚到家时，他已经火化安葬。在村口那间他生前经营的小店铺里，他的丈人正在张罗着为他赶扎灵屋，见到我的第一句话是："这是没法儿的事。哪个想得到呢？"是的，一切都是那么的匆忙和无奈。

小弟死后的第三天，按故乡的习俗，是为他烧灵屋的日子。周围的亲戚朋友们都来了，从远处赶来的大伯、大叔、大婶和姑姑，还有住在同村的一直是那么瘦高而健康的小叔和头发已经花白的小婶。

老实说，我这些年在外，偶尔会想起这些亲人们，但却极少回故乡，与他们数年难见一面。这次回来算是都见着了，愿望倒是得以实现，但我是因为小弟的死才回乡来与大家相见，想一想觉得，这种相聚其实来得不仅突然而且残酷。这些亲人们原本和我一样，大多少言寡语，又遇到奔丧，自然没有像别人那股亲人相逢的快乐与亲切劲儿。我们只是在一起静静地坐一会儿，轻轻地说一两句话。而且，好像大家都在有意回避似的，都没有提小弟的事，仿佛把他遗忘了。

烧完灵屋，人们大都陆续离开了，或者与我告别过，或者不打招呼就悄悄走了。只有小叔和小婶仍然待在这儿。下午，我们又在一起坐了一阵子，谈了他们在河北当兵的儿子，以及有影无影的未来儿媳妇。第二天还在一起吃了早饭。安慰过父亲和小弟媳，又把家里的事交待了几句，我就起身回京。临走前，是否特意与小叔道过别，见过最后一面，我已经记不确切了。

由于回乡次数的稀少，又是接近年关的时节，我打算顺便去给故去多年的爷爷和母亲上坟。如今，还记得他俩的已经不多了。走到村口，正好遇到一位表兄，由他陪着去买了鞭炮和草纸，一路向村外的田野走去。路上，又遇到一位大婶提醒说，我的好几位故去的亲人都埋在同一块田里，别忘了捎带都给烧些纸钱。

田野里种满生机勃勃的蔬菜和麦苗，散布着大大小小的沉寂的坟头和墓碑，供养着生，接纳了死。仿佛有土地就有生和死，生的在生，死的已死，形成生死间的一种对抗、诉说、交替与最终的融合。生死是这样的相近相亲，既和谐又不调和，不知是死支持着生，生孕育着死；抑或正好相反。

记得在小时候，在那个灰砖黛瓦的四合院里，住着祖父三兄弟统领着的三户人家。院子里，我们这一代有十数人，是在祖、父辈们的注视中一个个降生，并一天天地长大，然后四散开去，开始各自独立的生活。我自己老早就离开了故乡，没有守着长辈们，看见他们一天天地变老直至死去。回想起来，他们死的时候，我没有一次在场，不知这是巧合，还是有意的安排，仿佛是如果我亲眼见一位长辈的死，反倒是一种例外。

踏在故乡松软而潮湿的泥土上，心中生发出可感又难言的情绪。我是的确来看望这些长眠于地下的长辈来了，这是一次顺道迟来的再自然不过却又无法谋面的探视。对于死亡的恐惧使我感到些许类似儿时的那种庆幸，但似乎又伴随着悲凉和愧疚——然而绝不是悲痛——化作在各个长辈的坟头碑前短暂燃烧的一堆烈火和一缕青烟，融入我虔诚的作揖与默祷里，也弥漫在冬日故乡田野上那种生死交织的氛围里。

我已记不起从哪次开始，曾在回乡时，总要特意地去看望祖辈们。活着的祖辈们是越来越少了，正像一位已故去的老人在一次别前曾对我说过的："好哦，孩子，哪晓得下回还能不能见到你哟。"的确不能确定，哪一次的相见，无意中就成为最后的相聚与诀别，虽然不会有生死离别时的那种难舍与绝望。而每次这样的相见，或多或少或明或暗地勾起我流失了的童年记忆——那是我们曾经朝夕相处的日子——又不由地对还健在的长辈心生怜悯与安慰。我似乎对他们不要求什么，只希望他们活着。哪怕只有一位还活着，就表示一代祖辈的存在，证明我的一种拥有，就是一个标志，一个提醒和召唤，维系着一份联系和情感，是一个在我怀着复杂的心情匆匆地回到故乡时可以去拜望的人，并被亲切的乡音唤一声"孩子"，无论我有多大年龄。而一个人如果不再被称做孩子，他就的确老了，沦落到了某种被抛弃的无归宿境地。

很难分清，我对故乡的情分，是随着老人们的一个个离去渐渐疏远呢，还是随着自己年龄的增大而日益厚重。无可改变的是，终将有一次，在我回故乡后就永远回不去了，或者回去后再也出不来，回归到一个永远的故乡。即使我将来不会学着老人的口气，对故乡的陌生后生说："好哦，孩子，哪晓得下回还能不能见到你哟。"但终究摆脱不了同样的心态与结局。所不能预知的是，这最后一次回乡将在何时到来。

死亡就是这样令人困扰和不可理解。如果说生代表一种可以预见的秩序，比如说，总是先有祖父，再有父亲，才有自己，然后是儿子、孙子……先出生的必定比后出生的年龄大；那么，死则很有些不羁和无常，甚至是傲慢，母亲可能死在外公的前面，儿子可能死在父亲的前面，小弟可能死在兄长前面，先死的未必比后死的年长，它好像是在有意无视和挑战一切。而当一个人的亲人们，无论比他年长还是年轻，一个个先他而去，最后只剩下他独自一人活着的时候，真不知他是会感到为自己庆幸，还是会感到透心的孤独与悲凉以及死神的无情，是否有勇气和意义继续活下去，成为与死神对抗的唯一勇士。这样的假设似乎是残酷了一点，但并不是完全不可能发生。

田间的上空，弥漫着疏离、冷漠与寂静的气氛。当年，那个院子里的三户人家是怎样的拥挤与热闹，简直没有一刻的消停，即使在深夜也充满此起彼伏的梦话与鼾声。是祖辈们辛勤地建立了那个四合院，然后分成三个家庭，各自繁衍后代，但仍进出同一扇大门，相互走动，或在昏暗的灯光下谈天说地，或为鸡毛蒜皮的小事相互争吵以至大打出手，也曾经无论相互间有多大的仇恨，而遇到外人的欺侮时又一致对外。如今，四合院早已消失得无影无踪。祖辈中只剩下一位还活着，父辈中也已有几位过早的谢世。死去的人大多埋在了眼前这同一块田里，仿佛是四合院一拆，他们便失去了栖身之地，却终难舍往日的情意，便一个个地搬到这里来，住在一个没有围墙的地下四合院里，仍然相距得那么近，却不再互相往来，不再聊天或者争吵，一切都消停了。生前他们或许曾经辉煌或平淡过，度过顺利或者曲折的一生。现在，这一切都不重要了，他们已经没有情感和欲望，各自默无声息地守着田野里的一小块黄土，既居住在一起，却又保持着虽然不远却是他们永远无法跨越的固定距离。他们被活着的人短暂地怀念和记忆，然后渐渐地消逝得无影无踪，连同怀念和记忆一起，再一次地死亡，真正彻底的消亡。这一切，是死亡让他们透彻了人生的道理，还是死亡强加在他们身上的无奈？对此，我无法与他们沟通，因而不知道他们的回答，尽管我就近在他们身边。面对地下的亡灵，我却一时无法跨越生死的鸿沟，如同我可以绕过死者的坟墓，却终逃不过那共同的必然的命运。

经表兄的指点，那个还插着花圈的新坟，埋着我的一位婆婆，她从我记事起就已失明。我伫立坟前，心里默默地喊着："婆婆，你猜我是哪个？"就像她在世时，我每次回乡去看她就首先这样呼喊的一样。然而这次我怀疑，她是否还能听得见分得清我是谁，虽然往年无论相隔多久回故乡，只要我这样一叫喊，她就能判别出是我回来了。这曾经是一种认同与接纳，就像故乡的土地无时无刻不在默默等着辨出和接纳我的脚步一样。她曾经听到过我初来世上的哭声，然后用生命的历程见证我的嗓音如何从童稚慢慢变得成熟。所以，无论何时的一声突如其来的呼喊，她都无需眼看也知道是我回来了，那不过是她心中某个久远而熟悉的声音的一个印证。然而，这一次是个例外，一个不解却只好接受的例外。最终，我满怀疑惑地离开了田野，并在陌生后生们的疑惑注视中离开了故乡。

我承认，我与小弟的感情没有父亲与他的感情那样深，毕竟我自小不与他生活在一起，而父亲却与他相处了三十年！即便如此，从故乡回京后，我不能忘记他，他时常首先出现在我早晨清醒后最初的意识里。这与其说是扯不断的情感牵挂，不如说是砍不断的血缘联系。

大约不到三个月后，就在他在我脑海里的印象渐渐模糊下来的时候，在一个傍晚，家里突然打来电话。电话里，父亲迟疑片刻才告诉我，小叔也像小弟一样，在前一天晚上突然去世了。

"咳——咳！怎么又是这样？"我又一次惊异而惋惜地脱口而出。在以后的一段日子里，一个显得有些荒唐的念头盘踞在我的心头：早知如此，我在离家前就该好好地与小叔道一声别，并请他捎去我对小弟的沉重问候与思念。因此，我留下无限的后悔与惋惜，久久难以释怀！

2004年5月26日，初稿于北京广莲路1号。

空中的情书

第一幅画面，在电视机屏幕上。时间：近日。

飞机上，一位中年空姐带着她的年轻徒弟，对着画面说："生活的记忆像一串珍珠项链，愿我们的服务成为旅客生活中的一颗珍珠。"

电视画面逐渐模糊。第二幅画面，一扇大门打开。外面，阳光明媚耀眼，海面湛蓝宽阔，一位中年男子迎着海风，在白色沙滩上随意散步。他低头抓起一把沙子一看，里面有一件闪光的东西，是一粒珍珠，曾长久埋藏在记忆的沙滩。

脑海里，一组连续的镜头。时间：十八年前的夏天。

明媚耀眼的阳光，海洋般湛蓝宽阔的天空，飞往境外的飞机里，靠窗口坐着一个年轻人，头戴耳机，紧闭双目在沉思。脑海里是他刚确立恋爱关系三个多月的女友的身影，一张张，一组组，或大或小，或清晰或模糊，从初识的羞涩到出国前的难舍难别。

随后，年轻人从头顶行李舱里取出纸和笔，在狭窄的折叠桌上奋笔疾书，写下他爱的激情和相思的痛苦，这是他写给小情人的第一封情书。耳机里播放着张明敏演唱的《一剪梅》："真情像梅花开过，冷冷冰雪不能淹没……爱我所爱无怨无悔，此情，此情，常留，常留，心——间。"一遍又一遍。这是他俩的定情歌曲（女孩名字中有一个"梅"字），他曾对她唱过无数遍。在书写的时候，他知道千万里之外，大地上某一个熟悉的地方，有一位佳人在翘首企盼，和他有着同样的思念。

一位漂亮娇小的空姐走过来，递给他一个航空信封。他将情书装进信封里，等那位小姐再次走过来时，年轻人将信交给她。

"麻烦你回国为我发一封信。"年轻人起身。

"送走你们，我们接着直接飞欧洲，要过几天才回国，你不怕耽误吗？"小姐迟疑地接过信。

"不怕，总比我到国外后再发来得快吧。还没有贴邮票。"年轻人有些歉意。

"那倒不要紧，我负责为你贴上就是了。但是，信没有封口，你就不怕我偷看吗？"小姐笑一笑。

"不会的，我相信你。"年轻人脸一红说。

第四幅画面，在某工作间。时间：现在。

一位中年男子在电脑前做一篇名为《空中的情书》的文字，像是在专心剪切一组蒙太奇画面，但他并没有去特意翻看那封十八年前的空中的情书。

接下来的一组镜头，在脑海。时间：未来某日，静夜。

窗前，白雪，冬梅。屋里，炉旁，一对白发老人，满脸洋溢着幸福，双双颤抖着手，去解开系在一捆黄旧的书信上的珍珠链。

然后，老头神色庄重，将项链戴在老太太脖子上。老太太笑眯眯地回头问："好不好看？"珍珠链熠熠生辉。

两双昏花的眼，在褪色的纸里纸外，找寻珍珠样闪光的颜色，极痴迷认真，忙碌到深夜。

最后一幅画面，在脑海：阳光，海面，沙滩。无人。画外音：《一剪梅》音乐，回响在空中……

　　　　　2003年12月22日午后，初稿于北京安慧北里安园甲8号。

工程师的世界

消逝的雪人

  我这次离家出国，不知不觉中，与妻儿分别已两月有余了。在南亚的冬日里，再读鲁迅先生的散文《雪》，我不由联想起，在临出国前的一次一家三口坐在一起聊天时，妻讲过的关于儿子幼时的一件小事。

  大约在儿子三四岁的时候，我正在国外工作。有一天妻子出门去办事，留下他独自在家看电视动画片。等稍后妻子回来时，儿子已哭得泪流满面，嘴里不停地大声喊着"妈妈！"妻问怎么啦？"小雪人死了。"儿子哭着回答。原来，大概是动画片中的雪人慢慢地融化而消失了。

  听了这件事，我的心为之一动，像是隐隐地被什么触了一下。我们这些年近不惑的人，对自己儿时记忆想必都忘记了，对幼小的心灵也不甚了解，甚至会嘲笑孩子们的幼稚。可单凭这为小雪人之死的哀哭，便可折射出孩子幼小的心灵是怎样的率真、轻信和善良，何况这小雪人不是在现实中堆成的，只不过一电视动画形象而已。但小孩子不管那些，但凡出现在他眼前的，即使是模糊的、简单而抽象的或者失真的，他都要信以为真。在孩子的富于幻想的小世界里，一切都是真实的，因为他的心是真实的。相对于成人的假面孔，孩子哀哭雪人的泪水是何等的真实。"孩子的眼泪不值钱！"大人们常常不屑地这样说。君不见，有些成年子女一面在刚死去的老人身边假着嗓子嚎，一面在内心里盘算自己怎样才能多分得一份死者的遗产。与这样成年人的眼泪相比，小孩子洒给雪人的眼泪要真实和宝贵得多。随着一天天长大，我们渐离幼稚而走向成熟，不再天真而是过实实在在的生活，不再轻信而用好奇的眼睛去质疑身边的一切，不再爱哭而是变得坚强。但我们也可能由诚实变为虚伪，由轻信逐渐学会利用他人（包括孩子们）的轻信，曾经温柔善良的心地冷却固结为冷酷的铁石心肠。我们在付出代价和获得收成中逐渐成长，一点一点地丢弃了一些该丢或不该丢的儿时的天性，并一点一点地获得了一些应有或不应有的成人的品质。

  儿子在那次看动画片以前，脑子里想必已经有了关于"死"的概念，但尚不具体，尚不太明白死亡的含义。只在亲眼目睹电视中的雪人在他眼前一点点地消融逝去时,他兴许才一下子懂得"死"究竟意味着什么,"死"的过程是怎样的情形,是止不住要伤心的。但如果那时妻在他身旁,给他做些解释,给他些安慰,或者什么也不必去做,只是坐在旁边,他都会有一种安全感,不至于伤心到号啕大哭的地步,充其量眼里会闪动着泪花。然而,只有他一个人,置身于在他眼中还过于空旷高大的屋子里,第一次孤零零地面对着残酷的死亡,一颗幼弱的心灵无疑受着极大的恐惧的压力。无奈,他只有一哭了。用哭来哀悼渐逝的雪人,因为他的天真善良;用哭来呼救,因为他的孤立无助;用哭来壮胆,因为他的幼弱胆怯。

妻在给我讲述这件事时,儿子就坐在一旁。最令我不解的是,已经过去六七年了,他居然对这件发生在三四岁的事仍记得起来,那还是不能完全记事的年龄,足见当时对他幼小的心灵产生过何等的震撼,使他有过怎样真切的伤心和体验。

南亚的冬天,时多雾,少雨,偶有霜,但雪是绝对不曾落过的。这两天从电视新闻里看到,北京近几日下了一场难得的大雪,引起我隐隐的向往。不知儿子是否抽得空闲出门,在纷飞的雪中或雪后的晴日,去堆一个令他自己满意的雪人,因为他已渐近于他显得过分沉重的期末考试。我是很乐意帮他堆雪人去的。他是偷偷拿了妻的口红,还是妻主动给了他一支去描雪人的唇呢?妻总该代我帮他去堆了雪人的吧?不过,我不怀疑,如果儿子眼见自己亲手堆成的雪人消融,他再也不会号啕大哭。幼时的一切,除了残留脑海中的一些模糊的记忆,已随着雪人的死而渐渐消失。在这消失中,他一天天地成长起来,自由健康地,笔直向上地,我这样殷殷地期盼着。

2001年1月10～14日,尼泊尔乡村。

她的眼睛很忧郁

好不容易盼到新千年元旦,工地破天荒地放了一天假,没日没夜繁忙嘈杂的工地总算暂时安静下来。此刻,已是夜深人静时分,我终于有点空闲时间坐下来。不知怎的，心中颇有些惆怅，便独自翻看端详起出国时带来的妻的一张近期彩照来。看着看着竟忽然发现，不知在何时她那原本美丽的一对眼珠已经略微地泛黄，眼角上出现了鱼尾纹，眼神里流露出深深的忧郁。我不禁感到心痛、失落和伤感。老实说，我已经很久没有认真地去留意过她的眼睛了。

　　记得妻最先引起我注意的也是她的眼睛，那还是早在十八年前的一个冬夜，我第一次见到她的时候。算起来当时她只是一个十六岁的小姑娘；我是年方二十的小伙子，一个刚参加工作不久的大学生。那晚，我正在一间临时教室里，给本单位的一些青年辅导数学课。我面朝着门，站在黑板前给围在身边的年轻人讲解题目。这时候，她推门进来了。娇小秀美的身材穿着朴素的冬装，轻盈敏捷的步伐像只快乐的小鸟。因她个头比我矮一截，看我时需略仰起头，听我讲解时神情认真而专注。就在这一瞬间，我一下子被她那双眼睛所深深吸引住。双眼皮和长而弯的睫毛下，一双并不算很大的眼睛，由于神情专注，在她那张稚气未净清纯秀气的脸上，显得格外地大而圆，并且漆黑、清澈而深邃，尚带有些许童真的神色，却了无忧郁的痕迹。在从头顶上射下来的荧光的映照下，她的眼睛像傍晚的晴空中最亮的那颗星星一样闪着光，美丽无比。以前，我也不止一次地在书本上读到过形容眼睛像闪烁的星星之类的句子，但那还只是抽象而模糊的概念。真正现实中这样靠近和真切地体会闪着星光的眼睛，这还是第一次。这就好比在课堂上反复听老师讲解物理化学知识，你只有亲手在实验室作了一次演练，方才觉得可信和深刻一样。我竟失态地盯着她的眼睛多看了几眼，多看了一会儿。从此，她那双美丽的眼睛便深刻地留在了我的印象里。以后偶尔碰见她，总免不了要特意瞧一瞧她那双黑亮的眼睛。

　　过了两年半，我们恋爱了。但在刚确立恋爱关系正处于热恋中时，我就被派往国外工作，一去就是十六个月。那期间，她曾寄给我一些照片，有黑白的也有彩照，脸上或在开心微笑或深沉文静。但在眼角上，似乎总挂着一丝难于察觉的忧郁。

　　从初识到恋爱再到结婚，前后经过了五年多。有人曾跟我开玩笑，说我同她恋爱结婚就是因为我看上了她那双眼睛。这话当然不对，至少有些偏颇。但我初识她始于她的眼睛是确凿无疑的。婚后，我们开始了小两口的实际生活，一年多后又有了孩子。我们的心思几乎都用在孩子和日常生活上，我很少再去留心她的眼睛，哪管什么清纯啊忧愁的。

　　婚后几年里，我不是长年在野外工地就是远在国外工作，对孩子和家务事管得少。她初为家庭主妇和母亲,又没有老人在身边帮忙和指导,在做家务和带孩子上缺乏经验,一个人上班养孩子摸家务(即操持家务),少不了费心吃苦受罪。她年纪轻轻的,眼角上已起了明显的皱纹。每次回到家里,眼见到处是一片脏乱无序,而她成天只是忙忙活活,对这番景象近乎熟视无睹,我心中有些不快,不无调侃地说:"你眼大美丽,是让人看而不是看事的;我眼小难看,没人看却是看事的。"

有一年夏天,我从外地学习放假回家。半夜三更,我敲响家门,听见她在屋里应了一声。我在门外等了好一会儿,却不见妻出来开门。我一时纳闷她动作为什么这样迟缓,带着不耐烦的口气左门外催她。打开门时,我见她双眼蒙着纱布,便焦急地问:"你的眼睛怎么啦?"她立刻"哇"地一声伏在我的肩上哭起来。原来,她正患眼疾,眼皮红肿化脓,遮住双眼睁不开。其时,四岁的孩子也正病着。她怕影响我的学习,没有告诉我这一切,而是独自承受着。我们大都有过这样的经验:一个刚从太阳下突然走进阴暗里的人,比起待在阴暗里稍久的人,一时要难适应得多。可以想见,在那样炎热的夏天,我不在她身边,她自己患了眼疾,行动已有诸多不便,还得伺候一个带病的孩子,生活该是怎样地艰难,心中有多少委屈与酸楚啊!她听到我的声音,摸索着穿衣起来,下了床,扶着墙,摸向门,磕磕碰碰地好不容易从卧室里出来,再贴着客厅的墙壁摸索到大门口,寻了插销开门,虽然只有平日里熟悉的短短的几步路,但对一个蒙住双眼的人该显得多么崎岖漫长,多么艰难费时啊!我不禁心疼起她来,眼里有些发潮。在心里暗暗责备自己不该那样心急地怪她。她那时的心情一定很复杂,有焦急、高兴和一些放松,但兴许更多的是委屈,都化作了一涌而出的眼泪,沁出纱布,印在我的肩头,也一滴一滴地滴答浸润着我的心头。

第二天,见到墨镜下那双红肿得像核桃大的眼睛,我没有嫌她丑陋,倒是从心眼里怜她。我担心她会失去美丽的眼睛,或者眼睛的美丽。对一个年轻女人来说,有什么比失去眼睛的美丽更令她伤心绝望呢?我并不是完全担心失去她眼睛的美丽本身,也不怕她失明后,我和她在今后的生活中会遇到怎样的困难。最令我不安的是,我觉得她的眼疾是由我造成的。如果我在她身边,能为她分担一些家务事和精神上的忧伤,或许我在她身边本身就会使她生活得快乐些,她就可能不会害眼病了。万一她的眼睛有什么不测,在我不止是失去美丽的遗憾,我会因为自己没有尽到做丈夫的责任才使她失明而终生感到有愧于她。过了两天,我牵着她到医院去做手术。手术时,我就站在旁边,眼见医生手持锋利的手术刀,狠心而麻利地划开她的眼皮,我真不忍心多看一眼，宁愿那一刀是划在自己的心上。所幸术后她的眼睛完好无损地保留了下来。

四年多以前，我们一家搬到北京，不久有了自己的一套新房。在新房里还未住热乎，我便匆匆出国来到这块偏僻的地方，投入了紧张的工作，把家里的一切都丢给她去料理，美其名曰"放权"，戏称她为我们家的"总理"。她照顾孩子上学，收拾家务，因暂无北京户口不易找到一份中意的工作，自己曾试着开个小门面又难于维持，还得充电学习，又要操心装修房子，努力把家营造得温馨舒适，这一切的一切都落在她那日渐瘦弱的身上，实在难为她了。

虽然她现在衣食不愁，但总还有感情的需要，偏偏她又是那样重感情的人。她曾多次告诉我，她一人在家睡觉常因害怕而惊醒，有时几乎通宵失眠。她原是需要我陪着才能睡得沉香的。可以想见，每当夜深人静时，她独守空房是怎样的难耐，精神是怎样的孤独。再如遇到什么伤病和不顺心的事，我不能在身边给以照顾、理解和安慰，她的身心更受到折磨，心里更感到委屈、孤独和哀伤。长此以往，她原本秀美的脸怎不日渐憔悴，那心灵的窗口怎会不透露出深深的忧郁来呢？

从初识至今，一晃近二十年已经过去。猛一回首才发现，我已经失去了许多，其中就包括妻那双星辰一样的眼睛，换来的是发黄的忧郁眼神，虽仍不失为一种别样的美丽，但总让我感到难言的失落，不禁要哀叹岁月的沧桑，也对她心怀一份愧疚。

唉，多少个像我这样终日在外奔忙而又碌碌无为的人，即使是那些取得了一个个或大或小的成功的人，又失去了多少啊！他们失去的也许不仅有妻美丽的眼睛、宝贵的青春，还有一颗忠诚的心，失去了平淡而温馨的家庭生活和其乐融融的亲情。曾经满头粗黑油亮的头发，在换回大本大本著作的同时，如今只剩下了柔毛稀疏的"半壁江山"；曾经强健英俊的体魄，在挣回大把大把票子的过程中，也发福成浮肿松弛的肥脸，并过早地实现了"中部崛起"。面对自己所谓的成功，我们心中真不知是感受到了成功的喜悦还是失落的悲哀。更为可悲的是，有些人所取得的成功不是靠自己艰苦努力而获得。他们为实现自己的野心而不惜采取任何手段，以至近于卑鄙和疯狂，那就丧失了一些做人的根本——人格和人性。人往往就是这样自私和贪婪，而且常常表现出可笑的愚蠢和可怜的无奈。

望着妻眼神忧郁的照片，我深感自责，我本应在整日无序的忙碌中，理性而又用情地去关注一下总在牵挂着我而又一直无怨无悔地奉献着的那个她的。但愿此时，我热切的目光染黑她那发黄的双眼，我轻柔的抚摸熨平她眼角的皱纹，我无言的安慰拂去她眼中的忧郁。但这一切似只是徒劳，岁月毕竟公平而无情，我又远离她千山万水。眼下能做的也只有给她打个电话，倾诉我心中关于她眼睛的点点滴滴，并送上新千年的第一份祝福，那是上次通电话时我对她的一个承诺。是的，赶快给她挂一次国际长途，这是此刻我唯一和迫不及待要做的。电话的那一头，柔和的灯影里，那双忧郁的眼睛想必已在热切地仰望期盼……

> 2001年元月初，初稿完于尼泊尔乡村。
> 2002年7月，再稿于北京六铺炕。

风高月夜祭故人

半夜醒来，再难入眠。窗外，残月西斜，寒风呜呜地刮着，一阵紧似一阵。路灯的荧辉透过窗纱，在灰暗的墙面投下一块模糊而惨淡的影。几根光秃秃的黑树枝子，在窗影上来回晃动，挑起这些日子一直萦绕在我心头的一些往事来。

十年前，回国逗留北京的那段时间，也是在一个隆冬之夜，我感到浑身莫名的烦躁，翻来覆去几乎彻夜未眠。第二天，我并没在意，仍与女友浸沉在久别重逢的欢乐中。哪想到，几天后一回到工作单位，就接到老家发来的电报，报告了爷爷去世的噩耗。等我急忙赶回家时，爷爷已经火化三天了。我没有勇气去见爷爷的骨灰，只跪对爷爷生前的卧房痛哭两场。姑妈向我哭诉：几天前的夜晚，爷爷睡在床上无声无息地去了。推算起来，正是在我难眠的那个夜晚。爷爷那时已是八十一岁高龄，尽管他有三个女儿，一大群孙子，还有两个重孙，但却没有与众晚辈作生死的诀别，就悄然孤独地去了。依着农村的迷信，爷爷去世的那天偏偏又是一个不吉利的日子，在送他遗体火化前，亲人们不仅不能陪看，而且还要避开。他老人家虽有满堂的后孙，却走得这般的凄凉可惨！聊以慰藉的是，爷爷虽患多年的老毛病，但死得很平静安详，既没受到长久而非常的病痛折磨，也没作临终前痛苦的挣扎，仿佛只是睡熟了一般。爷爷含辛茹苦一辈子，死了倒是享清福去了。

我要深责自己的忘恩负义。母亲在我两岁时离开了人世，是爷爷给了我第二次生命。就算我未能为爷爷送终是无意的不孝，尚可原谅。而爷爷的死，在我没有引起极度的悲痛，实在天理难容。我诧异于在给爷爷烧灵屋时，自己的磕头作揖竟有几分是在附众做做样子。更何况爷爷在世时，我没有尽力伺候孝敬，甚至连陪他说话的时间也很有限。

倒是在爷爷去世后的这十年间，渐渐地，往事的回忆和深深的愧疚越来越折磨我的心。

爷爷是一个极普通的农民，但他的一生却是不平凡的。不必说在旧社会，他身为长子，怎样帮助父母当家理事，曾历经千辛万苦；也不必说他在那极端困苦的岁月，如何忍辱负重，把四个女儿养大，并送其中两个上学念书；单是他在多病而日渐衰老的晚年，把我从死亡线上救起扶养长大，供我直到上完大学参加工作，就是一个不可思议的奇迹。

我的生命多亏了爷爷。邻居们说，如果当年母亲不死，我少说有三五个弟弟妹妹，在那物质匮乏的岁月，我恐怕还不如这样跟着爷爷有福气。这也是我不幸中的万幸了。父亲是招亲到王家的。母亲死后，爷爷劝父亲另成了家。母亲的娘家没人愿意，也没有义务收养我。如果不是爷爷，年幼多病的我说不定早已夭折，更不能奢望读多少书了。据说，有几次我因病昏厥，都是靠了爷爷才被及时抢救过来的。

记忆中，爷爷不曾对我说过一个"爱"字，但我却在他的无限厚爱中长大。

小时候我体质差，感冒发烧是常有的事。尤其是我患有慢性支气管炎，一遇寒冷，整天喉咙像拉锯似地喘气。一入冬，爷爷就给我穿上背褡，外面套一件厚厚的长袍棉袄，暖和和的。我害怕打针。一犯病，爷爷就带我去看中医。一个冬天，我少则要吃四五十服中药。那时爷爷年近七十，患有与我同样的病。晚上，爷爷先用砂罐煎了我服的药，再煎他自己的。但更多的时候只煎我一个人的药，而他却忍受着病痛。爷爷的病可能是因为照顾我冬天睡觉而受凉染上的。即使他原本有病，如果我没病，他便可以多花些钱去诊治了。我的病慢慢痊愈了，但爷爷的病却一年重似一年。我的健康是以牺牲爷爷的健康为代价的。

那些年电影在农村是稀罕事儿。一听说附近村子放电影，不管三里五里路，我都要爷爷带我去看。来回的路上，总是爷爷肩扛背驮着我。看电影的一两个小时，我骑在爷爷的脖子上不下来。如果不是因为我，他是不会去看电影的。

门前有块三分地的菜园。每年爷爷在菜园里种上烟草，晒成干烟叶百十斤，储在阁楼上。平时一次拿出三五斤到集市上去卖，这样来应付一年到头的开支。每次赶集回来，爷爷还特意给我捎回一毛钱的水果糖。这对当年农村的孩子来说，已经算是奢侈品了。麦收季节，爷爷从收割后的麦地里耙些麦秸回来，以补柴薪的不足。收割稻子时，爷爷常常走十多里路，一穗一低头，拾些漏在田里的稻子，以补口粮的紧张。大热天，往往爷爷一去就是一整天。如此，爷孙俩的日子才得以维持。

爷爷的疼爱养成了我的懒惰。喂猪养鸡是爷爷的事，洗衣做饭我也少动手。无论下雨下雪，多由爷爷去担水。一担水五六十斤重，爷爷挑起来很吃力。到了冬天，爷爷有老毛病；最经不得烟熏，但每天早晨仍支撑起来做熟饭，再叫我起床吃了上学去。

我不能原谅自己的是，随着爷爷一年年衰老下去，在他需要我时，我却一步步远离他了。先是我到镇上读高中，每晚还可以回家。后来赶上恢复高考，因为功课紧，我寄住在姑妈家，每隔二三周才回家一次。爷爷也偶尔来镇上看一看我。再后来我到省城上大学，只能半年回家一次，而且多半住在姑妈家。等参加工作后，回家的机会就更少了。有几年，连春节也没回去同他老人家一起过。但爷爷从来没有责怪我。初参加工作时工资低，虽每月寄些钱给爷爷贴用，但太少。而且爷爷所需要的不仅仅是一月才来一次的汇款单啊。他孤苦无助，时时需要我用爱去回报。可是，他一天又一天的生活不能自理，他年复一年所受的旧病的折磨，我何曾体谅过，何曾关心过？我想象不出，我离开爷爷后，他是怎样捱过那些艰难、孤独而漫长的时日的。他老人家原是白白地疼了我一场！

爷爷晚年的生活十分凄惨。我在外上学，不能照顾爷爷。他的另外几个孙子，就住在同一个村子，平日也难得关照一回两回。在我念大学的最后那个寒假，曾由村里有头脸的人断定：让二堂兄来照护爷爷的生活，将来可以继得那份不多的家产。哪料想，二堂兄年轻气盛，不但没有照护好爷爷，反而成天惹他老人家生气。不到一年工夫，正赶上大堂兄结婚，也是小两口会打算盘，他们乘机搬过来顶替了二堂兄，不久拆了旧房，再添些砖瓦盖了新房。原本属于爷爷的房，转眼变成了他们的家。可他们同样不明事理，常与爷爷闹别扭。爷爷在万般无奈的情况下，独自问路找到我的工作单位，想跟我一起过。我这也有实际的困难。一则我刚参加工作，没有成家，生活起居有诸多不便；二则我的工作长年在野外流动。过了一两个月，我就把爷爷送上火车，让他独自回去了。临上车前，我身上只剩下借来的三几块钱，为爷爷买了一碗凉面吃。老人家第二次来单位时，我已经在八百里外的施工工地了。他连我的面也没见着就只好回了家。现在想起来，我那时的困难不是不能克服，最根本的原因还是我对爷爷缺乏应有的孝心。爷爷晚年的不幸全在于他有几个不孝的孙子。

最后一次见到爷爷是在我出国前回家的时候。一见到我回来，爷爷苍老而阴郁的脸上立刻有了光，浑浊的眼睛也亮了许多。他望着我笑得合不拢嘴。而等我前脚到了父亲家，他后脚就跟来了。话不多，仍然只盯着我笑。我当时纳闷爷爷为什么会跟来，以及那阴郁中透出的喜悦的笑容。

后来，我成家并有了儿子。当儿子叫着"爸爸"向我跑过来，我也不由自主地张嘴笑了。这时，心里才多少明白爷爷最后留给我的笑。我把对儿子的爱埋在心里。在爱儿子的同时，也明白了应该报答曾给予自己无限厚爱的长辈。但是迟了，爷爷已经去世多年了。除了经常的怀念，我挂在嘴边的一句话是："爷爷从来没享到我的福！"

这几年，我心里常想为爷爷做点什么，以求报答爷爷的养育之恩，也多少缓释一点心灵的自责。但能做的事情似又有限。我曾向姑妈提议为爷爷做块碑。等到为爷爷树碑那天，我偏偏又在万里之遥的国外，无法回故乡亲自参加。回国后，我在爷爷的墓碑前虔诚地跪下磕了三个头，在心里默默地说："爷爷，我会常来看您的。"此后每当回故乡，我都记着去爷爷的坟上化点纸钱。但长年在外忙碌的我，回家看爷爷的次数并不多。每逢清明节，远在他乡的我只能在心中暗暗祭奠故乡的爷爷。今夜正是爷爷十周年的祭日，我本应到爷爷坟上去的，但却在几千里之外的北京，身不由己。

爷爷的墓碑立在故乡村西北一块梨园的边上。冬天树上的叶子落尽了，梨园很是荒寂。室外的风还在刮，但月色十分的晴好。难眠的我在想，此刻的故乡该是同样月辉如洗吧，那梨园也刮着如京城这般的寒风么？在这风高月明的寒夜，爷爷独眠于村外的梨园旁不觉冷寂么？

    1996年12月22~27日，初稿于北京小黑虎胡同。

忆念中的妈妈

我心中关于妈妈的记忆只是淡淡的，宛若冬夜里寥落的星空。

刚记事的时候，小脑子里没有妈妈的概念。幼弱的生命里，只有一个年迈的外公。别家的孩子有妈妈，我不懂得羡慕；自己没有妈妈，并不知道难过。我没有问为什么没有妈妈，也不会思考我是怎么来到这个世界的，更不知道缺少母爱的未来是一条怎样的人生道路。在一颗幼小的心灵里，也许只有熟悉的面孔的去与来的单纯的悲哭与欢笑，而生与死却是过分地沉重而难理喻。童年不会想的事情太多，童年的时光总是懵懵懂懂。

对于妈妈的最初的记忆，是别人后来渐渐给我的，零碎、断续，并且稀少。

有人告诉我，妈妈去的时候，外公抱我去看她最后一眼，我说妈妈在木盒子里睡觉。那时我刚满两岁。至于我是否摇过妈妈的胳膊，或喊过要妈妈醒来，没人告诉我。大约外公是喊过的。

姨妈说，是她陪幺妹——我妈妈，一同上县城医院看病的。妈妈的死，是当时医疗水平太低和家庭太贫穷所致。她是唱着歌儿高高兴兴离家上县城去的，听说临走前还给我喂过奶。回来时已经昏着了，再也没有醒来过。断奶在我便是在劫难逃了，似乎我一生的缺憾，就是从这不想断而非断不可的母乳开始的。姨妈还告诉我，妈妈临死前曾说：想看看我的娃儿。但却没有见到娃儿，她便去了，想必是带着忧伤与渴望去的。父亲摸黑走了百十里的路，用板车把熟睡的妈妈接回家里。夜路上的父亲在想什么，是怎么摸回来的，父亲从未对我讲，长大后我始终也没有问过他。我以为，这样的问题于他于我，都是不宜去问的。但一路上父亲怎样的心情是可以想见的。

乡亲们说，我是妈妈的克星。妈妈在世的时候，我没日没夜地哭嚎，闹得她不安神，夜里把邻居们全吵醒了。妈妈一走，我倒安静下来，夜里一声也不哭，大概是因为已经没人耐心听我哭、宠我哭了吧。

在妈妈面前哭不成，我却在别人面前爱哭了。同院一个男孩子，比我小一二十天，却常欺负我。他一动手，我就张嘴"哇哇"大哭。他得意了，不无蔑视地对同伴说："他没妈，好哭，莫跟他玩。"后来我每次一见到他，就像遇到凶神恶煞般地恐惧，这种恐惧持续了很久，直到今日，想起他来心里还有点儿疙疙瘩瘩。

记事后，我常独坐在灶膛前的溜光冰凉的宽木板上睡着，梦中期盼赶集去的外公给我带回水果糖或发面饼。有时从一早盼到天黑。隔壁的奶奶、大妈端来一个热腾腾的菜包子或者一碗凉稀粥，说："可怜我娃子没得妈呗！"那时我似明白，没妈的孩子饿了没饭吃。

发蒙了，我上的是妈妈先前上过的那所小学。刚上学，识得的字连自己也数得清。我将床头破柜顶上落满灰尘的妈妈当年用过的书本翻出来，里面全是看不明白的字符图形，有些画似乎还很吓人的。我把书本一页页撕了叠成纸板、飞机和小船儿玩。后来，耳朵里还常听到妈妈当年如何顽皮逃学的故事：外公为哄她上学，每天早晨专煮一个咸鸭蛋。她揣了咸鸭蛋一离家门，就约同伴们躲在屋后竹林里玩半天，到中午放学时间就径直回家。听说妈妈念了九年书，小学却没有毕业。这在当时一直做班上学习委员的我，并不感到脸红。幼小的我总是爱听关于妈妈的故事，而这毕竟是不多的关于妈妈的故事。

油灯下，外公对我说起三年困难时期的事情。那时，妈妈还是大姑娘。春天里，她从野外刈些苜蓿回来充饥，并对外公说留下一部分晒干了，贮到秋冬季食用。记忆里，我曾在阁楼上还见过半背篓的黑叶子，像是地瓜藤叶晒成的。但其时妈妈早已不需要以此充饥了。

外公领我到村头东南的田里，指着一堆长满茂盛的马藤草的孤零零的小土丘，说："这是你妈的小屋。"从此，我将妈妈的小屋装进童年的记忆。记得一两回除夕前，外公曾去为妈妈的小屋培过新土，说是接妈妈回家一同吃团年饭，我信以为真，满怀亲切而新鲜的期盼，但却一次也未见妈妈回来。春天里，妈妈小屋的前后是绿色的麦苗；秋天里，四周枯败的棉梗上，炸开无数洁白的棉花，星星点点。我站在村头，或走过田边的羊肠小路，远远地偷望妈妈的小屋，但又不敢多看，每每有些亲近和胆怯的感觉，只觉得头有点麻麻的。我很想独自走近妈妈的小屋，可我害怕，又不敢去。也许曾经想过：妈妈成天关在小屋里，我去了她未必理我。多年未喊过妈妈，果真见了妈妈，我怕还有些口生呢。有一年秋末，耕地的拖拉机在村外彻夜轰鸣，却一行行耕耙在我幼小的心灵上。夜半三更，我惦记着妈妈的小屋。那一夜，我和外公都没有睡好。拖拉机无情地耕平了妈妈的小屋，也在我脆弱的心田里刨开一道深深的伤痕。从此，妈妈的小屋就只能在我的记忆中见到了。

没妈的孩子，感情发育得迟缓。长到十五岁，我还不懂什么是思念。倒是故去的妈妈让我第一次体验到相思情感的滋味。高考完后，我闲在家里，心里一片空虚茫然，不知怎的，竟想起十余年未见过的妈妈来。时常哀伤的泪水暗暗地不觉已充盈我的双眼。有一次，我在冥想中入梦。梦里，妈妈闪进我漆黑的屋子。但我还未来得及看清妈妈的身影，就从梦中惊醒。醒来后，我很难过，自责为什么醒来。在我的记忆里，这是妈妈留给我的唯一的梦，一个残缺的，不，是一个未展开的梦。但那残缺的、未展开的，又何止是梦啊！

我是妈妈生下的头胎，她唯一的孩子。妈妈走时带去了未来得及出世的弟弟妹妹们。那些年不实行计划生育，我总该有两三个弟妹吧。妈妈死后两年，年轻而沉默的父亲有了新家，只剩下一天天长大的我和一年年衰老下去的外公。等长到成年，我又没有本应拥有的侄儿女外甥们。我一生也无法体会那些血缘的亲情。十年前，连外公也去了妈妈那里，唯独把我撇在了这个世上。及至后来，我妻从做未过门的儿媳起就没见过公婆的面，我儿子打生下来就享不到亲奶奶的福。

那年秋接到大学的录取通知书，父亲用板车拉着我和行李，送上了去省城的火车。带着外公的喜悦和乡亲们的祝愿，也悄悄藏着对妈妈的怀念，我踏进了大学的校门。

大学里，我曾看过一部电影。电影中的插曲刻在了我心里："在我童年的时候，妈妈留给我一首歌……"我企图在这歌里搜寻妈妈留给我的远淡的记忆。咿呀学语时，妈妈一定教过我唱歌，因为姑姨们说，妈妈平时是爱唱爱跳的，只是我不可能记住罢了。但谁能说在我现在能哼唱的那些旧歌中，没有妈妈当年唱过的一两首呢？妈妈临走时的确给我留下了歌声，正如前面提到的，妈妈是唱着歌离开家的。前几年有一支流行歌曲唱道："……没妈的孩子像根草……"我在心里反复问自己："我是一根草!?"是的，是一根无人照料历经风雨自生自灭的野草。我将对妈妈的怀念汲进野草的茎藤里。

工作后，父亲有一次曾动员我改名随他姓，我没有答应，解释说："我是外公带大的，又一直随外公姓……"但我未告诉任何人，我在自己的姓中还寄托着对妈妈的纪念。

多年在外漂泊，我有一个小小的心愿：每当旅途归来时，有妈妈拍一拍我身上的尘土；在我远行前，任妈妈系一系我胸前的衣扣。但却无法实现，我只能将这愿望，有时在我孤独的旅途上，于心里悄悄告诉忆念中的妈妈。

那年，父亲将珍藏多年的唯一的妈妈的一寸照片交给了我。我将照片存放在老家阁楼上的木箱里。由于家事变迁，照片早已不知去向，在我心中永远留下自责和遗憾。现在，我对照片中妈妈的相貌只有一点模糊的印象。记得照片上的妈妈扎着一对粗黑的辫子，搭在肩下，很美。上次回故乡，堂姑一见我就说："看到你就想到我幺姐，你鼻子眼睛都像你妈。"人说"子不嫌母丑"，自然是对的。但我愿妈妈长得比我美。

妈妈在二十岁上下就走了，算起来已经三十二年过去。我也早过了当年妈妈的年龄，连我儿子也上小学了。岁月在流逝，妈妈的年龄却不变。自小没有妈妈，我很不幸。但从某种意义上说，我又是幸运的，因为我有一位永远年轻的妈妈。妈妈的走是她的最大不幸，但她用生命的代价留住了青春，使她的青春变成永恒。而且，尽管她是那样年轻，却有了一个已经上小学的可爱的孙子。是的，我总也无法将妈妈年轻美丽的生命，与故乡村头的一撮黄土联系起来。在我心中，妈妈永远美丽、年轻而幸福。虽如此，我也只能对忆念中的妈妈露出一丝苦笑，一声终生缺少母爱的哀叹。

一个在母爱中成长起来的人，他心中关于妈妈的记忆一定是美好的，丰富的，完满的。而我珍藏着的对妈妈的忆念，却是惨淡的，有限的，残缺的，全在此文所记而已。

1996 年 11 月 24 日，初稿于北京小黑虎胡同。

附：这几年又有一些关于妈妈的记忆，现补记如下：

2000 年夏，带儿子回故乡探亲，住在姨妈家，鬼节（阴历七月十五）晚上给外公和姨父烧纸，我忽然记了起来，说："我给我妈也送一点钱。"便单为她烧了一堆，并朝她坟的方向叩了三个头。

今夏，我病了一场。妻姐和丈母娘在远方替我求菩萨，说是我妈在招惹我，她没有房子住，找我要。我自然不信这些。但妻背着我与姨妈联系，花钱做了很排场的纸屋，各式电器一应俱全，烧给妈妈去用，也算是尽一份孝心吧。

2003 年 12 月 26 日，北京安慧北里。

写给姑妈的一封信

姑妈：

　　您好！

　　以前我写家信，总是写给您和伯伯。但这次我却不能了，尽管这封信仍然是关于您和伯伯，甚至可以说更多是关于伯伯的。先前的回信，总是由您执笔，落款是"三姑妈"。后来您大概眼力减退了，便由伯伯执笔，但落款仍是"三姑妈"。从此以后，我却再也收不到伯伯的亲笔信了，这已是不可接受而又发生了的事实。

　　我是去年11月16日出国来尼泊尔工作的。不久东梅就告诉了我伯伯去世的不幸消息。自我出国至今这么长时间没有给您写信，尤其是在得知伯伯的噩耗后也没有写信安慰您，不仅您不会原谅我，连我自己也不会原谅自己。所以我今天写信是向您负荆请罪来的。东梅历来对我们家的事关心甚少，对于伯伯的逝世恐怕也缺少应有的孝心，也是不可原谅的。但您应该相信，自打我得知伯伯病重及至去世，我时常都在牵挂和怀念，关于伯伯不太久远的故事常常萦绕在我的梦中与心际。

　　记得我刚到北京时，伯伯曾写信告诉我，二老想在有生之年再到北京玩一玩。自那以后，我一直将你们的愿望记在心里。我曾想，我在北京尚未安顿好，让你们来住不方便。到去年底，我们在北京才有了自己的房子，但那时伯伯已经病危住在胡集医院。而且，虽然有了房子，但里面没有装修，也没有像样的家具。我想：我在外面混了这么多年，房子里搞得不成样子，让二老到北京看了岂不失望？所以，不如过一两年等我把家里弄得稍微像点样子，一定接你们到北京来玩，享受享受，如果能称得上"享受"的话。伯伯曾告诉我，上次你们到北京一路上受了许多罪。所以，我甚至在心里已经想好了怎么安排你们到北京，绝不会让你们再受以前的苦了。在我的心中，我虽常牵挂二老，但我每次回家看见你们的身体总是那样硬朗，尤其是伯伯长期坚持锻炼，身体看上去要比以前更好，我就在心里想二老一定会长寿的，每每至此，我都要在心里为你们暗暗庆幸和祝福。但没想到伯伯竟去得那么快,竟等不了一两年之后到北京去看一看为侄的家。

我还记得有一次回家,伯伯曾告诉我北京二锅头如何如何好。要说二锅头论质地和价钱,远不是好酒,但喝酒人大都喜欢它。伯伯打我记事起就开始喝酒,自然偏爱二锅头的烈性,据说有点像以前转斗湾酒。我曾暗想,可惜我没有足够的力气,不然从北京搬几箱二锅头回家给伯伯享用又何妨呢,更何况伯伯一生对物质生活没有太多的奢求,除了烟酒,吃住穿都十分简朴,而且就是烟酒其档次质量也不高。但当我最后一次回老家看望伯伯,将二锅头放在伯伯的病床边时,老人家已经无力品尝了,匆匆离开了他钟爱多年的酒瓶。其实还有多少晚年的宁静与幸福等着他去品尝,又有多少钟爱他和被他钟爱的儿孙他不能舍离啊!

亲人间的感情之真在于到达无需表达的地步,无需在得到爱时回报一声"爱你",无需在分别后说"想你";无需在回家时热烈拥抱,也无需在出门前握手道别。在我的记忆中,我与伯伯仅握过一次手,那是在我最后一次看望他临别前的握手。是第一次,却也是最后一次,道别成了诀别。当时我的心很重,眼睛也些微有点潮。难道说彼此心里都明白到了生与死的离别关头?如果真是这样,为什么不长久地相握,假如为侄的握手挽留能留住伯伯的生命?

这些年我一直在外面奔波,回家的机会极少。偶尔回家一趟,也是来去匆匆。家里要走的地方多,要看的亲人也多,所以与伯伯相处的时间极有限。而且彼此都不善言语,又存在年龄经历等诸多差异,故交谈就更少,更谈不上相互了解与沟通了。伯伯又是极普通极平凡的人,当了一辈子的小学老师和教导主任,一生也没有做过什么惊天动地的大事。而我儿时关于伯伯的记忆由于时间的久远加上世事沧桑,早已淡忘了。仅有上面所说的两三件极其普通的事情,把我和伯伯直接地联系在一起,留存在我的脑海。正因为少,才显得格外珍贵,将伴随着我对伯伯的愧疚与怀念,深深地烙印在我的记忆里,让我久久不能忘怀。

姑妈,我在上面说过,我写这封信不是想请求您的原谅,而是为了纪念已离开了您的、我的故人。最后还望您自己多多保重身体。

致敬!

侄:

1998年8月12日深夜,于尼泊尔加德满都。

写在儿子生日前

再过几天就是儿子王帅的七岁生日了。

回想起上次我和儿子在一起给他过生日还是在四年前,那是他三岁的生日。那天家里来了客人和许多小朋友,小寿星高兴而又任性。我和他妈妈都依了他。

第二天,我踏上了远去他国的旅程,他们母子俩陪我到了武汉。三天后的傍晚,我在武昌火车站与妻儿告别。火车徐徐开动,儿子望着车窗里的我哭了起来。他妈妈连忙指他看天上的星星,恐怕也是在掩饰她自己的眼泪。孩子的心是简单的,不明白生活的艰辛。但他懂得,火车一开动带走他的爸爸,他就不能和爸爸在一起了,因而他伤心,便要哭出来才罢休。

不久,在万里之遥的加勒比海西岸,我收到了妻的来信。信中说,有一次,她在下班回家的路上,与我在国外一位同事的妻子边走边谈国外的事。开始时,儿子高高兴兴跟在她们后面。等走到家门口,发现儿子不见了,她就回过头去找。最后在他姨妈家找到时,他已哭得小泪人儿似的。他姨妈说,刚才王帅一个人闷闷不乐地一来,便坐在小凳子上一句话也不说,他姨父问他一声"怎么啦",他便张嘴大哭起来。这时妻才明白,是她在路上提到了我的名字,勾起了他幼小心灵对爸爸的想念。这使当时在场的人和我无不动容。

妻在信中还说,每次他从幼儿园出来,就坐在我原来办公室的门前哭喊着要爸爸。以前我在国内时,孩子从幼儿园放学,多半是我去接的。初上幼儿园时,他还有点不合群。我们做大人的,也许不明白孩子的心思。在孩子的脑海里,说不定他一想到放学后有爸爸来接,他的小心儿就是愉快的,可能打从进幼儿园的门起,他就在盼爸爸去接他。也许正是这一念头支撑着他,在幼儿园里度过一个个于他漫长无际的上午下午。在他的思维里,见着了爸爸就高兴,见不着爸爸便要,要不着就伤心,伤心了就哭。这是极简单的道理,也是人间一份最纯真的亲情。

这些年,我一直离家在外工作学习,与妻儿团聚的日子甚少。听说每当对门家的小朋友的父亲从外地回家时，儿子就拍着手高兴地叫，仿佛是他自己的爸爸回来似的，在替小伙伴高兴的同时，恐怕还带有伤感的羡慕。而我每次回家，则要精心给孩子买些礼物，总怕礼物不够多，或者他不喜欢。初见面时，他还有点不好意思开口叫我，只是低着头在行李包里翻找我带回的礼物。等他忘了羞怯时才猛然脆生生地叫一声"爸"，一骨碌爬到我的腿上坐着。夜晚，我若在被窝里与妻子说上几句悄悄话，让他知道了，定会暗暗地哭鼻子。我只好丢开妻子钻进他的被窝。小小年纪也醋劲十足。也许正是由于在一起相聚时间短的缘故，儿子特别爱和我待在一起。早晨醒来，他就在我身上爬来拱去，非折腾半小时不肯离去。每每此时，我除了开心的笑已忘记了一切，感到这才是真正的天伦之乐，真正的幸福。那天早晨，我迷迷糊糊觉得儿子是在我脖子上亲了两下才去上学的。告诉妻子，她却不相信。等他放学回来问起此事，他不好意思地"嘿嘿"地笑着点点头。弄得妻子酸酸地说："这几年我一手把他拉扯大，他从来没有这样与我亲热过！"

相聚的日子总是短暂而温馨的。分别时为了不让儿子伤心，常常先把他送到别人家里，妻独自送我去车站。他长大了，已不再哭了，只是一个人怏怏地将头埋在那里一声不吭。望着儿子，我的心隐隐地有点痛。

最近一次离开家是在今年四月。那晚临走前，想着我以前欠儿子太多，走后会欠得更多，我就用温水给儿子泡了泡脚，然后背他下了楼梯。一路上他在我背上又说又笑。我感叹儿子毕竟已经长大了，变得坚强了，能够笑对父亲的离去，或许已经习惯于这分别的时刻吧。但我却感到若有所失，心中掠过淡淡的悲哀，为儿子也为自己。我在想，我们这些长年在外疲于奔波的人，总是为了想得到什么，但无论是否如愿以偿，我们同时又在失去什么，并且有的是最可宝贵而又一失永不复得的。我以为，一个独身在外的人，真正的精神的贫穷与孤独是，他的离开不生出悲伤，他的归来不带回欢乐；而在他独处的日子，他的心身没有牵挂与被牵挂。

眼看儿子的生日就要到了，我不能回去为儿子点燃生日蜡烛，但愿寄去的贺卡能带给他一份欢乐。在他生日前的一个夜晚，当夜深人静儿子已酣睡的时刻，远在他乡的我，正在用心地写这一篇文字，也算是爸爸为爱子亲手制作的一件小小的生日礼物吧。

1996年6月，初稿于北京六铺炕。
同年10月20日，定稿于北京小黑虎胡同。

雪 景

"北京落雪了。"多么温馨的消息！因为这是妻刚从网上发来邮件告诉我的，而且是在她早上醒来准备出门上班的时刻。想一想在京城的早上，伴着今冬初降的瑞雪，人们匆匆地出门开始新的一天生活，地上车水马龙，空中冰雪飞舞，真是颇有一些诗意。

的确，雪似乎总能给人带来某种神奇的诗情画意。

你看，阳台上，年轻的母亲正怀抱着哺乳的幼儿，面对漫天姗姗而落的雪花，好似无数小精灵悄然惠顾人间。这当是孩子平生第一次看到雪景，如此壮观。虽然他还不会用语言表达自己的思想和情感，但却不时以娇嫩的小手指着前方，向上纵跃身子，"咿呀嗯哦"一声，漆黑的双眼静静地注视着这陌生的银色世界。你或许能从这稚嫩的神态中窥探出孩子内心里纯正的好奇与兴奋，莫不感叹，难道世上的一切生灵真是这样无声无息地降生和没入大地之母的怀抱？生死之间不就是落雪化雪那样短暂的一瞬？

宽阔的湖面已结上厚实的冰层，冰层上覆盖着深厚的鸭绒样的白雪，好似一张巨大而洁净的白纸。尽管灰白的天空中飘着鹅毛大雪，穿溜冰鞋的孩子们在湖面上飞快地驰骋，五颜六色的衣服好似划过的一道道美丽的彩虹。初恋的情侣们一反平日的温柔与矜持，在湖面上追逐嬉戏，打起了雪仗，呼出的一团团白气里，无不散发着爱情的热烈。人生之开心快乐也许莫过于此。

在一个阴霾笼罩的夜晚，怀着天空一样沉重的心情，一对相爱的男女相拥着共寝于一床温暖舒适的被窝里。一觉醒来已是天明，只觉得有些刺眼，拉开紧闭的窗帘，"嗬，好大的雪！"一声惊叹。窗外早已是一片银色的世界。原来，世间的一切景象竟在人们不知不觉中改变了模样。

暮色初上时分，遥远的深山密林中，未经破不的雪地上，你在身后留下一行弯曲的脚印。伫立片刻，听雪粒在光秃秃密麻的树枝间沙沙低语，寒风在深幽幽浩瀚的森林中轻轻呜咽，似乎天地间只剩下你自己，怎不体会出心灵深处的难言孤独与人生个体的过分渺小？

即使在大雪弥漫的深夜，茫茫原野里，远涉的旅人踏上匆匆的返程，敲开家门，独守长久的妇人埋怨声中饱含心疼的温情，为他弹去满身的落雪，将他迎进炉火正旺的屋里。那也是一幅温馨而又活生生的"风雪夜归人"。

然而，时光易逝，冬去春来，冰雪消融，雪中的风景早已了无踪影，雪中的温情浪漫也成了忘却的回忆。不过，一生中总有那么一两次亲历的雪景让你永不忘记，只因为那已在你心灵的深底冻结成永不消解的坚冰。

是的，那也是发生在一个落雪的冬天。

我早年读书时因家境贫寒，常常交不起学费。正是临近高考前半年的那个落雪的上午，凶神恶煞的老师来逼我交学费，头一歪脚一跺，满眼的鄙夷斜望着我："人有脸，树有皮，你狗日的什么时候才能交上来——啊？"我被这突如其来的训斥羞辱得无地自容，仅仅因为三五块钱，我在全班同学面前失去了做人的尊严。我屈辱地奔出教室，屋外的大雪正无情地漫天飞舞，我无处可去，只好躲进肮脏的茅厕，委屈心酸的眼泪，伴着身边的雪花一同悄然垂落……原来，生活中还有另一幅惨不忍睹的雪景。

斗转星移，转眼间儿子已经上小学。阴差阳错，到今年六月，孩子的进京户口没有解决，由小学上初中须交一笔可观的赞助费。新生的花名册上没有儿子的名字，也没有人给儿子布置新生作业，量裁新校服。那天，我带着孩子去学校交涉，空荡荡的学校只有我父子两人。我拍一拍孩子的肩膀，坚定地说："儿子，别着急，爸爸一定给你搞定。"因为自己有过那样不幸的经历，我只是不想在这大热天里，让儿子像当年的我那样，在心灵深处留下一道永不消融的冰雪般的风景。

2001年11月15～16日，初稿于秘鲁利马。

家

谁不想拥有一个家呢？谁又没有一个家呢？除了那些一生流浪街头的行乞者。我有家，而且还不止一个。

我出生在汉江边上一个旧式四合院里。院子里住了三家，十几号人。幼小的时候，妈妈死后不久，父亲另成了新家，家里就只剩下我和外公，占着正屋的一侧间用作卧室，半片厢屋作灶间，在前门厅的一角支一张小桌子用来吃饭。这就是我最初的家，分散在一个四合院的分开着的几间屋子里。

我在外工作后，大表兄两口子以敬养外公的借口，搬进了我家，把旧房子拆后翻新，在老宅基上建起了他们的家。打外面回到村里，我便进去坐一坐，偶尔也留下吃一顿饭。大表兄总对我说："这还是你自己的家。"他对我没有直呼他为"哥哥"有看法，我是被他的两个孩子称作"叔叔"的。但从他们搬过来后，我始终不曾在这"家"里歇过一夜。

姨妈是镇高中边一所小学的教师。那年，我与她的大儿子——我的表兄——同在镇高中的一个班上读书，准备考大学。临毕业的半年，功课紧，不能经常回家，我就吃住在姨妈家。表兄大概是出于对我的同情吧，曾私下要姨妈更多地关照我。姨妈把我当做她自己的孩子待。姨妈的家就成了我的第二个家。

自上大学起，每次回故乡，我总是先在姨妈家落脚，再动身去爸爸家，但多半时间是住在姨妈家的。近年，父亲渐渐地老了，同父异母的弟弟对我说：父亲没有别的心思，只盼你们多回家来住一住。回到父亲家，全家老少都高兴，像对待贵客似的，好吃好喝地尽情招待。一大家人围在一张桌子上吃顿饭，还真似有那么一种合家欢乐的气氛。尤其后来有了妻儿一起回去，更是热情得不得了。有时，妻要是帮着干点家务事，弟媳连忙过来说："你们难得回家一趟，还不是像客似的，你去歇着吧。"

参加工作后，故乡的老家没有了，我很少再回去过年。外公一死，尤其在外成家后，我回故乡过年的次数就更少了。最近一次是在去年春节，我和妻儿一家三口都回去了。在老家，除夕的团年饭是一年中最隆重的家宴，也有一些讲究，按老家的习俗须在正午举行，不仅全家人团聚，而且有的人家还要举行仪式，把故去的亲人"接"回来同吃。年三十那天，我们先在姨妈家吃了年饭，弟弟专程来接我们回父亲家团年。临走时，见姨妈脸上有些不悦。到父亲家已是下午三点多。年饭是早就做熟了的，一家人在等我们的到来。耽误了父亲家的年饭，我心里有些歉意。正月初一去给姨妈拜年，姨妈责备我们回来晚了，还生气地说："哪有年三十接人回去团年的道理？只有接……"我知道那意思是说，只有接死人回去过年的，大概姨妈的心里压根儿就不愿意我们年三十去父亲家的。事后想一想，觉得家倒是有几个，但回家的境地却有些尴尬，我叹口气说："往后还是少回老家过春节的好。"

工程师的世界

初识莘阿姨一家是在刚参加工作那阵子，后来一直来往甚密。最初，我长年在野外工地工作。打单身时，我从工地回到单位基地，就在莘阿姨家里住下，如同在自己家一样无拘无束。婚后逢上我们在单位过年，总是两家在一起吃年饭。照例中餐在我家，晚餐在阿姨家。还要放一长串鞭炮，热热闹闹，尽显大家庭的祥和与欢乐。每每置身这样的环境，除了菜肴咸不咸、鞭炮响不响，我是别的什么也不去想的。

等我有了孩子，莘阿姨疼爱他如自己的亲孙子一样。每年给孩子的春节和生日礼物都很重。前些时，她把孩子抱在怀里说："你爸爸到北京去工作了，你就留在我这儿上学。"接着又问："将来你也到北京后，我要想念起你来怎么办呢？"孩子回答说："那——，我放假再回来看奶奶！"可是没想到，孩子还没有转到北京来，莘阿姨却在两个多月前突然病逝了。失去了莘阿姨，若再过上两年，她的几个孩子娶的娶，嫁的嫁，我们再回去，恐怕也难于体会到往日那番宛如家庭般的亲情了。

记得结婚时，单位在基地分给二室一厅的新单元。但我和爱人都同在工地工作。度完蜜月就返回工地，基地的洞房空着，在工地腾了一间陈旧的平房，临时安了家。后来我和爱人调回单位基地，生活才安定下来，添置了家当，也添了人丁，总算有了真正属于自己的像模像样的家。八小时工作之外，有了固定的来处与去处；出差在外，也有了牵挂与被牵挂。

本来小日子满可以这般平平淡淡地过下去，我偏偏不安于现状，奔着去读研究生。年过三十了，又规规矩矩做起学生来，只是心已不如从前那样静了。毕业后到北京工作，和单身小伙子挤在单位六人一间的大宿舍里。

今年暑期，爱人和孩子来北京。单位一时难于为我们提供单独的房子，我们千寻万寻，在一条胡同里租了一间小平房住下，房前用断砖残毡搭起的厦棚可作厨房用。妻说是到京来看我。我纠正说：这里也是咱们的一个家。当然也不全是，算是半个家吧。假期结束了，妻子将孩子送回原单位去，由孩子的姥姥照看他上学。随后妻便来北京与我同住。这样一来，家似乎被分成了两半，正如我儿时的那个家一样，只是如今的"四合院"更大了，但实在太大了。

一个家就象征一份温馨，维系一丝牵挂。我有几个家，所以拥有几份温馨和牵挂。每次回家，无论是故乡还是原工作单位，我踏进每一个家门，迎接我的总是同样一句问候："你回来啦。"简单、自然、熟悉而亲切。在外工作和学习，我给每个家写信或打电话，关切的也基本是同样的家事：二老的健康，弟妹们的婚事，孩子们的学业，等等。不同的似乎只是信封上左上方的寄信地址或电话机上的按键。回答我的也是同样一句让我既欣慰而又不免有点怀疑的话:"家里一切安好,你在外放心吧。"但有时面对这几个家,我力图找出却总也分不清,到底哪一个是我真正的家?心中不免生出一份惆怅与空落来。

最近,单位房管处长说,要尽快解决我在京的住房问题。看来,不久我又有一个新家了。那将是怎样的一个家呢?不过,有一个家总是件可期待可庆贺的事。

由于工作的需要,年前我要到国外去一趟。目前,要去的那块地方,在我脑海里除了一个刚听说的难于读准的怪地名外,几乎还是一片空白。并且我只能留在那块陌生的土地上过春节。因此当春节来临时,我虽不是无家可归,却落得个有家难回了。如此,我倒不必先去怜悯那些一生流浪街头的行乞者了。

1996年12月29日,北京小黑虎胡同。

新年纪实

新年的最初二十四小时,险些在"越来越没有年味"的喟叹声中不留痕迹地溜走了。幸亏过年后着力回味一番,才觉得如今的新年,依然是友情、亲情和爱情"三情"集中交织着收割与派送的时刻,如同年复一年的初夏总是抢种抢收的"双抢"时节一样。所不同的是,传统收割用的镰刀换成了大型联合收割机;而登门作揖的拜年方式也已为手机、电话、短讯、邮件之类的现代交流方式所取代。

在春节,"三情"的收割与派送,通常是一对如影随形的孪生姐妹。一边在派送,另一边就在收割;收割的同时,又在向对方派送。只收不送,属有来无往,就不仅非礼也,更非情也。送而无收,境况就有些无奈与悲哀了。最不幸是收送皆无者,独处某个被"三情"遗忘的角落,像"双抢"时一个闲得无聊的流浪汉。

最先送来新年祝福的是我那位曾经在国外一同工作过的小兄弟。新年的钟声还没有敲响,他就从老远的老家用手机来给我拜年。我就着回祝他新年愉快。境外两年多朝夕相处的岁月,让我俩结成形同手足的难忘友情。聊得正欢的时候,电视里春节联欢会上的人们开始期待新年的到来。小兄弟急切地说:

"不行了,我要带儿子去放鞭炮去了。"

"那你去吧。"挂断电话,真就听见窗外的鞭炮声了,噼啪轰隆,有近有远,那远的仿佛远得很。

午夜刚过五分钟,一声笛响,手机收到一个短讯。打开一看,上面写着:"送你一份新春的祝福,愿你抱着平安,拥着健康,携着快乐,伴着……牵着……拽着……"总之,全是大吉大利的好东西。让我没料到的是,落款竟是一位高中女同学,我与她曾有二十余年未见面,近年才见过一两次。尽管这些话是她转发的最为流行的贺词,仍让我觉得,好像是在新春的雪夜,自家的门铃一响,开门一看,风雪里正是这位令人刮目相看的女同学,满面笑容地站在门前,手上提的、肩上背的、腋下夹的,全是刚买来的大包小包的贺年礼品。也许我不是她在新年想要发送贺年短讯来的第一人,但无疑是第一批人中的一个。这已实在让我感到惊喜了。

虽然入睡前天已经很晚了,但一觉醒来天还没亮。在零星的爆竹声中,我无法入睡。而睡不着觉的时候,大脑是难以停止活动的。在新春清早这样特殊的时候,最容易去想的,是那些值得你去想念的人。固然,有一些人会让你思念得辗转反侧难眠;但也有一些人是在你无法入睡时禁不住一想的。让你思念得寝食难安的人不可太多,不然,只会增加你心灵的无为沉重与痛苦;而供你去一想的人不妨多多益善,这样你才不至于在梦醒后感到过分孤独。

新识的一位网友,在除夕的前夜,发来一封邮件,说因为第二天要起早赶回老家过年,不能给我写长信,并附后寄来一张电子贺卡。网友没有告诉我真实的身份,我也没有特意询问,所知道的只是虚设的一个网名和一个电子邮址,但回味这封邮件,我仍能感受到网友那颗真诚而温柔的心,仿佛看到静夜里那双专注、着急而又略带困倦和愧疚的眼睛,看到网友在点击"发信"后,轻轻地舒一口气,随着一阵迅速的点击,计算机屏最终忽闪缩成短瞬的一个亮点,然后起身就寝的情形。算起来,网友在做这一切事情的时候,我已经睡着了。想到这里,心中涌出一阵温暖。默默地,我向此刻想必仍在熟睡的这位网友遥致祝福,如此后心里才觉得踏实平衡。

冥冥之中,一个个熟悉或模糊的身影浮现于脑海,像是赶来参加新年的早茶会。我向他们一一作揖拜年，无论亲朋们是来自遥远的世界的另一头，还是来自一时还难以跨越的另一个世界。所谓的佳节思亲，这也是一种吧。

就这样，我的脑子一刻也没闲着，甚至还有点忙乱，直至天已大亮，拜年的电话铃声又一次响起。

一上午，我几乎坐在沙发上未动，忙着用电话和手机，与亲人、朋友和相好的同事们相互拜年，把电话本逐页翻过检查，生怕遗漏了谁。在年前发了贺年邮件去的，不必再打电话过去了。另有一些人，考虑到他们交往的广泛，家里的电话此时一定很忙，不便去打搅，就发个短讯吧。当然，如果转发他人来的现成短讯，既省事话语又漂亮，但我还是宁愿自己花时间在手机上编写。

最先想到要打电话过去的，是远在故乡的父亲，尤其在今年小弟突然死去不久这样一个特殊的春节。但反复拨了多次也不通，大约是春节时线路特别忙吧。这是可以理解的，但为什么恰恰忙在了我与父亲的电话之间呢？到近午准备出门前，反倒父亲的电话打过来了。原来，他老早就在等我的电话，是实在等不及了才主动打电话过来的。其实，我早想在除夕吃团年饭的时候就打电话回去的，因为小弟的事，我怕惹起老人的伤心，便忍下了。也是出于同样的原因，通了电话后我不好多说什么。放下电话后在心里想，幸亏电话来得及时，再晚一会儿我们就出门去了，那一定会让父亲感到失望的。

孩子的二舅一家，今年也留在北京过年。虽然住得近，平日里两家人难得全部在一起相聚。除夕的年夜饭，就把他们一家邀来同吃。新年的午饭，他们请我们过去，也算是孩子去给舅舅拜年吧。这样一来一往，两顿年饭的气氛就比两家各自单独吃热闹多了，连平日喜静的我，也是乐意为之的。

因为年夜的睡眠不足，加之中午小饮了几杯，从孩子舅舅家回来后，我就偎在妻怀里睡了一觉。醒来后打算像往常那样出门去散步，顺便去感受过年的气氛，也想独处片刻。但妻子三番五次地劝我说，外面风大天冷，又是春节，就破一回例吧。或许她是想我陪她一起看电视。我不好违她的意，便放弃了出门的想法。

晚饭虽较为简单，一家三口仍吃得津津有味。我一时兴起，端起杯来，半开玩笑半当真地对妻子说：

"来，我敬你一杯，一是表示对我们家总理过去一年工作的肯定，二是对你今后一年工作的鼓励。"

妻子笑眯眯地望着我，停了一会儿说："还有呢？"

"哟嗬，你还得寸进尺了？"我明白她的意思，就当着孩子的面含糊而极快地说：

"I love you，总够了吧？"

妻子很知足，一年的辛苦，所要的并且换回来的，不过是这简简单单的三个字而已。

2004年2月10日，初稿完于北京广莲路1号。

工程师的童年世界

童年的远山

遥远的桑葚

长辫子的幺娘

加糖的中药汤

童年的远山

故乡是一片南北通透而狭长的平原。村子东临一条大河，河对岸很远的地方，在天气晴好的时候，可以隐约望见一带青色的山影。村西数里之外，横卧着高不过十余丈的台地。对于平原上的人来说，这台地之上就算是山里了。再往西是起伏的群山，被称做大山，仿佛远在天边，横在了台地的尽头与天空之间。太阳每日从东山升起，又从西山落下。这日复一日的日升日落，曾无数次勾起一个平原上的儿童对于远山的无尽好奇与遐想。

童年是多病的。已经记不清是在哪一个季节，似乎是冬去春来之际，但更像是在秋末冬初，总之，病弱的小身子不合时宜地裹着厚而长的棉衣。每到冬天都会复发的老毛病——现在想一想，只能笼统地归之于呼吸道疾病——虽经镇上的老中医诊治多年，仍毫无好转的迹象。于是，爷爷决定带我去二十余里外山里的镇子胡集去看西医。

我已经忘记自己一路上是如何走过来的，只记得快接近胡集镇时，就像是在一觉醒来，突然看见一座座高大的山峰，清晰地耸立在山镇的背后，似乎要将眼前的一片低矮房屋压倒似的，或如一只只蹲伏着的巨兽在打盹，一旦醒来就会将整个镇子吞噬下去。很难确切地描述我初见大山的感受，新奇，兴奋，敬畏，也许更多的是一种不可抑制的内心冲动——走近它，多希望爬上山顶去瞧一瞧。

从诊所看完病出来，虽然大约已是下午晚些时候了，我却依然立即央求爷爷带我去看山，甚至耍赖拽着他的手要向山的方向走。这种童稚的要求自然无法得到满足。爷爷给我讲了一大串道理，说那山虽然看上去近，实走起来还很远，只怕天黑也走不到；况且我的身体又不好，天黑了更是无处歇息，等等。最后，我只好悻悻地跟爷爷踏上了回家之路。

在经历了大半天的奔波劳累之后，二十多里的回家路，对于病弱的我来说，的确是一段难以完成的艰难里程。没走多远，我就迈不动步子了。身边时有驴拉板车经过。爷爷央求一位好心的外地赶车人，顺带捎上了爷孙俩，才省却了一路的劳累。面朝后坐在车上，低头可以看见路上的卵石从车身下快速地向后滑过，抬头便见那一排山峰在渐渐远去。直到下了台地边的坡道，大山就从视线里完全消失了，而灰暗的夜色不觉也已降临。

此后数年里，我再没有机会如此近距离地看过大山，但对于山的遐想却时隐时现。那时实在无法想象，山的背后是一幅什么样的景象。在我的眼里，世界就是从东边的山到西边的山那么一片天地，西山的后面就该是世界的尽头，每天落下去的太阳就在那里歇息，但又弄不清太阳是如何从西边回到东边去的。或者那里是一片无穷无尽的深渊，就如没有星月的夜空一样漆黑而空洞。及至上学初读了《桃花源记》，我又想，或许山后就是陶潜笔下的桃花源吧。

不久，胡集镇通了火车，长长的铁路线从镇西经过。一座石拱桥跨过铁路线，连着进山的柏油路。一个四等小站几乎孤零零地设在了镇子与群山之间。高中毕业后，我到外地去求学，总是路经胡集镇，穿过石拱桥，从那个四等小站乘车去省城。

有一次返校，要坐夜晚的火车进城，我在下午就提前到了胡集。这次终于有了机会，便约了一位儿时的同学，一同去看童年时所向往的大山。

说是大山，其实并不高，不过百余米，除了丛生的灌木杂草，难见有成材的树木。沿着时隐时现的羊肠小道，几乎不费力就登上了山顶。站在山顶，可以看清，山的背后依然是绵延起伏一眼望不到头的群山。放眼前眺，山前是清晰的铁路线，镇上低矮的房屋与狭窄的街道，还有开阔的台地和故乡的平原，星罗棋布其间的村庄，以及平原上那条蜿蜒的玉带似的河流。视线的尽头，依稀可辨的则是东边的群山。那一刻，故乡的全部景象，画一般地永远印在了我的记忆里。

一晃离开故乡已经近三十年了。在外漂泊的日子里，我曾见过无数的山脉群峰。其中，不乏举世闻名的大山，三峡，武当，庐山，黄山，还有世界屋脊喜马拉雅山，甚至远在南美的安第斯山。或一步一步地攀上山顶，细细领略山中的风景；或只在飞快的旅途上一掠而过，车外的群山几乎还未来得及投上一瞥就消失在身后，如同行路上丢下的一个疲惫模糊的惊梦。

然而，最难以忘怀的还是那比邻故乡的山，虽不高，也无名，但毕竟是我最初见过的最高的山，尽管在童年里是那样地遥远，却实在是离故乡最近的山。

2007年7月7日，初稿于宁波北仑。

遥远的桑葚

如今的世界格外忙碌。而成天忙活的人，除了手中正在忙活着的事情，多半是无暇顾及其他的。但若偶得闲空，对着镜子梳理一下头发和头发下面包裹着的思想，或许不经意间就有意外的发现：曾经油光发亮的黑发，不知在何时已经蓬松成一窝灰白的乱麻；而乱麻下的那颗脑袋壳，里面不仅已经芜杂，而且竟有些空洞了，仿佛用槌一敲，便可发出不甚悦耳的回响来。

当世界在忙碌着的时候，就由不得你不跟着忙碌，如同你须坐地日行八万里。这些年，总的来说，我也一直在忙个不停，为的不过是讨一份要求不算高的生活，尽管我骨子里透着懒惰的性情。先是在国外做一个工程，一干就是几年。工程完工后，回到北京也没怎么闲着。如今，又被派到位于这座江南小城的项目上来工作。春节后，我就跟撒野的兔子似的，因为工作而来回奔忙于京城和小城之间。

然而，就是在这来回的奔忙中，我与它——桑葚不期而遇。

那天从京城来的飞机上下来，赶到我在小城的住处时，已经是傍晚了。放下行李，我就连忙去菜市场买菜，否则，迫在眉睫的晚餐就没有着落。在市场最里面的一个角落，看见一个卖桑葚的摊位，桑葚粒粒熟透，盛在几只瓷钵里，呈紫黑色，泛着暗光，一下子不仅勾起了我的食欲，更唤起了我久远的记忆。

记得童年时在故乡，出产的水果品种并不多，无外乎桃李杏柿几种，而桑葚在成人们眼里并不能算作水果，却是孩子们一年中最先可以免费饱餐的时令鲜味。在我的屋后，有一棵古老得已经开了膛的桑树，春天里肥厚的叶子间挂满桑葚。等到熟透了的时候，并不需要爬上树去采，只在树下用力一摇树干，或者经过一夜的风雨后，就有紫黑的桑葚落满一地。孩童们便可聚在树下捡吃，或一粒一粒往嘴里送，或集满一把后一起塞进去，直吃得肚皮胀胀的才肯罢休，嘴唇、双手和衣服上早已染成紫红色，好几天也褪不掉。作为贪嘴的孩子，我那时似乎还不懂得要细细去品味，但仍能感受到桑葚那柔软细嫩的口感和新鲜甘甜的味道，至今不能忘记。

记忆中，我打少小离开故乡后，就再也没有尝过这种南方特有的水果。此次异地相见，颇有老友久别重逢的惊喜。于是，我当即决定买一些回去尝尝，为的是刻意去重新体验一下当年并未在意的味道，尽管这时它已经昂贵得接近了猪肉的价钱。

从菜场回来，我迫不及待地洗了一碟桑葚开始品尝起来，只觉得，虽说口感仍然细软，但味道却寡淡如水，远没有记忆中那么鲜甜。我想大约是经水泡洗过的缘故吧。第二天，我又从冰箱里取出几粒，为找回当年的感觉，特意没有用水洗就直接往嘴里送。但是，认真品味一番，还是没尝出儿时那种甜美的味道，心中不免生出失望来。

我不禁纳闷，分明还是一样的桑葚，味道怎么就不如以前了呢？我努力在脑海里搜寻问题的根源，觉得想必不是桑葚的毛病，一定是我自身出了问题。难道说是我的身上与味觉有关的组织器官生过病，味觉功能遭到破坏，因而不再如儿时那么敏锐？仔细回忆一番，确信一生并没有害过与之有关联的疾病。要不然是几十年来吃进去的食物中，味道鲜甜如桑葚的并不多见，以致味觉对鲜甜的敏感性变迟钝了。这似乎有些牵强，因为如今我对一些别的味道仍然敏感如初。再不就是在这几十年的奔波途中，我无意间将敏锐的味觉遗忘在半道上。可转念一想，似也不妥，因为我一向做事小心谨慎，决不至于丢三落四吧，更何况是如此独特美妙的东西。

那么，是不是某个身怀隐身术的蟊贼，趁我不注意时将它偷去了呢？这位梁上君子是谁，偷它去要派何用场？是当做礼品去向新降临的生命报喜，还是作为贿赂去巴结某位高高在上的神灵，或者就手扔进路边滚滚奔流的长河里？姑且认为是有这么一个蟊贼，再认真清查一下，看在他行窃过的地方可曾留下什么蛛丝马迹。头顶上的那一堆乱麻和脸上的道道褶皱，莫不就是他于慌乱中留下的作案痕迹，或者是在他得手后从容离开时，故意表演的明显带有挑衅意味的恶作剧？只要细致地在身心搜寻一遍，说不定就会发现更多的被盗物件和作案痕迹，还可能顺带察觉，百无一用的累赘增加了不少，弄得心身都是沉沉的，失去了往日的灵动。

问题是明明东西不见了，我还不能去报案。我向谁去报案呢？如果去对大街上的警察说，自己的味觉或身上别的什么被窃了，请求警察侦破，一定被认为是脑子进了水。退一万步说，即使查出窃贼来，就能追回丢失的那些东西么？令人愤怒的是，这蟊贼竟将我的全部心身当做随心所欲的作案现场，放肆和猖狂到了何等程度！而且，即便我亡羊补牢、防微杜渐的工作做得再好，依然不能阻止这位隐形大盗在未来照旧频繁地光顾（或许说他从来就没离开过更确切），于我大有防不胜防的无奈。

再往深里追究，今日的我与昨日的我并没有什么不同，今年的我与去年的我相比，好像也没有明显失去什么。原来，我曾经的拥有，是一点点地却是一刻也不停地被盗走了，直到最后我将一无所有。以蚂蚁啃骨头的精神，演绎钝刀慢慢肢解生命的残忍，这家伙的手段的确是太狠毒了一点！

尽管做了这样胡思乱想的猜测，我终于还是不敢断定，自己为何丢失了那些曾经新鲜甜美的感觉。唯一可以确信的是，儿时的桑葚早已义无反顾地离开我十分遥远了。

2005年5月17～18日，初稿于宁波北仑。

年　猪

早冬的日子里，灰白的天空下，铁色树林掩映的由清一色黛瓦灰砖房屋构成的村庄，不时传出一阵阵猪的叫声。于是，人们就开始感受到，沉寂的村庄早早地有了一点准备过年的气氛。叫声由开头的一阵清脆响亮的"呵——呵"嚎叫，而转为一阵憋气郁闷的"唔——唔"挣扎，再变成隐约的喷血的"突突"声，并夹杂着猪在临死前几声无力的"哼哼"。过后，村庄又沉寂下来。

遇着午后孩子们下学以后，在杀猪主人家的门前，可以看到，杀猪的场景颇为充实热闹。一个大大的木腰盆，盛着滚烫的水；一条长而宽的条凳，那是猪们"英勇就义"的地方。外加几件杀猪用的铁器，其中最为耀眼的，当数形状各异的屠刀，明晃晃地令人恐惧。穿油乎乎破棉衣的屠夫们在有条不紊地忙碌着。屠场的周围，站一圈背书包的孩子，各个带了希望、羡慕、畏惧或者好奇的神色，看大人们在忙碌——看杀猪，就像看匿网捕鱼一样，总能带给人一种别样的新鲜与喜悦。

杀年猪，在主人家可算得上是一件大事。当日，除了招待屠夫们外，还要宴请亲戚朋友和族上的人们，少则一两桌，多则五六桌。八仙桌的正中，摆上一大笼蒸肉，是选上好的五花肉做的主料。肉块的大小，或许要取决于新杀猪的大小与肥瘦，及主人家的慷慨与吝啬；但肉块的数量，几乎是律定的，家家、年年都一样。而桌子的四角，各摆一碗荤素相配的炒菜。其中的荤，自然也是出自新杀猪的身上，无外乎精肉、猪血和猪肝之类；素，在冬天，则以萝卜白菜居多。就这么请来宴去的，人们差不多一年没见腥的肚里，便提前有了点油水；相互间一走动，也添了些暖融融的人情味。

接下来的几天，女人们开始料理猪下水和头蹄，并腌渍猪肉。然后，将腌过的肉一条条一块块地挂在冬天的阳光里，招惹着枝头上的雀鸟和地上的猫狗们的觊觎。等到年关的时候，多半已晒成黄亮泛红的上好腌肉，贴近一闻，有一种特殊的腥香味，恨不得生吃它几口。

在那些杀年猪的人家逐年减少的岁月，杀猪对猪主人家的孩子来说，是颇为荣耀满足的事情，这不仅是因为他家里杀得起猪，而且杀猪后他立刻会得到一件好玩的玩意儿——猪尿泡。屠夫麻利地一刀，将尿泡从猪体内割出，还冒着腥膻的热气，提在主人家的孩子面前，绷着脸说："给，拿去玩去！"孩子接过来，挤净猪尿，和伙伴们一起，将尿泡在草木灰里揉一把，塞进去几粒小石子，再鼓起腮帮子一吹，吹成鼓鼓的近于椭圆的球，扎紧了头，等几天，球皮风干，用手一摇，鼓点似的"咚咚"作响，一件玩具就算制成了。几个拿尿泡的孩子聚在一起，除了玩各式的游戏，是免不了还要比一比尿泡的大小的。

我家在多半的年景里是不杀猪的。为杀一头年猪，须先向政府食品店交售一头出栏生猪，也就是说，一年要喂大两头猪，这于我这样的一老一少连人吃的口粮都显紧巴的两口之家来说，实在是不易的事情，何况还要为杀猪前交纳的屠宰税犯愁。因此，即使杀猪，也不过几十斤的净肉，还劈为两半，其中的一半作为任务卖给那食品店；但屠宰税并不减半。剩下的半边猪肉，招待屠夫和客人们一餐，再趁鲜偷偷卖一些给拿工资的人们，余下作腊肉的已不多，但总可以将就着应付一年吧，好在家里人少，平日来往的客人又寥寥，做事（指红白喜事之类）就更绝少了。

但就是为了这样一头年猪，确切地说，多半是为了半头年猪，我与外公差不多要操心忙碌一年。一开春，外公到镇上去买回一头小猪崽（所需的钱或许就是上年底卖猪肉得来的吧），养在看上去显得过于宽敞的猪屋里。家里也因此多了一些要忙的事，一日三餐的喂猪和平时的垫猪屋、出猪粪是外公的事；而到田野里挖野菜，则几乎成了我放学后的"课外活动"了。猪生在那样的年代，又偏偏来到我家，只能算它命苦，一日三餐不过以野菜和烂菜叶子填一填肚皮罢了，猪食槽里粘在菜上的米糠或麦麸，不会比空中的星星密集多少，而米饭粒儿则如钻石样的醒目了。我老是暗暗地希望猪快长，却老也不见它长，一月能增重七八斤，就算是肯长的了。

它也有一段堪称幸福的时光，是临终前的于它近于悲哀的幸福时光。进冬后，种在菜园里的大萝卜收获了，家里两个人当菜吃不完，就用来喂猪，算是给它催膘。先将萝卜切成拇指顶大小的丁块，煮熟一大锅，再分开一顿一顿地热了喂给猪吃。吃完一锅再煮第二锅。当萝卜快吃光的时候，猪也就该上"刑场"了。

下午放学后，我在猪的由高而低的嘶叫声中，经常与小伙伴们一道，围在屠夫们的周围看热闹。夜里，我则端着油灯，伴外公去喂自家的猪。猪一听见动静就"噌"地一声起来，摇着尾巴，嘴里"哼哼"着来欢迎。昏暗的灯光下，我与外公静静地立在猪屋门口，盯着猪狼吞虎咽地吃食，偶尔也笑着围绕猪的话题议论几句。猪嘴先从食槽里衔取一口食物，然后平抬着头快速地咀嚼，发出如同"嘣嚓嚓"、"嘣嚓嚓"一样有节奏的声响，给幼小的我以希望和享受。眼见猪一天天地长得肥大起来，身上毛色光光的可爱，又曾与它相处这样长时间，我便对在那里只顾憨吃的猪产生一些喜爱与不舍，但有时仍禁不住问："爷爷，什么时候杀猪啊？"

终于有一天，大腰盆抬到了我家的门口。猪在人们的一片忙碌和吆喝中，很不情愿地被揪上了那条长而宽的条凳，伴随它自己的由洪亮而渐渐衰弱下去的叫声，从一条鲜活的生命而变成一动不动的死猪，并最终被刮了毛，开了膛，肢解为白生生的鲜肉。我在一种怪怪的心情中，目睹了宰猪的全过程，末了得到一个不大的不太令我开心的猪尿泡，做成玩具，时不时用来打发接下来的漫长冬日里那些寂寞的时光。

但我家杀猪的年景是越来越少了，好在我也越来越不稀罕猪尿泡那样的玩具了。不过，肚子里对吃肉的渴望无可遏止地在与年俱增。忍一忍吧，忍一忍就长大了。

印象中，我到外面求学后，外公在家里就再也没有杀过年猪。

2004年1月8日，初稿于北京安慧北里安园甲8号。

上达达家去

　　曾经有一个小男孩，家境颇特殊，从小死了妈，离开了达达，随年老的外公，过着清苦寂寞的日子。所以，他与别家孩子不一样，妈是永远见不着了，也就不去想念她；达达也不是天天就能见到的，但他寂寞时偶尔会想一想。

　　一年中总有一两次，达达要来看望他，不知是特地为看他来的，还是另有别的事情。这是他最自由快乐的时刻。达达坐在小靠背椅上，小男孩爬到他的腿上去，不安分地摇着坐着。在他眼里，达达的胸膛具有奇妙的吸引力，让他久久舍不得离去，老想一下子扑过去。更具神奇魔力的是达达的每一个衣兜，小手会伸进去逐一翻个遍。有些小物件，如钥匙链、指甲剪之类，掏出来就归了小男孩，成为他心爱的可以向小伙伴们炫耀的玩具。钱包里总有几毛钱，小男孩也会毫不客气地收归己有，用来日后买铅笔、作业本或糖果之类的东西。他做这些事情的时候，一句话都不说。达达也默默无语，任孩子在自己身上闹腾，或许那些小物件和零钱是他专门为孩子准备的。

　　更多的时候是小男孩上达达家去玩。逢年过节，暑假寒假，小男孩都是要去的。去了或者只住一两夜，或者玩上十天半个月。小的时候要由外公接送，稍大一点儿，小男孩就可以独自一人来去。

　　某天下午，太阳快落山的时候，小男孩遇着了一件不开心的事，因受隔壁男孩的欺侮而伤心地哭了一阵子，一赌气，便独自动身去达达家。

　　达达的家在村子的西北方向，相隔大约七八里。出了村子，先要向北走，穿过一大片荒寂的田野。田野的西边，有一块密密麻麻长满小杉树的坟地，半中腰的东边，要从一个只几户人家的小村庄边路过，北边则延伸到了一条横卧的土堤跟前。堤脚下有几个杂乱的坟，堤坡上长着苜蓿，间以星星点点开黄花的蒲公英，覆盖着鲜嫩的青草，有几只牛马在上面安静而专心地吃草，周围紧跟着几只活泼的小鸟在东张西望。上堤后向西，尽头是一座穿堤的水闸。过了水闸，便是一截山坡。爬上去，就可以望见达达的村庄。

　　傍晚时分，刚出村外的那片少有人迹的田野，是小男孩必须鼓足勇气去闯过的最冒险的地方。田里一望无际的棉花，像一片绿海，可以把小男孩淹得只露出一个头，中间是一条带干沟的笔直小路。路边长满马藤草。小男孩走在田间小路上，心里充满恐惧，总感到从不远处的密林里会冒出一个无名鬼来，紧跟在身后。因此，他不敢往后看，也不更向两边看，只顾低着头往前走，腿脚也软了，想折回去又怕同伴们笑话；想哭一通，又怕惊动了田野里藏着的野猫豺狗之类的猛兽，跑到路上来，拦在前面把他生吃了。这很让他后悔和为难。

为给自己壮胆，小男孩只好一边低头走路，一边想着达达家里的人，以及以前一些好玩或不好玩的事情。

达达的家是一个热闹的大家庭。达达和娘娘一天到晚要参加生产队的劳动，没有时间搭理他。弟妹们都太小，动不动就爱闹脾气哭鼻子，小男孩最不愿意同他们在一起玩。爷爷平时多半沉默寡言，但一开口就吼叫，小男孩总是躲得远远的。好在婆婆待他亲近，看他时的眼光柔和，面带笑容，说起话来和声细语，平时为他洗衣服，带他到菜园里去摘毛桃和甜瓜，每顿还做出香甜可口的饭菜。婆婆做饭的时候，他就围着灶台转，陪婆婆说话，或者去灶前吹烟火筒。而大叔经常不在家，难得见上一面。

最亲密的朋友要算小叔了，只比小男孩大几岁，上同一年级的学，和他一样，做班里的学习委员，但却比他能干多了。夏天里，小叔带领他，约上其他几个伙伴，一同到不远的抽水站池子里去游泳戏水。小男孩敢从一米粗的正在汹涌冒水的管子上往下跳，而他则没有那个胆。有时，他随小叔去稻田里钓鳝鱼，或在水沟里摸泥鳅。钓鳝鱼是最有意思的事情。鱼钩是用铁丝自制的，长不过一尺，一头弯成圆环，系上小木漂，另一头磨得尖尖的，回弯成钩状，穿上蚯蚓做诱饵。小叔提着鱼钩在水稻田里走，歪起头在田埂里寻找鳝鱼洞。找到后，小心翼翼地试探着将鱼钩伸进去，耐心而老练地逗引鳝鱼上钩。有时，不知为什么，他要用手指在水中弹出响声来，或沾点水洗一洗手。小男孩则提着鱼篓和诱饵瓶，安静地站在田埂上。等鳝鱼一咬上钩，小叔就用力往外拉，另一只手就势伸过去，用中指和食指、无名指形成一个扣，敏捷而准确地在鳝鱼近头处攥住，小男孩立刻高兴而慌乱地将鱼篓送过去。有时会从洞里窜出一条水蛇来，小叔见状，立即机警地往旁边一闪身，盯着水蛇一扭一扭地逃走。冬天的日子颇寂寞难捱，只在下过雪后的夜晚，由小叔带他去林子里逮斑鸠。小男孩打开手电筒，一道强烈的电光照在树上的鸟儿身上，使它动弹不得。小叔拉开弹弓，只听"嗖"地一声石子飞出去，正好击中斑鸠落下来。

工程师的世界

　　最叫他烦恼和害怕的，是同达达一道劳动的那些男人们。小男孩在晒谷场上聚精会神玩着的时候，冷不丁一个大人走过来，一只手揪住他的耳朵，另一只手高高扬起，上下舞动，像是要重重地落下来打在他的身上似的，虎着脸逼他交代，晚上睡觉是跟达达还是娘娘睡一头。

　　没有人同他玩的时候，他就独自爬到达达家门前那棵杏树上去，骑在树桠上自言自语，用眼光去寻在另一棵大树上唱歌的喜鹊，看阳光下杏树投在地上斑驳的影子，从杏树叶缝里往上看金光耀眼的太阳，要么一动不动地盯着蚂蚁队伍，看它们在树干上忙碌地爬上爬下，直到瞌睡虫从树叶下面慢慢爬出来，钻进小男孩的脑袋，他便不知不觉地合上眼，在树上睡着了。

　　小男孩一直不明白，达达家的屋檐下为什么总有那么多鸽子。天未大亮，就能听见鸽子"咕咕"地叫着在屋檐下扑腾，吵得他再也睡不着。雏鸽尖细的叫声虽然最难听，但小男孩觉得它们还是幸福的，总想爬上屋檐去，看一看鸽巢中雏鸽在怎么生活。

　　最值得期待的是离开达达家的那一刻，想一想就要心跳得厉害。倒不是舍不得走，反正不久还要来的，他是要等达达悄悄地塞给他小小的一笔零用钱。这一次去，不知达达会给他多少钱。他暂时也没有计划好，去了玩些什么，到底过几个夜才回家。还有好多事情，他一时想不明白，也就不再去想了。

　　小男孩这样胡乱地想着的时候，不知不觉中已经穿过了那片危险地带，到了大堤脚下。他闭着眼睛默默地说，不要去看那个新坟，只要再用一把劲儿，就快到达达家了。他多么希望，达达这时就在村外的田里干活儿，见了面会无声地冲他一笑，领着他上家里去。并且，他开始犹豫，该不该先扑进达达的怀抱，然后在路上将受隔壁男孩子欺侮一事，单独说给达达听。

2003 年 4 月 2 日，初稿于北京安慧北里。

长辫子的幺娘

　　"我家的表叔数不清……爹爹和奶奶齐声唤亲人……都有一颗红亮的心。"现在，从电视里偶尔看到演唱《红灯记》里那段李铁梅的唱段时，我不禁会想起在儿时的幺娘（注：家乡一带把姑姨等称做娘娘）来。当时，她还在二十几里外的那个大镇上的县五中读书，是该校宣传队的演员，饰演过李铁梅。

也许有人要问，当年在你周围的女孩中，怎么有那么多做演员的？是的，在那些日子，"毛泽东思想文艺宣传队"堪称一道独特的时代风景线。几乎每个生产大队、每所学校都成立了自己的业余宣传队。所以，好看的女学生们当业余演员也就不足为奇了。

到了演出季节，几乎每晚都有露天节目可看，不是在本村就是去邻村。但我们村子太小，还没有足够的资格邀请县五中文艺宣传队来演戏。印象中，幺娘表演的节目我只看过一次，是在公社所在的小镇，离村子五里路远。这样一个宣传队来演节目，可称得上一件大事，十里八乡的群众纷纷要赶场来看。我正是在这样一个机会，在一片闹哄哄声中，看了幺娘的节目。她唱的就是这出"都有一颗红亮的心"，红红的衣服，黑黑的辫子。

幺娘有一副亲切甜美的嗓子，听上去就像大热天里喝下一口清泉一样，润喉解渴，满心舒坦；且生就一副好身段，即使穿着棉大衣也显出通条匀称，而那时在农村，冬天能穿一件蓝色的翻领棉大衣，是很稀罕和洋气的；还留着一根李铁梅那样的长辫子，又粗又黑，徐徐生光，这大概是她演李铁梅得天独厚的优势。

幺娘是舅爷舅婆婆唯一的孩子。老两口一辈子本来生养过多个孩子，大多夭折了，只剩下这根最小的独苗，所以小名叫"幺"。我的祖辈们亲切地喊她"幺姑娘"；父辈姑妈们则随我们晚辈的口，叫她"幺娘"。

见幺娘是我们这些孩子最高兴的事，但一年顶多只能见到一两次。按老家的规矩，每年大年初二，我们要随大人去给舅爷舅婆婆拜年。我是独子，肯定是能去的。而同村的表兄弟们人多，便要争抢一番。争着的自然高兴，争不着的便不乐意，竟或要哭鼻子。大人只好来安慰，答应明年一定让他去看幺娘。

幺娘的家，与我们村相距大约八九里，于儿时多病的我，是颇为遥远的路。遇着雨雪天，路就更难走了。到了那里，照例先要按大人们事先反复叮嘱的，远远地喊一声："舅爷舅婆婆，给您们拜年啦！"然后急切地问："幺娘呢？"她要是在家，当然是再高兴不过的。但如果老人们说她出去拜年去了，我们便要感到委屈和格外的失望。

通常只在幺娘家里吃一顿午饭就回家，但有时也要歇一夜，特别在突遇下雨下雪的时候。记得有一次，午后下起了大雪，我们只好留下来过夜。第二天一大早，屋外的积雪很厚，我与一个表兄弟爬起来，偷偷钻进幺娘的房里，站在床前看她睡觉。幺娘安稳地躺在那里，长辫子堆成一堆，露在外面，几乎要将半边脸遮住了，实在好看。我俩只静静地站在床前，并不去打搅幺娘的美梦，那正是她该着有梦的时刻。

回家后，我们或许还要高兴几天，几个小兄弟在一起的时候，就愉快地谈一谈幺娘，并怀有一份期待，盼望她早日来回访。她的到来，便是小孩子们的节日。她走到哪里，我们就跟到哪里，心里很觉得荣耀。老实的时候就让幺娘牵着手；调皮的时候就嘿嘿地笑着，去拽她的长辫子，直到她不得不侧身弯下腰，但她好像并不恼。

幺娘高中毕业后，回到生产队劳动。舅爷一家三口，老的老，小的小，舅爷还是个瞎子，没有一个顶天立地的男人撑门面，在生产队里时常要受到欺侮。据说，在一次受到不公平待遇后，一位正在她村驻队的公社副书记站出来说了话。大约就为此事，幺娘与他谈起了恋爱。消息传过来，我们这边的大人们听说那位副书记是个三四十岁的离婚男人，便有些想法。但两老要为独生女找一个靠山，大人们也不好说什么。

幺娘结婚那天，我随大人们一同去贺喜。因为年小，还不太懂结婚的意义。记得当晚很晚的时候，新房的门关着，里面还亮着灯，我便想进去看个究竟。进门一看，只见他俩一起坐在床上嗑瓜子。幺娘的长辫子垂在胸前，辫子的下半截拖在了靠新郎这边的大红背面上。相比之下，新郎的确显得黑而老。我什么也没说，只觉得喉咙里卡了一只苍蝇似的难受。我知道，幺娘从此再也不是我心目中的那个幺娘了。印象中，我已记不确切管她丈夫叫什么，或许是"什么什么书记"之类吧，但确乎从未喊过一声"姑爷"。

幺娘在大队小学里教了一段时间书，后来随丈夫到了镇上，在公社广播站当临时播音员。大约在这期间，我已经出门在外求学。再后来，她丈夫在一次意外事故中身亡，幺娘因此得以从农村转为城镇户口，成为广播站的正式员工。她与那位公社副书记夫妻一场，没有留下孩子，据说是男方的问题。

我参加工作后，回故乡时曾匆匆见过幺娘一面。长辫子早已没了踪影，改蓄了短发，脸色也憔悴，与普通村妇并无二致。

听家人们说，守了几年寡后，她终因生活所迫，远嫁给一个码头修船厂的工人，并生有孩子。两口子关系不和，丈夫经常对她大打出手。而舅爷老两口因女儿不在身边照料，晚景很凄惨，曾以遗赠宅基房产为条件，请邻居来养老送终，现已先后故去多年了。

久已未闻幺娘的消息。早年，家乡一带的磷矿业很红火，大量的矿石要经水路运出去。因此，码头修船厂才有些修帮补漏的工作可做。即使任务不饱满，上面多少要下拨一点补贴养着。如今，磷矿业早已萧条。幺娘的境况，到了她如今的年龄,又没有什么专长,估计好不到哪儿去,我猜想,如果不比《红灯记》现在的处境更糟,或许就算是她的万幸吧。

2003年11月2日,初稿于北京望京。

加糖的中药汤

无法忘记加糖的中药汤,那是幼小时曾经饱尝过的味道。

幼时患的支气管炎顽疾,就像一只讨厌的候鸟,总是随冬天的来临,钻进我细嫩的咽喉。从此喉咙便不得安宁,成天像拉锯似地响个不停。"咔咔"几声,一口脓一样的秽物脱口而出——它显然是把我的小嘴当做了随意排泄的出口,这只死鸟!

那些年在农村,医疗条件差,吃西药打针总不见病好。而且,同大多数小孩一样,我最害怕打针,又不会吃药丸。所以,爷爷总是带我看中医。病得实在难受的时候,我也会主动要求去看的。

看完中医老先生,要带回两三包枝枝片片的中药草。每晚,爷爷就在院子天井的一角,架起药罐煨药,烟熏火燎,费时费力,很是麻烦。煨好的药汤滗入小陶碗里,有一浅碗的样子。

固然,喉咙里很有些刺拉拉的不舒服,但喝药毕竟是件极不情愿的苦差事。这成了与爷爷讲条件的时候,我总撒娇地要他买这买那。爷爷满口答应了,但好像从来也没有兑现。好在小孩忘性大,药一喝完,买东西的事就忘记了。最现实的问题是,如何把面前的这一浅碗苦水对付进去。为此,爷爷就往药汤里放几勺红砂糖,笑眯眯地哄我:"喝吧,喝下去病就好了。"这话于我的作用,似乎是在眼前画了一张若隐若现的烧饼。我总想多加些糖,爷爷却显得有点吝啬。在我喝药的时候,爷爷半张开嘴,微笑着看我。直到我喝完药,他才吞一下口水,合上嘴唇。

喝药前,先在嘴里含一口糖,让我感到一阵甜味。有了这一口糖垫底,好像突然来了勇气,皱着眉头,细抿着嘴,憋一口气,将又苦又甜的中药汤慢慢喝下去。加在药中的糖,量多,化得不均匀。至今还记得,药汤的味道中,起初是苦味重于甜味,慢慢地,甜味增加到重于苦味。等全部药汤喝完后，碗底残留少许没化开的砂糖，稀稀的浸有药汤，混合呈褐绿色。喝完药稍歇一口气，我用汤勺刮起剩糖喂进嘴里，味道几乎全是甜的，只遗留了一丝淡淡的苦味，算是一种特别奖励的享受吧。

那些冬季，几乎每天晚上都要喝这种加了糖的中药汤，它似乎成了我幼小生命的一部分，以至后来喝得多了，口味几近麻木。

不知是中药起了作用，还是因为身体随年龄增长而逐渐强壮，我的老毛病到后来逐年减轻了，直至长大以后没有再犯。因而，几乎不再喝那又苦又甜的中药汤——身体没病的时候谁喝它呢。

其实不然。在生活中，某种类似的味道有时不得不接受和品尝。先给你一点甜头尝一尝，然后便是苦，苦中又夹杂着甜。最后是甜，但甜中又残留一种挥之不去的苦味。品尝这种味道，你的心情是复杂的，但的确感到它令人回味无穷。隐隐中好像也有一位老人，手拿一张空头支票，在笑看你怎样对付这味道。

如今科学发展了，自煎又苦又麻烦的中药汤早已显出颓势。而新的中药品种层出不穷。药店里可以买到现成的中药汤，你在付钱的时候可能会觉得，随同中药买回来的，是别人早已为你调熬好的某种工厂化的味道。回家加热一喝，大约与从超市买回现成食品一热就吃的感觉差不多。还有卖中药颗粒冲剂的，里面也有加糖的，用热水一冲即可服用。虽也苦甜参半，但似乎不是原汁原味，大抵是速溶咖啡的意味。最方便的是中药丸或胶囊，随水一口就吞进肚里，可能根本就没在意其中的味道。或者即使有心想品味，大约时间也来不及。治病的效果却不见得差，甚至可能更好。这似乎很符合当今的生活时尚潮流。

但老人的影子好像还健在。

2003年3月10日，初稿于北京广莲路1号。

鬼抽烟

小时候，我与上了年纪的爷爷相依为命，是生产队的"照顾户"。"照顾户"在名分上与"五保户"有所不同。"五保户"是指那些丧失了劳动能力而又无子孙后代的家庭;"照顾户"虽家无劳力但有后嗣。实际上,二者的待遇没多大差别,都只不过由生产队免费分给一点紧巴巴的粮油和柴薪之类的最低限度维持生命的必需品。因为不挣工分,生产队是从来不分现钱给我家的,要用钱还得靠自家想办法。

家里有一块不到三分地的菜园,供爷孙俩一年四季吃菜略有余地。每年春天,爷爷将菜园劈出一大半来种上烟草。在接下来的日子里,他几乎成天在菜园里伺弄,浇水,施肥,松土,除草,喷药,去芽,掐巅,费的全是精耕细作的工夫,还要抽出空来,提前准备好晾晒烟叶用的麻绳和木头架子。入夏后开始收获烟叶,爷爷分次分批地将成熟了的烟叶折下,三两匹一组夹在绳子上,编成一串一串的,挂上特制的木架晾干水分,再下架摊在地上借阳光晒枯。每天早上,我和爷爷一人牵着绳子的一头,将一串串的烟叶平摊在地上。晚上赶在地潮上来前,再帮着把烟叶收起来。这似乎是我唯一能帮爷爷做的事请。有时遇着大白天下暴雨,需要赶紧收起来。如遭雨淋,烟叶上会出现黑斑点,影响烟叶的品质。经过伏天太阳晒上多天,颜色呈枯褐色,烟叶才算晒好。一批烟叶从挂上木架到成品,总得要十天半个月。而一年到头,爷爷大约有半年在忙于烟草的事情。

晒好的烟叶一串串卷成捆,储于卧房顶上的阁楼,用塑料布密封,上压木块砖头,以防受潮跑味。掀开塑料布,总有一股浓烈的生烟草味扑鼻而来。爷爷虽种植烟草多年,他自己却从不抽烟,每当需要用钱,就提两捆烟叶到集市上去卖。家里除此之外几乎再无其他经济来源,一年到头吃盐、点灯用煤油,还有我上学的费用,就全指望这点烟叶了。每到春节,爷爷还要用卖烟叶的钱为我做一身新衣。

鬼就出在这藏于阁楼的烟叶上。我家的房子已经颇有些年头,是解放前爷爷靠自己的勤劳一砖一瓦盖起来的。一色的灰砖青瓦,椽檩屋架等所用木材也都选上好的杉木,一列正屋,两边是厢房,与前面的门厅合围成一个正四方形天井,称得上村里少有的好房子,曾历经一九三五年的汉江大洪水而岿然不动。整套房子住着爷爷兄弟三家十几号人。爷爷在三兄弟中排行老大,正屋三间由我家与二爷家分住,中间是堂屋,两家共用。两边各有一间卧房,一家占一间。卧房上面是阁楼,用宽而厚实的木板铺成,上面存放一些坛坛罐罐的家什杂物。在靠墙边留出一米见方的缺口,斜竖一把木梯,可从卧房爬上阁楼。房屋没有窗户,屋顶虽有玻璃亮瓦,光线却被楼板挡去大半,只能从楼板缝里透下一线幽暗的光,所以即使在大白天卧房也是阴暗潮湿的,到夜里更加一片漆黑。睡在这样的房里,如果不是久住习惯了,是颇令人害怕的。

我那时小小的年纪，却常常闹失眠。数不清有多少次，半夜里醒来，冥冥之中听见，从我头顶的阁楼，仿佛传来一阵沉重的脚步声，接着像是有人在翻动塑料布和烟叶，不一会儿，便发出"啪——啪"的声音，如同一位缺齿的老头，含着满嘴的口水在抽旱烟锅子一样。农村的深夜，四处一片漆黑死寂。"啪——啪"的声音，不紧不慢，持续而有节奏，虽是微弱，在我耳里听得格外清晰逼真，吓得我心里嘣嘣直跳，却又不敢吱声，连翻身的动作也不敢有。爷爷就睡在床的那一头，我没有足够的勇气叫醒他，整个身心在受着这恐怖声音的折磨。只有爷爷偶尔咳一声或翻个身，才能给我一些安慰，让我壮胆活动一下身子。这时，抽烟声戛然而止，立即一阵慌乱的脚步从头顶踏过。经过片刻的寂静，似又听见脚步回来，稍后抽烟声重新响了起来。直到屋外响起嘹亮的鸡叫声，天渐微明，那可怕的"啪——啪"声才渐渐模糊地消失在我迷困的睡意中。

在那些不眠之夜，黑暗中，每次听到这一连串奇怪的响动，我总以为是鬼在阁楼上偷烟叶抽。伴着这"啪——啪"声，我闭着眼在脑海里幻想，阁楼上坐着一个庞然大物，看不清身子和面目，只不过是黑黑的一团烟雾一样的东西堆在那里，雾团中伸出一支大烟袋来，随着一声声的"啪——啪"，一明一暗地冒出一丝丝火星，像是在远方的原野黑夜中闪动的鬼火。然而，我从不敢睁开眼来看，也就不知道是否真有那鬼眨眼似的烟火在头上了。

有了夜晚可怕的经历，我在心里对阁楼生了害怕，不敢擅自爬上楼去。但又禁不住好奇心的驱使，终于还是有几次大白天，我壮着胆独自爬上阁楼，想看一看偷烟鬼到底留下什么痕迹，以证实我那些晚间幻想的真实存在，却什么都不曾发现，覆盖在烟叶上的塑料布依然原封不动，也未见有烟灰的蛛丝马迹。我便失望而慌乱地爬下楼来。

长大后，我出门在外，曾到过许多地方，经历过无数个孤独黑暗的难眠之夜，却再也没有遇到过类似的体验。如今住在北京的楼房里，半夜里醒来，时常会听见头顶上"咚咚"声或窗外"嚓嚓"声，我知道那是人们的脚步声。而儿时旧屋里那些深夜发出的怪异声响，则在我脑海里成了永远未解的谜。

参加工作后，我学会了喝酒，曾经一度颇嗜酒，大概是从小受到爷爷的熏染。爷爷爱喝酒，因为没有钱，不能经常喝。偶尔端一次酒杯，喝得高兴了就让我尝一口。但我从来对烟没有任何兴趣，遇到抽烟的人把满屋子弄得乌烟瘴气，或者带着满口的烟味冲我说话，心里便起了不快和反感。这或许多少与我曾经历过一个个恐怖之夜有关吧。

我离开家乡后，爷爷因为年老体衰，又没有我在身边帮忙，就不再种植烟草，主要靠变卖房前屋后的树木来维持家用。后来，在家事纷争中，古旧的老屋拆掉了。再后来，就在老屋的原地，我表兄的家里，在一个隆冬的深夜，爷爷孤独凄惨地离开了人世，掐指一算，至今已经整整十六年。如能活到现在，爷爷该是百岁寿星了。

2002年12月22~23日，初稿于北京望京。

五 毛 钱

二十几年前，刚恢复高考那阵子，在我就读的那所新成立的偏僻乡村小镇的中学里，连学生用的教科书都不齐全，复习资料更是稀缺极了。记得高考前的那个冬天，同班的一位女同学不知从哪儿弄到一本数学参考书，无非习题集之类的东西。我对之爱不释手，借看的次数多了就很想买下来。但她起初并不愿意卖，经不住我软缠硬磨又讨价还价，最后她才勉强答应将书卖给我，大约一块多钱吧。

那时的学生几乎都是身无分文，并非老师不让带，而是同学们大多没什么钱可带。因为功课紧，平日里我是不能回家的。谈定价钱后，那天中午趁午休的机会，我一口气跑了五里路，赶回家里去找爷爷讨钱，他是我家里唯一的亲人。但他手头上并没有钱。我在家里大吵了一顿，带着满心的懊丧和怨气匆匆返回学校。这不仅意味着我不能得到那本心爱的参考书，而且在同学面前尤其是在一个女同学面前会有失我的尊严。这是最要命的事，因为贫穷的人总怕别人看出他的贫穷来。

两三天后的上午，我在班里上语文课。老师正讲在兴头上，突然停下来朝窗口方向瞥了一眼，又向我努一努嘴。我好奇地回头顺着老师的目光望去，只见爷爷静静地趴在窗口，正无声地向我咧嘴微笑着。我赶忙跑出去，没好气地问他来干什么。"我来给你送钱的！"因为正患着哮喘病，老人家的呼吸显得很吃力，说完话，嘴仍然张开着，布满皱纹的苍老灰白的脸上浮现出满足的笑容。我一听心就激动地狂跳起来。爷爷松开紧攥着的拳头朝我伸过来。尽管他身着厚重的长棉袍,仍能看出他的身子略微向前佝偻着,卑微胆怯的样子,更像是一位乞丐在伸手向我讨钱。微向上弯曲的毫无血色的大手掌心里,躺着细短的一小卷陈旧的毛票,大约只有香烟那么粗细,毛毛虫一样的丑陋。接过钱来,我还能明显感受到留在上面的爷爷的微热的体温,不禁心头一热。展开来一看,是三四张一毛两毛的票子,总共才五毛钱,远远不够那本参考书的价钱。我的心情一下子由喜悦和激动转为懊恼失望。老人的脸上也顿失笑容,显出尴尬和沮丧来,小而浑浊的两眼充满愧疚哀求的神色。我狠狠地埋怨了几句,扭头回到班里去上课,再也没有回头看一眼。不知爷爷在窗外又站了多久才悄悄离开,但他当时难过无奈的心情是可想而知的。

我的心灵因此受到深深的伤害。而我的行动想必也同样深深地刺痛了爷爷。可是,我们爷孙俩又有什么错呢?要知道,我那时还是一个十四五岁尚不甚更事的少年,而向来慈祥的爷爷已是年逾古稀孤苦无力而又多病的老人了。那是谁之错呢?在当初我竟想不明白。

2001年11月8日,初稿于秘鲁利马。

麻鸡婆

小时候在农村,曾见隔壁家精瘦的小脚老奶奶喂了一群鸡,大约八九只。其中有一只麻母鸡,小头,细腿,无冠,褐黄相杂的毛显得老气横秋而无色泽,胸前脱了毛,露出一小块三角刀似的皮包骨来,枯瘦嶙峋的样子,隔着毛也能让你看见鸡背上的骨头。麻鸡婆到底活了多少年,我已记不确切。但在我的印象里,打我记事起就有它,少说也有六七年吧。

每晚鸡进笼前,老奶奶就撒开三两把稻谷玉米什么的喂它们。一群鸡赶紧低头连啄直啄,共享一顿并不丰盛的晚餐。别看那麻鸡婆比别的鸡矮半截子,但在这"餐桌"上可是受到格外的"尊敬"。别的鸡很快就争抢着啄净了谷物,唯独麻鸡婆还在不紧不慢地享用面前的美餐。其他的鸡都不来与它争食,连那只大公鸡似也让它三分。对麻鸡婆的这种"尊敬",似乎是鸡间自然形成并沿袭的一条"不成文"的规矩,大概出于这些鸡都是其儿女的缘故吧。但也许是都不愿搭理它——在鸡群里,麻鸡婆似是可有可无的。每逢此时,老奶奶就愤愤地说:"该死的麻母鸡,瞎糟蹋粮食,留着没用,看我不宰了你!"

是的,这只老母鸡确乎没什么用。杀了吃肉吧,又太小太瘦,不够一大家子一人一筷子的。杀鸡拔毛,点火烹煮,劳力费神是小事,浪费一大把柴禾和些许油盐实在不值。而看样子这鸡永远也不会再长大增肥。留着下蛋,这些年一年到头下不了几个蛋。偶尔生出一个两个的,也小得可怜,不比鹌鹑蛋大多少。"疙瘩,疙瘩"的叫声倒是不小,很是躁人。况且产蛋数一年比一年少,个头也越来越小。就是捉了送给一位刚坐月子的远房亲戚,也嫌太寒酸拿不出手。留着实在没用,这该死的麻鸡婆。

似乎留下麻鸡婆的唯一理由是它能孵小鸡。不错的,孵鸡是这只鸡唯一可派上用场的功能,进而也是它得以生存的理由。麻鸡婆活着就是为了抱小鸡。孵鸡,于它很在行,有瘾,或是生命的"梦"。每年一到六月,麻鸡婆就开始整天蹲在窝里不出来,时不时嘴里"咕咕"叫几声。老奶奶就知道麻鸡婆来抱了,于是在鸡窝里放入二三十个新鲜鸡蛋,每天早晚还以白花花的大米单独犒劳它。二十多天功夫,麻鸡婆孵出一窝雏鸡,并一直"咕咕"地叫着,很负责也很内行地把雏鸡带大。有时还顺带为邻居家孵三五只鸭子。鸡养大了,或留下来下蛋,或杀了待客。有一回闹鸡瘟,老奶奶家的一笼鸡,除了麻鸡婆安然无恙外,其余的全在三天内死绝了。但到第二年,麻鸡婆又抱出一窝来。如此,老奶奶家的鸡才不至于断了"香火",反倒有几分兴旺。一家人买盐换煤油的钱才有了着落。这样说来,麻鸡婆也算得上老奶奶家的一位不可或缺的"功臣"了。

这年四月间,一只肥大的黄母鸡先做了抱母鸡,孵出一窝小鸡来。那黄母鸡虽初为鸡母,倒还尽职尽责,也算有点儿天分,带的一窝小鸡天天见长。到六月,麻鸡婆照例"咕咕"叫着蹲在窝里。老奶奶大概想,既然已经有了一窝小鸡,如再孵一窝既无多大用处,又无多余的粮食饲养,于是不再拿蛋给麻鸡婆孵。六月正是鸡下蛋的时节,麻鸡婆成天霸着鸡窝,暖着一个引蛋的蛋壳,影响别的鸡进窝下蛋。一气之下,老奶奶拔下麻鸡婆的一管翅羽,横穿在它的鼻孔里,以此来吓唬它。起初,麻鸡婆确实被挡在眼前的怪物吓得四处乱跑一气。但跑了一阵子就见怪不怪了,又回到鸡窝伏着不动。每每有鸡要进窝下蛋,它都要威胁地吱一声。看来这招不灵。老奶奶就找根细绳,套上麻鸡婆的一只腿，系在离鸡窝不远的柱子上。麻鸡婆一次又一次地扑扇着翅膀想往窝里跳，但却怎么也够不着。它似乎能意识到腿上绳子的束缚，不时地用嘴去啄解绳结，有时还显出不耐烦的样子，但始终挣不脱。无奈，只是绕柱子来回急转，嘴里仍不停地"咕咕"叫，直到绳子全缠在柱子上才缩在那儿不动弹，仍像是在孵蛋。等天黑一解开绳，麻鸡婆就径直跳进窝里，暖着一个蛋壳过夜。再后来，老奶奶逮着麻鸡婆用绳拴了，交给她一个半大的孙子，叫他提着丢在粪池里泡一阵子，再抛进水塘里洗一洗，然后吊在晾衣服的绳子上，在火辣辣的大太阳底下暴晒。刚开始，母鸡还能挣扎扑腾几下。不久便不怎么动弹了，只是头仍向上昂着。一有人路过，它就"咕咕"叫几声，仿佛是在向来者提醒，抑或是在炫耀，它能孵鸡，甚至是以此来恳求来者放它去孵鸡。到了傍晚，麻鸡婆一经放下，便不顾所遭受的折磨（还有侮辱，假若鸡也有尊严）、饥饿和焦渴，飞也似地直奔鸡窝，去孵那永远也成不了鸡儿的引蛋壳。一路上，嘴里仍"咕咕"地直叫。

到了年底，老奶奶想着往后有黄鸡婆做抱母鸡，留下麻鸡婆除了"瞎糟蹋粮食"已毫无它用，便一刀给宰了，和着腌腊肉时剔下的猪骨头，炖了一锅汤。

此后，老奶奶家的鸡仍在年复一年地颇兴旺地繁衍饲养着。听说过了好多年，一向健朗的老奶奶突然一病不起住进了医院，不几天也被"宰"了，不过，用的不是医生的手术刀，而是时间这把无形又无情的利刀。其时，她的儿媳妇已早早地做起奶奶来了。

1997年1月5日，初稿于北京小黑虎胡同。

盘 龙 菜

出门在外几十年，乡音早已改了。偶尔回老家，与乡亲们说家乡话竟感生硬拗口。但老家的饭菜还是很合胃口。最不能忘的，是家乡的米酒、豆腐和盘龙菜。米酒和豆腐随处可见，只是因为水土的缘故，故乡做得极香糯可口罢了；而盘龙菜则是家乡独有的地方菜。

既然菜名中有一个龙字，便多少带点龙的尊贵余味吧，只是个中的来龙去脉，因年代久远，已经模糊不清了。据说，从前有一位皇帝，外出巡游到郢中，即我家乡一带，给厨子出了一道难题，令他做一道看着像肉吃起来是鱼味的菜。厨子聪明能干，选上好的鲜鱼，取脊背上的鱼肉剁成泥，掺入生粉、水、配料和各种调味佐料，搅匀，制成手腕粗细的长方条，外包豆筋，表面涂红颜料，上笼蒸熟。冷后改切薄片，整齐码入碗中，再上笼蒸热，反扣盘中，浇以鲜汤。菜做成以后奉送上去，果然博得皇帝龙颜大悦。用罢御膳，皇帝是否欣然提笔，赐这道菜以"盘龙菜"之名，暂未作考。抑或叠片成条，堆码于盘中，其形如盘龙，因此得名，也未可知。

后来，这道菜在家乡一带流传开来，成了一道色味俱佳的地方名菜。不知在何时，始出何人之手，主料由鱼肉改为肥瘦搭配的鲜猪肉，算是形与实相统一。

在家乡，盘龙菜又俗称"剁菜"、"卷曲"。'剁菜"想必是取其主料剁成细泥之意；"卷曲"或因其外卷一层油豆筋吧。盘龙菜一名大气堂皇，算是书面雅号，当在正式场合使用。剁菜二字近于专业术语，应在做菜的大师傅中叫得多些。而卷曲最形象，像俗名、小名之类，在普通百姓中叫得最勤。但平时只"JUANCU，JUANQU"地听着叫着，究竟卷曲二字是否正确，这里姑且凭臆想用之。

因为做工精细复杂，寻常人家平日是不做剁菜的。只在逢年过节或操办红白喜事时，才请了专门的大师傅来做。而做菜品质的高下，就成了亲朋们回家后，评判主人家是否大方和大师傅手艺好坏的标准了。

盘龙菜在色的纯正上，只有凉拌菠菜可比。但菠菜是暗绿色的，远不及其红艳醒目，引人食欲。口感的滑嫩颇似蒸鸡蛋糕，酥软近于米粉蒸肉。但在外形上，鸡蛋糕表面一展平，显得单调；盘龙菜叠堆隆起成半球形，既有层次变化又美观。粉蒸肉也隆起，成瓦楞形，只是整齐，却说不上有多美观，且吃起来太过油腻。味道之鲜美，与新鲜的鱼虾不相上下，但鱼虾又腥气太重。最值得叫绝的是，一片薄薄的盘龙菜，油光发亮，夹在筷子尖上，可以上下闪动而不散断，状如蜻蜓，颤然欲飞，颇富动感。

未来的女婿到女家拜望二老，若深得满意，丈母娘少不了满筷子地夹着卷曲，往小伙子碗里送。但等做了新女婿，初次上门，吃饭又免不了受些捉弄。新媳妇的表弟假装献殷勤，为新表姐夫添饭，却暗暗在碗底垫些菜，表面盖上热米饭，笑眯眯地送上去。那垫在碗底的菜通常是冰凉肥腻的蒸大肉，而绝不会是盘龙菜。

在故乡，乡下普通人家的正规宴席，不可能有什么山珍海味，大鱼大肉已是好菜。肉是粉蒸肉，鱼是油酥鱼。一席十个菜，分三排横摆着，上下各三碗，中间一排四碗。蒸肉两碗，上下排各居中放一碗。而盘龙菜只一碗，与油酥鱼一并摆放在宴席的中心。席上有些讲究，别的菜大可以随意吃，盘龙菜则无人随便先动筷子去夹，需坐首席的人发了话号召大家，客气谦让一番，并先动了筷子后，其余的人才好伸筷子。一次不能夹多，不过三两片。小孩若老要吃卷曲，是要遭母亲训斥的。主人热情谦虚，招呼客人们说："你们把做得不成器的卷曲拈了下啥。""拈，拈。"便有人应诺，但并不真动筷子。而客人在尝过后，总要夸奖恭维主人家一番。

老家的婚礼上，新娘要穿红衣戴红巾，门上贴红对子和红双喜字，记写彩礼的本子也是临时用红纸做的，新娘的嫁妆更少不了红被子和红油漆箱子。因为红色，婚礼增加了喜庆热烈的气氛。盘龙菜色泽鲜红，是婚礼上必不可少的一道菜。婚礼择了吉日在双方家里同时举办。在女方家的婚礼上，接亲的新郎是主角；在男家，刚到的新娘子是焦点，却一进门就躲进新房里不出来。盘龙菜则是双方婚宴上当之无愧的主菜。

送新娘到男家去的，多是新娘的姐妹好友，男方要专门为她们安排一席。席上最后一道菜，用碗盖着，贴有红纸封条，由厨师亲自端上去，向娘家人讨要酒钱或要烟抽。娘家人多有准备，双方经过一番热烈的较量，娘家人才吞吞吐吐地拿出一个红包或两包卷烟，厨师心满意足地揭了封条盖碗，这才正式开席。而这道用来讨烟酒的菜，十有八九是盘龙菜。

镇上的饭铺有卖现成剁菜的，与卤猪头猪耳朵之类堆放在一起，放在饭铺外的食案上，以纱罩笼罩着。称一两条回家，改切薄片，上笼一蒸，即可食用。只是近些年的剁菜，淀粉配料搁的太多，肉太少，口感板结，食同豆渣，味道已大不如从前。

如果关于盘龙菜的传说可信，我看皇帝在用膳上给厨子出难题，与给太监们定下标准选妃子，情形颇有些相似。当年皇帝选妃，想必是极为讲究严格的。被选中的美女也立刻身价百倍，一时成为十里八乡注目和评说的对象，穿红戴绿，披金挂银，风风光光地被簇拥着送进宫里，新妃的爹妈少不了得些银两。试想，如果新妃初次觐见皇上，献上一盘刚出锅的盘龙菜，必博得皇帝龙心欢喜。美食与美色，他竟坐拥双全，这狗皇帝真是会享受！

2002年8月，初稿于北京六铺炕。

工程师言说的世界

为死亡做准备

我是阳光

暮春风景谈

与孩子们谈教育与成长

为死亡做准备

既然死亡和出生一样，是生命必然要经历的事情，不禁要问：人们为死亡做好准备了吗？

早先在农村看到一些棺材，放在了一家的畜栏或屋外的某个适当位置，那是为其某个家庭成员准备的，有的还老早为老人准备了寿衣。如今又有人提前买下墓地，修起了堪称豪华的墓穴墓碑。更有甚者，前些时看到一则国外新闻，一个人竟为自己准备了葬礼，并亲自参加了。这些行为都是不同程度地为死亡做了准备，等待着那最后一刻的如期到来。不过，这是一种颇为消极宿命的准备。

生命也总有些叫人猝不及防的例外，一个人好端端的，年轻轻的，由于某种意外的原因，就突然离开了人世。如果死者有知，他一定没料到自己死得如此突然，他以为还有许多事情没来得及处理完呢。他的死在感情、心理和物质上给周围的人以突然袭击，让人们还没有回过神来就得忙于为其料理后事了。可想而知，这样的后事往往因为匆忙而显得过于潦草，没有给死者以应有的体面与尊重。事先的毫无准备导致了事后的草草了事。

在那个饥馑的年代，当填饱肚皮成为最为迫切需要的时候，在家乡有一句骂人的话："你吃了死去的啊?!"咒的是那些狼吞虎咽因而吃相不甚斯文雅观的人。尽管这是句咒语，却说得有几分道理，给人以某种启示，只是说的时机不太适宜。固然，活着不仅仅是为了吃饭，但人一定是吃了去死的，死之前也一定吃了最后一顿饭，区别只在死与最后一顿饭之间时间长短的不同。他似乎提前知道了死亡的临近，对于时间就有了紧迫感，所以，办起事来心急火燎的。不过，所办之事不够体面，只想了却最后一个心愿：死也不做饿死鬼。

美国盲人海伦·凯勒有一篇文字《假若给我三天光明》。对于一个盲人来说，光明是多么宝贵重要，在有限的三天光明时间里，她幻想着活得匆忙、丰富而有意义，其精彩的程度超过了一个正常人的三天、三年甚至是一生。

当然，大多数人不可能在经历死亡后才知道生的意义，但如果我们在潜意识中时刻提醒自己：生命期限所剩不多，比如就只有三天，那么，生命图景一定是另一副样子，对于所剩不多的生命时段也一定倍加珍惜。这正如一些物种由于其稀有而受到人类的特别珍惜和保护一样。

有时看到一些小动物还没有出世或刚一出世，就大批地惨遭毁灭的噩运，难免引起我们的恻隐之心，虽然这样的毁灭对该物种的整体延续并不构成负面影响，相反倒可能有利于整个自然界的生态平衡。同样，人的生命的产生与终结也是一件很残酷很浪费的事情。一个生命从来就不是一个孤立的存在，能来到这个世上并存活着，其实也是挺不容易的。一个男人一生所能产生的生命种子可谓不计其数；一个女人为孕育生命所做的准备，则如月缺月圆般地经历数百个轮回，母亲更是为新生命的诞生付出了痛苦乃至生命的代价。同时，生命的繁衍受到了社会的和现实生产力发展水平等诸多因素的制约，不可能任其自然繁殖。而一个老人，虽然在体能上已经没有什么能力为人类有所贡献，他用一生的时间所学习掌握的知识和经验，仍然具有可利用的价值，是人类一笔难得的精神财富。但这一点却没有受到应有的重视，也不能成为其拥有者继续存在于世的理由。在未出世的兄弟姐妹与死者之间，凭什么恰好就是这个特别的他现身为生命，存活于世，并且健康地生活在一个还算不错的环境中呢？他的偶然存在难道不是一个如中百万大奖一样的奇迹吗？一个人拥有了生命的时候，如果不珍惜它，不充分利用和享受它，甚或成为这个世界的灾难，他不仅对不起他自己，对不起他周围的世界，而且对不起那些未生者和已逝者，让他们在发出无声的叹息的同时，也在冥冥中为其感到羞愧，他在世上的所作所为似乎表明，其存在对他们是不公平的。如果出于物竞天择的生物进化考虑，一个人于偶然性的优胜中获得了生命权，而死亡又是无法逃脱的终极命运，那么在一段有限的生命中，如何成为高质量的优胜者就显得尤为有意义了。

想起小时候在农村见到的小脚老太太为自己缝制寿衣的情景，一针一线，一款一式，都是那样地用心专注，而脸上呈现一种圣穆和满足的表情，表现出从容淡定的神态，仿佛是在做着与己无关的针线活儿，不得不佩服老太太面对自己死亡时的那份镇静与坦然，简直就像一位哲人。

既然恐惧害怕并不能避免或延迟死亡，我们倒不如坦然面对，及早动手为之做好准备，增加对生命时限的紧迫感，珍惜活着的分分秒秒，使生命的质量更为丰富精彩。但这并不意味着要如何利用自己的全部生命为社会做出多少重大的贡献，或者竭尽全能去赢得更大的权力和更多的金钱，也不是要享受更充分和奢侈的物质生活。大家既然是共同生活在同一个世界的幸运儿，这就是我们的缘分；而且，迟早将面对同样的命运，因此我们又是处境平等的朋友。所以，应善待和尊重那些生活在与我们同一时空里的生命。人说"七十从心而欲不逾矩"，一个对生命充满敬畏与紧迫感的人，可以在"不逾矩"的条件下随时"从心而欲"，真实自然地活着，不必一定要等到古稀之年。活着的时候少一些对名禄爵位的奢望，心情就多一份轻松自在，毕竟那些东西是带不走的。人世间如有恩怨情仇，就尽早了却，莫将对世界的遗憾、愧疚、怨恨带进坟墓，也莫让活着的人在其死后仍然因其而生遗憾、愧疚与怨恨。条件允许的话，就多看一些世间的风景，可以在临走时带着对世界的美好印象。同时，一个人应在自己能力范围内，多为世界做一些有益的事情，这样，即便他走了，也给世人留下了美好的印象。如果是独立地做一份工作，就尽量把工作一个阶段接着一个阶段地做完，并将尚未完成的工作移交后来人；如果是与他人联合做一份工作，就提前让工作伙伴了解自己所负责的那份任务，以免在离开后，伙伴对其工作感到生疏和难以下手。这般准备是不比死亡本身更难实现的事情。

如果一个人每天都怀有这样的意识，并照此行事，那么他就是在为死亡做着准备。当然，这种准备可以更充分一些或稍有欠缺。早有准备的人，随时离开都会是满足、安静、轻松和干净的，不会让他自己和周围的人感到突然和不可接受。当死神的黑手最终敲响他的大门时，他将从容地对门外的这位不速之客说："老伙计，我已经准备好了，这就跟你走。"

2007年1月14日，初稿于宁波北仑。

自画像

(1)

一段时间以来，我一直在想为自己画一张像。之所以迟迟不肯拿起笔来，实在是因为不忍对自己太残酷，担心画出来的样子惨不忍睹。

工程师的世界

几年前，妻子笑着与我谈起儿子初中时写的一篇作文，题目好像是《我的父亲（或爸爸）》之类。儿子在作文中这样形容我的这副尊容：……眼睛不大却很有神，鼻子不高却很灵敏，云云。

在一个人的面子工程中，眼睛和鼻子位于中心部位和重点部位，如果其尺寸相对来说稍许小了一些的话，就有点偷工减料的嫌疑。以此为重要组成部分的面子工程，即便其他附属部位多么优质完美，似也逃脱不了豆腐渣工程的干系，使其拥有者很没面子。我这儿子真够聪明的，一下子就抓住了问题的重点。但是，一个父亲拥有这样一副容颜，让其天真可爱的儿子写起来实在有点犯难，尽管他对其怀有一份应有的敬畏和爱戴。我都怀疑，是不是因为儿子不听话，老师在故意刁难他。

不过，这已经是几年前的事了。如今社会飞速发展，什么事儿都得讲究个跟风，人们管这叫时尚。故而，以面子工程的两个重点部位为中心，在方圆数十平方厘米的广袤范围内，近几年也紧跟形势，发生了极其深刻的变化。不知是哪位淘气的孩子，在原本还算光滑的表面，刻下了无数道深深浅浅的痕迹，纵横的沟壑杂乱无章地排列着，使原本存在明显缺陷的面子工程更加形象大损，而且有不可遏止地继续向纵深恶化和横向蔓延的态势。

这让人觉得，像面子这样的豆腐渣工程真是要不得，根本就经不住岁月的风吹雨打。有了这样的经验教训，看一看某些女士们仍然如此热衷于打造形象工程，什么霜的膏的净往面子上涂抹，还动不动就隆个胸拉个皮，觉得实在是枉费心机，她们的良苦用心叫人既感动又可怜。

再回想小时候，自己是个乖巧学生，没干什么大不了的坏事，不过就是在上课无聊时，私下用削笔刀在课桌上专心划了几个不甚美观的道道。没想到就这点儿劣迹，几十年后在自己面子上遭到了报应。看来人还是少干点缺德事儿为妙。

有时，人们在对一些问题的认识上并不准确。就拿眼睛来说吧，从外表上看，其组成应该是以眼珠为主体，包括上、下眼皮和上、下睫毛等在内的一个综合体。人们常说的眼睛大，似乎并不是指其主体眼珠大，而是指眼皮（主要是上眼皮）在自然状态下张开的大，就像说一只窗户大，却实际上是指挂在窗外的帘子开得大一样，显然是不够精确的。而且，人与人之间眼睛尺寸的差别实在不大，不过在毫厘之间，远不如做人本身那么明显。看来细节不仅决定成败，有时还决定美丑。不过，澄清这个问题并不能改变人们认为我眼睛小的现实，对此我只好自找台阶下：小眼儿不要紧，只要不与心搅和在一起，成不了小心眼儿就行。

的确，我的眼睛鼻子虽然尺寸小了些，经儿子这么一说，倒觉得还挺实用。但是，俱往矣！近年，眼睛开始闹着要提前办内退，变得越来越老花起来；鼻子也跟着起哄，时不时闹个罢工什么的，造成气息上传下达的渠道不畅。也好，眼睛昏花了，可以对眼前的迷乱景象视而不见；鼻子不灵了嘛，就对周围的铜臭气不问不闻呗。

话说回来，孩子对事物的观察概括能力毕竟有限，尽管盯着一对好奇的眼睛。除了上述两个特点外，还可以借用孩子的语气继续形容我，比如，个子不高却很结实，双腿不长却步伐有力……这般身材，套用妁娘们的高标准严要求，基本属于二等残废，当在被淘汰之列。好在头颅较大，只可惜原本可用来多装些智慧知识的，却偏偏装了满脑子的糨子，没有做到物尽其用。而把这稍大一点的头与稍矮一点的身材搭配在一起，看上去就明显有点不成比例了，想必当年造物主在组装时太过盲目粗心了一点。而且，前两年做例行体检时，那个医生硬说我右下肢有点罗圈腿，更是让人觉得雪上加霜。

如今年轻人喜欢把头发染个色，什么红的、绿的、黄的，可谓色彩纷呈。我呢，也赶回时髦，去了一趟理发店。没料到那个缺德的理发师居然稀拉拉地给我染了些白毛，整体效果就成了杂毛。他倒是挺细心的，一根接一根地数着染，已经花了好几年工夫。又捎带手把原本粗黑浓密的头毛打理得稀疏了不少，还美其名曰另类，真是意识超前啊。还好，算是他老人家手下留情，没有舞刀弄剪乱砍滥伐一气，山顶上暂时逃过了严重水土流失的厄运。

也罢，头脑笨点可以少想心思，尤其是少动些害人的歪心思，人一辈子就那么几十年，还是活得简单点儿好。至于身体有点小缺陷嘛，就别到竞技场上去逞能了。相逢就是缘，干吗见面总是打打杀杀的，非要争个高低输赢不可呢？而头发稀疏了，平日里梳理起来就省事顺畅多了。静下来的时候就梳一梳头吧，别让那一蔸不甚浓密的茅草给撂荒了。

要说我身上最突出的，原是位于中部的肚皮，据先前的粗略目测，其突出的程度应在鼻尖之外吧。但是，好景不常在，早先颇让我引以为自豪的"中部崛起"，经过数年来坚持不懈的"增强人民体贡"运动，也渐渐"偃旗息鼓"下来，而今已经跟女人卸了包袱的肚皮一样平展了。

我曾愤愤不平：哼，凭什么别个腆着大肚反的人，里面装的不是墨水就是油水，偏偏我的这副皮囊盛的是清汤寡水？后来发现一个颇为普遍的现象：但凡公开了的肚皮里油水捞足了后被拉出去枪毙的，绝大多数是原先肚里多少装了些墨水的人，仿佛肚里要是没点墨水想捞油水都不成。我就私下纳闷：如今的人是怎么的了，先前墨水与油水是如水火般不相容的呀，难道喝了墨水就是用来换油水的吗？真是有辱孔门啊。有人说枪子儿不长眼，这得看用在什么地方。如今的铜壳花生米可是有点嫌贫爱富，专钻装了不义油水的肚皮。他倒是油水捞足了，枪声一响，肚皮炸开一个大洞，油水全得漏出来，还搭上卿卿性命。相比之下，还是肚里装点清汤寡水活得安逸，走路睡觉都没什么负担，也不至于因体内高温发酵而成一肚子坏水，老得往厕所里跑。

再往下说呢？再往下当然就要涉及到我的立根之本了，绝对属于个人隐私，所以还是不说为宜。不过话说到这里，相信您对我的自画像已经有了一个大致的轮廓。

生就这副模样，我很识趣，平日少有出门去抛头露面，别惹得吸引美女的眼球未成，反倒造成了对众人的视觉污染。出门少了，自然就没几个朋友。不是不想交朋友，实在是心存顾虑。如今交往都讲"双向选择"、"第一印象"啥的，万一留下的第一印象很糟糕，恐怕人家很难再愿继续交往，自己也折了面子不是？而且，现在满大街都是帅哥美女，见面如遇上个帅哥，两相对比，必然自惭形秽，有伤自尊。遇上个美女，麻烦就更大了。首先，可能引起旁边帅哥的嫉妒眼光：他妈的，这么漂亮的女人怎么让这个丑男人占着？弄不好因为争风吃醋而动起粗来，我又不是人家的对手，被打得鼻青脸肿的，让我吃不了兜着走。其次，若吓坏美女了，我还得拨打120把她送往医院，又得代掏腰包交药费，所谓怜香惜玉之心嘛。万一她有个三长两短，竟让警察找上门来，惹出命案，您说我冤不冤？本来就头大，又背了件冤案，我不就真成"冤大头"了吗？再不然，一不留神弄出点节外生枝，再搭进去半辈子心思却一根毛也捞不着，岂不是白搭吗？所以，思前想后，自己朋友寥寥也属正常，落得个自甘寂寞吧，虽然不免门前冷清了些。

实话说，就我这副德性找媳妇都困难，理所当然地成就了我早年求偶路上的艰难历程。好歹后来有个女人被我连哄带骗搞到了手，这才完成了传宗接代的历史任务，不至于愧对长眠地下的列祖列宗。等那女人被我按住头拜倒在我裤裆之下后，我才发现，原来她生就一副"猪脑袋"，眼睛虽说还大却是"锦玉其外"，我说要不当初咋就看上我呢？就冲她"屈尊"这一点，这辈子也要把她放在后院里，用自己这堆牛粪当鲜花来精心养着。至于爱情这弯弯绕的东西，我榆木疙瘩脑袋搞不懂，只知道待自己的女人，要像农民待自家的责任田一样，一切都在田里头。

关于种田与养花，我得吹一次牛，还算得上一个干活的把式吧。依我的经验，无论是狗尾巴花还是牡丹花，翻土、播种、施肥、锄草、浇水，样样都得恰到好处。太欠了，再皮实的花也会蔫巴干枯的，经野火一点，保准你后院起火。太勤了，多普通的花也给养娇贵了，搞得整日面若桃花似的娇憨，不是惹得红杏出墙，就是召来发情的公狗入墙。所以说，这些年虽然长期在外打工，到了农忙时节和平日时不时地，我都一定不忘了回去种自己的责任田。

您要问我为什么有些许种田经验？别忘了，我早先可是从农村出来的。您不觉得，眼前这幅自画像里的我，更像是一个农家汉子吗？

2007 年 1 月 17 日，初稿完于宁波北仑。

（2）

您问我干什么的？我不告诉您了吗？农民工。只不过出门年代早，属先锋派打工仔，好不容易在城里混了个落脚窝儿，端上了一副吃大锅饭的碗筷。如今时兴与国际接轨，套用一个洋名词，我的这份差事说文雅了叫"建筑承包商"。其实，说白了就是包工头。

我知道，包工头在人们的心目中印象不够光彩，因为经常制造点儿行贿受贿、偷工减料、克扣民工工资啥的新闻爆料。也有的人讥讽我们的生活是"白天戴安全帽，晚上戴安全套"。

我与施工打了二十几年的交道，而且正好大部分时间都是在水利工程上，因此多有在河边走的机会，不过脚下总要穿了防水胶鞋。回来脱去鞋袜，还好，发现脚板脚丫全都是干的。在工地上每天要与水泥灰和泥土打交道，身上难免要沾些灰尘，有时甚至成为名副其实的"光灰形象"，但伸出两手看看，还算幸运，基本都是干净的。

人家孩子有能耐，读了书出来，坐在办公室里，风吹不着日晒不着，从事着"依葫芦画瓢"的大事业。我这人没什么能耐，读了书出来，就往荒郊野外跑，甚至往深山老林里钻，风吹日晒几十年倒也习惯了，干的是依了别人纸上画的瓢，在自然这个大作坊里再把它拼接成葫芦的小营生。人家在办公室里轻轻一笔，我就得在野外忙活一天、一月甚至一年。

对于自己的这份营生，我不能说喜欢或不喜欢。首先，我得说要靠它养活自己和老婆孩子。其次，这份差事我干了几十年也没干出个啥名堂来，离了它我不知道自己还能干别的什么。就算干了别的，哪怕是自己开店当老板，也脱不下"承包商"这身皮。既然是这样，干这行时就还得尽自己的能力干好，上让领导放心，下让群众满意，回家就把工钱交给老婆。一大把岁数了，不能总把话把子留给别人去说不是？

　　您也不必对承包这个行当有什么偏见。所谓清者自清，浊者自浊，在哪个行当都一样。您再看一看身边的建筑设施，无论在农村还是城市，绝大部分都是承包商给建造的，不能想象如果没有了这些东西，我们的现代文明生活是个什么样子。所以，人们对我们这类人大概抱有复杂的心态，既看不起却又少不得，谁家盖房子和装修还不得找包工队？看到个别包工头一夜暴富，一边犯着红眼病，一边又在心里嘀咕着，也想亲自小试身手一番。

　　另外，一个参与社会劳动与经济支付活动的人，原则上只有两种身份，即雇主和雇员，而且往往是一个人同时兼具双重身份，以劳动换取支付就是雇员，以支付换取劳动就是雇主。承包商也好，包工头也好，不过是雇员身份在建筑工程领域里的具体指称罢了。这么说，不管您从事什么行当，咱俩都称得上亲戚关系啊。

　　　　　　　　　　　2007年1月18日，初稿于宁波北仑。

我是阳光

　　与其说这是一句诗，不如说这是一个很诗意的事实——我是阳光。

　　人的生命，来自于父亲的精血，孕育于母亲的体内。父母之生命，靠食物维持，在其长大成熟后，于维持中，新生命的种子在父亲身上凝结，新生命的孕床在母亲体内铺就。而维持生命所需的一切原生态食物，均产自于大地，其生长受惠于阳光，是一个吸收、合成转化和储存阳光的过程，是阳光在地球上的一种存在形式。所以，尽管一路寻来，生命之源的踪迹曲折迂回，但追根溯源，阳光才是一切生命真正的初始种源，正所谓九九归一，万宗同祖。古人所云的"民以食为天"，最终其实是"民以天为食"。

　　太阳是父，地球为母。如果阳光是生命的原材料，大地则是一座庞杂的生命化工厂，内设无数条生命生产线，一刻也不停地在运转着，夜以继日、源源不断地生产出不同系列不同品种的生命产品。而父母的作用，从创造生命的角度看，只不过是某条生产线中最后一道工序上的一对有机联动的机器，位于生命工厂的出门口。

降世的新生,如同其父母一样,生命的维系和成长也需要养分。一切养分经由原生态食物,最终仍源自那普照的阳光。一个生命自降生之时起,就加入到一个循环过程,成为生命链条中的一个链环,重复着与父母一样的生命过程,并完成自我复制的使命。如此循环发展,每一根生命的链条,就像一线阳光,并且携带着一线阳光,向下辐射开去。如果生命的链条是一台生生不息的发动机,阳光就是维持这发动机连续运转的不竭燃料,而太阳则是生命的加油站,一座为之源源不断提供原质油的加油站。

所以,如果天地之间真有上帝存在,这上帝就应该是太阳。与其说我们是上帝的臣民,不如说我们是太阳的子孙。阳光以它的普照来公平地对待每一个生命。生命若不能直接为阳光所照耀,那绝不是阳光的吝啬与罪责,就像阳光下的罪恶绝不是阳光的罪恶。当生命逆向还原成阳光后,就不难发现,一切生命尽管形式各有不同,却是生来平等和拥有共性的。就是说,一切生命最初都是源自阳光,都存在于同一个太阳底下,都有平等接受阳光恩惠的权利,都是从生到死的时间过程。

阳光创造生命,并以恰如其分的光明和温度的形式,给生命以无限的爱,点亮了我们的眼睛,温暖了我们的身体。阳光之爱,取之不尽,用之不竭。有多少阳光就有多少爱,生命受惠的爱还不抵其冷海之一粟,而对生命本身则意味着一切。阳光付出爱,是直接明白而又纯粹和全方位的,是它自身存在的需要和方式,是为天地间架起的一座沟通与联系的桥梁,它不求回报,不夹杂任何杂质和私念,除了是阳光仍然是阳光。如果说阳光照临生命之前被污染了的话,那也是大地和生命自己作祟乍孽造成的。阳光之爱的纯洁、无私、伟大、高尚、神圣、庄严,它的光明热烈以及它的美——美得让我们不敢抬眼正视——等等,都是世间无与伦比的。

阳光以爱抚育生命,生命中产生爱——这爱无论是来自昔日阳光中的先天性遗传基因,还是在接受今天的阳光洗礼与教诲时后天性领悟习得——爱自己的同类,也爱相邻的其他种类的生命,更爱来自天上的无处不在的阳光。生命对阳光的爱,是对其博爱的回报,也是子孙对先祖的景仰,生存本能对食物的渴望,就像流行歌曲唱的,是"老鼠爱大米"。

沐浴在阳光里就是沐浴在爱中,我们感到多么温暖、熟悉和亲切,因为我们感受到了,头顶有太阳,周围有阳光;举目四望,阳光里散布着各种各样的生命,其中就有我们的同类,呈现出一片生机勃勃的景象。所以,阳光带给我们以家的感觉,使我们不再感到害怕。而且我们知道,阳光正在无声地漫不经心地工作着,一手为我们准备丰盛的美味佳肴,一手催生新的生命。虽然我们还不确定,这佳肴具体将是怎样的味道,将在何时最终端上我们的餐桌;也不确定,这被催生的生命将以何种形式出现,是否以及何时呈现在我们自己的面前。但我们可以确信,在这看得见的阳光里,一定包含了暂时还看不见的我们未来的食物和生命,似乎已经漂浮着诱人的食物鲜味和逼人的生命气息。所以,这时我们心里又感到踏实安稳,就像一位老农躺在自家丰收的庄稼地里歇息一样地安详。而一切食物又似乎都残留着阳光的味道,一切生命都反射出阳光的灿烂,成为阳光投向大地的精华。在我们活动着的体内,也充溢着阳光的味道,如被晒过的衣物那样清新好闻;遍布阳光的踪影,如外表皮肤一样润泽光滑。

生命不是阳光存在的必然理由和目的,但一定是阳光存在的特殊形式和体现。换句话说,阳光不因生命而存在,而生命却证明了阳光的存在。远离阳光是寒冷的,背离阳光是阴暗的。而失去阳光,生命终将不复存在。

阳光不是我,但我是阳光。转瞬间,我将如黄昏的落日一样,消失在阳光所创造的晚霞里;而阳光本身却将连绵永恒,万世普照。

2006年10月24—25日,初稿于宁波北仑。

暮春风景谈

小城的春天是短暂的。似乎刚刚度过那些阴冷潮湿的夜晚,一眨眼,正午的阳光下,便已有些初夏时节燥热的感觉。只有在近晚时分才颇为宜人,在岁月的匆忙脚步里,散发出一阵晚霞般短暂易逝的春天气息。

夕阳西下的时候,独自外出去散步。在小城的一隅,清新的晚风里,稀落的人来车往中,驶过一辆人力三轮车。身强力壮的汉子在奋力又欢欣地蹬车,艰难爬过眼前的拱桥。车后端坐一位漂亮少妇,优雅放松,平静安详,犹如桥下一平如镜的那弯河水。

游动散漫的心为之聚焦驻留,仿佛觉得眼前闪过的,是一幅最自然真实的世间风景,并给现代生活的斑斓色彩涂抹上一道古旧的颜色,或许古旧得比眼前这座小城的历史还深沉久远，让人不禁要停下脚步，随着远去的车影，追忆那些有滋有味却又渐行渐远的日子。

一对恩爱夫妻驾着人力车驶过大街，会给小城的风景增添一种悠远的圣穆，俗世生活也因此变得庄严美丽。男人在前面拉车，竭尽全力，却又心甘情愿，甚至是欢天喜地；女人在后面坐车，平稳泰然，心安理得，阅一路无限风光。难道说多少年多少代，世界不正是在这样前行，人间不正是这样走过？一辆简单缓慢的人力车，承载着女人，也承载着爱、生命和希望，从远古的茅屋前一直拉到今天的大厦门口，从昔日荒野中的小径拉上现代都市的柏油路，一路艰难地留下绵延不绝的生命辙痕。

然而，科技发展到如今，男人已经可以很轻松地开着汽车，拖着女人满世界疯转。虽然这样速度更快，车中的男女可能都感觉更风光，但总让人觉得，缺少一份生活中微风细雨式的缠绵与悠闲，代之以一阵疾风暴雨般的仓促与迅猛。而开车的男人，如果不是因为身体虚弱缺少雄性的伟力，在对待自己的女人上，便有点偷懒耍滑投机取巧的嫌疑。

正如一口不能吞下一生的粮食，也不能驾上飞机去重走万里长征的脚印。在雪域高原上，天地之间，起伏着教徒孤独的身影，两步一拜三步一磕，用虔诚的脚步丈量着与心中那个信仰的距离。相比之下，那些在神像前用录音机播放的诵经木鱼之声，无论多么悠扬动听，似乎总夹带着糊弄和亵渎神灵的杂音。

在外奔波挣钱的人，久不归家，只把一叠叠钞票寄回远方的故乡。殊不知，千金万银也买不断亲人们一双双充满期盼和焦虑的眼神。

在电脑上写信，不用封信口，不用贴邮票，只需轻轻一点鼠标，一封字体标准排版整齐的信件，立刻免费送达对方信箱里。传递的速度是快了，版面是好看了，但在这速度与美观之下，似乎掩藏着千篇一律式的冷漠与死板，传递不出亲笔信上一笔一画中的熟悉与亲切，还有那折叠出的深刻思情与棱角分明的个性。

过年过节的时候，常收到一些通过手机发来的祝福短信。言辞优美华丽，句式工整对仗，一看就知道是从别处下载转发的，有大型集市节日里廉价商品大派送时的拥挤与热闹，远不如收到一句亲手编发的平常问候语来得平实贴心。

如果真爱一个人，就该尽量多地只用真正属于自己的东西，如生命、情感、智慧和身体等，专注地为所爱的人做一些事情，无论事情本身多么简单平常或古老原始，哪怕是烧一顿便饭，煮一杯清茶，或者写一封家书，吟一首小诗，或者干脆把所爱的人抱上三轮车，用发自体内的力量拉上一程。这样的付出与给予饱含着真情，更是你自己的一部分，当越来越多的事情正逐步为人的发明创造物所代行或替换的时候，更显其价值与魅力，远非金钱和物质所能企及。在人构成的世界里，不能总以物与物间的对换与交流，来阻止或代替人们面对面、心贴心的接触和沟通。

人力车悠然逝去，消失在春末的黄昏，我以虔诚的目光为之送行，并在心中默默祈祷，愿车前的路通向天荒地老，愿这样一道平常的风景与生命同行，即便当浮躁的盛夏即将来临。

2005年4月22-23日，初稿于宁波北仑新世纪花园。

你要带我去哪里

"喂，喂，你要带我去哪里？"

夜色里，在我的左右，一边一个彪形大汉，紧紧地拽着我的胳臂，一直不停地向前飞奔。说是大汉，其实不确，因为我分不清他们到底是男是女，只觉着两个模糊的人形，从头到脚的黑影，像动画片中的星外客，或警匪片中的蒙面人。我看不见他们两腿在交叉运动，却感觉在飞速前行。他们手臂力量无比，正架着我飘忽的身躯——与他们的威力相比，我的身躯的确是飘忽——向前飞行，就像一个巨大的球体挟我飞速旋进。我一边跑——我不得不跑——一边侧头质问：

"喂，喂，你要带我去哪里？"

但他们毫不理会，沉默着，仍强拽我向前飞奔。

我有些心虚，担心要带我下地狱。那鬼地方，想一想就叫人不寒而栗。我边跑边申辩：

"我上有老下有小，中间有老婆，全靠我挣钱养活。我上班不迟到早退，工作听领导安排。有事先请假，下班就回家。我不会抹牌赌博，又不嗜烟酒茶。见了美女有贼心没贼胆，更没那贼能耐。我不说别人坏话，从不存心害人家。我向来遵纪守法，是大大的良民，你有没有搞错，要带我去哪里？"

但他们毫不理会，沉默着，仍强拽我向前飞奔。

这会儿，我的大脑运转得像我脚下的步伐那样急速，极天真地想，莫不是要送我上天堂？那或是比共产主义还美的景象，到处繁花似锦，云雾缭绕。人们的心灵和外貌都美若天仙，而且长生不老。如果需要什么东西，只要心里想一想，那东西就会自动来到。人们什么事也不用干，只需要享受，并且永远和睦相处，永无争吵和战争。可是转念一想，我等凡夫俗子，真要这样无休止地过活，其实也很无聊。我感到很可怕，就叫喊：

"我不要去天堂，放了我吧。"

但他们毫不理会，沉默着，仍强拽我向前飞奔。

我被迫飞奔。这时，在我的前方，仿佛有一道炫目的强光，强光里竖着一张巨幅的风景，无边无际的黑幕映衬着的一道美丽风景。

我忽然记起电视上说，航天员在上天前，身体要承受8个重力加速度的加压试验。我没有航天英雄那样棒的身体和心理素质，但那两个黑影强拽着我飞奔，加速度远超过了8个G，身受的压力让我前胸贴着后背，头昏眼花又耳鸣，心也飞出去了，不知半路上丢落在哪里。地上的荆棘扯掉我的鞋子，撕破我的衣裤，腿上也早被划得伤痕累累。一路的身下是成堆的骷髅，还有被糟蹋过的宝藏。我看不清路两边的风景。其实，处在我这样的位置，天色又这样黑，再好的眼神也看不清，飞奔的速度已把风景幻化成一排排向后飞快消失的模糊线影。

我深知，路程的距离终归有限，路的尽头是美丽的风景，而风景的后面是无底的深渊。飞抵风景，撞破风景，就会一头跌下那无底的深渊。跑得越快，掉进去就越早。不明就里的人才一路快马加鞭。

我额头冒着虚汗，拖着透支的身体，随着黑影飞奔。我感到疲倦和恐惧，央求说：

"放下我吧，让我慢慢走，实实在在地走过路上的每一道沟坎，认认真真地看过两边美与不美的风景。我不要那最后的风景，那是一个美丽的陷阱。"

但他们毫不理会，沉默着，仍强拽我飞奔。

"你要带我上哪里?!"我绝望地大喊。

但他们毫不理会，沉默着，仍强拽我飞奔。或许他们也不知道要带我去哪里，或许他们压根就不思想，或许他们原本就不是人——两个模糊的黑影。

但我无奈地被他们强拽着飞奔，飞奔……

2003年12月18日，初稿完于北京安慧北里安园甲8号。

也谈腐败

说"也谈",是因为腐败问题实在已经被人们谈得太多了。可以说,早在人类发明和定义腐败一词之前,人们就已经在关注这一问题了。印象中记得曾经读过洋人的一篇专论腐败的文章。如今,腐败在中国已成为一种愈演愈烈的公害,也早已有相关的精英、斗士们和广大百姓在研究、分析,外加口诛、笔伐和力惩。所以,我的"也谈"其实是也可以"不必再谈";即使谈,恐怕也尽是些陈词滥调。

或许是从众心理在作怪,前几日,我在搜狐论坛上点击了一篇关于官僚腐败的文章。作者先生大概是思考得过于长久吧,以至脑筋有点犯迷糊,语出惊人,恕鄙人无知,闻所未闻。说他的观点是"强盗逻辑"也许过于言重,也冤枉其一片忧国忧民之心,但总觉得与"歪理邪说(或许应尊称之'独到见解'?)"有一腿子,至少也算是失之偏颇吧。这样说来,"也谈"就有点儿必要。

为此,昨日我给作者先生发去一份邮件,声明对于他的"考察了无数个日日夜夜"而得出的观点不敢苟同。

本可以就此作罢,没想到今早起来刷牙过程中,脑海里突然冒出"腐败"一词来,大约是因为牙刷触及到早已被病菌腐蚀坏了的那颗半截子牙齿吧。于是,在吃早餐的时候,把夹着自制咸萝卜的馒头连同"腐败"一起嚼了嚼,竟嚼出点味道来。所以,饭后我放弃了原想继续完成一篇境外游记的念头,另立炉灶,也谈起腐败来了。

先从人性说起。人之初,性本善还是本恶,已争论了很久,到底没有争出个所以然出来。但人性的善恶并存,确乎是无疑的。贪欲是善是恶还难于界定,但的确是人与生俱来的本性。因此,从理论上说,在免费的萝卜与肉之间,只要你选择了吃肉(这无可厚非);或在奉送的廉价花露水与香奈尔之间,你选择了香奈尔,你就有可能成为腐败分子;换句话说,每个正常的人都有可能成为腐败分子的坯子。所以,人性中的贪欲是腐败的种子。以目前的人类社会看,绝对的不腐败不存在,只有腐败程度的不同。从这一点说,曾经有人提出的"腐败不可避免"、"腐败不是社会主义的专利"的观点似乎不无道理，只是过于片面而已，让人以为是在狡辩和纵容腐败。

信仰的缺失为腐败打开了潘多拉的盒子。宗教是一种信仰。宗教的确有许多害人的东西，也被一些人利用过。老实说，我不相信（至少不全信）宗教。但世界上几大宗教之所以能存在千年以上，有那么多的信徒，必然有其存在的理由。这我们暂且不去理会。不过，这几大宗教的共同特点之一就是要求禁欲，包括对财富的渴望。真正的卫道士不会成为腐败分子，虽然可能多少有一点腐败行为。但在如今，我们大多数国人不信教。当然，我不是在唆使大家去皈依教门。

共产主义也是一种信仰。作为一种理想，共产主义是近乎完美无缺的，是否适合于善恶本性共存的人类，我的确无能认真考察。但现实中，共产主义被一些人念歪了。我们曾受过或正在受共产主义教育，廉洁奉公，大公无私，全心全意为人民服务，只有解放全人类才能最后解放自己，等等。可到头来却发现被某些别有用心的人愚弄和利用了，某些曾经叫喊共产主义和为人民服务的人，一揭露出来竟然是生活糜烂的大腐败分子或者别的什么。当然，的确有真正的共产主义者。真假混在一起，谁分得清楚，又该信谁的，尤其当假共产主义伪装和叫喊得比真共产主义还共产主义的时候？一些人难免要为此感到迷惘。

另外，从文艺复兴运动开始，以人道主义为武器，人们向宗教发起了挑战，使人性从宗教的禁锢中逐步解放出来。这无疑巨大地促进了科学的进步和社会的发展。社会发展到今天，"以人为本"的理念已经物化为产品，进入我们的生活和视野。（但窃以为，任何事情都不能简单地绝对化，过分强调人的中心地位，势必加剧个人之间、个人与社会、人类与自然的矛盾。）人性得到充分尊敬、释放和张扬，人的自由得到前所未有的保障，这是社会进步的标志和方向。而与此同时，贪婪、自私、奸诈、凶残（所以，当今社会不仅仅是腐败泛滥）等等，也趁机从那只古老的盒子里溜了出来。

适宜的社会环境是滋生腐败的温床。新中国的成立，标志着一种新的生产关系的诞生和确立。同任何新的生产关系的初始一样，它具有先进性。集历史经验与时代先进性于一体，一方面作为巩固新型社会制度的手段，对于腐败的惩处是严厉的；另一方面社会领导集团的思想也是相对纯洁自律的。"文革"是社会发展的扭曲，一些人似乎顾不上（当然也不敢或者没想到）腐败。改革开放后，生产力迅速发展，思想也大大解放。而思想的解放同时意味着思想的多样性和复杂性。于是，金钱拜物教，由务实到实用再到实惠；

成功只追求结果,不在乎采用什么方法;只要我能为自己搞到钱财就行,你管我是偷是抢还是腐败。而相应的监督、制约制度还没有来得及建立或完善。这就客观上为腐败这颗由于人们的疏忽与制度缺陷而溜出来的毒种提供了生根发芽的现实土壤。

权力和资源的掌控为腐败提供了生长发芽的机会。权力的绝对化与资源的稀缺往往导致对权力与资源的畏惧与崇拜。说凭上述三条就一定会成为腐败分子是不客观的,因为当今社会许多人不同程度地有上述三种背景而没有成为腐败分子。关键在于一少部分人手中掌握了一定的社会权力和资源(且这种掌握的获得不尽公平合理),这既是腐败的资本,又是腐败的机会。我曾经自问,知识分子向来以清高自居,而被揪查出来的腐败官员,绝大多数受过良好的教育,称得上是知识分子,这是为什么?区别或许就在于原来他只是一个普通的知识分子,没有机会;后来当了官,手中有了权力,就有了腐败的机会。权力和资源分布的广泛性和多样性,决定了腐败的广泛性和多样性。事实上,腐败不仅在官场。知识分子扎堆的学术界,社会资源和财富的垄断行业等都存在腐败。掌控实际大权力和资源的就可能大腐败;掌控实际小权力和资源的就可能小腐败;不掌控任何权力和资源的,也许想腐败却没法腐败(不妨来点红眼病,骂一骂腐败)。腐败现象几乎遍及社会的每一个角落,连火葬场的焚尸炉前都未能幸免——进天堂不必向小鬼烧香却要先向小人敬贡,这叫什么事儿!

然而,腐败形成事实的根本原因还在于腐败者自身。上述四条只是产生腐败的外因(当贪欲成为人类的一种共性时,在更大程度上也应算作外因),而腐败者自己是内因。否则,就是在为腐败分子们开脱罪责;也不能解释为什么同样拥有权力和资源,有的人成了腐败分子,而有的却始终两袖清风。一些腐败分子在案发后悔过时承认,平时放松了主观世界的改造,也从反面说明了这一点。一个真正全心全意为广大人民群众谋利益的人,是经得住各种考验的,无论在封建社会、资本主义社会还是在社会主义社会,无论在过去、现在还是将来,都不会成为腐败分子。只可惜这种人太理想化,且如今越来越少见。

根治腐败不是文学的一个基本任务和作用,也超出了文学自身的能力,更不是我等在文学殿堂外遛弯的无名小卒力所能及的。但作为社会的一名普通公民,为减少腐败而随声附和地多唠叨两句倒也无妨。这就是,应加强自律和他律,在个人与社会制度之间,无论在何种社会制度下。个人的自律,应该在物质上从不收受他人一针一线的不义之财开始,管住自己的那只手;

在精神上从加强自身品德修养做起，管住和用好自己心底的那个欲望（就像女人穿衣服一样，在露与不露之间，是人生的一种选择艺术）。每一位公民（包括本文作者）在作深恶痛绝状淋漓尽致地口诛笔伐腐败分子的时候，或许应该自问：如果我处在他的位置是否也会成为腐败分子？此时此刻是否有小的腐败行为？如果你敢问心无愧地说"NO！"那么你的口诛笔伐就显得真实和底气十足，即使不作深恶痛绝状。社会制度的自律包括建立、完善并认真执行防腐反腐体系和健康向上的社会精神导向。个人的他律包括接受他人的监督和对他人的监督；社会制度的他律是指监督每一位社会成员并接受其监督。而个人、社会制度的他律，其实也是在互律。

但我知道，这一切不过是谈谈而已，在周末的早晨睡醒以后。

2003年11月15日，初稿于北京望京。

白天不是那个白天，夜晚不是那个夜晚

太阳还是那个太阳，月亮还是那个月亮，我就纳闷，怎的就白天不是那个白天，夜晚不是那个夜晚了呢？

先前的白天，天空总是那么蔚蓝纯净，阳光总是那么灿烂清新，几乎天天都那样，让人以为纯粹的白天就该如此，以致偶遇雨雪阴天，心里反而觉得奇怪：怎么，今儿变天了？才恍然记起，原来天空还有另一副模样。

过去的夜晚，总是在时闻淡远的鸡鸣狗叫声中显出安宁与寂静来。有月亮的时候遍地清辉，物体的月影棱清角明。有星星的时候满天星光，拥挤得让人怀疑，小小的一片夜空能否盛下这般繁星。而没有星月的夜空则漆黑得可以，伸手不见五指，仿佛身陷于宇宙的某个黑洞。

真可谓白是白、黑是黑的日子。可是，你再看今天是什么日子！虽然称不上黑白颠倒，却大有黑白相互趋近之势。

晴天多半晴得邋邋遢遢婆娘似的不够爽快利落。天色总是灰灰的迷蒙，仿佛老天爷还没完全睡醒，迷迷瞪瞪地在发怔；又跟欠它十文酒钱似的，板起阴沉的脸孔，不能不使人的心头如同整个城市的上头一样，顶着大锅盖般地沉重。偶有一两个清澈的蓝天，一定像遇见天外来客样的稀罕。而鲜亮的太阳则让人觉得，那简直是宇宙大人发了慈悲，只在经过诸如刮风下雨之类的阵痛后，才生出这么一个鲜嫩可爱的赤子，惠赠人间，小脸蛋上还带有新娘子脸上偶掀盖头时的娇羞，实在难得一见。

最使人难于理喻的是夜晚。人好像尽干些换柱偷梁的勾当。如今科技发展了，一颗颗既不发光又小得可怜的人造卫星送上了天（尽管离地不过拃把高，就把人自我陶醉得不得了，十足的小家子气）；又派宇航员乘飞船上去，在完成太空科技之旅后，返回的路上顺手牵羊，把一颗颗宇宙星星偷摘了下来。想必是人这个偷儿比孙猴子还贪心，把满天繁星几乎偷了个精光。所以，每当夜幕降临，天上的星星，虽不像严控计划生育指标似的只有一个宝贝独苗，但多半是显得过分寂寥，恨不能三岁的小孩也数得清。而下面的城市却是五光十色，星光灿烂，让本已拥挤的蚂蚁窝看上去更加稠密。成群结队的汽车，不过是闪着萤火的蚂蚁，正在黑暗中摸索着匆忙奔回各自的巢穴。若乘飞机在城市上空兜一圈，这种感觉会更强烈。不过，要是从城市外面远远望去，或许要赞叹它有如东方破晓的壮美，但似乎是在"站着说话不腰疼"地臭美与做作。这人造星光是过分强烈和泛滥了一点（或许有偷窃者不用白不用的心态），照得满地都是浑浑的黄光。在这样的夜光中，空中即使有月亮，充其量不过是一块烤得半生不熟无人问津的可怜烧饼。月光照不进窗来，这浑黄的光却颇不识趣地爬上床头，搅得人如防第三者上床似的惶惶然，久难入眠。在近处建筑工地传来的蚊子嗡嗡叫似的彻夜噪声中，好不容易刚迷糊过去，又突然被"哐当"一声的巨响惊醒，仿佛在梦魇中遭遇了大地震，心怀巴格达市民春天里的恐惧，哪里还敢、还能再睡呢？心为这样一个古怪问题所困扰："楼上那第二只鞋何时再扔啊？"好一个"声色俱厉"、惊心动魄却又再平常不过的都市夜晚！

人的一生是什么？不就是数得清的几天日子么？日子又是什么呢？劈成两半，就是白天和夜晚。如果由白天不是那个白天夜晚不是那个夜晚而反推过来，说人不再是那个人，这或许是在犯逻辑错误。但无论二者是纯属偶然，还是存在某种必然的辩证关系，人的确已不是原来那个人了。

新奇的玩意儿多了，孩子们却不如以前的快乐了。节假日多了，成人们感到活得更疲惫了。交通和通讯更便捷了，相互间工作生意之外的交往联系减少了。业余生活丰富了，心灵的孤独加深了。可供选择的道路增加了，追求的目标却更直接单一了……生活变化之深刻，其反差之强烈，远非三言两语能描述详尽。

再说吃的吧。如今，西红柿个头大了，却不如先前酸了；甘蔗更粗了，却不如先前甜了；苦瓜更壮了，却不如先前苦了；辣椒产量更高了，却不如先前辣了；香菜呢，颜色倒是更鲜亮好看，却不像以前那样"臭不可闻"了。还有几乎无处不在的注水肉（女人们说，现在超市一样有注水肉），毒大米，假皮蛋，地沟油……现在的问题似乎不是能列出多少事与物是虚假变质的，而是还能寻找出多少货真价实的真东西。仿佛一切都掺了水地味淡，加了酵母地发泡，无异于一根浸在水里的丝瓜瓤，说它轻浮吧，捞起来很有些沉手；说它瓷实吧，总只漂浮在水面上。究其原因，是一些人的良心加了水而且是不洁的水，发了酵而且是霉变发黑的酵。

用这样的食物喂养大的年轻一代，骨质不坚，肌肉不实，或把信仰演绎成媚俗的时尚（也叫"与时俱进"？），或扮酷异化为另类，或聚合成一堆堆喧嚣的追星族和啥什么族，性生活中感情缩水，夫妻间第三者加塞，玩一次心跳，过把瘾就死……一切似乎就不足为怪了。年纪大的呢，难免会造成一些人骨质疏松，外表稀松浮肿，走起路来飘飘然，若不至于重心失衡，就算是在保持独枝残荷的清洁本色了。

而如今社会环境的白天和夜晚，虽不是如地狱样地过分恐惧，却也足以使人十分担忧，不比自然的天空更为赏心悦目。大白天里，小偷小摸早已司空见惯；普及安装的厚重防盗门，于"开锁专家"们形同虚设；而明目张胆地霸占国家财富，吸食人民血汗，且数额之巨屡破吉尼斯，才叫闻所未闻触目惊心。阳光工程下掩盖着黑金交易，希望工程不时让捐与被捐者双双失望。光天化日之下，竟有轮奸良家妇女、结伙杀人越货、强行拆迁民居的活惨剧在身边上演，使人们头顶上本就不太清明的自然天空出现一片黑社会的阴云。好事不大有人爱做；坏事不大有人敢管。救死扶伤的革命人道主义招牌摘掉了；坑蒙拐骗又五花八门的小广告满街贴。入夜，鸡鸣狗叫早已销声匿迹，而鸡鸭店里的生意通宵达旦地热闹红火。革命大批判的文章不集中学习了，改为彻夜领会"54"号文件精神，或在狼烟里构筑新的长城工事。公款消费的豪宴上，红光满面的腐败分子们，与其说是在聚精会神地行令划拳，不如说是两眼贪婪地在进行权钱交易的讨价还价，并在酒足饭饱之后直奔主题，于灯红酒绿的阴暗角落里，在一片淫歌艳舞中实践权色的双赢买卖。而无数的衣食父母们于失业的黑暗中仍还是衣食无着；辍学的孩子于绝望中张开渴望求学的大眼。更有三五块钱就让"打一炮"，好像还不仅仅意味着人肉的贬值与灵魂的堕落……诸多咄咄怪事，恨不能连瞎子也看得见，聋子也听得着，让人不禁要问："今儿个天是怎么啦?!"

我不是在发九斤老太"一代不如一代"的感叹，也不是要扮自不量力的挡车螳螂式的笑柄，更不是去学晚清遗老们妄图复辟的迂腐与反动。不可否认，物质精神生活之丰富确已今非昔比。但如果说社会发展必须付出代价，这代价虽非一定是得不偿失或本末倒置，但似乎是过于沉重和惨痛，不得不让人责问反思以至痛心疾首。或许，研究协调社会经济进步与人类自身异化及外部环境变迁的关系，是各路精英们共同关心的综合浩大的系统工程。咱平民百姓可管不了这许多，只要还咱一个青天样舒心和静夜样安宁的平常本真日子，也就十二分地心满意足了。否则，事情恐怕总也没个完。

2003年11月7-8日，初稿于北京安慧北里安园甲8号、望京。

通讯录

处在当今这样一个高科技时代，尽管时常享受着它带来的诸多舒适和便捷，生活的质量与品位也因此大大提高，但我对高科技产品的掌握与运用还相当肤浅，虽然其使用方法已经被简化得再简单不过。在这一点上，我好像落后了这个时代半个节拍似的。比如说，至今我不会使用智能洗衣机，对微波炉性能的了解远不及妻子那么熟悉透彻。使用电脑，仅限于用最笨拙的方法编制简单的文件而已。因此，即使配置最先进的电脑，在我面前实在不比一台电动打字机的功用强多少。就连最为普及的手机，发展到今天已经具有很多附加功能，但在相当长时间内，我也只会使用其打出接进电话的最基本功能，这在某种程度上又给我个人与外界的通讯造成了不便。这问题与电话号码有关。

我在上班的时间，要给某人打电话有座机，查一查厚厚的工作笔记本后面几页纸上记录的电话号码，或从一大堆名片中找出他的来，照着上面的数字拨号就行了。回到家里打电话，如果记不清号码，翻开电话机旁的电话本查一查，也是不费吹灰之力的事情。

出门在外，有事无事谁也不会因为电话号码而特意带上大厚本的工作笔记或一大把名片。偏偏我的记性一向糟糕透顶，连我自己都感到吃惊和生气，加上我又不会用手机储存信息，所以，一旦我在路上想给别人打电话，就常常为记不住号码而犯难，尤其是想打对方手机，号码有十几位之多，我是怎么也记不住的。唯一解决的办法就是，出门尽量不打电话。这时候，随身携带的手机，在早已失去了身份象征的意义——顺便地说，当手机还是某种身份象征时，我尚不曾拥有手机——之后，于我就只剩下接听电话这个唯一作用了。

这终究不是长远之计。终于在某一天，我去超市的文具柜台买了一本袖珍通讯录，厚不过半公分，长宽在五公分上下，黑色塑料封皮，右上角简单地用英文写着"地址电话"，明确地表示出其实际用途。于是，我把办公室的笔记本、抽屉里的名片和家里的电话本统统拿来，开始挑选和誊写电话号码。

如果你也曾做过这有选择性的转抄工作，你一定认为这是一件颇有意义的事情。经常保持联系的电话是一定要写进去的，比如，工作业务上有来往的，朋友和老同学们的，还有故乡亲人们的，等等。有国外的，国内的，当然还有住在同一座城市和认识的左邻右舍家里的。

有些号码还是多年以前留下的，也许一辈子都不会再联系，一辈子恐也打不通了，是不必写进新通讯录里去的。但如果其中的某一串数字反映了你在过去的一段难忘经历，也许当年你曾经频繁地拨打过，如今，每每看到它总让你想起某个特定的人，使你生发一种怀旧的情绪，这就对你具有了特殊的意义，如同你生命中一件宝贵的文物一样，值得留恋和珍藏，想必你是不忍丢弃的。

当你在抄写某张旧名片上的通讯地址时，也许你清楚地回忆起，那是怎样一次结识朋友的愉快过程：握手，寒暄，互递名片，他还动手改写了名片上的电话号码，从此开始接触交往，这看似程式化而平常的过程，没想到竟使你俩后来成了无话不说的亲密朋友。

有的电话，你虽然经常拨打，对方的声音是你所熟悉的，但因为种种原因，你们从未谋面，以至其形象一直在你心中保有某种神秘的猜度与吸引力。这样的电话号码自然也要在新通讯录里占有一席之地。有人的电话号码一改再改，无形中在你笔记本上留下其飘忽而匆忙的人生轨迹，转抄的时候，你会冒出一句："这家伙真能折腾！"

有些电话留着没用，弃之又怕万一将来派上用场，取舍之间一时还让你颇费心思。而那些到办公室来推销无关的小产品——比如节能灯、打孔机之类的推销员的电话是不必抄录的，尽管名片上印着某某集团公司销售部总经理的头衔，背面还有错误百出的洋文。不如趁这个机会把这些无用的名片清理掉。

有的联系方式颇简单，一个名字，一个号码，完了。而有的就复杂多了，除了家里电话，还有手机、办公室的。办公室的又有直拨、分机和传真号之分，又有区号、家庭和工作单位地址和邮编，末了是电子邮件地址，而且还不止一个，没完没了，竟弄得满满一张纸都写不下。

像我这样有一本通讯录在手，随时打电话就方便多了。出门前，通常我有三件东西是必须带上的：钱包、手机和通讯录。我的上衣里面，左右各有一个上口袋。不知是有意还是无意，我总是把钱包装在右边口袋里，让它离心的距离更远一点，而把通讯录和手机装在左口袋里，让通讯录上的那些名字和号码紧贴我的心脏，充分感受我的体温和心跳，舒适安全地呆在口袋里，一路与我为伴，让我不感寂寞，即使独自在远行。

在外面难免有时光难于打发的时候。闲得无事，偶尔我会从上衣兜里掏出通讯录来瞧一瞧。小小的一本通讯录，温顺安静地躺在我手掌心里，任我翻看把玩。这样的举动也没有什么特别的意义，就像小孩子在玩一件小玩意儿。但玩着玩着，心里生出一种近乎大不敬的负罪感，暗暗自责：他们岂能任你这样把玩于掌股之间？毕竟我不是一个工于权术的政客。于是，我赶紧把通讯录轻轻放回上衣里兜。

在一个宁静的空间里，当你翻开通讯录时，随着一个个熟悉的名字从眼前翻过，一副副或清晰或模糊但总是那么亲切的面孔，就会电影似的在你脑海里闪现。其中夹杂着几张新面孔，那是最近才认识的。你仿佛处在这些新老面孔的包围中，颇感到温馨富有并且知足。有时，你会在一个熟悉的名字前注目良久，慢慢回味多年以前那些与他交往中妙趣横生的往事。你对着名字说："嘿，老伙计，干什么呐？哥们儿在想你呢！"不知不觉中拨通了他的电话，只想把上面这几句话对他重复一遍，也听一听对方久违了的声音，却没想到话筒里传出一个亲切的女声："您拨打的电话是空号。"这声音在你耳里，实在比那老伙计的破锣嗓子还难听。有时，一个号码会让你记起一个朋友来，他上次说过身体有些微恙，你总觉得于情于理都该去个电话问候一声了。

假如是在一个忧郁的夜晚。你拿出通讯录来，想给其中的一位朋友打电话，你却怕干扰了对方的工作和生活，也许人家正在与家人共享天伦之乐，或者正在一个重要的工作会议上作主题发言呢。电话拨到一半，想一想，又轻轻地合上了手机。翻过一页纸，更换一个号码，你还是有同样的担心。踯躅之间，这样漫不经心地翻动纸页的时候，已经到了空页处，你蓦地发现，薄薄的一本通讯录还没有用到一半，虽然身外的这个世界很大，亿万众生中，如今与你多少有些联系的，竟只有这本通讯录上屈指可数的几个人。能随心所欲地打电话过去与之聊上几句的，这样的人通讯录里竟然翻来覆去地找不到。这时，你才感到其实自己很贫穷，也很孤单，心中大约要生发一阵悲哀来。

值得庆幸的是，总还有那么几个号码没有写进通讯录里，而且永远也不必写进去，那几串熟悉的数字早已写进了你心里，时刻与你的心同在。这样想着，你才能多少得到一点慰安与温暖。

2003 年 3 月 14 日，初稿于北京安慧北里。

与孩子们谈教育与成长

王帅、亦然：

前些时，我分三次邮件发给你们的蒙田《论孩子的教育》的译文，不知你们是否认真阅读过。对处在你们这样的年龄段生性好动的男孩子来讲，要求你们坐下来细心研读揣摩这样一篇看起来有些枯燥乏味的长篇大论，也许有些难为你们了。而且，以你们现在的知识水平和理解能力，恐怕还难于完全读懂。的确，要一个现代的孩子去完全理解一个几百年前的外国哲人的教育思想，不是一件容易的事情。加上我的英中文水平有限，这毕竟又是我第一次尝试外文翻译（老实说，文中有些地方连我自己也尚未弄清楚），就更增加了你们阅读理解的难度。好在你们有长辈在身边随时可以请教。亦然更为幸运，遇到疑难问题可以问一问自己的父亲，一位颇有学识文采的人。当然，如果你们有兴趣，也可以给我发 E-mail，我们不妨一起学习讨论。

如果你们认真阅读过就不难发现，虽然已经四百多年过去了，这位先哲的教育思想，以及他作为法国散文之父的美妙文采（即使经过了法译英，又被我蹩脚地翻成中文），仍如早晨的太阳一样，穿过浮云，闪耀着新鲜而耀眼的光芒，令我们这些后人敬仰赞叹。只要对我们的现行教育体制作一番初略的观照和思考，就可以看出先哲的先见之明，因为他的一些观点正是我们今天仍在努力呼吁而尚未完全达到的，更不用说与他同时代的古板的中国教育了。如果他有在天之灵，一定会对我们当今的教育体制和现状感到担忧，甚至于深恶痛绝。这也显示出正确适宜的教育的形成何其艰难，远非一朝一夕之举。由此看来，我们的教育体制是到了非彻底改革不可的地步了。

诚然，我们不能用今天的尺度去衡量和苛求古人，更何况有中外哲学文化传统与历史背景的差异。蒙田所推崇的教育，旨在培养出衣食不愁不善实事全心全意效忠于王室的贵族绅士们，这显然是不合乎当今教育之大众平民化潮流的。我们很难想象，当今社会充斥着一个个绅士会是什么样的情景。他大概没有想到，曾经作为王公贵族的专享特权的教育，发展到今天已达到如此普及的程度。但是，我们不得不承认，蒙田的一些开明主张，如注重素质教育，因人施教，人格的培养胜于知识的灌输，对于知识的理解与灵活运用胜于死记硬背等，在今天仍有着积极的借鉴意义，是我们的教育工作者们仍须努力遵循效仿的。

也许有人要骂我厚古薄今崇洋媚外了，那我们暂且就此打住吧。你们或许要问这样一个简单的问题：我为什么要翻译这篇文章并推荐给你们读？

我这次出国，除带了一些工作用的专业和工具书外，想读的书只带了三本，一本古文，两本英文，其中一本就是蒙田随笔集 *Essays* 节选本，《论孩子的教育》是此书中篇幅较长的一篇文章。初读这篇文章，虽然不完全懂，常要借助字典，但我还是一下子就喜欢上了。书中的警言佳句妙语华章令我欣赏和受益。于是，产生了翻成中文的冲动。因为你们正处在接受教育和形成性格阶段，所以觉得有推荐给你们看的价值。我的意愿是，美好的东西大家来分享，虽然正如送礼品一样，送的人认为好的，接受者不一定就喜欢。当然，我也无法强求你们喜欢。长期以来，我因为种种可以和不可以原谅的原因，疏于对孩子的教育，没有完全尽到一个父亲的责任，虽然这在事实上给予孩子更多的自由。我想我应该为此作些适当的补偿。所以，事实上动笔翻译时，我很难分清内心是纯粹出于对文章的喜欢还是出于教育孩子责任的功利目的。

译完文章，我感到兴犹未尽，似乎还有些多余的话要说，且有些想法已藏在心中多时（尽管不是什么新鲜独特的见解），欲借此机会一吐为快。因此，想就这个问题与你们交流我自己的看法。先哲的精深思想和文字功力是我们这些无名之辈难望其项背的。在一个先哲对教育问题做了精辟透彻的论述之后，我再紧跟其后说三道四，即使无重复赘述之嫌，似乎也是有点不自量力的效颦之举,未免失之班门弄斧的浅薄。错误荒谬之处,你们姑且一笑了之。

  我不是职业教育家,甚至称不上一个称职的长辈,因此力图不摆出一副学者和家长的严肃面孔,高高在上,对孩子一味地指责说教,虽然这样一副不太讨孩子们喜欢的姿态,对做惯了长辈的人来说不易摆脱。但愿我没有故意地装出语重心长谆谆教导的架势,在我看来,那不过是倚老卖老的表现。良师不敢当,益友尚可为之,我宁愿成为你们的朋友。我的话就像任何一个朋友的话一样,也许对也许不对,你们可听可不听,甚至可以反对批驳,这都是你们的自由。但若能对你们的教育成长有所裨益,我善意的目的就算达到了。

  你们都爱玩电脑,知道电脑是由硬件和软件组成。和电脑一样,人总体上讲也有两重属性,即自然的和社会的属性。自然属性是指人的身体结构及其生理特征,是人的物质方面,类似于硬件系统;社会属性是指人的社会地位、性格、品质及其他一切智力思维活动,是人的精神方面,可比做软件系统。因此,一个未成年人的教育和成长也应包括物质和精神两方面的意义。具体地说,在物质方面要练就过硬的身体素质;在精神方面要培养出优良的人格,并掌握一定的知识和技能。只有两者的共同发展与完美才算是全面的,是理想的教育应该追求的目标。而且,物质决定精神,是精神的基础与载体,就如计算机内承着软件一样。这也正如古人云:"皮之不存,毛将焉附?"所以,我以为,健康的体魄是孩子成长过程中首要的任务和活动之目的。你们面临着从幼儿园到大学不同阶段的紧张学习,一生要抵抗自身各种疾病的侵袭,要经历各种严酷复杂的自然和社会环境的考验,要为自己和亲人的基本生存及更加美好幸福的生活承担责任和义务,为社会的发展进步创造价值财富而努力工作,这一切都离不开强健的体魄。所谓"身体是革命的本钱"就是这个意思。然而,一个令人类担忧的趋势是,随着物质条件的逐步丰富,人们的生活越来越舒适,人体本身的各种自然功能,抗御和适应自然生存条件的能力,正在一步步地退化,这似乎不是在危言耸听。我时常想,也许终有一天,人类会蜕变成一条蠕虫。而今,我们的社会和学校形成了这样一种氛围,我们许多的家长达成这样一种共识,以为只要孩子学习好,更狭隘地说,只要考试中能考出高分来,便是优秀的,其他的一切都无足轻重。这显然是一种本末倒置的极为错误有害的认识和做法,必将导致孩子的畸形发展。多少年轻可爱的生命沦为这种应试教育的可怜牺牲品!与其说是迷途的羔羊,不如说是迷途的羊倌。

那么，如何才能拥有健康的身体？除了自身无法选择控制的先天性因素外，我认为很简单，让孩子玩好、吃好、睡好。这不是享乐主义的谬论，而是孩子们本应享有的正当权利。

只要看一看动物幼仔间的嬉戏打闹，就不难理解玩耍是孩子们成长过程中的天性使然。因此，我总是有意无意地鼓励孩子们去玩。玩得满身臭汗，一身脏衣，玩得开心忘情甚至疯狂，即使对自身和环境造成某种程度的伤害和破坏也无大碍。我们不能因此就批评指责孩子是贪玩调皮的坏孩子；相反，应该赞扬他是勇敢活泼的好孩子。只可惜，有的孩子越来越缺乏玩的天性与向往了。物质的丰富，家长的溺爱，养成了孩子的惰性，有的孩子懒惰得连玩都不愿意去了，一有空闲就睡卧在舒适的沙发里，盯着电视，两眼发直，思想僵化，身体可以一连几小时一动不动。这种懒散的行为于孩子的身心健康有百害而无一利，应力求避免之。

玩也有不同的玩法。可以是单独的或与同伴们的自由玩耍，无拘无束，随心所欲；也可以是大家想着法儿变着花样的新鲜玩法，创新求异，团结协调；还可以培养对某种体育的兴趣——远足、游泳、爬山、球类运动等，都是有益于身心健康的活动，远离城市，走近大自然，那里面有清新的空气、充分的自由和美丽的风景，还有许多其他你们见所未见东西。做一个有心人，对大自然的一切细心观察琢磨，必然会有所收获。如果能从看似平常的不起眼的事物中发现新奇（如同当年的牛顿那样），更表明你有非同常人的敏锐眼力。这样的活动既培养了观察力，又增长了见识，还有利于身心健康，可谓一举多得。

尽管已是老生常谈，我还是不得不说，通过玩，孩子的筋骨得以伸展变得更加灵活，肌肉得以锻炼变得更加结实，大脑得以放松变得更加聪慧，还培养了孩子们的创新、冒险和群体意识。所以，孩子们，千万不要忽视了你们的玩，让你们抛开一切，走出户外去尽情地玩吧，玩的精灵正在门外召唤等待着你们呢。

饮食，乃补充生命能量维持生命延续的第一要素。先要保证吃饱，才能求得吃好。你们应该感到庆幸，虽然不是出身于什么名门望族，但也没有像父辈们的孩提时代那样家境贫寒，或像当今世界上许多同龄的孩子那样遭受饿腹之痛。我们这里所说的吃好，不能简单理解为成天大鱼大肉（那叫"吃好的"），也不仅仅是科学意义上的营养丰富与均衡，而是应该"好好地吃"，更确切地说是广义的杂食。你们正处于身体生长发育的时期，需要充分全面的营养成分。有的孩子喜食过多的油脂肉类食物，造成营养过剩身体肥胖；

有的则食欲不振吃起来挑肥拣瘦，造成营养不良身体发育迟缓。二者皆有损于健康。鱼肉蛋虾，蔬菜瓜果，五谷杂粮，来者不拒，杂食中才能保证营养的均衡。而且，无论是山珍海味还是粗茶淡饭，也不管它酸甜苦辣，均吃得津津有味。重要的是，要想食得生活中的各种滋味，先要能吃下食物中的各种滋味。有相当多的人饮食喜甜厌苦，就像在生活中贪舒适怕吃苦一样，都是人的惰性使然。小的时候没有吃苦的准备和锻炼，长大后何以能从容吃苦？也许迟早有一天，你们要离开自己熟悉的生活环境，去到一个新地方，说不定还是一个很苦的地方。对于新环境新生活的适应，除了语言外，我看首先是对新的饮食的适应。如果有一天，你想一想说："哎呀，似乎还没有什么东西是我不吃的。"那么，你就算是真正意义上的"吃好"了。从某种意义上说，适应能力强正是身体素质好的体现和要求。

我们不妨想象一下，一个城市中学生的一天生活。清晨五点多，孩子还睡得正香时就被父母叫醒，匆匆洗漱吃完早点出门时，眼睛似乎还没有完全睁开。挤上早班公共汽车到数公里外的学校。接下来一天上七八节课。晚上回到家里还要做一大堆作业，不到十点钟以后不能完成。孩子一天睡觉不过六七小时，明显睡眠不足。长此以往，不仅严重影响孩子的健康，而且造成上课注意力不集中，记忆力下降，影响学习效率，甚至产生厌学情绪。学生睡眠不足已是一个普遍的现象，难怪许多学生最大的愿望就是考完试好好地睡一觉。科学的发展，知识的丰富和积累，未来竞争的激烈，使孩子学习的负担越来越重，有时孩子比大人活得还累。我们的社会、学校和家长该为孩子们想一想了。

但是，仅有健壮的体魄是不够的。那样就无异于普通的动物，至多算是一副空洞的躯壳，行尸走肉，毫无血色。要使我们看上去更丰满美丽，生活得更丰富多彩，我们还要发展精神方面，使之日臻完美，这正是我们作为人类区别于其他动物并引以为自豪的。而在精神的训练与培养方面，一个孩子的健全的积极向上的人格的形成，比知识的学习积累更重要，何况许多知识毫无价值，即使学了也一辈子都用不上，连吹牛装门面的作用都派不上。

首先，诚实守信与实事求是是一切行为的立足点和基本准则。当今社会虚假和欺骗已经泛滥成灾，以至大家见怪不怪了。许多人不再以诚实为美德，反倒认为诚实人是无能的傻瓜，是要吃亏的。社会上有假冒伪劣商品、假文凭、假官僚、假夫妻，有形形色色的诈骗犯罪活动，有好大喜功的虚假统计数据。这种不良的社会风气蔓延到了学校这片曾经的净土，连许多小学生也学会了撒谎欺骗。假的风气，假的现象，说到底都是人为的，本质上是人性的虚伪，当事实让我们对周围的一切都不得不产生怀疑时，人们之间的关系还有什么信任可言，我们最终连自己也要怀疑了。而信任危机对人的心灵的冲击是很可怕的，会使人们因此对人生的一切感到失望，会从根本上动摇人们之间的和谐关系。

待人处事要以诚实为本。从事科学技术研究，对真理的探求，则应以客观事实为依据，来不得半点虚假。只有经得起实践检验的东西才堪称科学真理。虚假毕竟是虚假，充其量只能昙花一现，终归是过眼烟云，要为历史所淘汰。当然，这要同科学理论中的合理假设区别开来，也不能与文学艺术创作中的虚构混为一谈。

其次，要有顽强的毅力和充分的自信。须明白，你们未来的生活不会一帆风顺。而且生活中果真一切太平的话，似乎也失去了生命的乐趣与意义。我从来就不相信有所谓的天才。如果有的话，那也是来自于勤奋。要成就一番事业，须有坚韧不拔的毅力，需要付出艰辛的劳动。我对你们的未来寄予厚望，而首先希望你们能做一个自食其力的人。一个人的价值在于为社会和他人作出有益的贡献，否则，人类社会就不可能进步了。一个连自己都无法养活的人，是没有资格奢谈什么人生价值的。人最难战胜的往往是自己，人们或多或少都有自卑情结。有的人经不起失败的考验，一遇到暂时的挫折，不是怨天尤人，就是丧失自信。独生子女的独特环境更使许多孩子变得意志薄弱，而且缺乏独立生活的经验和能力。你们不要什么事都依赖父母，因为父母终究是靠不住的，这倒不是在推卸父母的责任，而是事物发展的客观规律。你们细心观察一下，出于生存的需要，动物的父母是如何对待逐渐长大了的孩子的，就能明白这个道理。父母给你们自作主张的机会，你们就要当仁不让地自主自立，尽管这让你们做起来还时有困难，还不完善，甚至有时是错误的。早独立早受益。这既是生活能力的训练与提高，又是有能力的表现。自信以自身的实力为基础。自立又是最基本的能力。通过自立，你们可以初建自信。从有了男女性别的意识那一天起，你们就要时刻记住，你们是意气风发的小伙子，将来是顶天立地的男子汉，要明白男子汉的真正涵义。而且，你们应该有最起码的自信，因为你们有健全的体魄和心智，在这一点上不比任何人差，因此，将勇于吃苦耐劳，克服一切艰难险阻，百折不挠，完全有能力用自己的双手开拓出一片属于自己的天空，用自己的双肩担当起一个男人应为家庭和社会承担的责任和义务。这一点，我和你们一样，对你们充满信心。

另外，还要有团队意识和合作精神。当今社会似乎成了"小皇帝"的王国，虽然这不是你们本身的过错。如今的"小皇帝"们个个争强好胜，对别人颐指气使，什么事情都要以他个人的意志为转移，仿佛整个地球都要围绕他转才行，稍不如意就发脾气使性子，不懂得尊重他人意见，不考虑他人利益，极端地自私自利。这样的一代"皇帝"走向社会，必定引起社会生活的不安宁不和谐。

几个人搬运一件重物，东西南北各朝自己的方向使劲，结果空耗气力难移重物。只有协同作业，劲往一处使，才有可能拖走它。一个人要同家庭、工作、社会中的形形色色的人相处，会发生各种利益的矛盾冲突，没有一点牺牲忍让精神是不行的。个人与集体相比总是渺小的。要完成一件工作，尤其是重大复杂的工作，需要大家分工合作齐心协力才行。关于这一点，足球比赛就是精彩的一例。

当然，一个人的高尚品德和优良性格是多方面的，比如，要有远大理想，热爱劳动，认真敬业，艰苦朴素，乐善好施，讲究公德，乐观开朗，等等，需要在学校和今后的工作生活中逐步培养形成。人无完人，但应追求完美。

学习科学文化知识和练就工作技能的重要性，前人和老师已讲得很多，你们应该已经明白其中的道理。我想强调指出的是，以你们孩子的好奇心，培养对于学习的浓厚兴趣。不要把学习当做一种乏味的负担，而应视作一种有意思的智力游戏。而且，每学习一点新的知识，你就会觉得有新的收获，知道了你以前所不知道的东西，让你想到了以前从未想过的事情，因而感到充实，觉得今天的你与昨天的你有所不同，同时又激发你去思索，发现尚有新的领域待探索，就像山洞探险一样，充满未知的神秘和新奇。

我反对学习上的死记硬背，我自己曾经深受其害。那样只是在让大脑作机械的重复劳动，不会引起大脑的任何兴趣，更谈不上创造性思维了。一个英文单词，与其通过反复默写背诵来记住，不如用一个个生动的故事和形象活动来理解和认识。一个抽象的数学定义，不是要记住它是怎样描述的，而是要真正理解其内涵，甚至可以在大脑中建立一个形象模型与之对应，仿佛是摸得着看得见一样。

学习要专心致志。这不仅能提高学习的效率，而且也是对大脑的一种专注能力的训练。事实上，无论干什么事都要聚精会神；三心二意什么也干不成，甚至会酿成大祸。在教室里上课时就不要去想窗外球场的赛事；运动场上踢球时就不要惦记还有多少作业没做。听老师讲课，如果你能在老师写出等号前说出得数，你能发现老师板书中的错误，那就证明你是在认真听讲。

一些老师不懂得尊重学生的人格和个性,教学方法过分简单粗暴,除了惩罚学生外似乎没有别的办法。学生作业中难免有些错误,老师只要细心指出来让他改正,最多练习二三次就够了。有的老师则不然,动不动学生写错一个字,要罚他重写十遍百遍,这是对孩子极不公正的待遇。要允许孩子犯错误,应宽容地给他以改正的机会。一种新的解题方法,老师讲明白后,布置三五道练习题学生做应该掌握了,动辄留下几十、百道作业题,做的全是无用功,直弄得学生疲劳厌倦。有些老师对待学生甚至采用了毫无人性的各种体罚与人格侮辱,使孩子身心受到极大伤害,性格及世界观因此而扭曲。这样的人不是老师而是恶魔;由这样的人统领的地方不是学校而是地狱。

我们的教育过分注重书本知识的灌输,忽视了行动能力的培养。有的人学了一辈子的英语,到头来仍然听不懂、说不出。有的人在大学学的是汽车专业,毕业后搞了一辈子汽车设计研究工作,自己却不会开汽车。听起来不可思议,但类似的事情确有发生。

正如那位哲人所说的,培养教育孩子是人类知识面临的最困难最重要的课题,因为我们所面对的不是一件普通的器物,而是有血有肉、有思想感情、有智慧潜力、有极大可塑性的鲜活生命。培养孩子也就是在塑造我们的未来,是一项艰巨复杂的系统工程,需要学校的努力,社会的关注,家长更是责无旁贷。

有的家长以为,自己的责任就是照顾子女的吃喝拉撒睡,其学习和教育完全是学校的责任,把孩子当做可有可无的东西,缺少与孩子的沟通与交流,到头来与孩子产生了感情和思想上的隔阂,受到孩子的指责埋怨还觉得挺委屈。有的家长在知识学习和行为品德上不能树立良好的榜样,却对孩子要求极为苛刻。有的人常常摆出父母的严肃威严的面孔,习惯于在孩子面前说"不",以自己的喜好和意志来统领孩子,不给孩子以自由活动和发展的空间,或者明明自己错了,还是固执己见,不愿放下架子向孩子道歉。更有甚者,把孩子当做自己的私有财产和发泄仇恨不满的对象,不是随意处置就是稍不如意就拳脚相加,使一棵棵新鲜无辜的生命幼苗受到不应有的摧残和虐待。许多国人向来怀有"望子成龙"、"望女成凤"的心愿,希望自己的孩子长大后一个个都成为科学家、艺术家、职业外交家。自己没有考上大学,以为这辈子生活没有指望了,怀着破罐子破摔的心态,却把希望寄托在下一代身上,一定要孩子考上大学,而且要上名牌大学,最好出国留洋。在孩子身上不可谓不用心良苦。这首先是不切实际和荒唐可笑的自我安慰。芸芸众生中，能成为什么家的佼佼者毕竟属凤毛麟角。而且，为什么你自己的心愿非要孩子去努力实现不可，难道说仅仅因为是你的孩子就该承担如此沉重的义务？一旦孩子有出息了，父母也跟着风光。在"一切为了孩子"的借口下，掩藏着父母们最自私残酷的心理，不管这种心理是自知还是不自知的。其次，这其实是父母为自己的懒惰与平庸开脱罪责。我们暂且不论上大学是否就是成功的标志。大凡有孩子在接受教育的父母，还不至于老到不能学习的地步，不是还有"活到老学到老"的名言吗？为什么自己不从现在开始努力学习和奋斗，去实现上大学成名成家的梦想，却要悠闲地嗑着瓜子看着无聊的电视，或者通宵扑在麻将桌上，而把孩子天天关在一间小屋子里苦熬到深夜？

我有一位同事，孩子刚上幼儿园就计划着送他上什么什么培训班，美其名曰培养孩子的爱好。显然，这位同事错把自己的良好心愿当成了孩子的所谓爱好。还有一位同事，女儿刚开始上小学，由其爷爷奶奶带着，除了正常的学校学习，晚上和休息日不是在上英语班就是在上书法班，或者是钢琴班，日程安排得满满的，看起来生活很丰富，其实孩子活得很累，没有自由玩耍的时间，没有个性，体会不到亲情，连一个星期与自己的父母见上短暂的一面竟成了对她和父母的恩赐和奖赏，听起来令人啼笑皆非。

出于天然的亲情，父母对孩子关爱备至。现在，大部分夫妇只有一个孩子，对子女更是溺爱有加，常常照顾得过分细心，刚打一个喷嚏就赶忙给孩子加衣服，头上刚冒汗就脱衣服；含在嘴里怕化了，顶在头上怕晒了，使孩子仿佛成了温室里的花草，过分娇嫩柔弱，失去了自然的抵抗力。城市里的花木，有人浇水施肥，精心修剪，看上去很美，却总留有人工雕琢的痕迹。室内的花草一移到自然的阳光里就立刻蔫了，如同家中的小明星一进入社会就失去了光彩一样。而森林中的树木无人照管，经历大自然的风吹雨打，照样长成参天大树，成为实用之材。在我看来，与其为孩子创造和留下一笔物质财富，不如培养他自立的意识和创造财富的能力；孩子走路跌了跤，与其拉他起来，不如鼓励他自己勇敢地爬起来。我们的家长总是爱干越俎代庖吃力不讨好的事，自以为是在帮助孩子，实在是害了孩子。

这篇文章的以上部分在本月初就完成了底稿。后来，我出门旅行了一趟。等我回来再打开电脑看时，发现已经说得够多了，除了作些修修补补外，感到似乎一时也没有什么好说的了。何况教育是一门专门的科学，远非我这样的门外汉一两句话能阐明的。而在我看来，写文章就如同盖房子，中途停了一段时间后再接着盖一样，是没有当初的热情与兴致的，也难免会偏离最初的构想。况且，我宁愿你们嘲笑本文的虎头蛇尾的布局，也不愿浪费你们黄金一样宝贵的时间，故尔只好在此草草地收笔了。这是我初动笔时未曾想到的。

祝你们学习进步，健康成长。

2001年12月1-18日，初稿于秘鲁利马。

说给林兄的话

林兄，我总惦记着有些话要对你说，以为你是能理解我的，却始终又没说给你听，主要是怕耽误你的时间。有些话恐怕在心里早已闷出霉味来了，到了非说不可的地步。但是，就算今天我把要对你讲的记录了下来，未经你的同意，我也不会贸然送你看的，还是那句话，怕耽误你的时间。

你老兄是否还记得，上次故乡一见，至今已半年多了哟。很抱歉，那次没能陪你痛快地喝上几杯，也许扫了你的兴吧？

你大概还不了解我。我现在不仅不怎么嗜酒，而且也不喝茶，又不抽烟，更不抹牌赌博。据说，能喝酒的人性格豪爽，爱品茶的人格调高雅，抽烟的男人很酷，赌场里的男女很狂。你看，我的生活和我本人是不是都很乏味，没劲儿？如果说我在刻意追求一种无味的生命境界，其实，也大可不必拘泥于这些物质生活的细节。

没劲儿倒是真的。我的眼前似是一片空白，却又像是一片迷茫，然还不是全然的空白与迷茫，老觉得远处还隐隐地有些障眼，障得心里有点堵。你见过原野上那灰灰的天么？原野的那一边，远远的，是树叶落尽了的一带树林，或者一堵模糊的山脉。我现在是，正如有人说过的，"不知道风从哪边吹"，"找不着北"。"跟着感觉走"，可我的感觉又在哪里呢？我怅惘地自问。

你说，爱情除了像母爱一样伟大，是不是更多一份浪漫和绚丽？幼时就失去母爱的我，曾经以为爱情是人间最宝贵而美丽的东西，无论用什么美好的词语形容赞美它都不过分，即使以生命的代价来换取也在所不惜。我十分向往珠穆朗玛峰。这座白雪皑皑的世界最高峰，神秘，圣洁，峻美。见到她，由不得你不想攀上顶去。那直指天穹的山体轮廓，由不得你不产生一种升腾，有飞往理想天国的欲望。可是，"高处不胜寒"呐。多少勇夫葬身于她无常而冰冷的怀抱?!

你不必劝我到官场里去混个一官半职。我天生不会做假，或者说假做得不真，一到官场里就露了馅。人说京官多得一脚能踢出三个处长来。官做到一国之君该到顶了吧？可是，幸福满足么？风光地活着，其实也提心吊胆，很累，很可悲。

不是跟你吹牛，我的事业姑且算得上成功，至少可以说没有失败。但也只不过小有成绩，远算不上什么惊天动地的伟业。工作上的第一次小小成功，的确给我带来过短暂美妙的快感陶醉，就像少男们的初次遗精。但是，随着成功的次数越来越多，它所带来的快乐体验渐趋平淡。如同平常夫妻的做爱，年龄增大，做的次数渐多，激情和快感渐褪。拿我这次所干的工作来说吧。两三个中国人，行了近万里路，辛辛苦苦在这里干了三四年，浮桥架起来了，也给公司赚了几百万，大家评价还不错，算是成功了吧？可是，公司的头头脑脑们，动辄吃一餐便饭就花好几千上万元。我人还没回到公司，所赚的利润早已全部化作人屎猪粪，而不知流到哪条阴沟里去了。保不准我刚离开这里，浮桥就可能因当地人的管理不善而被大水冲垮了。你说，这样的结局对我所谓"事业的成功"，难道不是最绝妙的讽刺么？所以，我对"事业的成功"麻木了。工作，挣点辛苦钱。

我也不想对尔掩饰，我需要钱。钱这东西实在是太重要了。可是，有生以来，贫穷如饿狼追兔似的，一直在我身后穷追不舍，追得我寒酸里透着窘慌。贫穷追我，我追金钱。追来逐去近二十年，也只混得个小家庭的温饱。

你有知心贴己的朋友么？我渴望友情和理解，努力寻找心灵的朋友。可正是我的一个朋友伤害了我。你说，现在通讯交流手段达到了前所未有的方便快捷，人们的交往怎么就反而越来越少了呢？简直可用"珍稀"形容了。多年前的老朋友早已不打招呼地消失得无影无踪。发给朋友的信是肉包子打狗（这种比喻有辱朋友乎？）。打给朋友的电话从未见他回过电话，再拿起话筒时让人感到有些自贱。访过朋友后得不到哪怕是礼节性的回访，使人觉得自己的真诚拜会，其实是扰乱了人家小日子的滋润与安宁。下了很大的决心，想对朋友倾诉心中的一切酸甜苦辣。可是，面对朋友那张冷漠的脸，忽然觉得又无以诉说。或者好不容易倒出点酸水来，却被朋友的一句无关的话，一个下意识的小动作，给堵在了嗓子眼，让人酸得恶心，憋得慌闷。茫茫人海中，有幸识得一个"红颜知己"吧，却原来早已是花有其主。最初的有幸里其实已注定了结局的不幸。唉，我只好无奈地守望一片孤独。

是的，孤独。

老兄，你可有过孤独？我似是一无所有，除了孤独。孤独煎熬我；我煎熬孤独。孤独品味我；我品味孤独。孤独把玩我；我把玩孤独。孤独伴我；我伴孤独。孤独蔑视我；我蔑视孤独，哼，这渺小的孤独。孤独追随我；我追随孤独，啊，伟大的孤独。

然而，渺小的我终于无法超越渺小的孤独，抵达心灵的伟大孤独。

于是，我开始寻求排解孤独，试图用人类古老的发明——语言。然而，少年的我上错了船。你知道，我不是学语言的科班出身，这使我显得先天不足。加上我后天的散漫。任何一本文学书籍我几乎草草读罢，绝不重读第二遍。可悲的是我不具过目不忘的天资。我又没有对社会人生的敏锐洞察力，未经过轰轰烈烈的人生，疏于思考，缺乏激情，更无高人指点。这些中任何一点都足以让我在文学上一事无成，纵然我对之抱有满腔的热情与天真美好的愿望。我甚至不能完全写出我的孤独，曾几次提笔良久又沉重地放下。好不容易东拼西凑地鼓捣出几篇粗浅的习作，胆怯地送给身边的一个朋友看过后，他说自己不是学语言的，不知道写的水平怎么样。再送给另一个朋友，却搁在他的案上多时才被草草浏览，既得不到批评，也得不到鼓励。就连我那上小学的儿子都不屑一顾。我常乐意去跟别人谈文学，却一时难于找到志趣相投的谈话对象。当真扯开来时，我发现我不仅嘴笨，而且感到没什么好谈的。原来，我肚里的那点东西太少，经不起三谈两谈。"好在学文学不是用作炫耀自己的谈资。"我这样地自我安慰。遇到这种种尴尬，我只好埋下头，并不勤奋地自耕自足式地耕耘，而不巴望有什么收成了。

当我对生活的追求近乎一无所获后，我开始质疑追求，不得不最终舍弃追求本身，而选择无味，还有无为。因而，我乏味，没劲。那么，老兄，你说我活着还有什么意义，难道仅仅剩下"活着"？

是的，活着！

2001年3月3日夜，初稿于加德满都。

工程师感悟的世界

元宵节观礼花

不过是为一张嘴

抽奖有感

书中蝴蝶

元宵节观礼花

随着燃放烟花爆竹在各地城市由"禁改限",今年春节似乎比往年热闹了许多。元宵节作为春节的煞尾,除了吃元宵、赏花灯外,习惯上也是春节期间燃放鞭炮的压轴戏。放完这最后一把烟花,人们散漫的心也就该收回来了。关于元宵节的烟火,自然有许多典故传说,但对普通的今人,所知和感兴趣的已经不多,大多数人图的只是它的热闹。至于在这年复一年的热闹中,它的传统意义是越发光大还是渐趋模糊,则是人们不得而知又不问不闻的了。

我一向不爱热闹,但若正巧遇到热闹的时候,却也不妨跟着赶一赶。今年的元宵节正好是周日,但于只身在外的我,不过是别人的节日。在屋子里蜗居了一整天,到晚上简单地填了填肚皮后,我便像往常一样出门去散步。散步的路线也是老套路,先是出门右拐,从一条长街进闹市区,再右行上一条横街,最后从另一条长街上折回,走成一个规则的长方形。所不同的是,小区的院子里早已响起了零散的鞭炮声。外面则是清风徐徐略带寒意,一轮明月初上枝头,可谓天公作美,人间热闹月来奏。

大街上依旧是车水马龙,华灯灿烂。而来往的行人,与往日相比,却多了一些熙攘,少了几许匆忙。如果沿路再点亮几盏花灯,便颇有些节日的气氛了。走近一座桥时,望见桥上聚集了一些人,还以为出了什么事情。上桥一看,什么也没发生,桥上的人们看似颇为悠闲自在,未究其闲散中藏掖了何样的期待。

这一切我并不理会,只顾快步往前走。上了横街,两边的树木店铺逼仄,把一条狭长的天空遮了个密不透风。这时,只听身后传来声声炮响,动静儿之大,虽说未使我震耳欲聋,但足可让我感觉到它动地惊天的威力。如果说刚出门时听见的零散鞭炮声,只是一台好戏开始前的闹台,我以为,当隆隆炮声响起来时,这春节的压轴戏才算是正式拉开了帷幕。好在是人到中年的男人,毕竟经历了一些事情,又知道这不过是在一个祥和的节日,听了这样的炮声,才不至于吓倒,依然迈着均匀急速的步子,我行我素地前行。设若在战时，炮声一响，必定以为战事吃紧，眼前的景象，恐怕早已是鸡飞狗跳，一片惊慌了吧。

惊慌的倒是那些不长脑子的汽车，别看平日闲下来像宠物狗似的，趴在城市的角角落落，打着惬意的盹，温顺又体面。但这炮声一响，便似从噩梦中惊醒一样，扯起嗓子"哇哇"乱叫起来。声音此起彼伏，带着几分惊慌，几分茫然，还有几分撒娇的意味，跟在闹市中走丢了主人似的。而且，每次炮声一响，必惹来汽车的一片惊叫，屡试不爽，就像是人点着了爆竹，爆竹又点响了汽车，放了一个个走了样的二踢脚。又像是爆竹与汽车的游戏，煞是认真热闹。不过，这样的游戏听起来，似乎炮声占了绝对的上风，一弄就把汽车给吓哭了。

转身折向回家的长街，抬头看见，在来时那条长街的方向，随着一声声炮响，一串串礼花在空中绽放。这才明白，感情这隆隆炮声，是放礼花发出的声音。心里受到一股莫名力量的驱使，不禁加快脚步上了桥，挤在人堆里，凭栏观赏起来。

礼花的燃放与鞭炮的燃放，就像二者的个头一样，有着绝大的不同。鞭炮给人的感觉，是小打小闹，小里小气，总也上不了正式的台面。小小的个头，被捻子连接成一串，拥挤在一起，多半是趴在地上燃放，使尽了浑身解数，也蹦跶不了多高，终不过驴打滚似地闹腾一番罢了。即便挂在高处，燃放的时候也纷纷往下掉，仿佛是目光近视，只认得眼跟前的那么一丁点儿地方。发出来的声音，劈里啪啦地响个不停，像一挺射程不远的旧机关枪，又像一群叽叽喳喳的麻雀，或如几个唠里唠叨的长舌妇，虽是热闹，却不免鼓噪。

而礼花炮的个头通常要大得多，一个个独立地站在那里，仰面朝天，昂首挺立，自信威严如战士一般。点着以后，纵身一跃，直上天空，大有勇士舍身就义般的悲壮与洒脱。只听见半空中"轰隆"一声炸响，声音洪大响亮，绝尘脱俗，干净利落，摄人魂魄。这声音让人会自然想起，晴天里的一声惊雷，战地静夜里的一声炮轰，或者原野上孤独雄狮的一声怒吼，心中不能不顿生警觉与敬畏。

更美是礼花炮的回声。礼花炮的声音，间隔均匀，短促响亮。而在四周引起一次次清晰沉重的回声，则如静夜里层层海浪在接连拍打着海岸，或似战士的激情在撞击美少女的心扉。如果这炮声是勇士无所畏惧的呼啸，令人震撼奋进；则其回音便是那多情女情真意切的浅吟，叫人回味沉醉。这对声音的组合，一高一低，一唱一和，刚柔相济，丰富和谐，宛如一曲曼妙的爱情二重奏。从礼花的绽放处，或可寻得这脆响的源头，但若想确定这低回的吟唱源自何方止于哪里，便有些茫然和枉然，似乎是从四周围了过来，尚未回过神来，它又若袅袅云烟，飘散于遥远的他乡了，可谓来有影去无踪，由真切而少顷消隐得神秘莫辨。

礼花最美之处，要数它在空中制造的无与伦比的多姿与绚烂了，即使把关于色彩与造型的一切美好的词汇，来形容这些纯粹的美的瞬间，恐也难描摹其一二。点燃的礼花炮，如同离弦之箭，脱缰之马，嗖地一声腾空飞起。接着一声巨响，在空中绽放成一朵绚烂硕大的礼花，仿佛是威力无比的礼花炮将天幕炸开了一个大洞，天国里的花朵从洞口纷纷散落下来。其状千姿百态，火树银花的，花团锦簇的，群星灿烂的，数不胜数。其色流光溢彩争妍奇斗，也许是借用了雨后的彩虹，才调配出这般的缤纷多彩。其势呢，有的如万道霞光辐射四方，有的则似万箭齐发迎面扑来，又有的如五彩天河飞流直下。寂寥的天空因这礼花而充实鲜亮，地上的景物因这礼花而增色添彩。

礼花倒映在水中，形成五光十色的河面；也倒映在人们心中，映照为色彩斑斓的心空。面对这似空穴而来又如空灵而去的壮美景色，人们不再喧嚣躁动，也没有不由自主地惊叹，而是一个个默然肃立，怀揣稍稍有些紧缩的心，朝着同一方向举头仰望，以整齐的目光，向这触目惊心的大美，行一个长久而庄严的注目礼。

礼花燃尽处，形成一小团一小团的烟云，飘飘若列队的仙子，悠然飞向远空。由此我相信，礼花是有性灵的生命。它的灵魂，在生命结束的瞬间，于礼花的绽放中，化作一团烟云、一股仙气，返回那久久渴望的天国。

是的，有生命的礼花。这生命，虽然短暂，却鲜活勃发，绝尘脱俗，辉煌灿烂。它不仅以外在的声色为人们带来美的享受，更以对生命的启示而叫人心生敬畏。

它是不屑与匍匐在地上的平庸之辈为伍的。即使是用绳索把它绑在地上，它也要拼死一搏，挣断束缚飞向天空。是的，它展示生命历程与魅力的舞台，还有它追求的生命终极目标，注定都是在空中。那里是一方自由洁净、阔大高远的所在。只有在那里，它勃发的生命力才得到尽情张扬，积蓄的潜能才可以淋漓发挥，美丽的身姿才能充分展现。

它不做茫茫宇宙的漫游者，而是生命竞技场上的冲刺者。它像一个蓄势待发的飞人，给它一个火种，就能燃起它生命的激情，生命的航行就此扬帆启程。心中满怀豪情，通体蓄积力量，不偏不斜，不折不弯，也无心左顾右盼，一心只为着那高高在上却又尚未确定的高度，开足马力，急速升腾。生命没有回头路,即便是赴汤蹈火,断送生命,它也义无反顾,勇往直前。一路上,生命徐徐燃烧,留下带火的轨迹。直到竭尽全能,达到生命的最高峰,在高唱生命的绝响中,释放出耀眼的光华,同时把自己炸得粉身碎骨,化作空中的一片虚无,而把美与震撼留在了人间。生命虽在弹指之间,却是何等的超然潇洒!生命的尽头是那样悲壮美丽,又怎能不赢得人们注目仰望!

往回走的路上,我的心一时难以平静。我在想,芸芸众生,虽自称贵为万物之灵,有多少人不是整日囿于自家门前的一亩三分地,蝇营狗苟,终其一生?又有多少人能拒绝平庸,为着一个高远的目标而一发冲天,哪怕耗尽生命的潜能乃至搭上生命本身?人的生命周期长达数十年,可是当站到生命的尽头回望时,也许没有几个人一生能留下什么闪光的痕迹。我知道,在这个世界上,每时每刻都有人在死亡,即便在这燃放礼花的时刻也不例外。当死亡来临的时候,不少人是躺在病床上作最后的挣扎,在无望的痛苦中离开人世。这样的死法,恐怕就连尊严的死都算不上,就更谈不上有什么生命的绝响与绝美的礼花,以至让陌生的人们都来行最后的注目礼了。也许还有不少这样的人,生命里本来潜藏着巨大的能量,但由于种种原因,最终也没有爆发释放出来,一生成为一个没有响声和礼花的哑炮,留下多少缺憾与悲哀。因此,我们与其在身后留下一具残缺丑陋的僵尸,倒不如像礼花那样,绚烂过后,突然间消失得踪影全无。

想到这里,心里一下子冒出一个颇为荒诞的念头:如果有来生的话,宁愿下辈子变成一支有生命的礼花炮试试,在节日的时候,燃放给大家看。

一抬头,已经到了小区的门口。远处的礼花还在不停地燃放,响声里,向我头顶的天空送来闪闪映光……

2006年2月18日,初稿完于宁波北仑。

不过是为一张嘴

上礼拜六的下午,在家包了一次饺子。为此,我与妻子几乎忙活了一下午。可是,饺子端上来不过几分钟,就被狼吞虎咽地吃得精光。吃完饺子,妻子赶忙去收拾碗筷；我则惬意地坐在沙发上，一边剔牙，一边休息——为包饺子，我的确有点儿劳累了——冷不丁地冒出一句："哼，不过是为一张嘴，吃顿饭真是麻烦！"坐在一旁的儿子似有些不解，疑惑地朝我望一眼。

他的不解，倒让我要好好地想一想，着力回味一下饺子的味道。

如今，在我们家吃一顿饺子，虽不是那么困难，但确也有些不易。以前在南方的时候，一家三口不大喜欢饺子，一年到头难得包一次。就是吃，儿子也是很有些特别：只吃皮儿不吃馅，而且要用油煎了吃。到北京后，为适应北方的饮食习惯，就时不时包一两次。时间一长，儿子由当初的不适应到适应，由只吃皮儿到整个儿一起吃，并最终喜欢上了饺子，无论蒸、煮、煎，都一口拿下。

记得此前已经有一段时间没有包饺子了。终于在国庆节前的一天，儿子晚上放学回家，一进门就嚷嚷道："什么时候包饺子吃啊？"

原本答应他在国庆长假期间包的，但因为开头两天约了朋友们到郊外去游玩，回来后的几天里，一家人小有不适，就失去了心思和胃口，所以，一直拖到节后的第一个双休日，即上星期六，才张罗包了一次饺子。

平时，尽管对于妻提供"猪食"来喂养我们——而且，居然喂养得爷儿俩脸上油光可鉴——时有微词，但我终归是不大进厨房的。这一次，不知何由起了雅兴，我在午睡前就先给妻提了个醒，起床后又陪她去买回各种原料。一回家就双双陷进厨房，和面，制馅，擀皮子，包饺子，下开水锅煮。等热腾腾的饺子端上桌子时，天已擦黑，我也颇感腰酸腕痛了。

忙碌了几个小时，几分钟就吃完了，根本没来得及细品个中滋味。为了一张嘴，真是麻烦死了。而且，越想越觉得麻烦，在这种平常人家居家过日子的情趣背后，似乎还隐含着某些更严肃的事实。

世上难有天上掉馅饼的事。且不说我与妻在制作饺子中所付出的时间和劳动，光弄来原材料就得很费一番工夫。为买原材料就得付钱。付钱需得先挣钱，挣钱得有一份工作。为谋得一份工作，我的父母须将我抚养大，让我受一定的教育。这中间又需要多少时间和劳动啊！再继续向父母的前辈们一代代地追溯上去，或者向我的后辈一辈辈地展望下去，似乎在不同程度上都是在为一张张嘴而重复地忙碌，从而形成了一条生生不息的树状生命链。切开人类历史长河中任何一个剖面，就会发现一条条这种类似的生命链。而每个人都是其中的一个链环，一个生命的复制品和被复制品。横向地看，那些提供饺子每一种原材料的生产、加工、运输、保存和销售的陌生人们，何尝不是如此？推演开去，在他们之后和之前，同样是为一张张嘴的循环，环环相扣，构成了我所处的当今社会复杂庞大的生命网。

由此推及世上的其他一切生物，无论纵横，还是彼此之间，不都是或多或少或疏或密地如此相连么？所不同的也许是比人类更趋于本能，目的更直接单一，所作的努力更艰难残酷。而一切生物的命根，最终深植于大地自然。可悲而且不公平的是，由于人类的自傲与贪婪，在人类供养自己的这张嘴变得更加容易以至奢靡的时候，其他一些物种的糊口却因此越来越艰难，有的不得不挨饿甚至全物种地灭绝。在自己有饭吃的时候，是本应想着给别人和他类的嘴留一口的。

人又是社会的人，还要人为地分出个三六九等，虽自诩是富有理性和爱的文明人，而所作所为却时有荒唐和令人费解之处。君不见，时常有"朱门酒肉臭，路有冻死骨"的事情发生？当非洲无数的饥民在黑暗中张着嘴坐以待毙时，一些衣冠楚楚的政客们却在酒足饭饱之后，坐在灯光柔和的沙龙里，打着饱嗝，呷着香槟，在漂亮小姐们的粉脂气里，大谈社会的公平正义，俨然人类的救世主。这岂止是人的虚伪，简直就是人的残忍与罪恶。如今，人们为了一张嘴而需付出的努力，在总体上确实减轻了。但食物分配的不均衡，劳动与所得的不相称，似乎并没有削弱，反而越发加剧了。这是社会发展的必然结果，还是对文明的禁锢、蔑视与背叛？在一个充满弱肉强食野蛮行径的社会里，文明看上去更像一位体面而脆弱的伪君子。

开门柴米油盐酱醋茶，全是为了一张嘴。多少生命个体或群体，曾为了一张嘴而付出了沉重的代价。二十世纪上半叶，发生在中国大地上的一次次大规模的反饥饿风潮，说穿了不就是为了人们的一张嘴么？"不为五斗米折腰"的骨气固然可佩，但也只说明所选择的为嘴的方式不同。再高雅体面的人，也逃不过先喂满一张嘴的第一需要，否则其一切言行终将不免显得华而不实和苍白无力。乞丐的首要甚或唯一的任务是填满他那张嘴；而贪婪者的嘴确乎是张得太大了一点，无论什么也无论多少都永远无法填满。

如此说来，端上桌来的一盘饺子便很有些沉重，味道应更加鲜美，吃起来却别有一番丰富的滋味，丰富得辨不出是什么滋味了。我很后悔，没有认真品味，就三下五除二，连汤带水一同划拉进嘴里去了。相对于制饺过程的精细麻烦，我的吃显得过于简单粗鲁。吃下去以后，我就感觉到一些不安了。

然而，更令我不安的仍是这张嘴。嘴，不仅要吃进去食物，还要说出语言来。吞进去物质，吐出来意识的产物，很有些物质变精神的意味。一进一出，吞吐之间，既是嘴的神奇，也是它的麻烦。说神奇，是因为有的嘴开合之间，就能产生神奇；说麻烦，是因为世上许多麻烦都是这张嘴给惹的，所谓"祸从嘴出",既为自己,也为他人。

要让嘴说话也是件不容易的事情。人刚生下来不会说话,在别人教育引导下才学会,并把发音与其特定的意思对应联系起来,这是一件麻烦而又神奇的事情。随着逐渐地长大,说的话越来越复杂。就这么一代一代地说下去,从我嘴里说到你嘴里,从你嘴里说到他嘴里;从古说到今,从现在说到未来。一部分人说一种语言,不同部分的人说不同的语言。据说,现今世上的语种数以千计,各地方言土语更是不计其数,再加上其他物种嘴里发出的声音,我们的听觉世界便丰富多彩奇妙无穷了。

当初,小孩的嘴还没有学会卷舌,想到什么就说什么。慢慢地,真话,假话;好听的,难听的;正话反说,反话正说;高低长短音,抑扬顿挫调;说该说和不该说的,不说该说与不该说的……终于,人的一张嘴实在是太能说会道了,真是神奇无比。

人的嘴张闭开合间,为了自己的利益和生命而出卖了他人;或者为了他人的而牺牲了自己的。人的情操的高下或许首先就在于此。美国黑人曾为争取与白人同样的说话权利进行了长期不懈的斗争。在中国的上世纪中叶,"大有作为",嘴一动,曾经让无数城市青年白白葬送了青春年华;而又有多少人仅仅因为多说了几句真话,或说了一句不合时宜的"错话",而被扣上"右派"、"反革命"的政治帽子,剥夺了话语权甚至生命权,即他嘴的部分或全部权利。这既是他个人的小麻烦,也是整个社会的大麻烦,虽然有人以为这样做可以减少麻烦。回想起来,先是"反右"和"大跃进",不许说真话却鼓励说假话,继之而来的是全民饥荒,这中间是否有某种必然的联系?如果有,这便有一点精神对物质的反作用的意味——嘴之神奇的一个反证。话不让说出去,又没有食物喂进来,人们只剩一口怨气,作忍气吞声状地生生憋在肚子里。

国人们尤其注重为了一张嘴,可谓挖空心思。这有三方面的意义:一是说太会吃了,集数千年智慧之大成,创制了几乎人见人爱的丰富独特的菜肴;二是说太敢吃了,珍禽异兽,奇草怪虫,无所不吃;三是说太想吃了,好像从没有吃饱过,以至见面就问"吃了吗?"

为了一张嘴,确乎是国人的头等难事。新中国成立后,几乎用了半个世纪的时间,才解决了绝大多数国人的吃饭问题。现在,对于大多数国人来说,时常吃一顿肉馅饺子已经不难。而且,随着恩格尔系数的降低,国人的嘴吃掉的,占其劳动所得的比例将越来越小。如今正在进行全面的小康社会建设,我以为,首先要为满足全体国人的嘴的双重基本要求而努力——让每个人既能舒舒服服地享有口福，又能自由自在地讲出自己的心声。恩格尔系数在这双重意义上的逐渐降低，趋近并最终等于零的过程，其实也是人类自身从必然王国逐步走向自由王国的伟大历史进程。

　　想到这里，我便有一点儿陶醉。正陶醉着的时候，身边的电话铃声响了。接过电话一听，是多年未见的外省老同事打来的。虽含糊其辞，我还是听明白了：单位里最近搞改制，他被迫下了岗，想到北京来找口饭吃。看来，他不得不仅为一张嘴而赶迢迢千里路了。

　　瞧瞧这张嘴！

2003年10月17日，初稿于北京安慧北里安园甲8号。

空 谈 家

　　听信了医生的话，说是适量运动有益于健康，我和妻每天晚饭后就下楼来散步。大街上是万万不能去的。街面上，餐馆里正冒出呛人的油烟味，巨幅广告牌的霓虹灯在急速地闪烁，马路上的大小汽车呼啸着疯狂而过……出门来想寻一番宁静不成，却反而会让你感到眼花缭乱，心惊肉跳。不过，小区的夜晚倒是安静得多，虽然时常有迟归的小汽车开进来。

　　所以，我们总是只在楼下小区的院子里转圈圈。

　　这晚，一场难得的秋雨后，我俩又出来遛弯——按她的说法，是出来找回浪漫。照例，冷不丁地一两句玩笑话，是先要把她逗乐了的。逗妻子乐似乎应该是男人的义务和能耐。但玩笑毕竟是玩笑，说得太深奥玄乎，不易明白，也就不可乐了。比如说，1等于（1+1）除以2，虽然绕了一个小弯子，仍然等于1，是颇浅显的道理。但如果说1等于$tg\alpha$乘以$ctg\alpha$，又等于$sin2\alpha+cos2\alpha$，最后还是等于1，便很有些复杂，怕是不易让人生乐的。我说给妻听的玩笑话，多半是不算深奥的双关语，妻在笑过之后，总要慢下脚步来想一想，却发觉又被我轻轻地涮了一回。如此，散步的路才轻松起来。

"你这个不老实的家伙!"妻撵上来,在我后背上嗔怒地捶了一拳。

我不予理会,一脸严肃,自顾继续朝前走。

"今儿个天不错!"过了一会儿,我一本正经地说。

"呵,是的,你看还有一颗星星。"妻抬头望一眼天空,附和着,"真是难得!"

于是,我们谈起小时候在农村的夜晚。那时的夏天,夜空是那样的黑,星星是那样的繁多明亮,坐在屋外的道场上乘凉是那样的惬意,孩子们在老人鬼怪故事的恐惧中慢慢迷糊了眼睛……可如今,夜总是灰了巴叽的,连看见一颗星星也几乎成为一种新奇了,我们颇有些感慨。

我们又记起过去的同事来,说住我们原来隔壁的谁谁如何势利,住楼下的谁谁是个老实人,某某其实骨子里不坏,只是不太会为人……

望一望头顶上被高楼包围着的狭窄天空,想一想目前住得不算宽敞的房子,虽然有心想换一套大一点的,但以家里的收入和积蓄……我把话题渐渐地转到房子上面,与妻谈起未来的家来。

"这套房子就留给孩子吧。城市是年轻人呆的地方,我们将来老了还是回农村去吧。"转回到自家楼下时,我像是在自言自语地说。

"好啊,我完全同意!那——就回我老家去。"妻笑着接茬儿说。

"你们家……"我看她一眼。

妻的老家在山区,靠山镇边有一个大水库,安家养老倒是不错的,只是我担心不能适应那里的生活和饮食习俗。而我自己的老家也是个有青山绿水的好去处。我记起早年曾去过的一块地方,离镇的西边不远,那里有连绵的群山,山下有一口湖,四周是稻田,称得上一个理想的落脚地。镇上如今住着几个过去的老同学,将来可以时不时邀来聚在一起,两盘青菜,几杯淡酒,畅怀叙旧,消磨时日,该是晚年的莫大享受。但不知那里人是否肯接受我这个游离故乡多年的陌客。要不然就把家安在父亲身边吧。记得上次回去看望父亲时,在村北大约二里外,见过一片小山坡。天然长成的绿草,密匝匝地贴着地面。还有几颗高大古老的杨柳,几头水牛自由自在地在树下吃草。旁边一口抽水站蓄水池,久已废弃,水草丰茂。这是我孩时多次光顾过的地方。家安在这样的位置,虽有些孤单,但落得个清静,视线又敞亮。而且,回到父亲身边后,可以慢慢地补偿自己这些年来对他的亏欠。想到这里,我脱口说:

"还是回我们家去吧。我老家,你见过的——"

"但是,要是想看儿子怎么办?"妻截住了我的话。

"……"我一时无语,老家离京城数千里。

我们默默地又在院子里溜达了几圈后,在小区中心花架下坐了下来。

"只有去京郊农村了。"

"这是个好主意,双休日孩子就可以来看我们。"

得到妻的认同,我来了兴致,滔滔地说:

"我们可以自己动手盖一座两层小楼,想盖成什么样就盖成什么样。也不必着急一次就建好,一年不行就两年,三五年也没关系,装修不必太讲究。在自己亲手盖起来的房子里住着,感觉是完全不一样的。到那时,我们再也不用担心赶点去上班了,早晨想睡到什么时候起来就什么时候起来。"

我站起来,扬手在身前一比划,说:"将来,穿一身地道的中式衣服,在家练一练书法,看一点闲书,干点自己喜爱的事情,你说,那会是什么感觉?"

"……"妻子欲言又止。

我停顿了一会儿道:

"当然,要有一个小院子,里面种一些花草树木什么的——"

妻抢过话头说:"还要有一块菜地,我再喂头猪,养点鸡鸭,全是纯天然食品。你看如今城里吃的东西,还有什么敢让你下口?"

女人就是这么实际,我默默地说,心里掠过一丝不快和不屑。

"……"

我还想说点什么,妻却一放脚站起来,转口说:"乌托邦!空谈家!没有当地户口,人家会给你划地基么?走吧,再转两圈。"

我像被泼了一盆冷水一样扫兴,申辩道:"我们还算不上空谈家,只不过是空谈了一回未来的家罢了。兴许到时候,户口已经不那么重要了。即使不能实现,谈谈总是无妨的。"

走了一截路,我仍有些不甘心,问妻:

"你说,如果我们当年就在农村,只要稍稍作点努力,是不是早就已经有这样一个家了?"

"是的。但是,如果不出来,我们就不会走到一起了。"她边说边伸出手来挽住我,"所以,我还是宁愿出来的好。出来了再回去,跟呆在原地不动是不一样的。好比我们今晚出来散步……"

"有道理!"我扭头看了妻一眼,对她的话颇感意外。

一路上,我想不明白:当初怀了怎样的希望从农村里出来,为什么转了一大圈又巴望要回去呢?那些极平常简单的东西,原本可以很容易得到,奋斗了几十年后，怎的反倒成了一种奢望呢？

我没有答案，只与妻默默地在楼下来回转圈子。而家，高高地，就在楼上，虽然不是空中楼阁……

2003年9月27日，初稿于北京安慧北里安园甲8号。

再见"快乐"

至少对我来说，上班族年复一年的机械式生活，实在是单调乏味而令人不快的。每天早晨，不得不几乎在同一钟点离开家门，乘差不多同一时刻到来的公共汽车，沿固定的线路去公司上班。沿路车上虽然会出现一些新面孔，但总能看见几个熟悉而不相识的身影。他们也总是在相同的时刻，在相同的车站上下同一班汽车，大概也是上班的一族吧。接下来一整天呆在办公室里，面对的是几张毫无新意的面孔，除了逐渐变老外。桌子上一台无言的电脑，几堆沉默的文件。而文件总是惨白的纸张上充斥着黑色的没有激情的文字数据。黑白相混，让心情永远是灰色的，蔫蔫地总有些不乐。直到傍晚下班离开办公室，才能从这种灰色中临时解脱，心中多少有一点对家的向往。

室外的街面仍然一切如旧，尽管是在春天。的确，这是一个再平常不过的春天的傍晚。如果硬要说与平日有什么不同，那不过是空中正飘飞着蒙蒙细雨罢了。然而，灰暗的天色，让人丝毫感觉不到春雨贵如油的喜悦，也没有细雨润物无声的恬静（恬静？在闹哄哄的都市，恬静简直就是一种奢侈！）却只增加心中的沉重与忧郁。

正是在这样的时候，我和往常一样，下班后站在办公楼前的一堆人群中，一边无聊地等乘公共汽车回家，一边麻木地注视着眼前马路上人来车往。这时，一位老人蹬着三轮车，从我面前悠悠然地骑了过去。小小的后车厢里，载着一对小女孩，长得很像双胞胎，我猜，可能是老人从幼儿园接回家去的孙女或外孙女吧。小姐妹大约在三四岁，穿一样的蓝底布花衣，胖胖的洋娃娃似的脸蛋儿，双双面后而坐，正高兴地舞动着白胖的小手，向路边陌生的人们致意，小嘴儿高兴地连连喊着"再见，再见……"，像是湖面上优雅地划过的一对美丽的白天鹅,又像是半山腰里轻盈地飘过的两朵洁白的云彩。

但是,她们更像是为人们带来快乐的可爱的小天使!

我眼睛一亮,精神一下子为之振奋起来,心中生出快乐和温暖,脸上不由地露出笑容,一直目送着她俩渐渐消失在茫茫的人海车流中。

我与两个陌生小女孩的短暂相遇,好似在寂静无涯的湖水激起一朵欢悦的小浪花,给我回家的路上平添了一份快乐。任凭车子在拥挤的路上快慢穿行,时时地有人上车下车,我只闭着双眼,脑海里闪动着姐妹俩可爱的身影,耳边回响着稚嫩的告别,心中涌动着温温的暖流。如今,已经半年过去了,那短暂的一瞬仍是我清晰而美好的记忆。每每记忆和回味起来,我都感到愉快。而且,这记忆,我想还将更长久地保持。

然而,我很诧异。"再见,再见",来自两个素昧平生小女孩的再简单不过的告别,却让我产生了快乐,使我在迷漫着灰色的时日,与快乐短暂地相逢一笑,并在后来偶尔与之无预约地幽会,虽然我可能今生再也见不着那两个小女孩。(即使相见,她们也只会茫然地对我摇头。更大的可能是,她们当时压根就没留意我,她们甚至已经忘却了自己曾经有过那么一回快乐———一次平常的回家路上的快乐,于她们终究算不得什么。)但我仅仅是诧异而已,却不想深究其中的原因,只简单地享受这意外的天使们的惠赠。是的,我需要简单一回,对我自己。

倒是小女孩的行为更引起我的兴趣。

带给他人以快乐的人,他自己原也是快乐的,甚至比他人更快乐。看得出来,两个小女孩在向路人们挥手再见时是快乐的。她们是没有理由不快乐的,因为她们有着轻松而简单的心。她们不知道也不在乎她们的行动会带给路人快乐,不明白也不想弄明白快乐的理由,不理解也无法理解快乐的含义,她们甚至没有觉察到自己是快乐的。但一切都无妨,她们享受着回家路上的快乐,简单得很,也快乐得很。对于她俩,只要快乐就足够了。众多成年的路人,瞧他们那一副副写满心事的脸,有谁是快乐的?即使快乐,又有谁能比她们更快乐?

可以想象,小姐妹已经在幼儿园里尽情快乐地游戏玩耍了一整天。周围的色彩鲜艳斑斓,老师的笑容可亲和蔼,各式的玩具新奇有趣。虽然不免要与小伙伴发生一点不愉快的冲突,但哭过鼻子后就忘却了。放学以后,慈祥的家人亲自去接回家来。然后,就可以见到爸爸妈妈啦,还有丰盛的晚餐,舒适的床,奇幻的梦……衣食无忧的生活,充满爱的氛围,更重要的,还有简单的心灵,小女孩没办法不快乐。一快乐就要情不自禁地表现出来,就需要向别人诉说。于是,"再见,再见……"陌生的路人,我们是小天使,我们真快乐!

而成人的生活境况却不同。人们不得不为争取各自基本生存的权利而掠夺和竞争,还要为养家而拼命劳作,又要应对微妙却颇令人畏惧的人际关系。贪婪的人想拥有更高级的车子、更宽大的房子和更多的票子,虚荣的人想谋求更多的荣誉和更高的地位。固然,目标的最终到达,有能使人满足和快乐的,但也有心情因此被折磨得不堪重负而致麻木不仁的。生活有时就这样迷失了原本的方向,日复一日地重复着。在办公室灰色的阴郁中,几张毫无新意的脸也映照出自己过早的衰相。于是,"再见吧,快乐!"童心已泯,快乐终于渐渐离我们而去,消逝在茫茫人生岁月中,如同那两个渐去的小天使。

由此可见,虽然人生的快乐各种各样,可谓丰富多彩,其乐无穷,但切不忘记有一种快乐,那就是简单。简单的心思,简单的生活,简单的做人,简单的人生,就是快乐。乞丐也有快乐的时候,就像国王也不免会为苦恼所困扰。所以,快乐并非总是在于物质财富的拥有或显赫地位的占据,有时只需要简单就行。

有时,一句简单而诚挚的问候,不仅于己快乐,于人快乐,而且更增其前行的力量。就像在数年前的一个早晨,在国外一个旅游胜地,我划独木舟去了湖的对岸,等我上岸后准备上山去观雪山日出时,不远处,一个正要乘舟去上学的小女孩向我挥手,大声地对我呼唤。尽管我听不懂她的语言,而我心中却因此增加了怎样的快乐和登顶的力量啊!

还有一种境界更高的简单人生。比如,有些伟大的科学家艺术家,生活很简单,简单到单调、清苦的程度。他们心中只有一个简单的信念,一个简单到纯洁的信念,终其一生精力,不求别的,只做一件于他人有益的事业。这纯粹的事业就是他们的快乐小天使,令他们如痴如醉地快乐,乐在其中,是大快乐。而且,反过来说,他们的人生是何等地丰富!他们创造的快乐与力量,是何等地震撼人心并惠及全人类啊!因此,他们是全人类的快乐天使。

再回头看一看两个小天使。无疑,她们是在无意间给路人(至少是我自己)带来了快乐,用稚嫩而可爱的举动和幼小而纯洁的心灵。是的,无意间,快乐。相对地,就有有意,烦恼,以至伤痛。人生在世的所作所为,有些会无可避免地无意间给周围人——无论至爱亲朋还是匆匆过客——以影响,或者带来欢乐幸福,或者造成烦恼痛苦;也许是短暂的一瞬,也许长至终生。无意地施人以快乐是值得颂扬的善举;有意施人以快乐,如果不是出于不可告人目的的虚假作伪,便是出于爱的崇高表现。无意的伤害尚可原谅;有意伤及无辜则是人性的邪恶与卑劣了。善良宽宏者将牢记和感谢给自己以快乐的人，原谅和忘却施自己以伤害的人；懂得生活的人既善于发现和享受快乐，又知道如何拒绝或排解苦恼。对于某些人出于利己之目的而蓄意损害他人的言行，如果不加以抵制，就算不是与之同流合污，至少也是一种软弱。回顾自己的一生，我们曾经给人们带来了怎样的快乐与烦恼（乃至伤痛）呢？是有意还是无意？是否记住了带给我们快乐的人，珍惜他人带给我们的快乐，并原谅那些给我们造成不快的人，而愧疚和自责于曾造成他人的烦恼呢？在人生的快乐与烦恼之间，我们常常选择了什么，纵使谁也逃不过那终极的命运？

正如上天对每个人的一生都是公平的一样，小天使赐予沿路每一个人——甚至每一物体，无论它是否有生命——的快乐的机会都是均等的；亦如烦恼往往都是自寻的，快乐常常需要自己去发现和把握。有时它会不期然地来到你身边，稍不留神又会悄悄地溜走。有人为追寻人生的快乐，曾经踏过千山万水，穷尽毕生精力，到头来却发现，原来一路脚下满是未被留意的大小不等的快乐泉眼，但生命已不可逆转地将行至尽头，无奈空留下后悔和惋惜。小天使的快乐是慷慨而富有感染力的，且快乐的馈赠也非独自给我。但我不知道，当她们将快乐之花沿路抛洒时，蒙蒙雨色里，忙碌的众路人中，有几个心里会结出快乐的果实？或大或小，或微甜或甘甜如蜜，断不至于绝无仅有吧？如果真的竟无一人与我分享这意外的快乐，哪怕只是看着小女孩高兴地笑一笑，随着小女孩的远去而即消逝，那么，众人的麻木与无情是多么令人哀叹哟！对于快乐的无动于衷，就像无视恶行的存在一样，都是心灵的迟钝与冷漠。反观我自己，既然能把握一线均等而短暂的快乐机会，已从中品味出长久的愉快来，我何不去漫长的灰色的办公室生涯里寻找点点滴滴的乐趣呢？无聊的人生，正是因为点缀着斑斑驳驳的快乐才意趣盎然；正像灰白无涯的湖面，因阳光闪烁而美丽灿烂。

"再见——快乐"，回想起两个小天使说再见时的快乐样子，我以为，再见快乐，并非一定是将与快乐分离，或分离时的快乐；还可以是再一次与快乐相见，或相见时的快乐，亦如我此刻行将停笔时的心情——不是在与快乐道别，而是与久别了的快乐重逢，快乐得如同那两个小天使！

在我开始写此文时，题目上是没有标点的。后来，想来想去，我总觉得应在题目中的快乐一词加上双引号。当然，用意不在于说我要赋予快乐什么特殊意义，而是想表示要逮住和拥抱快乐，因为双引号看上去更像两双手臂，似在合力转动把玩快乐，更似去共同捕捉紧抱快乐。它们是属于那对小天使的；也可以是有一双属于我，另一双，我希望，是属于你的——假如你肯赏脸读这篇文字的话——正像这快乐本身。

终于，本文由《再见快乐》变成了《再见"快乐"》。

2003 年 9 月 12 日，病中初稿于北京安慧北里安园甲 8 号。

关于三尊雕像的思考

——读戈尔丁《思考作为一种业余爱好》

和许多淘气的男孩子一样，我们的作者威廉·杰拉尔德·戈尔丁先生，小时候是个令大人们不怎么满意而难对付的家伙，常常会因为干了某件不应该干的事情，或者没有干某件应该干的事情，比如说，将板球扔给小伙伴没击中却将教室的窗玻璃打碎了，或者没有记住物理课上的玻意耳定律，要不就是在上学的路上过分迷恋河上的风景，结果没有按时到校，而被请进校长的书房接受特别的教育。

在校长书房的橱柜顶上放着三尊小雕塑，即美与爱的化身——米洛的《维纳斯》，代表理性与思考的罗丹著名雕塑——《思想者》，以及力量与《自然》的象征———只蹲伏着的豹子。雕塑的主人似乎要借以表达或者向光顾他书房的人炫耀他自己的生活志趣，抑或是以此作为一种教育犯了校规被领进书房来的孩子们如何进行生活取向的手段吧。富于理性与思考，追求完美与爱情，与大自然和谐相处，这是多么高尚完美和令人向往的生命目标与意义啊！这位校长大人不是一个高雅的人就是一个虚伪的人。

而可怜的小威廉犯了错正在接受处罚，站在雕像下面，耷拉着脑袋，双手交叉背在身后，一只鞋在另一只鞋上来回地蹭。当他偶尔抬起头来胆怯地向上看一眼时，雕塑在他眼里便完全是另外的意义了。那位身体僵硬的半裸女士，满脸恐慌，害怕披着的浴巾会进一步向下滑落。她的处境悲惨而又尴尬，想把浴巾重新拉上肩头，却又苦于失却了双臂。显然，这既是维纳斯的恐慌、悲惨与尴尬，也是此刻小男孩的恐慌、悲惨与尴尬。

"你从来就不思考吗？"面对校长这样的训斥，在一个没有学会思考，只是痛苦地等待校长训话尽快结束的孩子看来,那个垂头沉思肌肉发达赤身裸体的男人,表情确乎是痛苦的。而那尊蹲伏着跃跃欲试的野兽,无疑是戴着一副闪亮的眼镜,让小男孩无法看见有任何人情味与同情心的凶神恶煞般的校长的化身。

可见,如果暂且忽略粗制滥造的复制品在多大程度上背叛了艺术原件的形式与内容,艺术的解读在这里就像文中所描述的第三级思考一样,成了一种感觉,而且是带有单纯幼稚的偏见——偏离了创作者原始的意义与大众观点——的感觉。雕塑是一种三维视觉艺术。文中三尊雕像的相对位置,给年幼时的作者带来了特殊的心理效应。一方面,这说明对雕塑品的组合与位置安排,从而在整体上产生出与各个单件雕塑的原始情况完全不同的意义与视觉艺术效果,就像对书法绘画艺术品的装裱与悬挂一样,似乎就不仅仅是一种技艺与劳动,更有艺术再创作的意味。另一方面,从小男孩稚嫩而恐慌的眼光里可以看出,囿于个人自身和环境因素的影响,对艺术的鉴赏与理解,偏离原创者的意图,似乎是不可避免的,只是偏离的程度不同而已,即便是面对雕塑这样以物化形式存在直接诉诸感官的艺术。

戈尔丁将思考区分为三级,我们不妨在思考中建立三级台阶,将三尊不同的雕塑置于台阶的不同位置。如果那些雕塑家们是不朽名曲的原创词曲作者,我则在这里把自己看成一个五音不全的初学者,将唱歌作为"一种业余爱好",斗胆一展生涩难听的嗓子,这可能会无意中造成对原创的曲解、不敬乃至亵渎,好在我只借用了小威廉的校长书房里的复制品。

三尊雕像并排放在同一级台阶上。思想与爱、美与自然并行,理性与情感和平共处,人类与自然和谐共存,这是一种难于达到和保持的理想状态。即使实现了理想,这样的状态缺乏应有的变化和激情,就像经院里的生活一样,不免显得死沉和单调,日子一久也就乏味了。且至少这还不是生活意义的全部,何况断臂的爱神本身似乎就预示着爱情的某种缺憾呢。当然,并不能排除在美与爱的追求中产生生命的火花与激情,但却总要受到理性的掣肘与束缚,生命力因此得不到尽情的燃烧与张扬。

那么,抬高自然的地位。在自然的怀抱里,一对赤身男女整日厮守在一起,有点像上帝伊甸园里的亚当与夏娃,但他们正受着蹲伏在头顶上的自然之神的凝视与监督,就像人类的一切行为于冥冥之中逃不过万能的上帝的眼睛一样。赤身男女同处一园,天长日久,免不了干些偷吃禁果的勾当。潘多拉的盒子从此打开。偷吃禁果的后果似乎不尽如人意,更不尽天意。理性与美的结合,就一定能产下完美无缺的人类之子,且如父亲一样有思想,如母亲一样美丽么？播种龙种者往往事与愿违地收获了跳蚤。谁能保证母亲断臂的生理缺陷不会被遗传给下一代呢？由此看来，世俗的郎才女貌的择偶标准显得多么荒唐可笑。

再抬高，将自然置于至高无上的位置。让思想考在力量与美之间思考吧。面对小美人裸露曲线优美的光滑后背，那位暴露着一疙瘩一疙瘩坚硬的肌肉，看上去精力过剩雄性十足的家伙，低头坐在那儿，胳膊肘支在腿上，下巴支在手上，双眉紧锁，脸色阴暗，这小子在胡思乱想些什么？是因为爱情遭到冷漠的女人无情地拒绝而陷入痛苦的沉思么？还是觊觎眼前女人的胴体，正暗自策划什么鬼主意去占有她？肉体的力量与思想的理性能征服美与爱情么？且慢，美是容不得糟蹋的，爱情是不许强奸的。那个高高在上的自然的野豹正虎视眈眈地盯着下面呢，你小子有两把子力气又怎么样，还不是它足下的一只兔子？它才不理会什么思想不思想呢，若惹它恼了，连肉体与思想一同吃掉。所以，知趣的，你小子还是规矩点，老老实实坐在那里做你的白日梦吧，不要在你高尚的思想下面遮盖不可告人的肮脏的肉欲。

所谓的换位思考，其实有时是可以将被同时审视思考的两个对象进行换位再作审视思考的。且把自然之豹请到第二级台阶，让那位故作深沉的思想家暂坐最高阶上。情形似有变化，但小美人悲惨的地位并没有多大改善。蹲伏的野兽正慢慢起身，两眼闪着机警、贪婪的凶光，向它眼前的猎物偷偷袭来，美人的外衣已被它撕扯去一半，双臂也在上一轮的搏斗中被野兽咬断吞噬了。它也是要她的肉体，但不是性欲意义上的肉体，而是食欲意义上的肉体。美与爱情，纯粹而又脆弱无助，遭受性欲与食欲驱使下的野蛮行径的践踏与吞噬，成为残破与毁灭，这是美的悲剧，也是人类与自然的悲剧。而在这美爱之神的反抗与毁灭中，那位身居高位的思想家仍然不动声色地（或假装着）在沉思，对眼下发生的一切虽近在咫尺，却如隔岸观火，袖手旁观，足见理性是怎样的冷酷无情。最可悲的是，这样的情景竟能在人类现实世界里一次次得到印证和再现。

美与自然是一对具有不可调和矛盾的情人。美与自然是那样的亲密结合，自然中有美，美看上去是那样的自然。美在自然的博大怀抱中，受着自然的呵护与宽容。自然力是伟大或邪恶的，但不可抗拒。它无视人类的存在，也不管什么丑与美，一旦愤怒地行动起来，便以势不可挡之力，惩罚人类，摧毁美，同时也破坏它自身，带有自戕的性质。维纳斯的断臂如果是自然力所为，便是自然摧残艺术之美的证据。自然又是温柔的，温柔得那么残忍。以物质形式存在的艺术及其所展现的美，比如雕塑、绘画，真的是永恒的么，不是在时时刻刻受着自然的温柔抚摸而慢慢销蚀腐坏么?无形中,自然让比萨塔倾身,大卫像蒙尘,乐山大佛失色。埃及的金字塔和狮身人面像经历了自然数千年这样的温柔抚摸,早已失去了当初的风韵,像一位满脸皱纹的孤寡老妇,正在苟延残喘地度着风烛残年。人类的文明史不过数千年,再过数千年数万年呢?届时,多少现存的艺术珍品将会自然地香消玉殒无影无踪?自然之美在自然力的作用下又保持了多少原始形态与魅力呢?

假若让爱神凌驾于自然与思想者之上呢?看那个赤裸的男人,在自然里怎样地辛勤劳作,以获得充饥的食物,来养活他心爱的女人。这样的图景既古老又现代。那只野豹身上具有力量与好斗的男性特征。在非洲的原野上,两只雄性的野兽在相互撕咬搏斗,而一只母兽则无动于衷地呆在一边。雄性的胜者将获得与母兽的交配权,正像思想者与野豹厮杀的胜者将赢得身居顶阶表情漠然的维纳斯的爱情一样。思想者躲在野豹身后,自以为有思想就了不起,声称是什么主宰者,把自然踩在脚下,毫无顾忌地索取掠夺,偶尔耍一点米老鼠的小聪明,愚弄一下自然,孰不知正受着自然的愚弄。若过分自负傲慢,让疯狂的猎豹回过头来咬死也是活该受的报应。

三座雕塑,三级台阶,简单的数学排列组合,演绎出不同的寓意,深刻有趣或牵强荒诞,令人眼花缭乱,令人困惑,也令人思考。

所幸人类自古以来,雕塑家们创作并保留下来如此众多的伟大雕像;所幸处在这样一个商业和制造业如此发达的时代,使大量廉价地复制艺术品不仅成为可能,而且成为时尚。尽管这样粗鄙的作践行为往往令一些真正伟大的艺术家们痛心疾首,平民百姓却因而有更多机会走近和解读艺术杰作,虽然不免变形走样。在令人眼花缭乱的地摊上买几个雕塑复制品摆在家里,固然可以美化、丰富居室和生活,但这终究不过是现实中一种简单而廉价的小摆设,一种附庸风雅的做作。而面对生命历程中如此众多地具有不同内涵与形象的雕塑,如何去理解,将在何时作怎样的选择,并摆在生命的怎样位置,都是值得思考的,而且是并非业余爱好的思考。这本身也是一种艺术,是思考和选择的艺术,更是生命抉择的艺术。一旦作出决定就立刻采取选择的行动,生命会因为这种选择而丰富和有意义起来。倘若能以个人的智慧灵感,融入高超的技艺和艰辛的劳动,将生命铸成了一座与众不同而堪称杰作的雕像,成为他人生命的某种启示和榜样,则生命会因此而变得相对地永恒不朽。

2002年9月,初稿于北京六铺炕。

等饭吃

这是每一个人都经历过的事情。若不信，你瞧——

新生儿一落地更嗷嗷待哺，没有谁能自行觅食，更不用说自己动手做饭吃了。由此看来，人类在生命最初阶段的自我生存能力，远不如一些动物。婴幼儿的等饭吃是最无助的，饥饿时的哭声，常会唤起我们心中的怜爱之情。

贪玩的孩子在同伴们离开后，突然感到了饥饿，跑回家来，抱着母亲的腿，带着"嗯嗯"的哭腔说："饭什么时候做好啊？我饿了。"多半情况下，撒娇的成分远大于腹中的饥荒。母亲一边在灶边忙前忙后，一边安慰着："你先出去玩会儿，饭一会儿就好，呵，好宝贝。"对于孩子们来说，最令他们期盼的食物，若不是除夕夜的年饭，就是生日的大蛋糕了。

年轻的姑娘独自在餐馆等饭吃，是最难熬和不自在的事儿。按理说，漂亮的姑娘，时不时总有人以各种理由请去下馆子的，说不定有的青年还以能邀她吃饭为莫大的荣幸呢。所以，当她独自点了菜——即使是再可口的饭菜，她也是没有多大兴趣独享的——在那里枯坐干等的时候，令她难耐的就不仅仅是孤独与无聊了，似乎还有点没面子的难为情，尤其假若对面还坐着一对亲密无间的情侣的话，当然，须是那位先生埋单。偏偏餐馆里还来了几个不那么老实的小伙子，火辣辣的眼光机关枪似的，一遍一遍扫过来，还要交头接耳一番，分明是在对她评头品足，犹如评价商店货架上的一件商品。再矜持的姑娘受了这样的待遇，也会有一种背若芒刺的感觉。这时，她只能在心里抱怨，跑堂的服务生脚步不够勤快，掌勺的大师傅动作太拖沓，想起身离开却又点过菜了。大胆的小伙子端着饭菜坐到对面，主动与一位陌生的单身姑娘搭话，演绎一场爱情故事后终成眷属，这样的场景毕竟是只在外国电影里才有的浪漫镜头。

但是，独个男子的境遇却不同。迈着悠闲的步子，从容不迫地走进一家经常光顾的小酒馆，那位厮熟的小美人儿，早已在门口恭候多时——虽说并不是在专等他——说笑之间，将他引到一个清静的角落。先沏一杯清茶，再递一支香烟，服务小姐毕恭毕敬地点过烟后，才款款地送上菜谱。客人慢条斯理地翻着早已烂熟于心的菜单,小姐则拿着笔纸耐心地静候一旁。要的菜不过是些便宜的家常小炒,但很是对他的胃口。菜一时上不来是不必急的,不妨先要一瓶冰镇啤酒。呷一口酒润润喉,抽一口烟熏熏肺,不慌不忙地等着饭菜,仰起头吞云吐雾,闭上眼休养遐思,嘈杂中独享一份悠闲清静。再看一看周围食客们雅或不雅的食相,也算是一种难得的欣赏。若无意中瞧见,不远处竟坐着一位秀色可餐的女子,食欲一下子倒是增加了八度,禁不住扯起嗓子喊一声"喂,小姐,快上菜。"

在家宴请几个亲朋好友,事先约好了晚上八点开饭,就是有那么一两个性急的人,七点不到就早早地来了,说是在自己家里闲呆着闷得慌,一时弄得主人慌了手脚。乱糟糟的客厅还没来得及收拾,水果甜点还没有摆上茶几。手里递烟沏茶,嘴里与客人应酬着,一分神儿,锅里的菜烧糊了。恰好在这时,第二个客人又嚷嚷着进了家门,直把主人忙得个晕头转向,心里窝着火还得向客人陪笑脸。好在来的都不是外人,来的目的也不纯是为了吃饭,一边与主人聊着天,一边帮着打下手,满屋充溢亲密和忙碌的气氛,这等饭的时光也就好打发多了。

生意场上的等饭,是颇不轻松的任务。人说商场如战场。谈判桌上杀气腾腾,双方唇枪舌剑,你来我往,早已杀得精疲力竭。歇息一阵也罢,缓和气氛、补充精力也罢,早过了该吃饭的钟点,商人们离开谈判桌去了饭桌。要的饭菜昂贵而丰盛。本可以在上菜前休息一会儿,消一消火气,想一想对策,以便饭后再接商战。但商人毕竟是商人,贪婪的本性使他连这短暂的等饭机会也不错过,慢慢地话题又从天气旅游之类转到生意上,话里便渐渐地带了火药味,新的一出戏就此鸣锣敲鼓地开场了。等饭的工夫没有成为商业谈判后的片刻小憩,却变成了新一轮商战的序幕。等到大盘小盘端上来时,饭桌上早已弥漫着呛人的火药味,盘中即便是美味佳肴,老板们也食不甘味了。饭桌终成谈判桌。

等领导吃饭是颇令人寻味的。科员们先到饭店,领导因为工作忙总要晚来,以显出领导就是领导。反正吃的是公家的钱,菜一律捡最好的要。领导不入席,菜是不能上的,这是对领导最起码的尊敬。大家都是同事,点完菜,一边耐心地等着领导,一边你一句我一句说着无聊的笑话。毕竟是吃饭的时间,而左等右等领导还迟迟不到场。有人的胃早已在暗地里咕咕叫着提意见。有人因为点了一道自己最爱吃而平时又舍不得自己花钱吃的菜,正闭目坐在哪儿,忍着饥饿,想着马上就要吃到的山珍海味,禁不住吞了几口口水。若不吞进去,岂不要垂涎三尺么?也可能有溜须拍马野心勃勃之辈,正坐那里幻想着，如何利用这次吃饭的机会，进一步增进与领导的亲密关系，盘算着如何向领导敬酒，并在心里默默地背诵肉麻的祝酒词。想着想着，仿佛自己已经平步青云飞黄腾达。当大家正各怀心思等待时，领导打来电话，说今天有事不能来了。没有领导参加的饭局，属利用公款大吃大喝，当在大举杜绝之列，招待费发票是无法签字报销的。AA制在讲究面子的中国行不通，何况大家手头都不宽裕，饭看来是吃不成了，一顿快到口的美餐，及与此相关的种种美妙幻想，就此灰飞烟灭。

大丈夫自以为是挣家庭饭菜钱的功臣，回到家是不做饭的，无论如何也要等妻子做饭吃，这种情形在一些别的国家更加普遍。坐在沙发里，双腿翘在茶几上，抽烟，喝茶，看报纸，看电视，男人在家等饭时往往是很耐得住性子的。其实，不妨放下大男人的架子，进厨房帮妻子一把。这样既减轻了妻子的负担，又能提高自己做饭的能力，还缩短了等饭吃的时间，不失为一种积极的等饭吃的方法。遇着哪天妻子没做饭，丈夫下厨露两手，也让妻子享受一下等饭吃的待遇。

有些饭是非等一等不能吃的。比如年三十的团圆饭，母亲或妻子做好后，是一定要等到远方的游子或丈夫归来后才开席的，等待的时日也许过于长久，一天，一月，抑或是一年，竟至望眼欲穿。星期天早起的老人，悄悄做好早点，自然要等着贪睡的孩子们都起床后才一起享用的。奄奄一息的饥民，无时无刻不在无力地盼望救济的食物。饥肠辘辘的乞丐们，急不可耐地巴望着酒醉饭饱的食客起身，好分抢一点盘中的残羹剩饭。决绝离异后的单身，死去亲人的家庭，就算等到天老地荒，失去的人也是不会再回来同吃一桌饭的。一群同学好友聚会，偶有一两个迟到，大可不必拘泥于礼节，是可以边吃边等的。满桌的头头脑脑们，大抵不会为着一名无足轻重的下属而暂时委屈自己的肠胃。狱中的死囚，心怀恐惧，最不情愿等也得等待着那顿最后的晚餐；病床上将死的人，绝望地等待他最后一次向这个世界索要的食物。

有些饭菜是盼望已久的，吃起来别有情趣分外香甜；有的饭菜是经不起久等的，等得太久了就要变味。而餐馆的饭菜若是质次价高，即使等得再久，恐也少有人问津。有时饭等人吃；有时人等饭吃。多半是人吃饭；饭被人吃。但是，吃了有毒的食物被毒死，贪吃太多被撑死，吃的太少被饿死，因挣饭钱太辛苦被累死，便似乎大有饭吃人、人命被饭吞噬的味道了。人说病从口入，病极了难免有一死。这样说来，人吃了一辈子饭，到末了竟被饭吃了。饭菜充足的时候，人们彬彬有礼地等待着去盛自己的那一份；食物匮乏时，人的种种恶劣本性怕就要暴露无遗，少有君子的谦谦风度了。

有的人一辈子都在等别人为他做饭吃,饭菜做得不合胃口,还要破口大骂做饭的人。他们不过依仗名门望族、高官巨富的出身,衣来伸手,饭来张口,过着养尊处优花天酒地的日子,其实,未必有足够的能耐,挣回自己的那份饭钱。对这样的人,人们的心态是颇复杂的,有羡慕的,有嫉妒的,也有鄙视的。

不能自食其力的伤残病人、老人和小孩,等待别人做饭吃是值得同情的。而在旁人看来,本来丧失做饭能力的人,竟不甘坐等他人的施舍,挣扎着不仅为自己做饭吃,而且还为别人做饭吃。这样的人,不仅令人佩服,更值得敬重和感谢。等着别人端来饭菜,没吃几口就全盘倒掉的人,是最不能原谅的。好吃懒做的人,成天奢望天上掉馅饼的美味,最好免费馈赠他一顿丰盛的流质食物——西北风夹黄沙。

民以食为天,吃饭是人生头等重要的大事。人一辈子,不是等人做饭吃,就是自己做饭吃,或做饭给他人吃。要是人人都在等饭吃,大家是注定要饿肚子的。所以,能做饭的人,还是不要等饭吃,更不要厚着脸皮要饭吃,而是要亲自动手,为自己也为他人做饭吃,一是毕竟自己做的饭吃起来踏实香甜,二是对社会对他人也有所用处。

2002年8月,初稿完于北京六铺炕。

"半瓶水"之我见

这里的"半瓶水",不是国人们常说的"满瓶子不荡半瓶子荡"里的那半瓶水,而是取自西方国家中一则妇孺皆知的寓言。说的是甲乙两人同时开始喝一满瓶水,各自喝到一半时,甲说:"我已经喝了半瓶水。"乙说:"我还有半瓶水没喝。"据此,人们普遍认为,甲是在带着悲观的情绪看事物,相比之下,乙对待事物的态度是乐观积极的,因而往往更为可取。

既然这一观点被广为流传和接受,自有其真理性的一面。但任何真理都是有条件的相对真理。这一观点正确的一个必要条件是,须肯定水对人的解渴作用,似还有某种程度上的珍贵难得。

首先，乙的心态不一定就比甲的更可取。比如说，当两个长途跋涉于沙漠中的旅人，在各自喝下自己的那半瓶水后，剩下的半瓶水，对持后一种心态的人继续坚持旅行直至走出沙漠，无疑具有正面鼓励的积极意义。这种心态固然可取，但第一种心态也并非一无是处，他未必就心灰意冷地等待死亡的厄运。他可能会想：我已经喝了半瓶水，手里仅剩最后半瓶了，如果我不加快步伐就可能走不出沙漠。因此，"我已经喝了半瓶水"就可能成为推动他加速旅行的动力之源。君不闻古人言："哀者胜？"

再说，也非绝对甲就是悲观主义者，乙就是乐观主义者，有时可能恰好相反。当喝水不是为了解渴，而是成为必须完成的沉重负担时，性质就完全起了根本的变化。当今世上有各种稀奇古怪的比赛以创五花八门的吉尼斯纪录。许你承办吃冰淇淋、食蛋糕、喝啤酒之类的大赛，就不许我举行个喝水大赛？水瓶既有一升装的矿泉水瓶，也有20升的饮用纯净水瓶。如果甲乙两人各自捧着一大瓶纯净水比赛喝，我们完全可以认为，赛程过半时，说"我已经喝了半瓶水"的甲，比说"我还有半瓶水没喝"的乙更充满自信。

人类语言用来表达感情，人们说话有时会带上某种主观情绪是难免的。其实，悲观也好，乐观也罢，都是人的主观情绪。但带着主观情绪看待事物，往往容易造成片面性，难于做到实事求是，情绪严重者甚至可能导致意想不到的不良后果，所以并不一定可取。再拿体育比赛来说。许多有足够实力夺金摘银的运动员，由于过高地估计了对手，造成自己的心理压力过大，反而临场发挥不出自己的真正水平，结果败在了实力不如自己的对手之下。也有的运动员赛前过分乐观，以为金牌非他莫属，心理和竞技准备不足，结果同样归于失败，因此赛场上常有黑马杀将出来。聪明的教练赛前总是认真地分析对手，为自己的选手做好全面细致的准备工作，在为其加油鼓劲的同时，忘不了叮嘱选手放下思想包袱，不悲观也不乐观，上场发挥出平时训练中自己的最佳水平就是胜利。所以，以一颗平常心参加比赛，最大限度地发挥出自己在当时的主客观条件下所能达到的最佳竞技水平，且胜不大喜过望，败不悲痛欲绝，才是真正成熟优秀的运动员。这样的运动员即使没有登上领奖台，无疑是登上了自己人生旅途中的一个顶峰，更无愧于心理赛场上的冠军。体育赛场上如此，人生的竞技场又何尝不是这样呢？

"喝了半瓶水"与"还有半瓶水"，聪明的人能从中体会出说话者的情绪不同，也许免不了要嘲笑那些体会不出差别的人智商偏低。然而，抽丝剥茧，既能先发现二者的不同情绪内涵，又能理性地将其均回归和理解为"喝了半瓶水还有半瓶水"这样无情绪的事实陈述，才是真正的智者。所谓"大智若愚",我猜差不多就是这个意思吧。所以,当一个人说"我已经喝了半瓶水"时,你不妨鼓励他:"你还有半瓶水呢。"当一个人说"我还有半瓶水"时,你别忘了提醒他注意:"你已经喝去半瓶水了。"

人类语言还能描述客观现象。"半瓶水"的寓言所描述的,其实是这样一个事实:一满瓶水被喝去了半瓶,还剩下半瓶。这种近乎数学语言的描述,排除了人的主观因素,既没有悲观,也不存在乐观,倒是更加客观,并同样能给人以某种启示。

2001 年 1 月 13~14 日,尼泊尔乡村。

爬楼梯

曾经读到的一篇英文中说,一个人的生活中,除了基本的物质生活和正常的工作学习外,还应培养几种业余爱好,诸如对文学艺术、体育游戏等方面的兴趣。否则,他会觉得生活乏味无聊。

这对一些有闲阶级来说也许并不难,但对大多数普通老百姓来说却非易事。即使在现代社会,仍有相当多的人成天都在为争取养家糊口的基本生存条件而辛勤劳作,哪有闲暇去品味享受生活的其他乐趣呢,充其量不过是得闲时在电视机前坐一坐。就算有什么业余爱好,由于受主客观条件的限制,如要玩出点名堂来,也是难上加难。

比如,我自己就没什么业余爱好。打牌下棋无甚兴趣,艺术音乐又不太懂。能称得上业余爱好的,也许只有文学。但还相当的肤浅,不过是在百无聊赖时漫不经心地读几篇散文,心血来潮时写点自娱自乐的文字,却从来未在任何哪怕是一家地方小报刊上发表过一篇习作。我对体育也不着迷。只能说我还算会游泳,却常常因季节和没有可供游泳的适当场所而疏于实践。羽毛球倒是常打,但不可能总到正规的场地去玩。而随便在一块露天平地上挥一挥拍,也须在歇风息雨的天气,并且还要有对手才行。受到这些因素的影响,所以也不是天天打羽毛球。

偏巧我长年累月从事脑力劳动,大部分时间都在室内伏案工作,有时工作任务还颇为繁重。如长此以往，我本来就底子单薄的身体就会显得吃不消。所以，为从长计议，还必须坚持每天有一定量的运动。万般无奈之下，我只好选择爬楼梯来锻炼身体。这相对来说简单易行，只要有楼梯的地方，比如办公楼、自家的住宅单元楼，无论刮风下雨，都能独自进行，而且不需要什么技巧，锻炼身体的效果也颇佳，我每次爬不到二十分钟就会大汗淋漓。

  在人们看来，爬楼梯恐怕是最无聊烦闷的活动之一。这哪里是在娱乐呢，分明是在受罪自残。在楼道里一次次单调重复地上上下下，让人立刻会联想起那整日围着磨盘转的蒙面驴。

  然而，人毕竟不是驴。希腊神话中，奸猾的西绪福斯受罚终日重复地往山顶上推一块大石，想必曾经给我们以某些启示。从劳其筋骨这一点来说，正与爬楼梯有异曲同工之处。那些在体育赛场上摘金夺银的英雄，有几个不是在场外年复一年日复一日地重复训练动作呢？庙里的和尚整日在阴暗的禅房里打坐念经枯燥否？科学家在实验室里成千上万次重复做同一个试验的例子也是屡见不鲜的。不错，我们大都愿意从事新鲜而富于创造性的工作。但我们有时免不了要为生计而工作，还得尽社会的责任。这些往往需要我们耐心地去重复相对简单的劳动，就像有的大教授还得年复一年地给新生上同样的基础课，或者现代化生产流水线上的工人可能连续几年只上同样一颗螺丝钉。所以，爬楼梯这种看似简单枯燥的运动，正可以磨炼我们的耐心和毅力。而耐心和毅力往往是我们从事其他有意义工作所必须具备的基本素质之一。

  要说爬楼梯也能花样翻新，创造奇迹。你可以悠悠地慢爬，也可以匆匆地快爬，或者快慢交替着。既可以上快下慢，也可反着来。可以一鼓作气，也可时爬时歇。在电视上，我曾看见过世界上爬楼梯最快的人和最高的人，也看见过骑自行车和身子倒立着爬的人，都上了吉尼斯世界纪录。这难道不算爬楼梯爬出的奇迹？

  这项运动也不乏魅力。对于一个生活节奏有规律的人来说，必定会定下一个专门的爬楼梯时间。每天时间一到，便立刻放下手头的工作，更衣换鞋，稍事活动筋骨，开始爬将起来。可以规定一个时段，比如半小时或一个小时；或者一定的来回趟数，比如五十或一百回合。前半程，你会信心十足地在心里念着："我已经完成了多少多少回合（分钟）。"后半程，你又会满怀希望地不停说："还剩下最后的多少多少回合（分钟）。"等到规定的任务全部完成，你心中甚至还有某种胜利后些微的轻松与喜悦。假如哪天因为别的事情没有爬，心里可能还有些遗憾，考虑今后如何补上。

  爬楼梯还有一个好处，就是在爬的过程中，大可不必将心思全用在它上面。善于思索和惯于惜时的人，可以一边爬一边思考问题。这样，既锻炼了身体又不耽误时间，可谓一举两得。法国人卢梭晚年常散步，曾写下了《孤独散步者的遐思》。如果你是位哲人，爬楼梯中也许能酝酿出传世的哲学著作来。

我不是哲人，但在爬楼梯的过程中，不免偶尔要想一想这一活动本身。形象地说，爬楼梯的过程类似数学中有规律的正弦波。浪漫地说，又如在弹奏音乐。一级台阶就是一个琴键，一层楼梯就是一段旋律，整个楼道就是一首乐章。脚踏楼梯，或轻或重，或缓或急，从楼底踩到楼顶，仿佛是演奏了一首钢琴曲。如能伴随着思想的低沉和声，是颇为优美而富有内涵的旋律呢。

试想，爬楼梯总是从底层开始，向着既定的目标——顶层上升。爬上楼顶后，可以从顶窗看更美更远的风景。楼顶上看风景固然好，呆的时间长了未免有点孤独和乏味，真正爬楼梯的人是不会贪恋的，总是转身就下楼。下楼当然是为了再一次登上楼顶。身处楼底也不过是暂时的，总有一个希望在召唤你冲顶。一个真正爬楼梯的人，花在楼底和楼顶的时间相对短暂，而总是把更多的时间用在了上下楼梯的过程中。爬得累了，不妨在中间的平台上歇息一小会儿。

一段时间以来，我独自住着一栋三层小楼，几乎每天下午都爬一回楼梯。就这么一次次从楼底层开始，曲曲折折，迂回盘旋着上升，经过台阶和平台，直至抵达实在不算高的楼顶，于起起落落中，爬完自己有限的一段生命里程中的级级楼梯。

2001年2月10日，初稿于加德满都。

子 宫

虽然每一个人的生命都是在母亲子宫内孕育成熟的，但恐怕没有谁具备如此非凡的本领，能够在降临这个世界乃至长大以后，仍记住自己在子宫内的亲身经历和体验。科学告诉我们，那时人的大脑及其功能尚未完全形成。

好在人脑富于推测和幻想，能够通过间接经验——如今还可以借助科学技术手段——想象出子宫内在孕育生命时的大致情况。那大概是一个寂寞无声温度适宜包裹着一层宫膜的黑暗的小天地，一个生命胚芽的宫殿。

然而，在某种程度上说，我们身外的这个世界更像一个硕大的子宫。一个人来到世上，与其说是降生，不如说是从一个子宫，经过一道可膨胀的细颈瓶口，进入到了另一个子宫里。

很难说，子宫内就完全是一片死寂。母亲体外的声音，以及体内肠胃的蠕动和心脏的跳动，也许要在子宫内引起声波振动。反观我们所处的世界，尽管一片喧闹嘈杂，人的听觉能力却总是有一定的限度，声源频率太高、太低或距离太远都无法听见，这样的声音相对于耳朵来说也是一片死寂。所以，生活在地球上，我们听不见外星的声音。对于爱热闹的人类来说，这未免有些孤独寂寞。相反，如果我们远离地球，从宇宙中来倾听时，也听不到发自地球上的声音，至多只能隐约听见一些极其微弱的"咝咝"噪声。是的，对于宇宙来说，发自地球的声音实在是太微弱了，除了自身听一听外，谁也不在乎。对于精神上失聪的人来说，即使有美妙的启迪心智的上天之音萦绕于耳畔，他也是听不见的。那么，他的心灵世界一定是一片死寂。而对现实中嘈杂之音充耳不闻者，其心灵世界则是一片安详宁静。

正像子宫内的体温并非完全恒定一样，我们所处的环境温度，在时空上都是变化的，只是二者变化的程度不同而已。人类因适应了这种变化而得以延续发展，这是生命的顽强。但当这种变化过分剧烈，以至不适宜生命存在其中时，生命就不会产生或将要走向灭亡，这又是生命的脆弱。人类的一个荒唐作法是，一方面在制造人为的环境，比如安装了空调的四季如春的屋子，让自己身在其中享受舒适的同时，生命力也因此变得更加脆弱；另一方面又在人为破坏自然环境，使之越来越不适合自身的存续。此举的最终结果是不言而喻的。

初上地理课时，老师就告诉我们，地球表面百分之七十为海洋所覆盖。这样大体积的水是足以将整个地球淹没的，就像子宫里充溢着羊水一样。人体百分之七十也是水，生命对水之需要，正如孕育中的胎儿之离不开羊水。子宫无偿供给胎儿以氧气和营养，大自然也慷慨恩赐人类以一切生存所必要的养分，不仅有物质上的，而且有精神上的。只是照目前的情形看，这个自然之子过分贪婪和奢华，吸食太过，使得自己看上去过分肥胖臃肿，而大地母亲却因此而失血过多，变得苍白瘦弱不堪重负了。我们头顶上的大气层，无疑就是大子宫的壁膜了。从空间上看，生命的种子之于子宫，有如生命之于大地，大地之于宇宙。而生命的播种，也如同地球的形成、生命的起源一样，是一次更多带有偶然性的杰作。

不可否认，我们身外是一个五彩缤纷包罗万象的世界。但我们的眼力还相当近视，到了近于失明的程度。隐身于事物中的尚未被人类发现的一些自然规律，就像我们四周透明的空气一样，是我们所视而不见的。我们有如井底之蛙，囿于一方狭窄的小天地。周游过世界的，也不过是井蛙绕井的边壁畅游了一个小圆圈。就算能暂时飞离地球，那也只是井蛙在水面上蹦跳了几下而已。由此，我们难免目光短浅，思想浅薄，心理自傲。其实，即使在艳阳高照的大白天，除了太阳，地球以外的天体肉眼能看到几个？倒是在漆黑的夜晚，我们还能看见来自宇宙的一些微弱而冷漠的星光。我们自以为充满智慧，身处科学技术高度发达的文明世界，这是人类的盲目乐观。实际上，如今人类的智慧和经验，对精神和物质宇宙的探索和认知还相当肤浅，那景象不过像是迷茫黑暗的夜空中，有几点星光在闪烁罢了，不比胎儿的那个小天地亮堂多少。

尽管人类进化到现在，与过去相比已然高度发达。但如果把整个人类现象当做一个人的一生，也许我们现在所处的阶段，还只是地球这个子宫里尚未完全发育成熟的胎儿。也许人类会中途胎死腹中，也许地球是一个多产而伟大的子宫，孕育一茬又一茬的人类，也许它终将衰老得丧失怀孕能力，成为一片毫无生机的不毛之地。实难预言，人类这个胎儿瓜熟蒂落之时，是否就是其归于毁灭之时。

而生命的灭亡同诞生一样，也是从一个子宫里，跨过一道门槛，进入另一个子宫，那同样是一个寂静无声温度适宜，并为一层隔膜所包围的黑暗的小天地。那是一个生命的冥府，一个宇宙的黑洞。不过，那道门却高大而宽敞，永远对每一生命个体洞开着。迟早他们都将不请自来，无一例外。

2003年4月7日，初稿于北京安慧北里。

野藤　流云　冰雹

自打小麦抽穗后，天就没有再下过一场雨。持续两三个月的干旱肆虐大地。七月的骄阳下，向日葵无力地耷拉着脑袋。塘埂上扒开的缺口裂开了细缝，塘底儿暴晒在阳光下，活像乞丐手里伸出去的破碗。塘边的一片秧苗因缺水早已枯黄，稻田里交错布满了一道道一两公分宽的裂缝。

接连多天，万里晴空不见一根云丝儿。烈日下，田野的上空，缭绕的热气依稀可见。灰白色的土地上闪烁着细碎的银光。空旷的荒野上，除了孤零零的一两根野藤寂寞而艰难地活了下来外，几乎见不到什么生命的绿色。野藤的历史已无从考证，此时已长成半尺许。也许是由于土地过于贫瘠，或者是因为太缺乏水分，要么是种子本身不够饱满，总之，野藤长得很是瘦弱，甚至有点儿卑微。它没有华丽的衣饰，生命的形式看上去很简单，以至有些单调、丑陋，但也不乏质朴。一根似纳鞋底用的绿线，将三几对薄而无光的叶子穿成一串，这就是野藤生命构成的全部。但野藤却在与干旱的抗争中顽强地生存着。阳光下的藤梢还是绿油油的充满生机。野藤微弯身向上伸张，像是在渴望，在期盼，在招呼，在寻觅。藤身在一天天加长，几天后藤梢搭上了一根麦收时漏割的枯麦秸。细藤缠绕麦秸慢慢向上生长攀爬着。

这天早晨，天空中一朵白云从远方姗姗而来。野藤高兴地扬起头，向流云招手致意，似在恳请流云光顾人间，滋润大地。流云略一驻足，向野藤嫣然一笑，又飘然而去，在远处化成条条银丝，渐渐藏进天空的蓝幕里。随后整整一天，再没有白云经过这里。野藤并不灰心，仍愉快地期盼着生长。

又是一连多天不见云彩。野藤满怀希望地迎接一次次朝阳，又洒脱地送走一个个落日。同时，野藤继续努力地生长。虽经暴晒，底叶已经枯死，藤的根部也枯瘦下来，第二、三对叶子泛出了淡黄色。但藤梢看上去依然精神焕发，乐观地生长着。在与干热的气候的较量中，竟还孕育出一朵小小的紫色喇叭花儿。

如雪的流云成群结队簇拥而来。野藤像一位钟情的少年，向洁白的流云献上自己辛勤培育出的那朵紫花，在花里寄托着爱慕与渴望。野藤热烈地渴望，甚至是在哀求流云化作一场甘雨，投入大地的怀抱，拯救那些因缺水而垂危的生命。流云似乎没有听见它的呼唤，并不答理这浓浓的恋情，只是在空中自由舒卷，变换着身姿，方才还是慈祥宁静的观音，转脸又作凶神恶煞般的怪兽模样，似雪山，如棉海，一路嬉闹追逐奔向远方。流云去处隐约有电闪雷鸣。火辣辣的夏阳还在整日整日地炙烤大地。田野上空已见不到热气升腾——土壤已被完全烤干了。烈日下的野藤显得精疲力竭，叶子蔫了，一向朝气蓬勃的藤梢也在低头喘息。但经过一夜的休息，野藤又精神抖擞，生气盎然，昂起头期盼着生长，末梢向上盘旋着长高了寸许。

那天傍晚，滚滚流云黑沉着脸，怒吼着席卷而来。狂风卷起阵阵沙尘。空气里有些湿润，气温变得凉爽。天空暗了下来。野藤在风沙中欢呼雀跃，翩翩起舞，像是在硝烟中迎接战斗的胜利，又像是在汹涌的大海边期待远航归来的情侣。流云以排山倒海之势向大地迎面扑来，直向野藤压下去。顷刻间，大地一片晶莹。第二天早晨，向日葵仰起了美丽的笑脸，池塘里的水反射出朝霞的红光。稻田里，农民在播撒新的种子。几天后，旷野里钻出斑斑点点的嫩芽，小鸟们在田间清新的空气中翻飞欢唱……可是，田野里那根曾经期盼着生长的野藤，它的叶子和喇叭花的小半截子被埋进潮湿的土壤里，藤茎从根部断开了，绿色的藤梢失去了原有的光泽，从麦秸上怏怏地垂下来，在徐徐的晨风里无力地轻轻摆动。

原来，那滚滚流云不是化作甘雨，而是变成了一场特大冰雹。是那场冰雹无情地剥光了藤叶和花朵，砸断了枯瘦的藤根……

1996年11月2~3日，北京小黑虎胡同。

抽奖有感

除夕前一天的晚上，我犹犹豫豫地去大使馆参加了新春联欢晚会。走到晚会大厅的门口，工作人员要我从一个敞开着的纸盒里拿一张小纸条，说是可以抽奖。我随意取了一张，在大厅里灯光下展开一看，上面写着"91"两个数字。

晚会的现场张灯结彩，水果糕点整整齐齐摆了一二十桌，倒有点节日的气氛。参加晚会的人，要说多，远没有达到拥挤不堪水泄不通的程度；要说少，还不至于门可罗雀冷冷清清。就这么东一堆西一摊地坐了百十来人。晚会的节目谈不上精彩，无外乎唱些卡拉OK曲，穿插几个简单的游艺，但不乏热闹。来的人大多恐怕也不是为了欣赏节目，而是来看一看或者凑一凑热闹。

晚会进行期间抽了三次奖，每次由主持人邀请两人抽出十名中奖人，都是大使、参赞或其他有头脸的人上台开奖。

最先开的是三等奖。当开奖人从纸盒中取出写有号码的纸条时,我下意识地从兜里取出那张不大的纸条,再一次看清了是"91"号。在开奖人念中奖号码时,我心里暗暗有些紧张和期盼,希望听到喊"91号"。但十个号码念完了,没有91号。我心里不免有点失望,但我又马上安慰自己,三等奖的奖品轻,不值得中奖,再说还有二等奖和一等奖未开,我仍有中奖的可能,说不定我还能中个头奖呢。

等开完二等奖又没有91号时,我就有些垂头丧气,心中的失望已大于希望了,并开始觉得我那天的运气不好,甚至觉得91这个数字本身就不吉利。看着中奖人开心地上台领奖,我在心里暗暗地说:谁笑到最后才笑得最好。

到了最后开一等奖时,我的心几乎提到了嗓子眼,手里紧捏着91号纸条,怀着最后一线希望,屏住气听开奖人念着号码,念出来的哪里是一个个简单的数字,于我简直就是金口玉言。每念一个号码不是91号,就如同一根棒子在我心里狠敲一下。念到第九个号码,我的心已经完全失望,想着来参加晚会的不过百十人,开了近三十个奖,我竟没有中奖,早知运气这么坏就不会来参加什么晚会了。就在这时,开奖人洪亮地念出"91号,谁是91号"。几乎在同时,我高高举起了手中的纸条,心也一下子激动了。

紧接着是上台领奖,奖品是一个刻有孔雀开屏和花纹图案的大铜盘。当我接过奖品转身走回座位时,竟不由自主地举起了铜盘,仿佛我是在什么国际体育大赛中拿了冠军似的。

晚会结束后在回办事处的路上,我坐在车里想:今天的运气到底还是不错的,联欢会没有白来。我还想将来把铜盘带回国,该挂在家里什么地方合适。一回到屋里,我对同事讲了我中的奖,并对他说,他今天本也应该去的,热闹热闹不说,没准也能中个奖什么的。

躺在床上,我还在想中奖的事。开头还觉得高兴,但慢慢地却品出另一番滋味来,不禁浮想联翩,对今天的行为感到诧异,我想我是过分地看重这次抽奖了。

不就是一个小小的奖品么,看把你折腾的。今天你的思想要算最自由的了,也就暴露得最充分了。你平日不总在向别人吹嘘你对物质金钱看得很淡泊,以显示你的清高,显得你在这个物欲横流的社会里与众不同么?一个铜盘就把你思想深处的贪婪照映出来了。你平时对股票不太关心,也从未涉足过。每每看到电视新闻中股市瀑涨瀑跌的消息,你就会在心里幸灾乐祸地说,在那些靠投机发财的股票炒家中,不知又有多少高兴多少愁,说不定已有人倾家荡产跳楼自杀了呢。以你今天的心态,设若你也去炒股,怕早已为小小的损失而跳楼自杀了。看来你的境界并不比其他炒家高。你不是说你是经历了生活的各种风浪和考验的么?得着了奖就兴高采烈,满面春风;得不着奖就怨天尤人,哀叹命运不济。以你这样的心理素质,何以能应对未来生活中的坎坷和不幸?你经常不无自豪地声称,你所得到的一切都是你通过自己的努力换来的,你经常一本正经地教训你的还未懂事的孩子,要他通过自己双手的诚实劳动来获得报酬。运动员得了冠军尚有资格向人们展示他的胜利,因为他曾经为之付出了艰苦的努力,并且是胜利者。你今天除了来参加晚会又为晚会做了什么呢?你今天的胜利是战胜了谁?这个铜盘是靠你自己的劳动赢得的么?你有什么理由如此希望得那个铜盘呢?再说体育竞技固然在现代社会充斥着铜臭,但少不了重在参与的成分。你参加晚会也仅仅是为了参加而已,起初并不知道有抽奖活动,怎么到了现场就对之如此看重呢?你不是自以为在主宰自己的命运么?实际上,你不总是在由别人安排。你的职称,你的房子、你的工资不都是由别人定下的,与你的实际能力和劳动成果究竟有多少直接的联系?你的上司一句话通知你出国工作,你不就得在这块陌生的地方独自呆几年?你今天的心情竟也完全掌握在开奖人手中,他那么随意地在纸盒子里取一张纸条就能决定你是不是中了奖,进而决定你的心情高兴与否。你最看不起小市民,觉得他们俗,你今天比小市民还小市民,还俗。你自称追求心灵的自由,何时才能实现真正的心灵超脱与自由?

  在这内心的独语中,不知不觉夜已经深了。外面的车辆还在一辆接一辆地从门前的环城路上通过,很嘈杂。我躺在床上丝毫没有睡意,一个问题一直困扰着我:唉!我何时才能静下心来睡着觉呢?

1999 年 2 月,加德满都。

落　纸

  上班时,老 C 推开年轻的 B 经理的办公室门,来向他的顶头上司汇报他认为十分重要而自己又不能作主非 B 经理定夺不可的一件工作,正赶上B经理坐在电脑桌前全神贯注地玩扑克游戏。据说除了工作，B先生的唯一业余爱好就是玩扑克，时常在家里玩，在办公室玩，在出差的旅途上玩。和太太邻居们玩，和领导同事们玩，实在没人就独自一人玩。用各种纸牌玩，用电脑玩。至于是否也像电视小品演的那样用名片玩，鄙人未曾考察过。

老C为打扰上司的雅兴而由衷生发的眯着眼歉意的微笑才露出一半，便转而睁大眼吃惊地"啊"了一声，眼见随门打开吹进屋一阵风，将放在对面窗台上的一堆文件最上面的一张字纸刮出了窗外。老C和B经理伏在窗台上，俯视着那张纸片轻盈优美地向下划过自由的曲线，最终飘落在楼下对面的一排平房的平屋顶上。B经理随手翻了翻窗台上的文件堆，脸上毫无表情地说："是不是是昨天总公司发下来的文件？"像是在自言自语，又像是在对老C说。如果说老C刚进门时还仅仅感到抱歉的话，那么这时的他便怀有一种近乎犯罪般的惶恐不安了。如此重要的文件竟然因他的开门而吹丢了，岂不是罪过？老C将头伸出窗外，看见贴着平房的山墙正好有一只铁梯通向屋顶，仿佛遇到救星似地说："我这就下去捡。"B经理未置可否。

老C一口气跑到楼下，绕了一个大圈到达平房，又绕着平房转了两个来回，才找着通往铁梯的通道。铁梯平时少用，入口处堆满杂物。老C扒开一些杂物，踩在上面上了铁梯。爬上屋顶，老C看见那张纸还安然躺在那里，这才松了一口气。等他弯下腰去捡时，纸片似乎不无捉弄地向前跳了一跳，他赶紧抓去，第二把才逮住。

老C一看纸的正反面，颇感失望沮丧，心想这张纸实在不值得他费这么大的力来捡。他本想扔掉，但转念一想，万一B经理今后找不着那文件，怪罪起他来，他如何说得清楚？犹豫片刻，他还是拿着那张纸原路返回，气喘吁吁地进了B经理的办公室。上司接过纸来只扫了一眼，便揉作一团随手扔进了废纸篓，看也不看老C一眼，继续玩他的电脑扑克。原来那张纸根本就不是什么总公司下发的文件，而是B经理跟他的胞友们学习"54号文件"的辉煌战果——每个人名字下面画着几个王八。

老C在原地怔了好半天，一时竟忘了来B经理的办公室是为了什么。

2001年夏，初稿于北京。

伤 疤

无论生活的道路是否一帆风顺，我们的一生总会受到各种各样的肉体伤害，在身体上留下一块块一道道的疤痕。等到即将离开这个世界的时候，如果还来得及并且有心看一眼自身的话，也许不难发现，虽然鲜见遍体伤疤，但大体可以称得上伤痕累累，使我们不能给这个世界一个完满的交代，这既令我们自己遗憾，也令完美主义者沮丧。

总体上说，我们是以一副完好无损的身躯来到这个世界的，这或许是我们唯一可以为身体的完整性而感到自豪的。可是，我们一降生就至少受到了一次伤害。这或许是世界赠送给每一个人的见面礼？虽称不上是以怨报德的恶行，却未尝不是一种投桃报李的小玩笑。受伤的位置很有些特别，位于对称而又富于变化的身体的前表面中轴线上，在黄金分割与中点之间的某个位置，留下一块明显的伤疤。这近于符合美学原则，是一个美丽的伤疤，又似乎很有些哲学的隐喻，并注定伴随我们终身。这个伤害似乎是大了一些。是的，也许再没有什么比割断与自己母亲间血肉联系的伤害更大了，尽管这看上去更像是瓜熟蒂落的事。

在以后的岁月里，身上所受的每一次伤害，都是人生的一次独特体验。而这种体验多半远在肉体的疼痛之上，甚至可以说，几乎没有什么感受、感情和情绪不能从伤害中获得体验，所缺少的也许只是你有幸未遇到合适而不幸的受伤机会及自身的敏感性。而由伤害造成的每一处伤疤，都是一个特殊的标记，里面至少隐藏着一个故事。故事的内容，就像伤疤的外形一样，是千差万别的。而故事的大小、精彩与否等也许并不重要，重要的是它的确是一个独特的故事。人生的丰富不在于一两个故事的重大与精彩，而在于独特故事的多少；好比画面的丰富不在于单一色彩的鲜亮，而在于各种不同颜色的有机搭配组合。

比如，种牛痘留下的伤疤，是那位英国乡村医生盖在我们胳臂上的图章，反映出科学的进步和人类与疾病斗争的决心。而一个人种痘及其前后的情景可能仍历历在目。世上种了多少个牛痘，至少就有同样多数量的故事。退伍老兵胸膛上的伤疤，或许是一次战争的残酷烙印，代表着过去的勇敢、荣耀、生死的考验以及起死回生的幸运，成为一种可以炫耀的资本。而伴随新娘初夜伤痛的是羞涩与期待，慌乱与兴奋，奉献与占有，失贞与忠诚……似乎就在承受伤痛的一刹那，完成了人生中一次重大的角色转换，一次多少有点伤感的交替更新，恐怕是一个女人终生都难以忘怀的无形伤疤。

记得在小时候，大约是刚上小学吧，在一个麦收季节，我去请姨妈一家来过端午节。这意味着我将度过一个快乐的节日，除了能有一顿难得的好吃的食物外，还可以与我的同岁小伙伴——姨妈的大孩子痛痛快快地玩上一场。大约是高兴得太早了一点儿，一路上我手舞足蹈，并在经过一个新麦草堆时，突发奇想地跃上去，翻了一个跟头下来。不知怎的，似乎跟头翻得不甚优美，也许就是一个失败。起身后就感觉右眼处有点儿异样，用手一摸，是黏糊糊的鲜血，我想一定是麦草里藏着的砖头瓦块什么的刺伤了眼睛。糟糕，要成瞎子了！我一害怕，就号啕大哭起来。姨妈赶忙过来安慰我，帮我擦掉血迹，并带我到赤脚医生那里去包扎。几天后揭开纱布块，在我右眉上留下一道细小的伤疤，至今仍依稀可见。

这件事除了受伤本身曾令人疼痛之外，伤前伤后的一切都是那么自然、愉快而美好，成为一次回家路上的有意思的小小插曲，如今回忆起来仍倍感亲切，甚至已化作一种美感。这一切大约因受伤才得以保存记忆，封存在右眉上那道已隐约了的伤疤里，而疼痛感却早已不存在了，何况这疼痛在当初就不是那么严重。有了这样的经历以及后来多次类似或更严重的经历，如今，每次看见小孩跌跤后哭得认真伤心的样子，我一边要好心地去安慰，拉他起来，不知怎的，却一边要发笑，至少是在心里笑。伤痛是让我们变得坚强勇敢、豁达明理、富于同情和爱心，还是变得麻木和冷漠？

但有时我看到儿子额头上那几处豆粒大小的伤疤时，却会懊悔地想起那个盛夏午后的酷热和我突如其来的愤怒与残忍。当时，孩子才五岁，额头上正接连不断地生出脓包来，成天头上缠着一圈纱布，像一个受伤的小伤员。看到孩子疼痛不安的样子，别提心里有多难受了。那天下午出门前，我曾反复告诫他不要到外面去晒太阳。等我不一会儿回来时，就从后面阳台上发现，他正与一个小伙伴在楼下玩，受着火辣辣的太阳的炙烤，我以为这无疑会使他多生几个脓包。也许是爱子心切，也许是感到为父的尊严受到了一次挑战，心中顿时升起一股怒火，我一声怒喝把他叫了回来，跟着一记巴掌重重地扇在孩子的小屁股蛋上，立刻在细嫩的皮肤上留下极明显的紫红色掌印。

多年过去了，掌印早从孩子的身上消失，却怎么也无法从我的记忆中抹去，成为心中一块自责和愧疚的伤疤。是的，有的伤疤明显地长在我们的身上，而有的却暗暗地掩埋在我们的心里，虽然看不见，却分明感觉得到，并让我们长久地痛，而且同外在的伤疤一样，不仅仅是痛。

一些伤疤几乎留在每一个人的身上，或者说，大家在共同承受着一种伤痛。日本人的入侵曾是全民族耻辱的伤疤，"文革"的爆发则是国人的狂躁与阵痛。这些血腥岁月里留下的创伤，既有肉体的又有心灵的，既是个人的又是全民的，既是时代的标记又是历史的警示牌，其中包含的错综复杂的血泪故事，更是不计其数罄竹难书！

更有一些伤害其实早已降临——有时像一位穿美丽花衣的隐形小妖精——但因为种种原因却一时不被感知。所留下的伤疤或迟早会显现出来，或永远难以被发现——但这并不意味它不存在——要么就是视而不见，成为身心某种缺陷的印记。这是一种悲哀。

而死亡则是对生命实施的最终的也是最大的伤害，是生命群体为保持其延续而对个体采取的果断而残酷的行动，是生命个体对群体的最终贡献，也是一条生命路程终点禁行的路标。也许走向死亡的过程是痛苦的，而死亡本身并不会让生命自我感觉痛，也不会给身体留下什么伤疤，反倒让其从一切伤痛中彻底解脱。当然，即使留有伤疤，也只留在活着的人们的心灵上，而生命本身已经不在乎，或者说已无暇顾及了。

2003年10月28日，初稿于北京安慧北里安园甲8号。

水上世界

北京东城的青年湖公园内新近建了一个水上娱乐园，名叫水上世界。盛夏的一个午后，烈日当空。人们聚集在水上世界，消暑，嬉戏，游泳。不大的水池里挤满了人，像一锅饺子，更像一窝蚂蚁。

一池碧水，清亮，柔顺又无情，缠绕于人们的周身，把彼此隔了开，使你感觉不到他人身体里散发出的热气，受用着直入腑底的凉意，心也会渐渐凉下来，甚至怀疑人的身体到底会不会向外发热，浸泡得久了，在四周陌生的面孔和躯壳的桎梏里，还会生出一丝淡淡的压抑、束缚和孤独感。就连那一对对热恋中人的拥抱，尽管裸露的肉体看上去紧贴在一起，也不能实现完全的占有，体感不到爱情的热烈。凉丝丝的水像一个多事的陌人，不知趣地插在了恋人之间，让他们燥热的身体降温，冲动的情绪冷却。情侣的吻更是带上了水一样的凉味，吻唇上探不出爱人的深处藏着怎样的心。无孔不入的水，无处不在的凉。水上世界，如水的世界。

有几个年轻男女于水中围站成一圈，在顶塑料气球。他们玩得忘情痛快。气球像一把快乐的鼓槌，在人群的头上敲听阵阵欢笑声。笑声真实，毫不做作。一位白皙丰腴的少女，懒散地仰面躺在环形浮圈上，双手在水中似有似无地慢慢划动，猩红的唇微笑着痴痴地盯住水里的男友。小伙子先猛推一把浮圈，浮圈载着少女窜出一截子，随后小伙子又游过去推。一个青年男子背上驮着丰满的妻，胸前抱着娇嫩的女，在水中人堆里游来荡去。妻子的双臂搂着那男子的脖子，悠悠然，偶尔也腾出一只手来，摆舵似的转动着男人的头，使他转弯。女儿的一双小腿在水面翻出朵朵欢腾洁白的水花。男子在水中缓慢而不停地四处游动，任劳任怨而又略带疲惫，只为寻得一方好去处。

岸上，一位满脸皱纹的老妇人，瘦小干瘪的身子陷在轮椅里，目光呆滞地望着水池。一群少女身着紧身泳衣，现出娇柔的身姿，袒露的肤肌，闪着青春的亮泽。她们一路嬉笑，旁若无人地从老妇人身边走过，纷纷跳进看似清澈的水池中，混入密集嘈杂的人群里。

岸边来了一个中年男人，身上凸起一块块棕色的肌肉，冷漠严肃的脸上架着一副墨镜。他在池边稍活络了一下四肢，便纵身跃入水里，随即钻出水面直向前游去。他的泳姿连贯，坚定，迅速，有力，把其他人一个个追上，又甩在了身后（有的人游得慢，有的人泡在原地不动）。人们自动为他闪出一条泳道，目送他前行而肃然起敬。一眨眼功夫他游到对岸后换一种泳姿又游了回来。他无心戏水，也不理睬周围的人群，如入无人之地，只是沉默地不知疲倦地来回游，仿佛他来到水上世界只是为了奋力地游，且要无休止地奋力游下去。

在水上世界，也来了一些新手。初次见水，欢喜，新奇，胆怯而又跃跃欲试。他们在岸边蹑手蹑脚，迟迟不敢下水。冷不防被同伴用力一掌推下水去。一两个人躲在靠岸的角落里，先看别人的动作姿势，再模仿地游。划臂蹬腿，憋气换气，初学者一丝不苟地重复着一个个动作，时不时还呛几口水，闭着眼捂住嘴干咳，但并不灰心歇息，咳毕又继续学。也许不久，他们会在水上世界掌握劈波斩浪的本领，成为人群里勇敢的弄潮儿。

1996 年 9 月于北京。

书中蝴蝶

一本一时兴起随手从朋友书架上借来的旧书，后封皮已经被撕掉，书角翻卷，几乎快要散架——《希腊神话和传说》上册。书中夹着一只干缩压扁了的飞虫，个头只有拇指指甲那么大，娇小得像飞蛾；双羽贴近身子部分呈湖蓝色，羽尖一带为灰黑色，美丽如蝴蝶。我不是博物学家，以前从未见过如此美丽的蛾，或者说如此小巧的蝶。蛾蝶之辨并不重要，暂且称之以蝴蝶吧。

这本书出版于 1988 年，时间并不久远，却已如此破旧，想必在我之前已有多人阅读过。"书中自有颜如玉"，书中的小蝴蝶似乎赋予这句话另一层活灵活现的含义。我没有考古癖，但在第一眼见到它时，些微惊喜之余，我还是不禁好奇地问：是谁，为什么，有意还是无意，将这只蝴蝶夹留在书页里？也许那是一个简单、美丽而又有趣的故事。

我猜，那一定是在一个阳光灿烂的春天。绿茵草地上，无名的野花盛开，五彩的蝴蝶纷飞。一位美丽的少女盘腿而坐，就像书中的那位智慧女神，手捧着书本，心思时而被书中远古神奇的故事所吸引，时而为眼前的春光美景所迷惑。低头抬头间，一只小蝴蝶如同神话中翩翩的小仙女，轻盈地飞落在翻开的书页上。姑娘就手轻轻合上了书本，留住了蝴蝶。同时，蝴蝶也因此失去了自由，失去了生命。她那颗善良的心，此刻于惊喜快乐中，也许要掠过一丝哀怜。如果这幅情景是真的，我想象不出，是少女一人独坐草地上，还是有她热恋中的情人或亲密的女友们陪伴在身旁？那么，她的朋友是否留意到她合书逮蝶的举动，是否察觉到她那一瞬间亦喜亦忧的心情？时至今日，美丽的姑娘是否已将此事忘得一干二净？这一切，连同这个我大脑中臆想的故事本身，于我是一个永远不得其解的谜。

当然，关于蝴蝶的故事，还可以作其他更为丰富的幻想，比如从蝴蝶忧郁的色彩上，你大可以认为它与某个凄美的爱情故事联系在一起。

而那位在书中留下蝴蝶的读者，也一定想象不到，我这个于他多半是素不相识的人，会继他之后读这本书，并对书中的小蝴蝶特地留意了一番，然后在这里写这篇文字。这就像古希腊的吟游诗人们在创造和传唱众神的事迹时，绝对料想不到，时隔数千年之后，神话被翻译成东方文字结书出版，尽管这些神话内容本身充斥着迷信占卜和对未来极富想象力的预测。

是的，世间的确还有许多事情是人们难以预料的。爱因斯坦创立相对论之初，绝没有想到会有广岛的灾难。澳洲的最初殖民者引进欧洲兔时，也未曾想它会在这块新大陆上泛滥成灾。如今吵得沸沸扬扬的克隆人类，究竟是祸还是福？就算在最平常的日子，你也不知道此刻吸进的一口气，饮下的一杯水，源自哪一片天空，哪一条河流；明天的早餐和打算上街购买的新衣出自哪一块农田，哪一家工厂；出门后将搭上哪一趟巴士，碰见怎样的陌路人。看起来即使生活于现代社会的人们，似乎仍然时常处在一种混沌未开的境况里，好像生活中有太多的偶然、无序、多变和不确定性，难怪有人感叹"人生无常"。

但其中又隐藏着必然、有序、恒常和确定性。古人们盲目地相信神的意志，现代人则认定规律的作用。而留在书中的蝴蝶属偶然还是必然？这终究是个谜。真实发生了的蝴蝶故事早已随风而去，只有蝴蝶本身依然存在。姑且将之原封不动地保留在书页里，让此刻尚不知道的后来者去重新解读吧，那将是怎样的故事呢？

一本书的故事会这样越读越多，无论书里还是书外。

2001 年 4 月初，初稿于加德满都。

工程师的心灵世界

堕落

裸睡

心我

我的朋友——E园

堕 落

那一刻，我有一种想哭的感觉。

想哭，不是因为在那个阴雨绵绵的江南秋夜，独在异乡的我，心情正处在沮丧绝望中，突然间，是我故乡儿时同学的一个电话，给我带来一丝温暖与感动，仿佛使我的沮丧与绝望找到了一根救命的稻草，让我似乎看到了遥远的戈壁上空一线落日的余晖。他打电话给我时正在新疆出差，告诉我戈壁的晚霞很美。我不知道他是出于何种动因给我来电话，是感动于戈壁沙滩落日的壮美景色，还是动情于"同是天涯沦落人"的孤独与漂泊？是的，不知道。

然而，我知道，我立刻就想哭，一听到他在电话里说："我堕落了！我没有文化了。"带着醉醺醺的笑意，似乎说得很轻松，却透出一些悲凉来。从他的声音里，我听出他又喝高了，他告诉我又整过去了一斤多高度白酒。

大约三十年前，他曾经是一个翩翩少年，举手投足间，于轻狂不羁中表现出几许小诗人的气质与天赋，而那时他对杯中之物尚无特别的嗜好。他爱好文学，后来上大学选择了汉语言文学专业，最初的理想是成为一名作家或者艺术评论家。

李白的斗酒诗百篇，还有尼采的哲学，似乎可以说明，文学艺术与酒有某种必然的联系。然而几十年后，对于人到中年的他，却只剩下酒，没有文学艺术了。他没有将酒与文学艺术实现有机完美的结合，却将喝酒变成了生活中唯一的"艺术"，用他曾经的话说："就这么点爱好（指嗜酒）了。"

一个曾经钟情于文学的人说自己没有文化，是对自我人生的悲哀；发现自己的堕落，是一种酒后的清醒。或许那个儿时的梦想早已泯灭遗忘，诗人的气质与天赋已经消失在茫茫大漠烟尘里，但对自己人生的境况仍然保持着清醒的认识与良知，这或许就是人到中年的境遇。一颗自知堕落的灵魂，或许仍将自甘堕落下去，但还没有完全彻底地堕落。到了秋天，一片一年成熟一次的庄稼地是一幅喜人的秋色；长年不变的浩瀚空寂的沙漠也是一幅迷人的风景。

　　想起变化一词。变化总是与某种新生与死亡、成长与衰败联系在一起。一个事物是在另一个或一些事物的死亡中获得新生的，并且从一降生便开始走向自己的对立面——死亡，成长的过程其实也是逐渐堕落衰亡的过程，一路呈现出生机勃勃的景象，也散发着阵阵腐败的臭味，可以说，那是死亡的成长，腐败的生机。想象一下腐尸上拥挤忙碌的蛆群，那是怎样一个过程呀。

　　故乡的老宅门前有一棵古槐，古老得早已树干开裂空心，可以容得进一个人。老人们说，它是我们家族的血脉与族神。记得在我小时候，它曾是枝繁叶茂绿荫如盖，我那时对它种植于何年以及那敞开着的空洞躯干充满好奇。如今，几十年过去了，周围的景致与人事已经发生了根本的变化，但它仍然屹立在那里，似乎仍是原来的样子，一贯地沉默稳重，只是看上去整个树体仿佛是按同一比例稍稍稍缩小了一些，枝叶似乎也没有印象中那么繁茂了。几十年来，我一直远离着它，只在偶尔回故乡探亲时，对它投去匆匆的一瞥，并在心里对它说："哦，你还在呀！"我不知道，它这些年是如何生长过来的，经历或见证过一些什么事情，以它的沉默与稳重。但如今一想起这颗树，心中便不由地生发一种眷恋、敬畏和感动。对于一颗古树，几十年或许只是整个生命的一小部分。一颗树到了一定的年龄是否就不再增高长粗？这棵古槐在这几十个春秋里，曾经一岁一枯荣，难道就没有成长过吗，但为什么却是越长越抽抽呢？如果成长过，是不是一种衰老与堕落的成长？

　　其实，我与这位儿时的同学还是表兄弟，严格地说，我们的生命是源自那棵古槐下的同一条血脉。几乎在我离开古槐外出的同时，我也与他分别了。几十年里，我们断断续续地见面和联系，对彼此的生活存在不同程度的陌生。但我明白，每一个人都要吃喝拉撒睡，都要经历一些人事纷争。或许正是在吃喝拉撒睡的过程中，心中的梦想渐渐被遗忘，在人事纷争中慢慢变得如此贪杯，直至如今，大脑中已经全然没有诗人的特有细胞，只有正被酒精浸泡麻醉的神经。

　　所以，我想哭，为他，也为我自己，因为我也在堕落。但却没有眼泪。

2006年9月14日，初稿完于宁波北仑。

裸　睡

人的一生，大体上有三到四分之一的时间是在睡觉。如果说要关注生命质量，就不得不至少应对如何睡好觉稍加留意和研究。其中，是和衣而卧还是裸身就寝就值得略作探讨。

依愚见，着衣而眠大多没有必要，甚至显得有点荒唐。衣服的基本功能无外乎有三：遮羞，保暖，美观。一个人多半在一间相对黑暗狭小的密室里睡觉，除了大热天不必无遮无盖以外，身上总要覆以毛毯被子之类的东西，基本上把整个身子捂得严严实实，根本无需什么衣服来挡丑。热天里睡觉，只求凉快不得，酷热难耐时恨不能扒一层皮，散热还来不及，又何需裹衣保暖呢？其他季节里，只要盖上适当厚的被子就足够暖和了。真正寒冷的时候，薄薄一层内衣又无助于御寒。而独眠于暗室，既无他人来瞻观你的睡相，你自己又睡着了，就无所谓美不美了。而且美或丑主要不在于睡姿的雅观与否，更何况一般来说，内衣总没有外衣那么漂亮。就算穿着华丽的睡衣能增强自信，使自我感觉良好，未见得你就因此而很快入睡，睡着了就能做得一个美梦。至于衣服的其他作用，比如其社会与文化意义上的，对于独处一室睡着了的一己来说，更是无关紧要。所以，我以为，穿衣睡眠多半属蛇足之举。

睡觉时穿着衣服，不仅是多余，且有许多麻烦和不适。整个白天里，我们都在穿着衣服，如遇严冬时出门，穿戴得更是臃肿厚重，身躯为托衣之重系带之束所累。尤其一些爱臭美的女士，为显身段苗条动人，更要用衣服把身子捆绑得绷紧扎实，那可怜的血肉之躯所受的委屈与痛苦便不堪言表了。这实属不得已而为之，很对不住自己。而夜晚到了床上仍穿着衣服，哪怕小到只是一条紧身三角裤头，总是对身体的某个部位起着或紧或松的限制。即便是穿上宽大柔软的睡衣，总还是裹在身体的周围，令睡觉时翻身动肢多少有些困难与不自由。

夫妻同床，更不必捂得那么严实。夫妻之间，免不了常有男欢女爱之事。两口子穿戴整齐地睡在一起，就像男人在进入女人身体前正式地喊一声"将革命进行到底"的政治口号似的，斯文体面得有点滑稽，但却相互不能看到赤裸裸的对方，也体会不到肤肌相亲的快乐。及至一番亲昵之后，心急火燎迫不及待地要行做爱时，却还要等着先去宽衣解带，岂不有煞风景地扫兴？底气不足的男士或许因这一等待而先行败下阵来，空留下"壮志未酬身先死"的悲壮与遗憾。而一对夫妻如果连自己的身体都不愿毫无保留地奉献在对方面前，谈何心灵上的充分理解与相通？只怕多是貌合神离，同床异梦吧。

既然穿着衣服睡觉如此多余和不便，不如干脆彻底摆脱身上一切衣带的羁绊，赤裸裸地躺在床上来得干净利落、洒脱轻松。让白天劳累了的四肢得以自由舒展，体内积聚的污液浊气得以排出散发，困倦的大脑得以休养松弛，恐怕连做起梦来也更多自由和想象。据说，医生多建议人们裸睡。这样看来，裸睡似还有科学的依据，不失为一良好的养生之道了。

人本赤条条地来，还将赤条条地去。每一次沉睡，都是一次暂时地远离喧嚣的尘世，一回模拟黑暗的死亡。为何不无牵无挂地遁入另一个世界，即便这种逃遁只是梦间一瞬？所以，此时我们的身子理应摆脱所有衣服的牵牵挂挂，就像我们的心思应该远离世俗的恩怨纷争与名利欲望一样。

的确，牵累我们心身安息的远远不止几件衣服，还有我们身处的社会和自然环境。环顾四周，充斥眼下现实世界的还远不是理想的栖身之地，梦中之境。更有发自内心的过分奢望与欲念，只弄得心身为名缰利索所束缚，而使生命本身过于沉重和不自在，过于劳累疲倦。这便是我们所处的本末倒置的尴尬境地。只有像脱掉衣服一样摆脱奢欲，才能落得一身轻松，才可舒展理想的翅膀，飞抵澄澈宁静而高远的一片净空。

还是在夜深人静的时候，回归到属于自己的小世界，脱掉蔽体的衣饰，揭去伪装的假脸，还自己以赤裸真实吧。并且，仔细看一看自己，包括赤条条的肉体和心灵的自我。当然，这需要理智、勇气和诚实。有的人只是夜以继日地忙活或浑浑噩噩地活着，从来没有理智地想到要留出时间去面对自己，和怎样面对自己。身为凡夫俗子，身心难免有些缺陷和丑陋，有的人虽有自知之明，但却没有足够的勇气去正视这样一个真实的自己。而那些在自己面前都做假的人，则是十足的自欺欺人的伪君子。

裸睡是状态，方式，是境界。裸睡是简单，朴素，是真实。裸睡更是一个返璞归真的过程。我养成裸睡的习惯，也经历了一个反复而漫长的过程。

初记事的时候，无论春夏秋冬，我总是光着身子上床。长大一点就穿开裆裤钻被窝。随着年龄的增长，羞耻之心渐强，睡觉时穿的衣服越来越多。起初只穿一条短裤，接着在上身加件汗背心，后又在外面套一身秋衣秋裤，记得最多时再罩件毛背心。但那时从未想过穿这么多的衣服睡觉舒不舒服,也没有考虑另有更妙的睡法。就这么稀里糊涂地一气睡到三十开外,才想着尝试换一种睡法。又反过来一件一件地脱了衣服,直到最终脱得一丝不挂地躺在床上,方才体会到这裸睡竟如此轻松自由,潇洒爽快,真是妙不可言。所以,每每在环境许可时,我总是选择裸睡,日久竟成习惯。当然,三十多岁以后开始裸睡,就我个人而言,并不能机械简单地理解为一种人生成熟的选择,却增加了我对生命意义的理解。

裸睡既成一种习惯,是要继续这样睡下去的。同时,我将按自己对生命意义的理解,简单真实而有意义地生活着。除此之外,别无他求。

2001年2月9~10日,初稿于加德满都。

心 我

你是存在于我精神世界里的真实,我却无法捕捉你空灵的踪影;你是藏匿在我现实躯壳里的空灵,我又无时不能感到你真实的存在。

一次次,从我思维的毛孔,从我灵魂的细胞,你袅袅地升起,集聚成一片如梦如烟的流云,在我幽寂暗蓝的心空自由飘荡。你向上轻盈地飘飞,飞抵那阳光普照的净空。你又徐徐飞扬,扩散开去,舒卷弥漫于我无边的心际。你化作细柔的春雨,浸润我广袤的心田,与现实中的我轻轻融为一体。

一回回,我打开心扉,解开心锁,将你自由地放飞。你像一只欢愉的小鸟,扑闪着理想的翅膀,飞向天顶,闪射着耀眼的灵光。你遇寒流,遭雷电,但你仍翱翔,你仍欢歌,羽毛沾满冰霜,双翅挂着创伤,你缓缓飞回我温暖而宁静的心窝。

你是一匹不羁的烈马,嘶啸着在我心灵无际的原野上狂奔;你是一条凶猛的困兽,咆哮着在我心牢狭小的空间里急徊。

然而,你更像文静而灵秀的少女,尽管在平庸的日子里我略显几分浮躁。你美丽天真的脸庞罩着朦胧的面纱,你冰清玉洁的身躯披上虚幻的帷幔。时间让我逐渐走向成熟和衰老,而你却因为善思而永葆青春与美丽。

我的爱都因你而产生；我的情总是最先给了你。我爱大自然，我将这爱诉说给它听，可它并不理会。我爱亲人，我的情往往因为山隔水阻或出于含蓄木讷而没有倾诉。只有你用博大的心怀接受和积蓄我情爱的全部。

　　你是一位良师益友。没有谁比你更洞悉我的心灵，也没有谁比我更知你的心思。因为有了你，我一生都不孤独。你与我一同走过寂寞漫长的童年时光，我在与你的热烈讨论中度过学生年代。幸福时，你与我共饮心中的美酒；痛苦时，你代我咀嚼人生的苦果。得意时，你送来一股沉醉的春风，却又叮咛我千万不要太得意；失意时，我邀你于漫野迷离的秋雨，你安慰我说让过去的成为永远的过去。你愿与我保持一生的情谊。也许我离开人世时身边旁无他人，只有你在相伴，如果死神降临的那一刻，我的大脑还保持最后的清醒。当我离开人世，你将重返天国。

　　可是，我却有愧于你。我曾不珍惜你的友谊，听不进你的忠告，与你斗气争吵。出于虚荣贪婪，我一次次践踏你，伤害你，扭曲你。难道一定要等到永远失去你后才明白，我以前是怎样地误解了你，才会怀着悔恨去追寻你？只怕那时再也找不回原来的你。

　　你是我唯一的拥有。我的财富，如果我拥有，我愿拿去救助贫穷。我的才气，如果我具备，我愿用来探索知识。我不得不把青春付诸岁月；只能将梦境托给酣眠。我的心连同生命可以献给爱情，我的血脉乃至个性可能遗传子孙。但是，唯你，我无法奉献，也舍不得捧出。我自私，我不能做到彻底的无私，假若是因为我无法将你全部的给予。因为只剩下你，我显得很贫穷。因为全部拥有你，我又实在很富有。

　　我与你互为君臣，彼此占有。你役使我的身躯，我占据你的灵魂。分不清是我在向往你而追赶明天，还是你在召唤我去跨越今天。我俩又相互独立，天各一方。我生活于现实的环境，你只游离于虚幻的王国。我只属于今天，永远跨不进明天的门槛。你隶属明天，从不满足今天的获得。

　　你是一缕阳光。由于你的照耀，我冰冷的身体才感到温暖，漆黑的生活才呈现多彩，黯淡的生活才萌生希望。

　　你是一根贯穿全身的脉搏，由于你的跳动，我苍白的脸孔才容光焕发，疲倦的身子才又精力充沛，无奈的人生才不算行尸走肉。

　　父母赐给我生命、性别和健全的身体，又教会我站着走路。因为你不矮小奴颜，我才没有蜕变为一条令人厌恶的爬虫。纵使有一天，我双耳失聪，两臂残缺，但只要你用心智的健全与力量谱曲，我便因为你而奏出生命的绝唱。

　　谁都不能保证自己一生不使坏。假若我行骗，再巧妙的谎言也瞒不过你犀利的目光。假若我作恶，或许可以逃过法律的制裁和公众的谴责，但纵然逃向天涯海角，还得终日接受你公正的审判与无情的鞭挞。多少次威慑于你严厉的呵斥，我思想中的邪念才没有被付诸行动。多少回感召于你的善心，我才对路边的身残乞儿心生怜悯……

你是存在于我精神世界里的真实，我欲捕获你空灵的踪影；你是藏匿在我现实躯壳里的空灵，让我再现你真实的存在。

呵，心我。

1996 年 12 月 14 日，初稿于北京小黑虎胡同。

我的朋友——E 园

人的感情是一个奇怪的东西。不必说人与人在一起学习工作，久而久之可能产生友谊，因而有"人生得一知己足矣"的感慨。也不必说在一个地方生活习惯了，你便对之怀有依恋之情，故又有"金窝银窝不如自家的穷窝"之说。单是一件相伴多年的破旧家什，因为彼此适应，在换新或搬家时，你也会觉得难舍难丢。大自然的花草虫鸟，相见的次数多了，你更难免产生某种特殊的偏爱。

其实，我本不该说出来的。说出来也是一件惹人笑话的事情——我竟把邻校的一座小花园当成了自己的知心朋友！

小花园在邻校想必有正式的名字吧，也许还颇具诗意呢。但我并不管，压根就没有专门打听过，更不想从中寻出什么诗情画意来。然而，我自己却给小花园取了一个别号："E 园"。这正像你一样，平日里总不爱叫你朋友的大名，而更喜欢叫你给取的"阿猫""阿狗""小丫""老六"之类的绰号。

E 园是一座极其普通的小花园。园内种的是北方常见的树木：白杨，腊树，雪松，等等。花儿也称不上名贵，不外乎月季、鸡冠花之类。一座怪石垒成的假山，顶上终日流水潺潺，注入一口细长的浅池。E 园既比不上颐和园的典雅华贵，拥有王者风范，也没有西湖的清新秀丽，颇具江南丽人的风姿；更不像圆明园的凄清荒凉，让你产生历史的沉重感……它只是一座供师生们学习休息的极平常的小花园，平常得你在任何一所大学的校园或者工厂，乃至乡村的某个角落，都能不经意地发现与之类似的园景。这正如你的一个密友在大街上的人流中毫不显眼一样。也正是 E 园的平常，我才能有更多的机会接近它，了解它，彼此成为一对朋友。

我与 E 园的相识，就像你在一次集体活动中与一个人偶尔邂逅而后来成为知己一样，毫不奇特。记得一年多以前，听说每逢周日，在邻校有一个大学生们自发组织的某种爱好者的集会（这种活动在校园里是屡见不鲜的）。而我多少有点这方面的爱好。于是在一个春光明媚的上午，我去了邻校。几经打听，找到了集会的地方，就是这座小花园。我参加了那次的集会，同时也就结识了 E 园。事情就是这么平淡简单。

后来，我有时在周日去参加这个集会，但我更喜欢在不集会的日子独自去 E 园，无论是花红叶绿的春天，还是风凄雨苦的秋日。在集会上，我偶尔与发烧友们争得面红耳赤，但我更乐意在秋月下向 E 园默默吐露自己的心思。

去的次数多了，对 E 园的脾性就渐渐有所认识。

我生性孤僻，难得有一两位朋友。但 E 园却不同，可称得上广交朋友。它不分年龄大小，也不论身份贵贱，总是平等地接待每一位光顾它、亲近它的人。并不因为有显贵的光临而自以为满园生辉，也不为平民百姓的造访而自感汗颜卑下。这大概也是时常游人盈园的原因。人多的时候，E 园固然热热闹闹，甚至有点儿应接不暇。可当人去园空，它又耐得住独处乃至被遗弃的孤寂。

E 园似乎爱赶时髦。春天它把自己打扮得花枝招展，夏天它换一身绿绸衣。但 E 园却更好节俭素净，今秋它身穿的依然是往年那身褐色布衣，冬雪里它银装素裹，而园中那棵雪松的绿色则是它一年四季都戴着的披肩。

E 园没有带锁的门，只有永远对我敞开的门洞，就像一个朋友的心扉永远为你洞开。E 园的面积并不大，我一进门就能看到它的全部，正如你朋友的心思并不深，你一眼就能看出他的率直与坦诚。

E 园是大度的。我拜访它时，它敞开门默默地欢迎我，并不因为我的到来而高兴。我若不去，它又不气恼，仍然敞着门无声而又极耐心地期待我，仿佛它知道我迟早会再去似的。我去了只匆匆看它一眼就走，它绝不挽留；我在它那儿一坐几个小时，它又从不生厌烦。一切都在于它的默默无语。

E 园最是善解人意。我快乐时，便跑去向它诉说我的快乐，它静静地倾听，以淡淡的愉悦心情分享我的快乐。我痛哭时，它将我搂在怀里，让我的泪水洒落在它博大的胸膛。我孤独时走向它，它悄悄地陪伴我。孤独对孤独，彼此不孤独啊！

E园待朋友是随意的。E园本没有什么迷人的景色。我去访它，园中的一草一木不会因为我的到来而变得更为美丽。这正象假若你是一个朋友家的常客，他不会因为你的造访而刻意将屋子收拾一番，或者换一身漂亮的新衣。E园似乎唯一拿出来"招待"我的只是几处可供小坐的地方，而且是用水泥做成的，坐上去硬硬的，凉凉的。真可谓"君子之交淡如水"啊！

E园对我是忠实的。我独在E园的一言一行，它都只默记于心，绝不向他人张扬，永远保守着一个朋友的秘密。这样的朋友自然是值得信赖的。

当然，我心里明白，我把E园作朋友，也仅作可以信赖的朋友，除了一个可以吐露心思的地方，一片精神的乐园，并不期望在我身处逆境时，它能提供丝毫的物质帮助。但同时我又很放心地与E园交往，它绝不会向我索取，或者懂得利用我这份独特的感情。人世间，为什么一定要"多个朋友多条路"呢？

研究生生活很快就过去了，我终于要离开母校重返工作岗位。临行前，我去向E园告别，与之合影留念，摄下我在集会中的情景，更摄下空无一人时E园的身姿。在一个细雨蒙蒙的秋夜，我独自悄悄来到E园，回顾我曾经与E园相处相伴的那些岁月，倾吐我依依惜别的深情，听任蒙蒙秋雨将我和E园轻轻地浸润。

初到新的工作单位，一切都得从头做起，整日忙乱的我，曾一度忘记了E园。但不久我就感到难耐的孤独，想起E园来，而且相思之情渐浓。我总在心里说该抽空去看一看E园。正因为E园的景致是常见的，故常在无意中见到与之相似的园景。每当此时，触景生情，我脑海中便想到了E园。单是办公楼前的月季和鸡冠花就让我忆起E园的花儿来。我常在夜里二三点醒来，独自一人孤独难眠，便想起远方的E园此时此刻大概也空空如也，担心E园独自躺在那里，莫不是与我一样孤独吧。

后来，有几次回母校办事，每次我都去看一看E园。有时甚至一下火车便先奔E园，临走前又绕道去看它一眼。毕业后回母校与从前做学生是不同的。原来我住过的宿舍已搬进了新生，加上性格上的原因，我不想去打扰过去的老师和留校的同学。因此，办事之余，我常没地方可去。这时，E园就成了我唯一的去处了。

最近一次去看E园，除了那棵白杨的叶子被虫子咬得斑斑驳驳，略显病态外，园景并无太大变化，并且仍然敞开着门。默默地在等待我，迎接我，可算得上"够朋友"意气吧。

  但我对E园却不"够朋友",不仅因为我没有及时去探E园的"病",更因为我在这里向人们泄露了我与E园的一个秘密,一份隐私,一份情感。为此,我要向E园道一声歉意,并对它说:"我会常去看望你的,你是我一生都难于忘怀的朋友!"

1996年11月10日,北京小黑虎胡同。

工程师的今世奇缘

街头奇遇

闯关

另类乞丐

难进天堂门

街头奇遇

初秋的大街上,除了繁华燥热,地上还有斑斑痰迹。我和我的同学小牛,从大商场里出来,一路谈笑风生,穿过了大街。正走近一个十字路口时,突然有人从后面拽住我的胳臂,用纯粹的本地口音劈头问道:

"刚才是你不,是你往我后背扔的烟头么?"

我回过头一瞧,是一位三十岁上下的妇女。粗矮的身材,穿一件俗艳的衬衣。黝黑的肥脸上,最显眼的是过分隆起的上颚。

我收住笑脸,惊愕地看小牛一眼。他也是一脸的迷惑。

"就是你,你耍流氓。"她凑近指着我的鼻子,找补一句。嘴大半张着,前突的上门牙,恨不能从我脸上刨下一块肉去。

这时,我似有所明白,便正色道:

"你先把手放开。我……"我正要辩解。

"就是这小子!"一个瘦高男人跟过来,手里夹着半支烟。

四周围过来几个看热闹的人。瘦高男人猛吸一口烟,薄嘴唇抿成蚂蟥吸盘状,漫漫吐出烟来,对周围的人说:

"这小子不地道,生拿烟头烧我媳妇后背。"

我知道自己是遇到了麻烦,心生一阵厌恶,"放开我!"用力一甩手,挣开了那个女人的手。

女人不罢休,右手绕过下巴,提一提后领,示意我去看:"好嘛,你瞅瞅,后背都烫了个大泡。你可真够狠的啊!"

我感到他俩的无聊,竟拿女人的后背做文章。而且,我是绝不能伸过头去看的,否则就真成耍流氓了。这一点,大约她心里比我更清楚。

在这对男女向周围的人乱说一气的同时,我和小牛也在做解释,说我们是某某大学的研究生,根本就不会吸烟。我还把自己上下瘪瘪的衣兜抓捏一遍,将手掌伸出来给大家看,以证明我的确不是烟民。

一位中年男人出来为我们作证,从口音上听得出,是个外地人。他大概正巧走出商场后,与我们同了这一段路吧。

"不是他们?那就是你。你们是一伙的,你别乱说,小心我抽你。"瘦高男人鼓起眼睛说。

中年男人嚅嚅嘴不敢言语,立刻悄悄离开了现场。这时,我见看热闹的人越来越多,把我们围在中心,已经堵住了十字路口,还夹着一些小车和自行车,心想,一旦围观的人群乱了阵脚,吃亏的肯定是我们。于是,我三番五次地提出来,有话到路边去慢慢说,别站在马路中间挡住了交通。

移到人行道上后,双方仍僵持不下。情急中,小牛说:"你们等着,我去找警察。"

我在感到气愤的同时,尽量做出一副若无其事的样子,看也不看他们一眼。心想,没做亏心事,不怕鬼敲门。

不一会儿,小牛回来说:"交通警说他忙,过不来,要我们自己去找警察亭,就在前面巷子里。"

一位当地男子主动提出来,领我们去找警察亭。路上,他建议给点钱私了。我不回答,只顾跟他往前走。

亭子里只有一位警察,满脸通红,半躺在椅子上,半睁眼地问:"什么事儿啊?"随声冒出一股浓烈的酒味来。

瘦高男人两口子来了个恶人先告状。然后我把事情的原委说了一遍。我已是三十开外的人,怕警察不相信我在做学生,特意掏出了学生证。警察连看也没看一眼,就比划着断断续续地说:"要——我说,他……他俩没——没扔烟头,你要不——信,就——就找分局去。"

那对男女还想说什么,警察已经不耐烦,朝外挥一挥手,低下头不再言语了。

在外面,我和小牛嘀咕一阵,决定奉陪到底。领路的男子笑着对我说:"你怎么这么死啊,多少给点钱不就完了嘛!"

"一个子儿也不给。这不是钱的问题。"望着小牛跟那对男女已过了马路,要进一条背街去找警察分局,我连忙叫一声:"牛,别跟他们走,我们走大路去。"

领路的男子朝对面喊了一声:"我说大哥,他们说没钱。"

瘦高男人回过头来走近两步,冲我说:"真没钱假没钱啊?"

"没钱!"

"没钱赶紧走吧。赶紧走,算老子今天倒霉!"

"到底是谁倒霉啊?"我回敬他一句,然后和小牛扭头就走。

2004年2月20日,初稿于北京宣武广莲路1号。

闯 关

非洲广袤的平原是动物们的乐园,那里总有一些有趣的事情在发生。比如,一些幼小的动物,像幼虎、狮仔和小花豹之类。在玩耍的时候,会带着好奇的眼神,尝试一些冒险,遇到一个马蜂窝,说不定就会一步一步地走近。结果自然不怎么愉快,往往是被一群马蜂追得狼狈逃窜。有了这样的经历,以后再遇到马蜂窝,它们大约是要绕道走开的。

尼泊尔西南部与印度接壤的地带,也是一片广袤的平原,无时无刻不在发生着形形色色的故事。记得有这样一个故事——

几年前,我和同事们在那里的一个浮桥工程工作。

浮桥自国内运到工地,初次试验性架设和拆除成功完成后,我们悬着的心总算落了下来。两位来自浮桥厂家的代表一高兴,在临回国前提出来,想去离工地不远的尼泊尔根杰边境海关玩一玩。

尼泊尔根杰城离工地一个多小时的车程。海关距城南约五公里,是尼泊尔西南部与印度相通的重要关口,每天都有大量的运输车辆和人员来往经过。抵达海关后,他们说想过印度那边看一看。按理说,我们三人都没有随身带护照,即使有护照也没有办理入境签证,是不能随便去那边的。而且,出了尼海关,返回时也有入境签证问题。

在此之前,有一次,我曾和一位同事穿过一片原始密林,到工地附近的另一个小海关,在征得印度边防人员的口头同意后,临时进入过印度境内逛了一圈。有了这样的经验,我想问题不太大,便决定带他们过去瞧一瞧。

将车停在马路边后,我去向尼方边防警察说明了来意。他二话没说,挥手让我们过去。于是,我们一行三人,夹在来往如流的尼印当地人中间,一边走一边看,大模大样地过了海关。三个中国人混在当地人中间是颇显眼的,想必早已被印度边防警察盯上了。刚跨入印度境内没几步,坐在路旁的一位警察便招手示意我们过去。我知道此去情况不妙,又怕立刻退回去会引起更大麻烦,三人只好硬着头皮一同走过去。

在路边一间简陋的小房子里,一位海关人员问明我们没有带护照后,便沉下脸来说,我们属于非法入境,要起诉并送我们进监狱,还不由分说地把我们相机中的胶卷拽了出来,虽然过关后在印度一张照片也没有照。

其实,海关一直有人在络绎不绝地经过,未必都办了合法的出入境手续,但印海关人员连看都不看他们一眼。我心里清楚,他的危言耸听是另有所图。在经历了最初的一阵内心慌乱之后,我镇定地提出,可否有其他解决办法。这位海关人员一听就心领神会,立刻改变了说话的口气,要我进里屋去与他的上司谈。在里屋,经过一番讨价还价,我当场交了一笔钱。三人便匆忙折回尼泊尔境内,结束了这次极短暂的不愉快的跨国之旅。那两位海关人员也因此发了一笔意外的小财。

这件小事使我明白,人与人之间是不一样的;而且,生活中你须得提防,以免自己所犯的小过错,被他人利用而遭受损失,让你哑巴吃黄连,有苦难言。

在动物界,也许以往的经验是可以借鉴的。但在人类社会,有时情形就不一样,因为你面对的是人。要不,怎么会有"经验主义错误"一说呢?

2003 年 4 月 7 日,初稿于北京安慧北里。

另类乞丐

还是在上大学期间,有一年放寒假后,我提着简单的行李离开校园,乘公共汽车去火车站,准备赶当晚的火车回家过年。天黑以后,当我下了汽车,急匆匆赶往候车大厅时,在站前广场上,两位打扮入时年轻漂亮的姑娘拦住了我的去路,用明显带着这个城市口音的普通话说,她俩是邻省某大城市的人,到外地探亲后回家,路经此地时钱包被人偷了,现在正与家人打电报联系,希望我借点钱给她们买车票回家。并要我留下通讯地址,她们保证回家后，一定如数寄钱还我。说完，就将一个小笔记本像模像样地递过来。明眼人一看就知道，这是并不高明的撒谎。但在当时，这样的骗术还不多见，而且我涉世未深，是平生第一次遇到这样的事情。看到她们表现得如此情真意切，我信以为真，怜香惜玉之感油然而生，很想表现一下英雄救美的气概，便毫不犹豫地给了她们两块钱，当时我口袋里总共不过六元钱。两个姑娘要我留下姓名地址的请求也被拒绝了，我一时还为自己这种不计名的慷慨之举所感动。当她俩一转身，用同样的理由向别的行人借钱时，我甚至还站在一旁帮腔，并叮嘱她俩尽快买票回家，以免家人着急挂念，大有好事做到底的意思。

几年后，我时常见到有类似骗局的报道，才明白原来我是多么天真和愚蠢，真是傻到被哄去卖了还要替人数钱的地步。不过，此事多少给了我一些教训。

后来，我去尼泊尔工作了几年。期间，多半时间住在首都加德满都城。有一次，一个小个子当地青年，衣着体面，留小平头，上唇蓄一撮小胡子，腋下夹着一摞纸来到我的住处，很谦恭有礼地将那摞纸呈递到我的面前，用不太流利的英语同我讲话，说话的口气更像是在谈一笔买卖，完全没有那种求人施舍时应有的难为情，而一双眼睛却滴溜乱转，好像在找寻什么。当我明白他来讨钱的目的后，便不耐烦起来，毫不客气地请他走了。

我不得不佩服这家伙的耐心和毅力。此后，每隔一段时间，他就来拜访一次，尽管总是空手而归，下次他照来不误。直到有一回，也许是我当时的心情还不错，也许是这小子的频频光顾令我觉得不好意思，或者是因为其他原因，比如在当地人面前的面子问题，总之，那天我耐着性子翻了翻他送上的那一摞纸。开头的一页是一个什么民间组织出具的证明文件，大意是这小子的母亲得了癌症，要去印度住院开刀，需要一大笔钱，他家里负担不起，希望得到热心捐助。下面的全是捐助者的资料，写着谁谁某年某月某日捐了多少钱，还有签字盖章，其中有几家中国驻尼公司。

我大约真的发了一回慈悲，或者为了息事宁人，以免这家伙以后再来打扰，就给了他不多不少的一笔钱，并煞有介事地为那摞纸增添了新的一页。没想到他并未就此罢休，还是一如既往地常来光顾，有时甚至在六百公里外的工地，一个极偏僻的地方，也能见到他的踪影。我心里明白，那是一笔他到死也无法筹齐的款项，他的职业就是干这个的，所以总对他没有好脸色。尽管每次都是一无所获，他似乎从来就不感到扫兴和失望。

有一天中午，我在二楼卧室里午休。保姆吃完饭，将厨房餐厅收拾停当后，早已一溜烟跑出去找人聊天去了，留下大门敞开着。我躺在床上没睡着，隐约听见楼下有动静，便警觉地出来一看，这位不受欢迎的常客已经鬼鬼祟祟地站在了楼下。按当地人的习俗，没有主人的许可，外人是不得随意闯进家门的。一见是他，我就气不打一处来，不由分说地把他给轰走了。

没过多久，又是在一个中午，我打发司机开车出去办事，自己吃完午饭后，躺在楼下侧面客厅里的沙发上，一边看电视一边休息。保姆又风一样地出去了，我不知道她和司机什么时候回来，就没有起身去关门。不一会儿，仿佛觉得有人进来，上了我在楼上的卧室，我以为是司机办完事回来，去把车钥匙和发票之类的东西放在我的办公桌上，所以没有太在意。过了一会儿，没见有动静，直觉告诉我，情况好像不大对劲儿。偏偏这时候，一位生意上的当地朋友来访。等我送走朋友，跑上楼打开抽屉一看，我的装得鼓鼓囊囊的钱包不见了。司机告诉我，他刚才开车回来，进院子大门时看见这位不受欢迎的常客，神色慌张地走了。下午，我与房东去附近警察局报了案，自然是没有用。直到我离开尼泊尔，这位梁上君子再也没有大驾光临过。

回国后，在一个乍暖还寒的春天，我去参加完一个外国总统访华团在京举行的招商会，和几个同事陪着一名外国客商从酒店出来，准备到附近一家餐馆吃午饭。酒店门外，站着几个农村装束的小女孩。其中一个脸上红扑扑，流着鼻涕的孩子，跟在了我身后，用半哭的腔调——就是像她那么大的孩子经常在父母面前撒娇时惯用的声音——向我讨钱。我立刻心生同情，心想她本应该在家里背书包上学的，竟然小小年纪就出远门来讨自己的生活。当然，还考虑到国人的面子问题。所以，我不假思索地从口袋里掏出一把钱来，打算从中抽出一两张给她。没想到她一只手伸过来，欲把我手中的钱全部抢去。我本能地一抬臂，一紧手，她扑了个空。其他几个孩子都跟了上来，有的拽住我的袖子，有的抱住我的大腿，把我围在中间。心情一下子由同情转为厌恶，我一生气，推开这帮小乞丐后逃跑了。陪客人吃完饭出来，那个小女孩又跟随上来纠缠，看来是讹上我了。我坐进出租车后，她竟把着门不让走，完全一副小无赖的做法。我只好给了她一点钱才算了事。

如今，事情都已过去多时了，但每当我回想起与这些另类乞丐的遭遇，就感到一阵恶心。一个人根据自己的能力和意愿，对弱者给予适当的救助，本来是一种善举，应该是一件使布施者愉快的事情。没想到，我每次从善良的同情心出发，结果不是被骗，就是被偷，或者是被抢，令我十分不快和尴尬，这甚至是对我的一种嘲弄，使我不再对他们有任何怜悯，反倒生出蔑视乃至仇恨来。

据说，乞丐是靠出卖自己的自尊来换取生活的。也许我所碰到的几个人，压根就不是乞丐，只不过利用了人们对弱者的同情心罢了。真正的乞丐也许是卑微的，但其人性绝不比这些另类更卑下。由此，我联想到，这些年来时常有报道说，有些个人或团体如何欺骗滥用了人们的好心同情，真令人匪夷所思。如今，各种假冒伪劣产品和现象充斥社会的方方面面，为此成立了颇为壮观的打假队伍，制定了相应的措施，采取了广泛而持久的行动，一时间打假事业颇为兴旺发达。我或许要考虑，该不该向有关部门反映，建议将这些另类乞丐也列为打假对象，是否有必要请专家论证，组建一支国际联合专业打假队伍。当打假形成一种颇有发展前景的新型产业，以致能解决相当一部分有志之士的就业和养家糊口问题时，我们也许会感到茫然，不知该为人类高兴还是悲哀。

而下面这幅场景，我说我见过后深感温馨和感动，或许有人要指责我是矫情和残忍。但在我眼里，这实在是一幅震撼人心的画面。

去年冬，一个寒冷的大雪天，傍晚下班后，我穿着厚厚的冬衣，从温暖的办公室出来，急急忙忙往家里赶。路过一个十字路口时，已是华灯初放，人来车往。纷飞的雪花中，路旁的湿地上，坐着一位老妇人，身穿脏乱不堪的棉衣，头发凌乱，胸前偎着一个小男孩，大约只有一两岁。不远处放着一只肮脏的小瓷缸，里面的零钱还没有盖满缸底。这一老一少，你来我往地相互逗弄着，看样子玩得十分投入和开心，脸上都洋溢着满足和幸福的笑容，毫不介意身旁熙熙攘攘的行人车辆和纷纷扬扬的大雪，也不看一眼那只装钱的瓷缸，更没有向过往行人伸手乞讨，完全沉浸在他们自己的快乐小天地里。这样一幅雪中图景，本应唤起人们的无限同情，但不幸得很，人们似乎根本忽视了他们的悲惨存在。

起初，我因为一路走得快，要急着过十字路口去赶公共汽车——大雪天，谁不一门心思想早点回到自己温暖的家呢？所以，只在路过时草草瞥了一眼那对老少乞丐。等我挤上公共汽车，回忆起刚才见到的一幕情景时，我的心颤抖了，似乎对幸福的意义有了新的理解，并渐渐生出不安和自责来，竟久久不能解脱。

第二天晚上下班后，我早早地备好零钱，在路过十字路口时悄悄地丢进那只瓷缸里，不忍多看那一老一少一眼，便不住脚地走开了。回家的路上，我在想，我宁愿那一幕情景没有发生过，更宁愿相信那不是一个故意设计的阴谋。我为那个小男孩的未来担心，当然不想他做一辈子乞丐，尤其害怕他变成形形色色另类乞丐中的一个。

2003年4月3日，初稿于北京安慧北里和望京。

病　记

果真是"祸不单行"的日子。

正当我在工作上遇到不大不小的麻烦时，偏偏身体上也出了不重不轻的毛病，而且是颇不雅的毛病——痔疮。

这病在我间发已有多年了，只是近来越发地频繁严重，到了不得不去看医生的地步。七月中旬的一个上午，上班后，我就近去了单位对门一家不大的职工医院。原以为这不是什么大不了的问题，看一看医生，开些药吃上几天也就完事了。因此，我走进医院，排队挂号，进专科诊室，向医生陈述病情，一路的心情，就像在办一件与己无关的例行公事似的，一直是平和的。我甚至还与医生侃说，这种病是人类进化不完美留下的后遗症。

看得出来，诊室是一家夫妻店，主治医生是女的。她只不过草草地查看了一下患处，便断然地下结论说，病情已相当严重，非手术治疗不可。这已从心理上将我唬住。接着，她就宣传起在她这里进行手术的种种好处来，什么进口高级仪器设备啦，什么手术时间短、痛苦少、恢复快、收费低又一劳永逸啦，等等。在尚不知她有多高明的医术之前，我倒是先领教了她做产品推销员的非凡才能。经她这么一鼓吹，即使是没什么病的人，也会动心到她手术台上去躺一躺的。但事实上，医生的话往往是最不可信的，尤其是在当今这样一个以经济利益为中心的国度里。

听信了医生的话，我意识到事情的严重性，心情已不轻松，却也犯犹豫。我是很怕疼的人，毕竟要在身上动刀子，想一想就感到害怕，觉得还是应先回家同妻商量后再作决定。回到单位办公室，转念又一想，按医生的说法，手术那样简单，如告诉了妻反而会引起不必要的麻烦。我们所遭受的麻烦和不幸，最为亲密的人，往往不是最后一个才知道或者永远也不知道的么？再说，反正手术早晚是要做的，迟做不如早做，长痛不如短痛。一横心，下午到了上班时间，我便颇潇洒地去了医院。后来才明白，这一决定过分草率，直接而立即的代价是，我的身心遭受了一次严重的折磨。

手术持续了约二十分钟，期间听医生夫妻二人嘀咕，似乎手术仪器还出了点差错。尽管打了局部麻醉药，疼痛还是明显而难忍的，着实让我领略了"切肤"二字的滋味。从手术台上下来，我似乎完全变了一个人，忍着痛，佝偻着腰，迈着缓慢的八字步离开了医院，早已没了进医院时的那份潇洒利落。接二连三的麻烦也从此开始了。

术后的头几天，伤口的疼痛自不必说，身体还不知不觉地发起烧来。等发现了在高烧时，又正赶上星期六，那家职工医院不开门，连忙去另一家医院看急诊。到了医院，肛肠科又没有值班医生，无奈之下只得先看内科。虽然查了血，医生也不能确诊，到底是什么原因引起发烧的。

就这样稀里糊涂打了两天吊针。输完液回到家，又吃了退烧药，烧不仅没有退下来，反而升上去，竟到了四十度。大热天的中午，我躺在床上休息，全身不停地冒汗，没几分钟，就像泡在水里一样，衣服汗湿了换，换了又湿透，上下的被子也浸湿了。

身处不明不白的高烧，思维却十分的清醒健全。心里寻思着，持续的高烧会不会导致耳聋失语或者别的什么病变呢？这到底是什么原因引起的？难道是伤口感染恶化了，或者手术引起了什么其他并发症？原本不算很严重的病，莫不会因此而丧命吧？就算是死，也不能死得这样不明缘由。想着想着，一股巨大的恐惧感袭上心头，只压得我透不过气来。

病痛中，我在想，我是一个意志薄弱的人，好在是生活在和平年月，倘若身处战争时代，恐怕我是没有勇气去参加什么革命的。否则如被敌人捉去，经不起肉体的折磨，没准儿我就会成为革命的叛徒。当人们摆脱了物质的奴役而崇尚精神生活时，也许有人认为，精神的苦难远大于肉体的疼痛。更有涉世未深的人，本没有遭受多大的精神打击，却总爱无病呻吟地嚷嚷"心灵的痛苦"，仿佛不这样嚷嚷几下，就显得没有品位、不够深沉一样。其实这正暴露其生活阅历的浅显，这样的人未必曾遭受过多少肉体的磨难。我难免曾有过心灵的伤痛，而在此刻的我看来，现实的肉体病痛分明是更为真实可感的。

假若说事业上的挫折是对自尊心的沉重打击，让你在人前抬不起头；那么，肉体上的伤痛便是对意志力的严酷考验，也许会让你直不起腰。二者都是不堪忍受的。最承受不起的，莫过于二者同时向你袭来。意志坚强的人，也许会将痛苦深埋在心底，默无声息地忍受着人生的一难；而像我这样懦弱的人，遭遇一点痛苦，是禁不住要大呼小叫的，甚至有些小题大做，但毕竟也同样地要去度过（大小也算是）生命的一劫。而此刻，在苦难之后，我虽没有豪迈到为其高唱一首颂曲，却也能在这里以轻松的笔触，从容地记下我身在其中的经历和体味。

人往往就是这样：当你拥有着你已有的东西时，也许并不珍惜它，就像在呼吸空气一样，从未想过它的存在，以为那是上帝赐与你的。可是一旦失去它，哪怕是最微不足道和司空见惯的东西，你方觉得它的宝贵与不可或缺。就拿排泄大小便来说吧。这是人与生俱来的，有了就去痛快地方便，平日没谁去特别在意。可是，当这种方便变得不痛快不方便时，你才明白那曾经的"方便"在生活中的真正意义。

术后的头两天没有排大便，这使我很担心和着急，但有了又是件痛苦不堪的事情，那排泄时的苦楚岂是一个"痛"字了得！身子也不敢全蹲下去，只是哈腰半躬着。排泄时要经过肿胀着的伤口，既疼痛又不畅通，非用很大的力气不能排出。而用力越大就肿胀得越厉害，伤口就越疼，直疼得我嗷嗷大叫，费了九牛二虎之力，汗水把衣服和头发都浸湿透了，折腾好一阵子，才排出干巴巴一点点来，未必有一根手指长，还跟着带出些鲜血来。这种痛苦想必只在女人生孩子时才有，这倒使我对女人和生命更增了一份理解和尊重。排出后，即使只是那么一丁点儿，分明感到意犹未尽，为减少疼痛，不敢继续猫腰在那儿。站起身来，虽然伤口还在火辣辣地作痛，全身却感到如释重负的轻松，仿佛是刚从地狱走了一遭。每天早晨，因怕便秘我想去上厕所；但疼痛的记忆又让我望厕而却步。本来做了手术，又发高烧，需要多吃些有营养的东西，以使身体恢复得快一些。但吃得越多排得越多，遭受的痛苦也就越多。为此，我不敢多吃，每餐不过一小碗稀饭。全是些左右为难的事情。

如果说大便困难引起的仅仅是肉体的疼痛，则小便不畅就是对肉体和精神的双重折磨。因为手术时注射了局部长效麻醉药，导致了术后小解困难。明明是有尿的，凸起的下腹部，用手一压有胀痛感，却总也解不出来。夹带着急切的尿意，一趟趟忙不迭地往厕所跑。采取各种引蛇出洞式的心理暗示，调换不同的站姿，心情由着急、紧张、胆怯和恐惧慢慢调整到平和安逸，精神一次次交替地由集中转为松弛，身体一阵一阵地间歇用力，就像发动一回回的对敌进攻，仿佛已经将敌人引到了城门边上，但任凭你千呼万唤兼狂轰乱炸，它就是固守城池不出来。真是急煞人，偏偏是越急越坏事。"屁滚"与"尿流"在这里是不能连用的，往往只听屁声滚滚，却未引得尿流连连。有时用力过度，连大便也痛苦地挣出来了，仍然无法小解，可见是怎样一个顽固分子。最严重一次是用力太猛，小便没解，却将伤口处的血管挣破裂，鲜血直流不止。我和妻立刻惊慌失措，以为出了大事故，冒着盛夏中午的酷暑，赶忙打的去医院。

经过无数回合的不懈努力，小解终于姗姗来迟，及至淋漓尽致地排泄后，整个身心仿佛获得了一次彻底的解放，大有扬眉吐气的感觉。但这解放是短暂的，至多维持一两个小时，新的尿意造成的精神压力和身体不适又会渐渐袭来。肉体受着这样的压迫，心理则经历恐惧的蹂躏。心里想，尿这样在体内积累滞留，时间一长会不会胀破膀胱？肾脏会不会因此受损？万一伤及肾脏岂不要命？

人们常说：什么都可以有，就是不能有病。生了病，不仅自己遭罪，而且也连累了家人。自我手术后，家里原本正常有规律的生活全被打乱了。因为要照顾我，妻子一段时间没有去上班。为使我不便秘，妻专门去看医书寻偏方，特意买回蜂蜜、香蕉、紫菜等让我吃。每当出门在外，她总在惦记我，就如她自己受着大小解之压迫似的，时不时要打电话回来询问。排出后，我也立即给她去电话，让她放心。说起大小解，要在平时是很无聊的，但在那些日子，竟成了我的中心话题和头等重要的事情。

每天早晚，妻要帮我洗伤敷药。因为伤口位置的特殊，这样的事情也只有自己的爱人能做，换了任何其他人都有碍于情面。时间一长，也缺少那份耐心。可见爱人的位置，有时是任何人都无法取代的。盛夏的夜晚，又赶上北京罕见的"桑拿"天气，帮我洗过伤口上完药，服侍我躺上床休息后，她就搬来小凳坐在床头，轻轻地为我摇扇，两眼温柔而怜爱地盯着我，时不时嘴里冒出一两句话来。这时，我感到自己似乎变小了许多。谈过恋爱的人，也许都曾有过花前月下的浪漫；但在此刻，我体会到的却是更真切的温馨。她曾责怪我不该自行其是地做了手术，如果我提前告诉了她，她是不会同意我在这样的时候去这样一家医院做的。但这样的责怪听着让人舒心，因为那背后分明是带着武断的关心。她为我所做的一切，都不过是些重复着的零碎而普通的事情，但却做得那样尽心细致、任劳任怨。因为有她的帮助照顾，我的病中生活才方便得多，精神和肉体的痛苦得到了慰安，身体的康复快了许多。我常常暗自在心里说：有个妻子真好！

原意想短痛，却变成了长痛，折腾了一个多月，身体才慢慢痊愈。但这痛苦毕竟不是过分的漫长。人生在世，食五谷杂粮，难免偶有大病小灾；处人待物，怎会不遇磕磕碰碰。但是，对于大多数人的一生来说，毕竟健康而平安的日子居多，就像晴天总比雨天多一样。尽管我们有胆怯懦弱的一面，我们大可不必夸大所遭受的种种不幸，整日沉溺其中，而不去享受更多的快乐日子。

因为一时的轻信草率，身心受到一次伤害。所遭受的痛苦虽不是罄竹难书，也绝非在这里能言详尽。人生路上好端端地走着，可能会有人以冠冕堂皇的理由，假笑着在你面前使个绊子，让你冷不丁栽个跟头；也有人为着一己之利，披着治病救人的外衣，在你屁股上捅刀子，使你冤枉地疼痛一阵子。但过后回头一看，遗留在身后的，不过是些绊脚石和秽物之类的东西，根本不值得计较和留恋。

曾有傍晚散步的习惯，因为病伤，一时中断了。今晚，粗茶淡饭又沐浴更衣后，我与妻一起出门去散步。淡淡的暮色，习习的凉风，静谧的路上，我与妻共有这初秋傍晚惬意的时光。这时，心中蓦然涌起一种幸福的感觉，尽管此时的光阴并没有什么特别。一路上我在想，对于我等庸常之辈，健康的身体和美满的家庭才是最重要的。有了这两条，我便是富足的，便有足够的本钱和信心，去跨越生活和工作中的沟沟坎坎。这样想着，朦胧的夜里，我与妻无声地挽着手，向更远的路，悠然而稳步地走去。

2002 年 8 月，初稿于北京六铺炕。

中秋节的邮件

——见证"9.11"事件

王道好

德林兄：

你好！

值此中秋和国庆佳节来临之际，祝你、刘英嫂和亦然侄节日愉快，合家欢乐!

很抱歉,出国前因为时间仓促,没有与你话别。而此时,我是在几万里之遥的太平洋彼岸,南美洲的秘鲁首都利马给你发这份邮件,这是我第一次给你发电子邮件。

你一定知道9月11日发生在纽约的那场罕见灾难吧。但就像我自己一样,你绝对料想不到,它竟或多或少牵连到我头上。那天,我正坐在中国东方航空公司MU583航班前往美国洛杉矶的飞机上。我是当天上午从北京上飞机,经停上海,下午三点半离开浦东国际机场的。飞机在距降落还有两小时前,已是国内的午夜时分,而太平洋上空却是艳阳高照,正值美国西部时间11日的上午。我几乎彻夜未眠,当时正在想象如何在洛杉矶转机,搭上去迈阿密的班机,再赶当晚半夜的飞机去利马。这时,机长突然宣布,美国境内国际机场全部关闭,飞机改飞加拿大温哥华。我听到这一消息后,既感到意外又处之泰然,心想像美国这样发达的国家,也会发生全境机场关闭的事情,想必是其全国机场的计算机管理系统出了问题吧,不知又是哪位黑客玩的恶作剧。事后才知道,那的确是一场黑客们的恶作剧!机组人员没有解释具体的原因,机上的乘客对此也反应平静,毕竟这不是我们自己乘坐的飞机遇上了劫机或其他令人不快乃至恐怖的事件。

两小时后,飞机降落温哥华。只见机场上已停泊了七八架飞机,看样子也是刚来的,并陆续有飞机降落,却不见飞机起飞。不多时,机场就拥挤得像一口飘满了鸭子的池塘。我们在飞机上耐心地等待了五个小时才获准入境。走下飞机,只见一路上是身穿防弹服表情严肃的警察。零零碎碎听一个台湾人讲,美国有两架飞机撞在了大楼上。入境大厅里,海关和移民局柜台前排起了长龙,早已人满为患。等办完入境和预定旅馆手续,再乘出租车赶到旅馆,已是华灯初放的时分了,但一切并未显出慌乱和异样来。温哥华秋天的初夜略带一丝凉意,抑或是一种无情和冷漠吧。

打开房间的电视,我们才看清了那件恐怖事件的真相。那真是惊心动魄令人发指的一幕!就在自由女神的光环里,那代表人类智慧与荣耀,象征经济繁荣与人间亲情的著名的世贸中心姐妹摩天大楼,受到飞机迎面撞击,在似乎勉强支撑了片刻后,便夹着滚滚浓烟层层坍塌,化作一片废墟,仿佛是一对美丽、高挑、文静而又充满青春活力的孪生姐妹,在光天化日之下横遭强暴。顷刻之间,美丽、贞节和生命化为一片带血的烟云。看到屏幕上绝望的人群四散逃窜,勿宁说那更像是人间末日的来临。人类的一切在邪恶面前显得多么脆弱无助!

此情此景如同醒后的噩梦一样久久萦绕在我心头，不禁让我浮想联翩。数千条无辜生命葬身一旦，不是出自于人类无法避免和抗拒的自然灾害，而是我们的同类所为，堪称人类历史上的空前灾难。与之相比，泰坦尼克的悲剧也只是小巫见大巫了。如果说上个世纪的那场海难是由于人类自身的盲目自负与智力失误，那么，制造本世纪这场空难则是人性中残忍与邪恶的表现。不可思议的是，人类在泰坦尼克的设计与操作上的粗心和失误，和导演这次空难上的精心策划与周密组织，同样导致了同类的不幸。而这样的例子在我们的历史和今天都屡见不鲜。这不能不说是我们所面临的尴尬与困惑，也给智慧已高度发达的今人敲响了警钟，值得我们人类无论作为整体还是其中一分子去思考。人类智慧的完美与缺陷，对人类自身来说可能都是双刃剑，就要看什么人和怎样使用它了。从这一点说，个人的智慧似乎并无绝对的高下之分。

我们对那些无辜的遇难者寄予深切的同情，对恐怖分子表示极大的愤慨。具有讽刺意味的是，美国这样的世界第一军事强国，可以不经联合国授权去轰炸南斯拉夫的平民，也曾用导弹击中我驻南使馆，其军用飞机强行降落我军用机场，还不顾全世界的反对推行国家导弹防御系统。然而它自己的军事指挥中心——国防部五角大楼却被恐怖组织劫持的飞机击中。从另一个角度说，美国政府自己是不是应该深刻反思？

我们送走了堪称辉煌灿烂的二十世纪。在新世纪刚刚来临之际，"9·11"事件却为新世纪的曙光蒙上了一层挥之不去的阴云。它在向我们昭示着什么，抑或是一系列始料不及事件的导火索，将给新千年带来什么影响？福兮祸兮，我们姑且以忐忑不安的心情待之。

我本可以取道荷兰到利马。只因在阿姆斯特丹转机停留二十多小时，路途上不方便，所以才花了时间和精力办美国的过境签证。原想一路走得舒适一点，哪料想事与愿违。机停温哥华后第三天才离开。那天，我上午九点多就到了机场，先是望不到期的等待，再是排一队长龙办登机手续，又是没完没了的安全检查，直到晚上十点多飞机才起飞。抵达洛杉矶并在旅馆安顿下来时，已是后半夜了。因定不上飞机座位，我又在洛杉矶盘桓了三日，最终才按原航程飞抵利马，但比原计划晚了整整一个星期。

也许，严格意义上说，我并没有经历那场灾难。与国内的朋友们相比，我更像是一位坐在前排的观众。在整个事件中，我心里并不恐慌和惧怕，但却被深深地震撼。事情至今已半月余，却仍让我记忆犹新，恐怕未来也一时难以忘却。

今天已是国内的中秋和国庆，那是举国祥和欢乐的时刻。而在大西岸的彼岸，整个美国上空密布着战争的阴影，多少家庭仍弥漫在"9·11"事件中失去亲人的悲痛中。更有多少个像我这样的飘泊者，心中荡漾着无尽的乡愁。真是几家欢笑几家愁，虽同属人类，同居一个星球，同度一刻光阴！

或许在你家庭欢乐的节日气氛里，我不该以不甚愉快的文字相扰。我实在想知道，今晚故乡的月是否特别地圆而明？但愿随我邮件捎去的，不是那轮明月上飘挂着的一丝淡淡的烟云。

为你们深深地祝福！

弟：王道好 9月30日夜，于利马。

难进天堂门

有人把美国看做人间天堂，去美国成了他们梦寐以求的理想，乃至人生的终极目标。能够去逛一圈回来的，便仿佛身上立刻镀了一层金，把这天堂之旅经常当做可以炫耀的资本无休止地吹嘘，开口一句"我在美国的时候……"，闭口一句"人家美国……"，时常引来周围人或羡慕或异样的目光。也有的人，无论他当年是怎样到美国的，又是通过什么渠道拿到绿卡的，一回到国内便自发产生一种优越感，动不动趾高气扬地说，我们美国人怎么样怎么样，你们中国人怎么样怎么样。好像不这么卖弄一番，别人就不知道他是美国人似的，只恨不能让十三亿国人都知道他是降自天堂的臣民。

我曾因工作的关系，三次路经美国。对于我来说，这天堂之门实在是太难进了，尽管每一次都是坐飞机从天上进去的。如果说每次在踏上美国本土之前，我不是先从地狱走了一遭，甚或与死神擦肩而过，至少让我感觉到，这道天堂的门槛确实是太高了。

第一次去美国是在一九九二年八月。当时，单位与一家北京的国际承包公司合作，要挑选一批专业技术人员，陆续派往中美洲小国伯利兹，承担一个水电站工程的部分施工任务。因为我以前曾有过国外工作经验，又有一定的外语基础，单位领导打算派我去，而且是作为第一批成员去。那一年，进

工程师的世界

人而立之年的我,已经考取天津大学研究生。想着能有一次出国机会,可以多挣一点钱来贴补读书期间的开销,而且听说要路经美国,可以到世界上最发达的国家走一趟,对于我这样一个基层施工单位的普通工程师来说,也算是一次千载难逢的好机会了。我甚至想,能去美国见一见世面,也算没有白活一生了。于是,我听从单位领导的安排,并通过在天大的一位朋友,办妥了保留研究生学籍的手续,随单位同事们首先到了北京。

因为要路经美国,需要到美国使馆办理签证手续。签证由那家北京公司专人办理。办证人先是说无需我们亲自到使馆去就能办下签证来。等了几天又通知说每个人必须去一趟。临去前,公司还来人就签证官可能会提出什么问题,应如何回答,以及在使馆里应该注意的事项,比如不要大声喧哗,不要东张西望等,反复向我们作了交代,仿佛是乡下佬要去觐见皇上一样。听说在美使馆经常有人莫名其妙地被拒签,弄得人人心里惶惶然,害怕自己遭到同样的厄运。以前我们曾去别的国家工作,办签证远没有这么烦琐和令人担心。

在办证人的带领下,我们去了美国使馆签证处,像一群小学生那样毕恭毕敬地坐在一间并不宽敞的大厅里,而里面的签证官连看都没有看我们一眼就核发了签证。虽然签证顺利拿到手,事后一想,心里总觉得不是滋味。

伯利兹与我国没有建立外交关系,无法在北京申领入境签证。经北京公司与该国有关方面协商,可在抵达时办理落地签证。

飞机从北京起飞,经停上海出关,第一站是旧金山。因为没有拿到伯利兹的签证和机票(机票由北京公司旧金山办事处的人在当地代买),临行前,北京公司来人叮嘱,若在进出海关被问起时,一定要说是到美国。

我们一行在上海虹桥机场出关时,我是最后一位。海关人员问我要到何处去,我一疏忽,竟如实回答说去伯利兹。这一下可惹了大祸,立刻拥来几个边防武警把我扣下,还把同行已出关的人找了回来。我们就这样被卡在了上海,只好取出行李,先到市里找旅馆住下,并立即与北京公司联系,到上级有关部门加急办理出国批件证明,还得改签飞机航班,大热天在上海焦急无聊地闲呆了几天,才再次出关,搭下一趟班机飞往旧金山。这事是由我引起的,同事们虽然没有当面埋怨,我心里仍感愧疚。同行中,只有我能讲英语,一路上本应能对大家有所帮助的,没想到还没走出国门就给大家添了麻烦。

到旧金山后,住在一家上海籍华人开办的私人小旅馆。旅馆老板见我们是第一次来美,热心提供了一辆小面包,我们不顾旅途的劳累,走马观花地在市里转了一圈。第二天一早,乘飞机赶往休斯敦,当天又在那里转乘国际航班，于傍晚飞抵伯利兹城。

从上海到最终目的地，由于倒时差、连续转机、搬运行李等原因，一路上晕晕乎乎，还没来得及细看天堂是什么样子，便稀里糊涂地来到这个遥远的中美洲小国。除了一身的疲惫，脑海中对美国之行什么印象也没有留下。出国前，我完全没有料到初次到美国竟是这番经历，因此颇感失望。

一年后，我完成工作任务，只身从伯利兹取道旧金山回国，途中要在萨尔瓦多城换机。飞机下午从伯利兹起飞，傍晚抵达萨尔瓦多城。顺利换机后，我坐在飞机上等了一个多小时仍未起飞，却得到广播通知说，飞机出了机械故障需要检修，要乘客们下飞机休息等候。在候机室里，看见窗外机械师在检修我们刚从上面下来的那架飞机，我心里怦怦直跳，暗自庆幸，多亏在起飞前查出了故障，否则一旦起飞，后果不堪设想，说不定我的小命在没有进美国这个人间天堂之前，就永远进了另一个天堂。

一直到天黑，飞机也没有修好，只好换乘另一架飞机。但在再次检票登机时，我遇到了麻烦。检票员是个美国大胖子，在翻来覆去检查了我的护照后，问我是否有从旧金山飞往中国的机票。我告诉他机票已在旧金山办事处买好，并将办事处的联系电话和传真号给了他。后来，他又问我是否已经结婚，能否拿出结婚证据来，哪怕是与妻子的合影照片也行。我说已经结婚，但随身没有带任何证明文件，与爱人孩子的合影放在大行李包中随机托运了。他或许在心里认为，我有非法居留美国的嫌疑。据说，在国内那场举世关注的风波之后，一些中国人先跑到拉丁美洲一带，过几年再通过各种渠道进入美国或加拿大。在伯利兹这个小国，我就见到过这样的中国人。甚至在其所属的一个旅游小岛上，也发现了广东乡下人的踪影，曾令我惊讶不已。就在我离开伯利兹之前，有一船中国非法移民在旧金山海上被截获。我当时心里想，美国就算再好，我也无意留在那里。即使想留，我也会堂堂正正地去，绝不会采取这些非法手段。但我能对眼前这个铁着脸的美国人说这些吗？说出来他会相信我吗？一个普通的美国工作人员，哪里有闲心和耐心去弄清你的真实想法，考量你的人格呢？萍水相逢的人如何能建立起做人的基本互信呢？无论我如何解释，他也不放我进去，并一遍又一遍地通过对讲机通知机场工作人员，把我的行李取了出来，还把他忙得满头大汗。我被无情地甩在了机场，眼睁睁地看着飞机飞走了。

一位当地机场工作人员走过来，告诉我只能呆在机场过夜，等第二天的飞机把我送回伯利兹。无奈之下，我只得接受现实，并盘算着怎样在候机厅的椅子上过一夜。经过长时间的焦急和口舌后，我感到又饥又渴，问那位机场工作人员，在什么地方能买到吃的喝的。他让我等一等。过了一会儿，他来说去请示了机场的上司，由于他们的过错使我滞留机场，因此决定为我在城里免费提供一夜食宿。他们扣押了我的护照，开了一张临时入境条给我，我才得于走出机场，乘机场大巴到了萨尔瓦多城的定点旅馆。到旅馆后，我立即与工程工地上的领导及国内单位通了电话，诉说了我在此的遭遇。等一切安顿下来，已经是深夜一点多了。躺在旅馆的床上，回忆起刚发生的一幕幕情景，想到自己只身一人被抛在这块人生地不熟的地方，我深感孤立无援和无可奈何，还有生活的艰辛，不禁黯然长叹，彻夜未眠。

第二天清晨，我乘机场巴士赶到机场，找那位工作人员要回护照。他告诉我已经同伯利兹机场方面取得联系，一切安排妥当，要我只管放心回去好了。从他狡黠的目光里可以看出，他心里只希望赶紧把我打发走，省得给他找麻烦。

回到伯利兹，同事们嘻嘻哈哈地与我开玩笑，我多少感到有些别扭，就像一位客人在受到过热情欢送后刚刚离开，又不得不返回来麻烦主人家一样，即使主人仍像先前一样热情，客人总会觉得不好意思，何况不知道在热情的背后主人到底是怎么想的。

正巧有一位同事要从旧金山过来，便将回京机票捎给了我。当我再次在萨尔瓦多机场转机时，又碰到了那位机场工作人员和美国大胖子。我本想拿出机票来，理直气壮地告诉他们：你们不是要检查机票吗？现在机票在这儿，你们仔细看一看有什么问题，请不要以为每个人都想呆在美国不出来。但又怕节外生枝，忍一忍也就过去了。当我从他们面前经过时，不过才隔了两三天时间，他们似乎已经认不出我来了。

本来在初次离开伯利兹之前，我想利用在旧金山停留转机的时间，尽兴玩一玩，看一看，以增加对美国的感性认识。经过这么来回一折腾，我已经兴趣索然，只巴望早点回国了。

一转眼八年过去，第三次路经美国是在2001年9月。这期间，我曾多次出国，走过数个国家。如果前两次的临行前还使我心有向往的话，这次则像是去出一次再平常不过的公差一样，已没了当年的兴奋与激动。但那却是一个让我永生难忘的日子。那天，按行程计划，我要乘东方航空公司的班机，从北京出发，在上海浦东机场出关，飞抵洛杉矶，二个多小时后换乘美航的班机去迈阿密，当晚再转机飞向秘鲁首都利马。

因为去机场稍晚了一点，办理行李托运的旅客又多，经过机场安检后，我又犯了一点小失误，所以险些误了机，登机不过几分钟，飞机就起飞了。

飞机临近美国本土上空时，一想到前两次的遭遇，我就心有余悸，默默地保佑自己这次一路平安，心想这次该不会有什么问题吧？但是，越怕越出鬼。偏偏在这时，机长突然通知说，接地面通知，美国全境机场关闭，飞机不能飞往洛杉矶，改飞加拿大温哥华。因为不知道事情的真相，听到这一消息我并没有往心里去。

当地时间中午，飞机抵达温哥华国际机场，乘客们在飞机上原封不动地苦等了五六个小时才获准下来，在机场排队办理入境签证和联系旅馆等，又折腾了几个小时，才在温哥华市内一家小旅馆住下。在机场时已经隐约听说美国出了大事故，到旅馆后打开电视一看，才知道了事件的真相，那就是震惊世界的"9·11"事件。我立即意识到事态的严重性，想给在家里的爱人报个平安，电话却一时通不了。后来，妻在电话里告诉我，她从电视里知道"9·11"事件后，吓得腿都软了，话也说不出来。

在旅馆里，我不停地与航空公司联系，直到第三天上午，才接到确切通知赶往机场。经过无休止的等待和没完没了的检查，晚上十点多才登机，到洛杉矶后已经是午夜时分。我和同机的一些国内乘客被就近安排进东方航空公司的一家定点旅馆，以后就再也无人过问了。呆在旅馆一天多，四处打探联系后续航班而毫无结果，我只好自己去机场找美航改签飞机航班。第四天早晨，我在洛杉矶机场接受严密的安全检查后，乘飞机飞往迈阿密，并于当晚飞往利马。这比原计划推迟了一个礼拜。我在洛杉矶机场就要求并顺利拿到了去利马的登机牌，到迈阿密后经专用通道直接进了候机厅，也就是说，无需办理出境手续就可以离开美国了。可见，即使在"9·11"事件这样的特殊时期，美国的出入境管理仍然是有漏洞的。或许是美国对入境管理严，而对出境要相对宽松一些吧。

大约半年后，我从秘鲁回国。多年来我在心里有一个尺度：事不过三。想到前三次遭遇的种种麻烦，我在心里说，拜托了你——天堂。当初我是怀着怎样美好而热切的愿望啊，如今已经是唯恐避之不及。我毅然决定绕开美国，途经荷兰阿姆斯特丹回国，一路平安无事。

应该说，我已经出国多次，每次都有合法的入境签证，又能讲英语，在进入美国时尚且碰到这么多麻烦事，那些怀着美好的梦想去美国的国人当中，不知会遇到什么样的困境。"9·11"期间，在温哥华，在洛杉矶，我都亲眼见到过许多遭遇各种困难的人，他们的目光透出的是慌乱、迷茫、无助和绝望，有的甚至难过得泣不成声。见此情景，我会主动走过去提供力所能及的帮助，有时哪怕只是一句简单的提醒或者翻译一两句话，代填一张表格，也会令他们感谢不尽。

那些梦想到美国淘金的人，有的成功了，也必定有人的天堂梦破灭了，处境想必是艰难的。我曾多次自问是否真愿意去美国谋求发展，但一想到仅仅是在去的路上就这么艰难，一旦在那里生活，该会碰到怎样难以想象的困难啊，想一想就觉得不值。我曾在旧金山和洛杉矶草草地游览过市容，美国物质文明的高度发达是不容置疑的，但并没有让我有置身天堂的感觉，也许是我对其认识还太浅薄。倒是总感到自己是一个局外人、旁观者，一个匆匆的过客。在我看来，天堂不过是一个神话。就算真有人间天堂，那也是人家的，我等凡夫俗子命薄，享受不了那份福，还是踩在脚下这块土地感到安心踏实，虽然日子苦一点，毕竟是在过自己的自在的人间生活。我以为，一个人纵然走遍千山万水，领略万种风情，回过头来看，还是旅途开始的地方最令人向往和回味，因为那是永远装在旅行者心中最美丽的风景。

如今，我们与外界的交流与联系更加频繁广泛，有越来越多的国人因公因私出国旅行。但愿他们在走出国门的路上不要像我这样倒霉，尤其是去美国。

2003年1月初，初稿于北京望京。

两颗炸弹

一九八六年的某一天，在伊拉克北部石油重镇基尔库克市西北，一个水坝工程工地上。那天早晨本应是平常而繁忙的一天的开始，如果不是因为两声巨响。

自从大坝工程转入正常施工以来，为确保按期完工，整个工地像一台加满油高速运转的机械，几乎每天都是这样紧张而有条不紊地度过的：天不亮，营地厨房里便忙活起来。东方刚发白，营地敲响了起床钟声，大家纷纷起床，匆匆洗漱用过早餐。接着，响起了各种机械发动机的轰鸣声，人们急急忙忙地往工地赶，开始新一天的工作。中午，因为天气酷热，现场施工人员回到营地吃午饭，在有空调的宿舍里睡上一觉。下午四点后再上工地，一直工作到晚上九点后才下班。如遇加班，工作就要延长到夜里十二点，而浇筑混凝土就只能顶着连轴转了。

但就在那个再平常不过的早晨，天刚蒙蒙亮，人们开始去工地上班的时候，当腿勤的人已到了工地，相当一部分还在路上走，而少数几个拖沓的仍在屋子里磨磨蹭蹭的时候，在工地范围内意外地响了两次爆炸声，就像晴天里突如其来地接连响过两个霹雳，虽不至于造成山崩地裂，但用山摇地动来描述其威力是毫不为过的。

据目击者称，一架战机沿小扎卜河上游河谷超低空飞过来，在大坝上游不远处抛下了第一枚炸弹。起初，人们并没有想到飞机要丢炸弹，甚至有人感到好奇，以为是大飞机在"生"小飞机。但瞬间就证明了其判断的错误。"啪"地一声惊雷，人们立刻慌了神，纷纷本能地逃窜躲避，有的钻进了临时工棚，有的蹲在大坝混凝土心墙边，有的藏在施工设备下面，还有的躲在了半路上的桥下。据说，有一位中年工程师，小时候经历过抗日战争，曾亲眼目睹日本飞机丢下炸弹，当场炸死了他的亲人。所以，这次听到爆炸声，他的脸都吓黑了，趴在掩体里好半天站不起来。

第二颗炸弹在工地下游约两公里的混凝土搅拌场里爆炸，把堆放在料场上的卵石堆炸出一个黑黢黢的大坑。飞机准是把搅拌场上矗立着的几个大水泥罐误当导弹目标来轰炸了。一块巴掌大的弹片穿破附近试验室的玻璃窗，落在了窗下的办公桌上。好在当时桌子的主人，一位年轻的试验工程师，刚起身离开了一小会儿，否则后果不堪设想。

第一声炸弹响起时，我刚从宿舍来办公室上班一会儿。听到爆炸声，我在脑海里的第一个反应是："糟糕，战争爆发了。"心里虽有些慌张，但并不十分害怕（当然，即使害怕也是无用的），还好奇地跑出去，站在办公室门外四处张望。在侧面，与办公室一路之隔的厨房餐厅，虽然离两个爆炸现场都在数千米以外，窗玻璃全部"哗啦"一声震碎了。

约摸过了几分钟，驻守在工地四周碉堡里的士兵才如梦初醒（也许真是炸弹把他们从睡梦里吵醒了），明白是在遭伊朗飞机袭击，开始用机枪还击。这时，飞机早已逃得无影无踪了，士兵们只是朝着天空胡乱放一阵空枪。一串串子弹如带火的流星，从四面八方向头上的天空飞来，交织成火力网，在晨曦中闪着耀眼的红光。同办公室的一位老教授到底比年轻人有经验，只站在室内的窗前观望，并提醒我赶紧躲到屋里来，以防被天上落下来的子弹击中。

当天上午工地停了工，人们三五成群地聚在一起纷纷议论，情绪颇有些慌乱。当下，就有几个人去找项目经理，要求马上回国，其中就有那位脸失了色的中年工程师。事件发生后，伊方驻地工程师代表，还有住在附近的苏联专家组，先后来工地慰问。因为工程任务紧，工地很快就恢复了正常施工。

不久消息传回国内，在出国人员家属中引起担心和恐慌，纷纷来信要求亲人尽快回国。为稳定人们的情绪，我遵照项目经理的指示，写了一封公开信发回国内，只对爆炸过程、爆发大规模战争的可能性，以及对工程和人员生命安全的影响，作了轻描淡写的描述。一场因两颗炸弹引起的骚动情绪，在紧张的施工中逐渐平息下去了。

后来，工程提前竣工，全部中国人陆续安全回到国内。过了一两年，持续了八年之久的两伊战争宣告结束。再后来，伊拉克入侵科威特。不久，爆发了残酷的海湾战争。如今，在伊拉克周边又集结了大规模的现代化军事力量，战争已迫在眉睫，一触即发。

曾饱经战争苦难的伊拉克普通民众，当兵临城下，再次面对随时有可能降临的灭顶之灾的威胁时，他们对战争怀着怎样的恐惧，正经受着多么巨大的精神煎熬啊，就像头上悬着一颗炸弹，稍一动弹就会爆炸，但又不知何时爆炸一样。相比之下，当年我们要幸运得多，突如其来的两枚炸弹，除了虚惊一场外，事先没有带来任何恐惧，事后也未在精神和肉体上留下创伤，战争不过与我们开了一次不大不小的玩笑而已。但他们对战争的创伤还记忆犹新。有幸逃过昨天那一场场劫难的人们，今夜入睡前也许不得不想：不知道自己是否能活着看见明天的太阳和家人。这样的夜只会是一个接着一个的噩梦。这比突遭不幸要残酷和令人绝望得多，更加折磨人的心灵和意志。

我为他们担心和祈祷，从某种意义上说，他们是你我没有血缘关系的亲戚，一群几乎手无寸铁的无辜而鲜活的生命。

愿真主安拉保佑可怜而脆弱的众生！

2003年3月12日，初稿于北京安慧北里。

拆 桥

受印度洋和喜马拉雅山脉的控制，尼泊尔的气候一年只有旱、雨季之分。五月到十月是暴雨连连而酷热郁闷的雨季，从十一月到第二年的四月是温和而少雨的旱季。四月底旱季即将结束时，尼泊尔西南边境平原上，天气逐渐干燥炎热。从喜马拉雅雪山融化流下的雪水越来越多，流过崇山峻岭，一路裹挟着泥沙，使卡纳尼河水逐渐变浑上涨起来。这几天，崔工每天从工地打来电话，报告水位上涨和浮桥使用的情况。并说请我放心，工地上的一切有他在。

这座由我们建在卡纳尼河干流上的单车道带式浮桥，用于连接柯迪亚哈特村和三面环水一面与印度接壤的拉加普尔半岛，解决旱季时该岛的对外交通运输。浮桥在每年旱季初期河水回落后架设。雨季期间，河水猛涨两米多，河面由原来的一百多米拓宽到近千米，流速加大。所有这些都超过了浮桥使用的设计指标。因此，浮桥必须在通行到第二年的雨季来临前拆除，运上东岸储存场堆放。去年，浮桥首次架通，在降过第一场大暴雨后，于五月十日开始解体拆除。今年，我们打算视河水和天气变化情况，选在五月一到十日拆桥。

眼看拆桥日期临近，四月二十九日，天还未大亮，我驾车从首都加德满都出发，一路穿山越岭，经过六百公里的颠簸，下到浮桥工地。傍晚一到工地，老崔便陪我上桥介绍和察看情况。浮桥上游靠近东岸的二三号锚已经向下游滑动，无法揽住桥，加大了主河床中四号锚的拉力负荷，使之随时都有失效的可能。桥轴线已经明显向下弯成弧形。河水上升到了接近139.4米的最高设计水位。看到这种情况，我果断地对崔工说："不行的话，马上拆了！"其实，在说这句话时，水位上涨并没有在我心里引起足够的重视，但我却信心十足，因为我们已经提前做好了拆桥的一切准备工作。

第二天，我到业主项目办，提出拟在五月二日拆桥。业主项目经理拉尔博士告诉我，五月五日，由拉加普尔选区选举出的尼国会议员先生可能来现场视察浮桥，询问我能否推迟到议员先生视察过后再拆。但项目办又不愿为此承担任何风险。思索片刻，我提出折中意见：如无意外情况可选在七八号拆桥；遇到紧急情况，我们将随时采取果断行动。拉尔博士认可了我的意见。第二天，他离开现场去了首都。

五月五日，议员先生没有来。下午，项目办派现场工程师来通知说，议员可能改在七日来工地。

就在当晚，下了一场瓢泼大雨。第二天一早，雨基本停了，但天空仍是阴沉沉的。天一亮，我们到桥上去看水情。河水一片浑黄，水位已明显抬高，流速也增加了。而巴士、行人和重载卡车仍在照常过桥。业主派来负责运行的人员似乎对此时桥是否安全漠不关心。老实说，他们除了知道过桥收费，根本不了解桥的危险性在哪儿。起初,我仍心存侥幸,对是否立即拆桥犹豫不决。

匆匆吃过早饭,我与崔工再次来到河边。河水仍在继续上涨,浮桥东边的跳板原本一头搁在岸上,现已全部漂浮在水中,车辆行人过桥后须淌一段水才能上岸。再看载重车过桥时,主河段中的浮箱桥面已下沉到快接近水面。这已经超出了设计的允许范围,形势相当危急。我当即一跺脚:拆!转身对老崔说:"你做好一切准备,我去通知项目办,等我回来后就拆。"

我驾车过桥到河对岸,三十分钟后到了项目办,向工程师代表拉雅马季先生报告了水情和立即拆桥的决定。在拉尔先生离开后,项目办的工作便由他来负责。他同意了我的选择,并打算将情况汇报给拉尔先生。说着,他拿起了电话。我随即离开了项目办。路上,我已经忘记了那位未见过面的议员先生,一心只想着尽快拆桥。

等我回来过桥时,拆桥前的所有准备工作已经就绪。两台操舟机已挂在了浮桥上,救生圈、绳索和所有必要的工具及当地民工全部按计划到场就位。我一过桥,就将桥两端的跳板提升起来,禁止通行。

就在这时,两辆满载大圆木的重型卡车从拉加普尔方向开过来,停在了河对岸。卡车老板跑过来央求过桥。起初,我们态度坚决地回绝了,质问老板早先干什么去了?老板厚着脸皮死死缠住我们。经不住他再三苦苦哀求,再说如不放行,他纠缠起来势必影响拆桥,并将激化双方的矛盾,见到他可怜巴巴的样子,我们只好勉强同意放车子过桥。卡车通过时,我们密切注视着桥的动静,并对卡车老板怒吼不止。老板则满脸歉意地向我们赔不是。他哪里知道我们心里多么担惊受怕呢?

在这以前,我已同老崔反复讨论了如何拆桥的方案。再说,我们已经有了去年的一次经验。所以干起来心中有数,不慌不乱。

正式开始拆桥已是正午时分,天也放晴了。我们指挥民工先解开所有下游锚链,系上救生圈抛向下游河里,再从主河段的两浮箱接头处将桥分解为东、西两段。因为东岸部分上游锚失去了抓力作用,桥身受水流冲力而严重向下游弯曲,桥解体时原本很容易抽掉的浮箱上部的两只连接销,经左撬右压,费了九牛二虎之力才拔出来。眼看桥就要分成两截,我吩咐崔工赶快带上部分民工和工具站到桥西段,以防拆开后西桥段出现意外。我自己则和剩下的民工留在东桥段上。按预先设想,拆开桥后,桥身会保持稳定。再用固定在东桥段上的两台操舟机将之向上游顶推,同时为节省推力,辅以先收紧后放松上游锚链,使桥段绕桥端旋转逐渐靠近岸边。但是,当稍微一用力,从抽掉连接销的接头处一撬分开桥段时,因为其他几根锚早已失去了抓力,实际上这时整个东桥段只剩下四号一根锚在拉着。已经无法拉住而开始失效向下游滑动。东桥段一下子在强大的水流冲力作用下,绕桥端迅速向下游方向滑动旋转。这是我们事先没有料到的。我和民工们站在桥面上,一同向下游漂去,一时有些束手无策。但我心里却十分镇定,知道桥段不会有什么危险,因为桥的东端已用几根钢丝绳紧紧地拴在了岸上。果然,桥段向下游转了约三十度,离开滔滔奔腾的主流后便稳定不动了。上游的四根锚又一次同时得劲拽住了桥段。站在另一段桥上的老崔,眼巴巴地干望着我们这边,爱莫能助。下一步怎么办?如果仍按原先的设想,靠操舟机把桥顶向上游,无疑十分费力。因为上游锚已经下滑到靠近桥轴线,无法靠逐步收紧锚链来省部分力。稍事考虑,我决定索性来个顺水推舟。于是,命民工慢慢放松锚链,桥段又在水流推动下,继续自动向下游岸边徐徐旋转靠近。当快抵岸边时,水力减小,桥段已无法自行运动,便用撑竿将桥段推到了岸边。至此,我才松了一口气。除了感到几分饥渴外,浑身倒是少有的痛快和轻松。

  2001年2月11日,初稿于尼泊尔柯迪亚哈特村。

妥　协

  那是在工程营地的一个盛夏之夜。
  已经是半夜三更的天。室外的发电机停了,四周漆黑安静下来。空调机也同时停了,随即就可以感觉到房子里的温度就像炉火渐旺似地在慢慢升高。酷暑八月里,即使到了下半夜仍然闷热难耐。我只好起身去开了窗,一股湿热的空气迎面而来。屋子里令人窒息的气温,加上浮桥工程设计上遇到的麻烦,一起向我脆弱的神经袭来,让我翻来覆去久久无法入睡,大脑反倒越来越清醒和亢奋了。
  浮桥初步设计的第一批图纸,从去年底递交业主项目办审批,至今已八个月过去了,仍然没有得到明确肯定的答复。根据我们投标时的施工计划,设计图纸本应在提交后半个月内给出批准与否的意见。设计不获业主的认可，下一步的工作就无法继续进行。整个施工期已因此严重滞后。最初的两三个月里，我每次到项目办催问图纸时，业主工程师总是支唔着说仍在审查中。其实，他们都从未见过这种形式的浮桥，根本不懂此技术，怎能轻易下结论呢？据现场工程师私下透露，起初图纸转到了业主雇请的技术咨询英国人塞蒙先生手中。但他不是浮桥专家，甚至连一些图纸和设计计算也看不明白，不敢贸然下结论，只得将图纸寄回英国的咨询公司总部，另请专家审核。不久，业主项目办来函声称送交的图纸规范等不齐全，要求提供进一步的资料。我只好立即通知设计分包商负责人，中国华舟有限公司的高级工程师程先生，赶忙准备了部分浮桥结构详图和合同中提及的且设计中依据的一些技术规范，以航空快递寄过来，补交给业主。按理说，初步设计只是方案性的，根本无需详细的结构图。但谁叫人家是业主，我们是承包商呢。客户就是上帝嘛！

不料，第二批图纸资料提交上去后仍如石沉大海。业主又进一步提出要求设计代表来现场，就设计问题当面讨论澄清。业主工程师代表还声称，只要问题弄清楚了，设计很快就能批下来。这一要求并不过分。因为根据合同，整个合同施工期内应有设计代表常住现场。程先生风尘仆仆地赶来了。同时，业主邀请的技术咨询专家格莱德斯通先生也专程从英国飞抵尼泊尔。

技术讨论从五月底开始，在首都加德满都举行了四次面对面的交流。谈来谈去，无外乎浮桥的静、动水稳定性，锚的抓力，桥面板的厚度，油漆及表面处理，上游漂浮物的处理以及浮桥的安装等。讨论中，以我们的经验和直觉判断，这个英国咨询也不是浮桥专家。最起码的一点是，他甚至拿不出有关这种带式浮桥系统的英国国家规范。一些零星的技术参数取值明显偏于保守，所引用的公式不能准确地反映浮桥的实际受力状况。所有这些足以说明，英国的浮桥技术多年来没有得到足够的发展。与其说是在讨论，不如说是在教他学习，至少说是在让他对中国成套的浮桥技术略有了解。同时，我们也领教了英国人款款绅士风度下面所掩盖着的自以为是的固执与傲慢。别看他张口一个"对不起"闭口一声"谢谢"地显得彬彬有礼，但凡遇到中英两种规范不一致的地方，他总是相信英国规范是正确的。在骨子里，也许他根本就不相信中国人能设计制造出连他们大英帝国都无能为力的浮桥来。还有他对中国人所抱的根深蒂固的成见。在他眼里，中国大概还是处在五十年前甚至更早的样子。他竟然说，在他小的时候，他的爷爷就曾告诉他，中国人如何懒惰散漫、爱撒谎和不守信用。听到这里，我心里十分不快，本想用香港回归，用英国人的绅士风度与足球流氓等来反驳他，但想一想那样反显得我们小气，所以还是忍住了，不妨学一学真正绅士式的大度，让他继续抱着几十年前从他祖辈那里继承下来的偏见，保留一份人见人笑的陈旧与迂腐吧。从中也可看出，民族间的缺乏了解和信任，使人们间的交流与沟通多么困难，即使只局限在这种技术的层面。

从根本上说，我们与设计分包商的利益是一致的。这种带式浮桥是华舟公司三十多年来自行研制和逐步改进完善的技术。不可能在销售一座浮桥的同时，还搭上出卖所有的技术工艺的亏血本的买卖。对业主该说什么不该说什么，华舟公司的领导和专家在程先生出国前都作了明确交代。何况英国人不是我们真正的业主，还那么自负。最终，格莱德斯通以提交资料不完善和对有关技术参数心存疑虑，未向业主提出建设性推荐意见。这也从另一个侧面反映了他们在浮桥技术方面的无知与心虚。有趣的是，尼泊尔人花高价请英国人作技术咨询，而正是这些英国人在这个工程上给他们制造麻烦。

六月初，格莱德斯通先生离开了尼泊尔。技术咨询不能给出明确意见，该由业主自己作出决策。为此，业主项目经理普热丹先生安排工程师代表提米西纳同我们到工地继续进行讨论。在业主以名誉担保不向外泄露浮桥技术后，我方作为让步，同意尽量详细介绍浮桥的设计计算。在工地约一个礼拜，我与程先生吃住在项目办，克服生活上的不适和交通上的不便，冒着酷暑，耐心地向工程师代表讲解浮桥设计，从基本理论，公式推导到技术参数的取值等。提米西纳先生边听边做记录。对一个非浮桥专业的人来说，要想在短短一个礼拜弄懂掌握其全部技术，谈何容易。从讨论中工程师代表偶尔表现出来的心不在焉的神色，我们预感这次讨论的最后结果恐怕不会太乐观。

普热丹先生是一个热心而谨慎的人。他有心帮助承包商，使浮桥工程能继续下去，但又不愿单独承担任何责任。他所以派工程师代表与我们谈，是希望他提出积极的意见，承担部分责任。提米西纳同国际承包商打了多年的交道，学得阴险世故。他才不愿充当马前卒呢。何况他原就与顶头上司普热丹有矛盾，平日里敢怒不敢言，对普热丹的指示阳奉阴违。工程的成与败与他没有直接的利害关系。工地谈判结束后，等了近一个月，工程师代表仅根据讨论内容，整理出一份并不完整的技术报告，没有给出认可设计的意见。这本是我们意料中的事。

我们只好再作让步。既然业主不相信我们的产品，又没见过浮桥，那好，我们花钱邀请业主到厂家和中国现在使用中的浮桥现场考察。普热丹和提米西纳都不愿去，因为谁去意味着谁回来后就得作出抉择，是与否，都得冒风险担责任。进退两难时溜为上。二人推出他们的下属，现场工程师阿雅尔先生赴中国。申请出国的报告经业主的主管部门灌溉总局，上报到尼水利部被否决了。上级官员们似乎很了解他们的下级，担心承包商会花钱买通前去考察的人，在承包商事先准备好的报告上签字。

几个月来，一方面，业主一直在催逼我们提供更详尽的设计；另一方面，设计分包人又坚持初步设计批准后再提供新图纸，他们甚至担心即使提交了全部技术，业主最后仍可能借故不买他们的产品，落得个"偷鸡不成反蚀把米"。作为主包商，我们既要满足业主的要求，又不能得罪设计者，处于两面夹击、左右为难的境地。业主来函的口气越来越强硬，说不定哪天就突然通知终止合同。偏巧在这时，从北京传来消息，公司总部早已正式发文通知华舟公司组织生产，现在浮桥制造已接近尾声。令我不解的是，在设计未获业主批准的情况下，总部竟贸然下令生产，而且事先并未征求我这个现场项目经理的意见。如果这时候业主提出终止合同，我们将遭受巨大的经济和信誉损失。我曾多次向总部请求，指望派有关领导来现场指导协助工作，也杳无音信。在这种时候避之还不及，有谁愿意来自找麻烦呢？我处于一种内外交困而又孤立无援的境地。我二十年来所从事的工作，还没有一件是无果而终，也没有过失败，难道这次就这样无功而返？虽然终止合同被业主清算在国际承包业是常有的事，但我仍无法第一次面对这样的结局。在参与这个工程之初，我曾在思想上有过轻视。但当工作中遇到了麻烦，我还是认真而竭尽全力了，可谓一让再让，想尽千方百计。我甚至曾多次暗示业主是否在拿批准设计为条件另有他图，被普热丹否认了。多年来同承包商的交往使他们既变得贪婪毒辣，又要贪婪得安全。

回想这几个月来，英国咨询的作梗，业主的漠然，还有总部的袖手旁观，身边同事的爱莫能助，一切责任和风险都落在了我一个人的肩上，一种无形的压力压在了我心头，让我这些天来一直寝食不安。

下一步该怎么办？设计问题总不能这样无限期拖延下去。"不行，我还得去找业主谈。"我在床上自言自语。是的，绝不能就此罢休！还得作最后的努力，我这样给自己鼓劲。冷静下来，左思右想，另一条妥协办法在我脑海里逐渐明晰起来。

第二天早上，我开车到项目办。一见面，普热丹先生就对我说："王先生，我已经到了山穷水尽的地步，你快想办法帮帮我吧。"显然，他也不愿意工程就这么半途而废，这毕竟是尼泊尔有史以来的第一座浮桥。浮桥建成了，他脸上有光，说不定对他未来的仕途还大有帮助呢。我直截了当地提出了自己的想法："你们不是不相信我们的技术吗？请允许我们先加工浮桥，运到现场来安装后，我们负责按照合同要求的荷载作通车试验，并运行六十天。如没有问题，你们总该接受吧？"业主项目经理对我的这一新想法表示了强烈的兴趣。随后，我们就具体的细节讨论了几次，最终形成了对原合同修改的一号备忘录。

根据原合同，我们需在工程开工后一年内，完成浮桥的设计、加工和运输，实现第一次安装，并在随后的五月份雨季来临前拆除，在第二年的雨季结束后第二次安装，工程即告结束。工程实际在九月份开工。到第二年的九月份满一年时正处于雨季时节，河宽和流速都远远超过了设计范围。可以料到，即使浮桥按期运到工地，也只能等到十一月份旱季来临时才能第一次安装，整个工期因此至少顺延两三个月。现在工期过了近一年。根据新草拟的备忘录，二次安装和一次拆卸都将在第二年雨季结束后六十天试运行期内完成。因此，充其量只比原合同实际工期推迟六十天。而本工程中我方没有安排多少人员和设备，所以不致造成太大的经济损失。

十月下旬，我和普热丹先生在加德满都正式签署了一号备忘录。备忘录中的条款虽然看起来很苛刻，对我们不利，但总算前进了一步，我们可以继续执行工程了。签字后，业主项目经理给我来电话说："王先生，我帮了你的大忙，你知道该怎么做。"我明白，我还得乖乖伸出头去让他宰一刀。

自此后，浮桥工程便一路顺利地完成了。回想起来，这一切似乎都源于那个酷暑八月的不眠之夜，是为记。

2001年2月16日，完稿于尼泊尔柯迪亚哈特柯村。

厨　娘

位于尼泊尔西部的卡纳里河，钻出深山密林后分为两条支流，包围着拉加普尔小镇及周围的平原乡村。东边的支流较大，在柯迪亚哈特渡口拐了一个不大的弯后,河面变得开阔起来,河水继续向下游的印度平原静静地流去。我们的工地就设在渡口边。

当苏绥娜来工地做厨娘的时候,我正在首都加德满都办事。那天,小罗从工地打来电话,说新来了一个十八岁的当地姑娘要做保姆,问我是否可以留下。此前,工地曾先后招过几个佣人,不是因为太笨,就是因为不够本分,或者别的什么原因而一一辞退了。当时工地正好缺一个洗衣做饭的,我就同意把她留下来,但却在心里犹豫,不知她能否干得长。

下到工地第一次见苏绥娜是在厨房,她正坐在角落里的地上料理蔬菜。黑瘦的小脸,细小的身材,赤脚,穿一件污迹斑斑的褪了色的橘黄色裙子,左鼻孔处佩一小饰物,大小在芝麻与绿豆之间,看上去当在二十出头。我站在她的面前听小罗介绍情况。说她是从河对岸拉加普尔镇上另一家中资公司的项目上过来的,要回在东部贝尔甘季的家。路过这里,顺便问一问有无工作可做。以前做过厨房帮工,还没有结婚生孩子,家里也没有什么亲人。这后面一点很重要,因为她须成天吃住在工地,如果有了家室,要么在工地拖家带口的,要么就不安心,都于我们不利。我俩说着话的时候,她蜷坐在地上,脸色紧张而胆怯,不敢抬头,只有眼皮偶尔极快地向上翻一下。

再次从首都下来时,苏绥娜换了一身新衣服。听小罗说,她来的时候兜里只有十五个卢比(大约合人民币不到两元,要是回家,好几百公里的路,是连车费都远远不够的),而且只有身上一套衣服,大热天里穿了半个月都没有换洗过。小罗可怜她,就给她五百卢比去做了一套新裙裤。

没想到她却瞒骗了我们这些saboo(当地语,仆人对主人的尊称,相当于"长官"之类的意思)。一次,我到拉加普尔去办事,曾遇到一个当地青年,结结巴巴地用中文问起什么苏绥娜、女朋友之类的事,弄得我一时成了丈二和尚。回来问她是否已经结婚,她红着脸,嬉皮笑脸地搪塞,我也无意去深究。但后来好像那个青年从未来找过她。

苏绥娜到底是聪明,又有先前的基础,只跟小罗学了几天,就能独立做中国菜。老崔从国内来了后,她又跟他学到许多厨艺,不仅会炒菜,还会发馒头,包饺子,腌咸菜,光是鱼的做法少说她就会不下十种。工地上的一日三餐自然完全由她去料理,就是来了客人或者逢年过节,也少不了她的张罗。可以不夸张地说,到后来她的厨艺已经不在国内的一名普通家庭主妇之下。

因为饭菜的可口,加上顿顿都是极丰盛的鸡鸭鱼肉,我们很担心会因此发胖,所以工作之余就拼命锻炼身体,即使这样,体重仍有所增加。而苏绥娜则由初来时的黑瘦小脸而日渐油光丰满,以至最后两腮坠坠地很有些肥胖了,体形由原先的近于平面而趋于滚圆而终至木水桶似的鼓了起来。大约半年时间,她的体重增加了三十余斤,时不时成为我们取笑的对象。但在有段时间,saboo们全撤回国,半年后再去时,她已瘦下去近二十斤。

其实,苏绥娜所做的远远超出了厨娘分内的事情。除了做饭,她还要洗衣叠被,打扫卫生,喂鸡养狗,并充当我们与当地人及民工间的联络员,双方有了矛盾,她总是虎着脸训斥当地人。冬天,二地一带湿气大,遇到大太阳,就把我们的被子拿出来晒一晒。夏天,晚上在外面乘凉,她会为劳累了的saboo捶一捶腰。若工地只一两个saboo,她能有一点闲空;人一多,她就成天忙晕了头。刚来的时候颇局促,时间一长就改开了,脸上有了笑容,闲暇里与saboo聊一会天儿,学一点中国话,或者陪着看一阵中国电视。如果哪一顿她做的饭saboo们吃得少,她还会私下里不高兴呢。

但她也有让人生气的时候。据小罗说,有一段时间我不在工地,每天早晨一忙完院内的事情,她就溜出去,到渡口去找人聊天,直到该做午饭的时候才回来。为此,他警告过几次。但她仍我行我素。终于在一次误了做饭时间后,小罗生气了,指着鼻子吼着要她滚。她伤心地哭着说要走,但却独自呆在厨房里不肯动身。他的生气不是没有道理,一来她离开后,万一有点什么事情,院子里没有一个佣人照应是不行的;二来渡口来往的人复杂,像她那样傻傻的没有城府,担心她会去受骗或者学坏。稍后小罗想,她若真走了,双方都将不容易;再说,即便是一个下人,也不该那样凶恶地待她,便主动走过去,在她头上拍一拍,算是给她一个台阶下,这样苏绥娜才继续留了下来。

论起几个saboo与苏绥娜的关系,算我最为疏远,因为我有一半时间没有住在工地,与她相处的时间少。另外,我觉得总要让她怕一个人才行,所以,常在她面前充恶人。遇着该做的事情她忘了按时去做,我总要板起脸,骂她一声"猪脑袋"。但也只是骂骂而已,心里并没真跟她生气。

在当地,一年一度的德赛节是和中国的春节一样浓重的节日,前后要过半个月。工地的民工和司机们几乎都放假回家团聚去了。她也想回家,但又怕我不准假,便央其他saboo来求情。通常我是不准假的,心想,她家里又没有亲人,和谁去团聚?而且她离开那样长时间,的确会给我们的生活造成不便。

点红可算得上德赛节最平常的活动,通常由亲人们在眉宇间点一个鲜红的圆点,以示为来年带来好运。那个德赛节的早晨,平日热闹的院子一时颇显空落,她换上新衣,涂了口红,去码头上接受当地人的点红,顺便买回一些调料和蔬菜,单做了一盘当地风味的食物,端过来非要我尝一尝不可,还要为我点红。我嫌食物不干净,并以为点红是愚得可笑,但又不好拂她的好意,便一一接受了。晚上,她按时将饭菜准备停当,并多加了一两个菜,在闷声地招呼我们进餐厅后,便将自己关进隔壁的卧室,把一部单放机的音量开到最大,播放着节奏欢快的当地歌舞磁带。吃完饭,在餐厅门口遇她来收拾碗筷,见她眼睛红了,脸上挂着泪痕,我一时在心里纳闷,刚才还好好的,怎么就无缘无故地哭起来了呢?但我当时并没有往深里去想。

苏绥娜特信佛,遇到拜佛的日子,无论工地如何脱不开身,她死活要请一天假,我不得不批准。早晨天不亮她就起床,到河里去洗浴净身,全身换成干净衣服,走几十里的路,去庙里烧香拜佛,而且一整天都不吃东西。

工地上曾收养过一只狗和野猴,用链条拴在院子中央草亭的柱子上。有时闲得实在无聊,几个大老爷们就拿它俩撒气,或者拽着满地乱跑,或者强行丢进河里洗澡,或者用棍子打一顿。苏绥娜见了就要先大呼小叫,但不敢阻止 saboo 的行动,便只好来半跪在动物旁,或默默地弯起手臂夹着狗脖子,脸上很有些不悦和无奈。若在院子里遇到蛇蝎,她也主张要放生。后来我们不再虐待动物,并最终将猴子放归野林,我想多少是受了她的影响吧。她在喂狗食的时候,常常会念念有词地朝狗头打一巴掌,但那更像是一位脾气火暴的年轻母亲对待自己偷食的孩子。

说到孩子,有一个男孩,大约七八岁,工程快结束的时候,她曾从家里带到首都来见过一次,总是以呵斥的声音对孩子说话。小男孩单薄而矮小,怯怯的眼神,缩在她的身后,想是被她打骂怕了吧。她自己说是收养的孩子,管她叫姐姐。但她的话哪有几分值得相信呢?按当地的情形看,很可能就是她亲生的,想一想,是属于孩子生养的那一种。到底是跟谁有的,就不清楚了,也不好去追问,说不定还是一次不幸遭遇留下的孽种。

她先前的事,小罗和老崔曾零零碎碎地讲过一星半点。大约是从小就没了爹妈,只有一位姨妈住在博克拉。也没有个真正的家,在贝尔甘季的住处是以前主人的房子,小男孩就寄养在那里。她从没有进过学堂,平日里见她无事的时候,在本子上写写画画的,像是在做日记,据说是她小时候服侍主人家的孩子做功课时偷识了一些字。河对岸那家公司的中国人来访时曾说过,她是结了婚的,在项目上与她的丈夫开一个小饮食摊,为当地民工供应茶饭。她丈夫有了新女人,就把她撑了出来。

至于工钱,平日并不按月发给她,留在小罗或老崔手里,她也省事放心。倒不是要有意扣压,而是怕她随意花掉了,只在她说出正当理由,需要去办正事的时候才结给她。听说每次回贝尔甘季，她的主人就逼她交房钱，还要什么抚养费，恨不能把她身上的每一文钱都刮了去。所以，saboo 们总要交代她把钱藏好，或者立即去置办东西，不要心一软就傻乎乎地全交给主人。她也知道不可能给中国 saboo 干一辈子，便想月攒下的工钱为自己今后找点谋生的法子，打算在贝尔甘季附近的马路边上买一块巴掌大的地，盖一间小铺子，将来做一点茶饮杂货之类的小买卖。

没想到，苏绥娜竟一直干到工程结束。工程接近尾声的时候，中国人陆续离开了工地。同事们临行前，把穿剩的衣服留一些给她，并私下另给她一笔赏钱，算是对她先前服务的回报。我亲眼见小罗和老崔走的时候，她是流了泪的。我在最后离开。临走前，项目上剩下的床上用品和做饭用的锅碗瓢盆，随她拿了个够，又按规定多支了她一个月的工钱，并介绍她到另一家中资公司的项目上去工作。原想单给她一点私钱，归项目上用过的一架照相机，我本打算作价买下，带回国给儿子玩，她找我要了两次，便留给了她，替她把钱垫上，也就作罢。走的那天早晨，有当地的朋友们来送我，她做完最后一顿早餐后，就远远地坐在院门外，沉着脸一声不吭。收拾停当后，我一头钻进车里就麻利离开了，没有回头去看她是否在落泪。

在我回国前，苏绥娜说已经买了地和一些建筑材料。一眨眼，两年多过去了，那间路边的小铺子想必早盖起来了吧。如有机会重回尼泊尔，真想到她的小铺子上去喝一杯茶，但要想找到她，只怕比发现一瓢刚泼进河里的水还难了。

2003 年 12 月 11 日，初稿于北京安慧北里安园甲 8 号。

叶 新 刘才琴/编

晚清版权文献汇编

中央编译出版社
Central Compilation & Translation Press

图书在版编目（CIP）数据

晚清版权文献汇编 / 叶新，刘才琴编. —北京：
中央编译出版社，2022.4
ISBN 978-7-5117-4068-7

Ⅰ.①晚… Ⅱ.①叶…②刘… Ⅲ.①著作权–文献–汇编–中国–清后期 Ⅳ.①D923.419

中国版本图书馆 CIP 数据核字（2021）第 237715 号

晚清版权文献汇编

责任编辑	李媛媛	
责任印制	刘　慧	
出版发行	中央编译出版社	
地　　址	北京市海淀区北四环西路 69 号（100080）	
电　　话	（010）55627391（总编室）	（010）55627310（编辑室）
	（010）55627320（发行部）	（010）55627377（新技术部）
经　　销	全国新华书店	
印　　刷	北京中兴印刷有限公司	
开　　本	710 毫米×1000 毫米　1/16	
字　　数	170 千字	
印　　张	13.25	
版　　次	2022 年 4 月第 1 版	
印　　次	2022 年 4 月第 1 次印刷	
定　　价	75.00 元	

新浪微博：@中央编译出版社　　　微　信：中央编译出版社（ID: cctphome）
淘宝店铺：中央编译出版社直销店（http://shop108367160.taobao.com）　（010）55627331

本社常年法律顾问：北京市吴栾赵阎律师事务所律师　　闫军　梁勤
凡有印装质量问题，本社负责调换，电话：（010）55626985

目 录

新译《文学兴国策》出售,翻刻必究 …………………………… 1
《中东战纪本末》第二次印成出售并印售"续编"豫启 ………… 2
严禁翻刻新著书籍告示 …………………………………………… 4
答问:第二十九问 ………………………………………………… 6
严复与张元济谈《原富》抽版税函摘抄 ………………………… 7
严复与夏曾佑谈《原富》抽版税函摘抄 ………………………… 11
示禁翻刻 …………………………………………………………… 12
论布版权制度于支那 ……………………………………………… 13
论宜盛翻译翻印西书 ……………………………………………… 16
德廷翻刻文字议 …………………………………………………… 19
翻刻书籍有禁 ……………………………………………………… 20
版权 ………………………………………………………………… 21
中日版权同盟问题 ………………………………………………… 22
论著书之益 ………………………………………………………… 27
版权宜归重公会说 ………………………………………………… 30
版权平议 …………………………………………………………… 32
版权同盟 …………………………………………………………… 33

争论版权 …………………………………………………………… 35
管学大臣争论版权函电汇录 ………………………………………… 36
论中国板权事 ………………………………………………………… 39
商约汇志 ……………………………………………………………… 41
创设万国同盟保护文学及美术著作条约 …………………………… 42
创设万国同盟保护文学及美术著作续增条款 ……………………… 47
创设万国同盟保护文学及美术著作改正条约 ……………………… 53
争论版权 ……………………………………………………………… 60
画工润笔 ……………………………………………………………… 62
上管学大臣论版权 …………………………………………………… 63
版权考 ………………………………………………………………… 65
廉部郎上管学大臣论版权事 ………………………………………… 97
管学大臣批答廉惠卿部郎呈请明定版权由 ………………………… 99
张之洞保护报馆版权 ………………………………………………… 100
清政府保护版权布告之一 …………………………………………… 101
驳美日两国商约要索版权 …………………………………………… 102
润笔助赈 ……………………………………………………………… 105
润笔倍增 ……………………………………………………………… 106
版权通例 ……………………………………………………………… 107
商部咨覆外务部美使函询商标版权专利筹办情形文 ……………… 108
商部咨外务部商标由商部给照及保护创制版权专利亦归商部文 … 109
两江总督魏照复张修撰咨设立翰墨林书局请给予板权文 ………… 111
论版权 ………………………………………………………………… 113
板权之关系 …………………………………………………………… 116
板权加限 ……………………………………………………………… 118
商部咨核拟订版权律 ………………………………………………… 119

公使查覆版权条约 …… 120

入万国版权同盟会问题 …… 121

《日本议会法版权》立案 …… 123

督宪袁准商部咨据商务印书馆续出教科书四十一种，请通行各省一体购用并禁翻印事饬学务处移行各学堂查照文 …… 124

学部电嘱使法大臣调查版权条约 …… 125

暹罗国著作权法 …… 126

日美著作权保护条约 …… 129

商部新订版权律内容一班 …… 131

电阻入万国版权同盟会 …… 132

学部允准翻印初等小学教科书教授书章程 …… 133

两江督院端咨出洋考察政治编辑各书禁翻刻文 …… 134

外务部复美使照会为改订板权条约事 …… 135

美使欲改订版权 …… 136

论著作权 …… 137

版权之争 …… 150

清政府保护版权布告之二 …… 151

版权专利 …… 153

版权大会（日本） …… 154

美领力争保护版权 …… 155

版权问题 …… 156

民政部咨湖北法政学堂讲义各省不准翻印文 …… 157

民政部奏拟订著作权律折 …… 158

著作权律案附说明（政府提出） …… 159

资政院奏准著作权律折（并单） …… 174

大清著作权律 …… 175

论著作权法出版法急宜编订颁行 …………………………… 182
本总局示禁翻印山东法政学堂讲义文 ………………………… 187
民政部咨山东法政学堂讲义禁止市肆翻印文 ………………… 188
修订法律馆咨现行刑律禁止学界商界翻印文 ………………… 189
版权同盟 ……………………………………………………… 190
督宪批巡警道、按察司、劝业道详集议各项法律章程坊间不得
　翻印并拟定限制办法文（并原详）………………………… 191
民政部咨奉天新印各书请饬巡警道严禁翻印文 ……………… 194
咨覆外务部甘诺夫所著普通史纲目书颇适用请给版权碍难照
　办文 …………………………………………………………… 195
日本将批准著作权法同盟条约 ………………………………… 196
民政部为将著作遵章呈报注册事出示晓谕 …………………… 197
学部为著作权律已引起外国出版界重视事致民政部呈文 …… 199
著作权律释义（绪论）………………………………………… 200
督宪张札准民政部咨奉天法政学堂校外讲义请饬禁翻印文 … 205

新译《文学兴国策》出售，翻刻必究*

广学会同人谨启

林乐知先生既著《治安新策》七篇，刊入《中东战纪本末》第八卷，皆振兴中国之权舆也。惟念美国之兴，由于学校。日本前任美使森君博询其通人学士，备举善法，裒集成书。于其归也，献诸日廷。行诸通国二十余年来，各国遂迭相引重。今《治安策》中，有"培植人才必由学校"一条，举其纲，未克陈其目，盖行文之体例然也。而此书适为补之用，译华文，继"战纪"后顷已印成。每部两册，价洋两角，售处悉同"战纪"。书之字迹、版口亦同"战纪"。凡购"战纪"者，幸并购此书，俾成合璧焉。

---

* 万国公报，1896（88）：70。

《中东战纪本末》第二次印成出售并印售"续编"豫启

上海美领事署业已存案并照会关道宪翻刻必究

上海广学会告白

《中东战纪本末》一书于本年春末夏初校刊问世。猥承诸君子不我遐弃,迄今七阅月之间,全书三千部销售一空。即日命工重印,今又告成,售价及售处悉遵曩例,仍希赐顾为幸。

本会所著"战纪"采择务期真实,搜访不厌精详,苟或传闻异辞,常思正其歧误。今觅得东征电报七八万字,自东学党肇祸朝鲜之始,迄俄法德夺还辽地而终,前后适届一年,事事皆有着落。且某月某日具载原文,一字一珠,迥超译本味。其全电之首尾,实为是战之筋骨,从此合诸"战纪"遂可。如杜诗韩笔,无一字无来历。更有《中日通商行船条约》《中俄密约》《中日文凭》等类,不辞跋涉之险,全录中秘之书,

---

* 万国公报,1896(95):71-72.

亦非义同文异之译本可比。佐以各西报所著新论译作、华文及中西名士各条译。凡所以为中国计者，无微不至，亦无义不搜。今已汇作"续编"，付诸手民，一俟装订齐全。上海仍托申报馆、申昌书画室、格致书室、美华书馆暨各书坊即行定价代售，外埠则由西士售书处暨各书坊寄售。特豫布闻伏乞。　钧鉴光绪丙申十月下浣

万国公报馆启

严禁翻刻新著书籍告示

光绪二十二年十二月二十四日示

钦命二品顶戴江南分巡苏松太兵备道兼办机器制造局刘为出示谕禁事：本年十二月十八日接美总领事佑来函："据本国林教士禀，《中东战纪本末》暨《文学兴国策》计订十本，倩图书集成局刊印行世。曾登告白，无论何人，不得翻印，如违禀究。兹尚有《中东战纪本末续编》两本（应请改作四卷）一并行世。近闻有书贾翻刻，冀图渔利，请饬查示禁"等由，到道。除函复并分行外，合行出示谕禁，为此示仰书贾坊铺人等，一体知悉：尔等须知，教士所著前项书籍，煞费经营，始能成编行世。既曾登明告白，不准翻印，尔等何得取巧翻板，希图渔利。自示之后，切勿再将前书翻印出售，致干究罚。切切特示。

附启者：去年春，敝广学会林乐知先生与蔡紫黻先生译著《中东战纪本末》八卷刊印问世，不徒海内风行，且更流传域外。今第二次重印，每部取价洋银壹圆伍角。林先生又与任申甫先生翻译《文学兴国

---

* 万国公报，1897（97）：65－66。

策》二卷，每部二角。林、蔡两先生更译著《中东战纪本末续编》四卷，尤多外间未见之秘要，佐以新论，辅以西报，实皆煞费苦心。今正铸铅校印，约于二月间装钉问世，取价不谕陆、柒角，并拟合以上三书，装成一套，取价洋银贰圆。乃闻坊间不肖书贾，竟有思复刻以弋利者。西例，凡翻人著作掠卖得资者，视同盗贼之窃夺财产，是以有犯必惩。中华书籍亦有翻刻必究成案。因面禀美国佑总领事函请刘道宪出示谕禁，并行上海县暨英、法两公廨一体申禁，渥承道宪扶翼名教、振兴士气之盛心。即日照案出示，除已蒙实帖通衢并由美署送登日报外，合即敬录于右，以告坊间。　万国公报馆附志

万国公报馆启

答问：第二十九问[*]

西泠寓公陈仲明：闻欧美诸国，凡有人新著一书，准其禀官立案，给以牌照，永禁翻刻，以偿作者苦心。中国倘能仿行，似亦鼓舞人才之一助。惟一切详细章程，恨未得悉，即请示知。

答：新书一出，禁人翻印，法至良、意至美也。特言之非艰，行之维艰。美国近来亦行是律，但美人均操英语，凡英国新出之书，均被翻印，己不能按律，亦安能以律强人？欧洲各国之律，较美为严。法国定律，凡人新出一书，取原印两本，献诸内阁，一置诸巴黎藏经阁，一存在造书之地方官处。给一牌照，限期或三十年、或五十年不等，视原书之有益无益而定，并行文各省。期内只准作书之子孙续印，期外不究。但领照需费若干。倘有翻印，禀官追究，又须出费若干耳。

---

[*] 爱莲室主人．格致新报，1898（5）：9−10．

严复与张元济谈《原富》抽版税函摘抄*

(一) 约1899年11月11日(十月九日)

《原富》拙稿,刻接译十数册,而于原著仅乃过半工程,罢缓如此。鄙人于翻书尚为敏捷者,此稿开译已近三年,而所得不过如是,则甚矣此道之难为也。承许以两千金购稿,感谢至不可言。伏惟译书原非计利,即使计利而每册八十余金,亦为可沽之善价,岂有不欢喜承命之理耶?但刻下北洋亦有开设译局之事,制军责令各人包译,此部开列在前,估价乃三千二百两;其余尚有十余种,大抵分理财、公法、武备、制造四门,皆有价目年限;事已禀院月余,而交支应局妥议,尚未回复。拙稿在制军处翻阅,后来局议如何,制军批定何若,皆须十余日乃可揭晓,故于惠缄一时不能定议作答也。著作一道,珍之则海内之宝书,易之则一家之敝帚。虽高文典册,如扬云未遇知音,且覆酱瓿;不能如东坡所言,良玉精金市有定价也。支应局乃司出纳之有司,自然难免于吝,后来于鄙人所拟章程作何议法,正自难言;使其无意助我,只

---

* 汪征鲁、方宝川、马勇主编:《严复全集(卷八)》福州:福建教育出版社2014年版,第137—138,140—141,145—147页。

须"经费支绌"四字败之有余,而制军亦未见为我左祖也。

(二) 1900年3月2日 (二月二日)

《原富》稿经仲宣倩人分抄,葳事者已尽前六卷,不日当由仆校勘一过奉上。其续抄之六七册,正在重加删润,日内当可发抄矣。刻已译者已尽甲乙丙丁四部,其从事者乃在部戊论国用赋税一书之约;若不以俗冗间之,则四月间当可卒业。但全文尽译之后,尚有序文、目录、例言及作者本传;(拟加年表,不知来得及否。)又全书翻音不译义之字,须依来教,作一备检,方便来学。又因文字芜秽,每初脱稿时,常寄保阳,乞吴先生挚甫一为扬榷,往往往返需时。如此则译业虽毕,亦须两月许方能斟酌尽善。甚矣,一书之成之不易也。鄙人于译书一道,虽自负于并世诸公未遑多让,然每逢义理精深、文句奥衍,辄徘徊踯躅,有急与之搏力不敢暇之概。自笑身游宦海,不能与人竞进热场,乃为此冷淡生活;不独为时贤所窃笑、家人所怨咨,而掷笔四顾,亦自觉其无谓。虽前者郑太夷言,此书竟成,百家当废;近者吴丈擎甫亦谓海外计学无逾本书,以拙译为用笔精悍,独能发明奥赜之趣,光怪奇伟之气,决当逾久而不沉没,虽今人不知此书,而南方公学肯为印行,则将来盛行之嚆矢云;然而亦太自苦矣。已抄之稿,当交李君带南,抑仆于月底赴沪自携呈政,此番决不次且矣。商印是书,鄙意似不以即图久远为得,盖恐其中尚当修改,一成不变改则所费不赀;果使他日盛行,则雕之以图久远可矣。公意以为何如?仆尚有鄙情奉商左右者,则以谓此稿既经公学二千金购印,则成书后自为公学之产,销售利益应悉公学得之;但念译者颇费苦心,不知他日出售,能否于书价之中坐抽几分,以为著书者永远之利益。此于鄙人所关尚浅,而于后此译人所劝者大,亦郭隗千金市骨之意也。可则行之,否则置之,不必拘拘矣。

（三）1901年9月18日（八月六日）

所言嗣后售卖《原富》一书，作定值百抽几，给予凭据，以为译人永远利益一节，未得还云，不知能否办到，殊深悬系。鄙知老兄相为之诚无微弗至，亦知此事定费大神代为道地，且以权有所属，或不得竟如台旨，此仆所以深为悬悬者也。夫平情而论，拙稿既售之后，于以后销售之利，原不应更有余思；而仆于此所不能忘情者：

一、此书全稿数十万言，经五年之久而后告成。使泰西理财首出之书为东方人士所得讨论；而当时给价不过规元〔银〕二千两，为优为绌，自有定论。

二、旧总办何梅翁在日，于书价分沾利益，本有成言。

三、于现刷二千部，业蒙台端雅意，以售值十成之二见分，是其事固已可行；而仆所请者，不过有一字据，以免以后人事变迁时多出一番唇舌，而非强其所必不可。

四、科举改弦，译纂方始，南北各局执笔之士甚多。分以销售利益，庶有以泯其作嫁为他之塞责，而动以洛阳纸贵之可欣求，达难显之情，期读者之皆喻；则此举不独使译家风气日上，而求所译之有用与治彼学者之日多，皆可于此寓其微权。

且诚蒙俯纳所言，而译局准予售书分利凭据，则一切细目尚有可商，以期平允，如：

一、可限以年数。外国著书，专利版权本有年限，或五十年，或三十年；今此书译者分利，得二十年足矣。

二、二成分利，如嫌过多，十年之后尚可递减；如前十年二成，后十年一成，亦无不可。

以上种切，统祈卓夺。好是盛督办、劳总办诸公皆于无似不浅，当不至靳此区区而不予畀也。即使事属难行，亦祈明示。

（四）1901年10月13日（九月初二）

《原富》分利一节，有兄在彼，固当照分，所以欲得一据者，觊永远之利耳。然使其人不相见爱，则后来所卖，用以多报少诸伎俩，正可使所望皆虚，吾又乌从而禁之乎？不过念平生于牟利一途百无一当，此是劳心呕血之事，倘可受之无愧，且所求盖微，于施者又为惠而不费之事；若闻者犹以为过，则亦置之不足复道也。

近来有一种人，开口动言民智，于是学堂、报馆、译书，三者日闻于耳。如译书一事，则专为读书者设想，而不为著书者道地。然不知非于译才有所优待，则谁复为之？今且无论他人，即无似自揣，《名学》脱稿之后，亦未见肯为他人再译也。夫设译局何难？但译者于执笔之顷而有计利省力之情，则其书已可见矣；姑无论其不能而强为也。所以外国最恶龙[垄]断，而独于著书之版权、成器之专利，持之甚谨；非不知其私也，不如是，则无以奖励能者，而其国之所失必滋多。子路救人，受牛而孔子与之，则亦此意耳。然此是我们背地议论，至老兄与公学总理如有十分为难之处，不必勉强也。

严复与夏曾佑谈《原富》抽版税函摘抄*

1902年12月27日（十一月二十八日）

又《群学》将次校完。前与菊生有定约，言代刻分利。顷来书问疏阔，不知尚有意否？又代刻售卖后，如何分利，如何保护版权，均须菊明以示我。复自揣不能更为人役，若于此可资生计，即弃万事从之，姑以此刻为试探而已。

---

* 汪征鲁、方宝川、马勇主编：《严复全集（卷八）》，福州：福建教育出版社2014年版，第207页。

示禁翻刻*

钦命二品顶戴分巡苏松太兵备道蔡：为出示谕禁事：本年四月二十八日，准总办自强军洋操营务处咨："自强军《西法类编》一书，计二十卷，由敝道纂辑成书，奉南洋大臣刘批准刊印。现在此书编竣，按照官板大字付沪石印书局刊行，不日蒇事。惟编中注载马步、炮队一切操法、阵法，分绘各种图式，为中国最新兵书。与练兵武备学堂及武试之习枪炮准头者最为有益。难保坊间不翻刻缩印，希图渔利，甚至鲁鱼亥豕，图表失真，讹谬相传，贻误非浅。亟宜示禁，翻刻重惩。兹将先经印成书样十四卷送请存案咨请，出示严禁翻刻"等因，到道。准此，除行英、法会审委员一体查禁，外合出示谕禁，为此示仰书贾人等一体知悉。嗣后遇有自强军《西法类编》一书，尔等不得擅行翻刻渔利。如违，定干究罚，其各凛遵。切切待示。

---

* 湘报，1898（142）：567.

论布版权制度于支那[*]

东洋《经济新报》云,经营满清四百余州者,现时东洋最重要之问题也。支那今日之情形,果可改良之乎?支那四万万人,果有堪受诸种改良之能力乎?若云改良之,将听其自然以进乎?抑我日本人为之尽力,以助之乎?是皆重大之问题。虽然,本报为经济(日本呼"理财学"为"经济学")专门,此等事不属于经济,故不论也。然今苟欲谋支那之改良,而使支那人之能力可以受此,则其策当如何?或曰当迁都,或曰当改官制,或曰当汰冗员,或曰当开铁路,是等皆人人所共知者也。若夫开广民智之事,尤为紧要。而内外之识者纵论此事,亦几无余蕴。虽然,尚有一事为识者所未论及,而有关于理财政策者,吾今欲述之以质大方。其策云何?则布版权制度于支那是也。

支那改善之策,不一而足,然其中最急要者一事,则在以经世实用之智识,供给支那四万万人也。夫经世实用之知识,改善之基础也。一切文物之改良、制度之革新,及其他可以增国家进步之速率者,皆以人民经世实用之智识为之基。民若无此种知识,则改善之策,无山而施;而进步之计,亦无可措画。故谋支那之改善,一面行种种之方法,一面

[*] 清议报,1899 (13): 789-792。

当专力以西洋之新知识供给之。其法云何？则为之译出良教科书，为我辈之一大急务矣。而供给良教科书，必自布版权制度始。盖版权制度者，供给智识之原动力所藉以保护者也。请详论之。

夫欲开其人智使通西学，必藉于良教科书。今日支那此种之书，殆绝无焉。曰《三字经》，曰《千字文》，曰《四书》，曰《五经》，非粗浅而无用，即深奥而难解。然今日支那通行之教科［书］，不外此矣。夫本国最近之历史，国民所当尽人皆知之者也，而支那教科书中无一焉。本国国土之形状及一切地理，国民所当熟识也，而支那教科书中无一焉。若夫万国地理、万国历史、格致化学初级、动植物初级等书，更不必论矣。夫此等者文明世界所必要之普通智识，而日用不可杂之书籍也，而支那皆无之。偶见一二，则九牛一毛耳。于此而欲望其文物之改良，岂可得哉？我辈为支那计，今日最急之务，当择与支那人脑质相宜之教科书，广译而流布之，以启蒙其智识，而增长其能力，则其效验必有极大者。而欲办此事，则当移版权制度于支那，保护著述者之权利，以酬其著辑之劳，为最要矣。支那人近来喜言维新，欲求西洋之新知识者渐多，争购读西书者不少，如前者冈本监辅氏之《万国史记》，销售至数十万部云，是其证也。夫其人之好读新书，既如此矣。而佳书之供给如此其少，何也？无他，支那无版权之例故耳。若能定版权，禁翻印，使著书者有专卖书籍之权利，吾知支那人必多能自辑佳书，以供给之者。且凡人之办事，必望报酬，此常情也。即著述之事，亦何莫不然？夫著述之人，或因公共心，或因名誉心而起，虽非以求利为主，然日日服劳，不顾一己之利益，而惟以觉世为心者，千万人中不过一二耳。况于支那今日，其动机之薄弱如此，非有以增其力，乌能望此后之日盛哉。

且布版权于支那，其所得利益，不独支那人而已。我日本与支那同洲同文之国，关系最亲密。今我日本得文明之智识，先于支那人一着。

今日以日本所得之文明，分布于支那，而为供给之，亦同洲同文之国所当尽之职分也。今因支那无版权，故日本人虽欲为之译辑良教科书以供给之，而功劳不能相偿，故惮于从事。一旦与支那更订条约，布以版权，则我匡著述家权利可以保护，报酬可以相当。前者四千万人购读之书，今忽增而有四万万人购读，则我国著述家之位置，可以与欧西著述家相颉颃矣，此亦最大之利益也。

我辈以此之故，切望我外交当局者，速与支那提议实行布版权之策，此协助支那之事之最易行者也。或者问：然则支那当入万国版权同盟乎？答之曰：凡文物进步尚弱之国，最不宜入版权同盟。我日本于改正条约时，误入此盟，实外交上一大失策也。故我辈不欲支那效此失败之策，宁效美国之奖励教育法乃可耳。或又曰：支那百度废弛，法律之力甚微弱，虽布版权制度，恐实行监督甚难耳。答之曰：凡办事者不可因难而废。既布版权，虽有种种窒碍，惟当设法排除之耳。故我等欲以此策进于我国之外交家，且为支那之当路告也。

论宜盛翻译翻印西书*

支那官吏，不通于中外形势，受愚外人。每订定一约，辄将利权交让，积至于毛尽而皮不存，竟无恢复之日。即在条约应有之权，亦复置之不理，使彼族独擅其利，如禁翻印外人所著之书籍其一也。顷读广学会所出《中东战纪》，弁端有上海道刘某告示，云无论何人，不得翻印，如违禀究。不知该道据何条章，出是告示，以为保外人专利之地乎。查列国皆有保护著述人禁其翻印之制，盖为报其劳、赏其功起见，事理明白，无可致疑。然其保护者，唯保护国人，并无保护外人之制。盖为报其劳赏其功起见，事理明白无可质疑，然其保护者唯保护国人，并无保护外人之制。其保护外人，则自千八百八十六年瑞士会同始，当时入盟者英、德、意、法等十国耳，近增至二十余国。凡入是约者，不第有保护同盟列国印行权，亦有禁翻译其书之义。中国向来未入是盟，何苦被外人拘束，禁绝其国人翻印哉？或曰广学会系有心人所创，其著书立言，有大效于支那。故保护其印权以酬之，不为不可。然此事已许广学会，则他外国人亦有一律均沾之权。若不幸其著书立言，害于世道人心，妨于国体政治，夫孰能禁之？夫与泰西列国相交，在明划权利所

---

* 亚东时报，1899（13）：1-2。

在。我有一分之权，必持之不至于旁落，迂行严办，而后有缴还一体利权之机。若不然，我有应有之权而置之不理，则持柄授彼，斯不敌体之约，永无改订敌体之日矣。请以日本为例。日本前值国家多事之日，与列国立约，故其条章概利于彼而不利于我。一与现行中西条约相埒，幸条约中亦有不便于外人者，即如他人之居国内，原干禁例，乃外人视为具文，任意往来，毫无顾忌。自大隈氏入外部，执约綦严，凡非条约所允许者，必一律禁止，雷厉风行，不让一步，外人自是少生悔心，而改订新约之机愈熟矣。日本仿行西法以来，不惟翻译西书者众，即竟将西书而翻印之，亦甚多。至于美国伦曼公司所发兑之书，每岁翻印上于数百万本，其价不下数十万。公司以其侵夺利权为病，请公使与日本外部商量。外部官以冷语答之，其言云鄙官游学贵国，病英书价昂，因购求贵国翻印之英书而读之，未闻贵国保护英商而禁我之购翻印之书也，今独责敝国以保护贵国之商，未知何故？公使辞屈，置竟之不问。盖美国不入列国之盟，故不禁其国人翻印他国之书。有时英国所刊之书，不旬日翻印于美国，以贱价出售，转估英国，英人莫不诟厉愤慨焉。夫区区一条约之严行，乃能拘束外人，为改订一体条约之始基。夫如是，则安可以其事之小与故之细而忽视之哉？余乃慨然语支那当道曰：中国欲有转机，请自鼓劝翻印外书始。其他条约所不允者，一律不允，不问其情实何如，抗争不挠，而后外交渐有转圜之机矣。夫翻印外书之事，不特属条约应有之权，亦于国民有大利益焉。日本近入印权同盟之列，本年七月以降，英、法、德诸国所印行之书，除其印权期满者之外，一律禁止翻译、翻印。盖非日本入该盟，列国不允其改订新约，故政府不得已而允之也。然文化未进之国，或翻印他国人所著书，或转译为本国文字，使其国人遍读之，尤为当务之急。一旦入印权盟，则为约束所拘，不得任意译印，不特妨于读书种子，亦为文化一大厄运。故北美政府至今未入是盟者，职此之故。日本现在仿行西法之际，而入是盟，其国人颇不便焉，论者甚至以此为文化退步之渐。可以见翻印一事，似属微细，而干系甚大矣。但日本已有驷不及舌之势，无可如何。至于支那，则无条约拘束之虞，是宜倡办印局，盛翻译、翻印西书，以齐至日本而估之。昔时文化自西徂东，今则支那士人往往游学东洋，有自东徂西之势。若能出于译印西书之举，则其益于日本也多，又启自西徂东之渐矣，何独利市十倍也哉。余曩以是意告某某等，怂恿其事。彼颇有踌躇之色，其意似政府以启禁止之例，垂为典则，不得改废。然我日本明治初年，当局者茫然于外交，亦听外客屡申翻印之禁条，逮大隈氏赶行约文，不禁翻印。某公使引成例为言，然我国以出示禁条，明系误谬，不符条约，改之何病为言。而公使亦无词可以枝梧。今支那政府而能明于是意，申明条章，则公使、领事之意，何足介介哉？或云保护印权，属文明通义，今夫人竭半生精力，沥一世心血，编为一书，以冀酬其劳。他人遂袭而取之，而盗其利焉，可憎孰甚？子乃怂恿支那人，以盗窃之术，无乃不可乎？余曰西人苟以文明通义临我，则宜改一体条约，不卑不抗，均沾其利而后可。然彼不出于此，而待我以野蛮未开之族。独至于翻印一事，则反尊我为文明之族，呜呼其尊我耶，抑愚我之甚也？故今之支那人，宜考求实在之利益何如而速行之，至区区无谓之名分，则付之不问可也。

德廷翻刻文字议

西七月二十一号伦顿《太晤士报》云，德廷所定翻刻文字之单，众未均服。该单言，公众议事，登录于新报之中者，可以任人翻刻。现有数报馆诉说彼等所录议院之特事，系费资乂而得之，朝廷不禁他人翻刻，殊失保护。该单又言，凡文字欲以启进人者，抑以娱情取乐者，则归保护而不准翻刻。此语亦嫌其含糊。盖政事之文，与乎启迪取乐之文，易于混淆故也。该单又禁录他人私函、日记、存记簿，必得原人或代理之人允许，方可翻刻。若妄自为之，例罚七十五镑。日前固猎付坚会，妄刻德皇之日记簿，被罚七十五镑，此亦甚当。惟此单并不提及翻刻新闻之事。一千八百八十六年，万国立翻刻之约，中有言政事之文、时事新闻，与乎杂项碎件事，俱不归约保护。惟特立一条，明言演说之文不准妄刻，譬如律法堂前演说、政事演说、埠中公家演说等项，不准妄刊。所以立此例者，特留余步与演说人，听其有权自刊其所演之说。或别人欲刊之，则须讨情于原人也。

---

* 知新报 1899（98）：10-11．

翻刻书籍有禁*

　　西七月十四号伦顿《太晤士报》云,上议院特派值事一班,专查不准翻刻书籍之事。兹又查得新报纸会之书办人,供称朝廷新定报章存案,不准于二十四点钟内翻刻别家所探知之外事一节,未为妥贴。现在报纸一行,均不喜依此例而行。

---

* 知新报,1899(99):18.

版权*

中国印书,向来都可以翻印,以致出书的人不能得利。近来商部已定书籍出版的条例,不准别人翻刻。

---

* 绍兴白话报,1900(78):3.

中日版权同盟问题*
（译日本《东洋经济新报》）

按：创此论者，皆日本有名之外交家、经济家，其持论极正，为吾国计，又极亲切。虽彼国政府未尝列入交涉，然主持此议者，均极有势力、有声望之人，则定议交涉之期，当复不远。窃谓吾国宜谢其美意而缓言拒绝之也。吾国当务之急，莫如开民智，开民智莫如译书，译书莫如日本文之便捷，人人共知。此本国人应为之事，非他人所能越俎代谋。本国人为之，而他人助理之，则可；若他人为之而又设为限制，本国人反不得自由经营，则于吾国开民智之事，必大受阻碍。若吾国政府许以版权同盟，则日本新著之书必由日本人自译之，而自售之于吾国，吾国不得任意翻译。即日本注意此事，岁有成书，然其如少数何？又如他人代谋之事，不能皆适吾用何？假令各国起而效尤，要求同盟，则吾国译书之事可废，而吾国开民智之权，大半操诸他人之手，受害将无穷矣！故版权同盟，虽文明国应有之举，然在发达幼稚之国，则无宁稍后。日本前数年从德意志之请，入万国版权同盟会。盖当时有他事交涉，不得已而为之。近时识者论及此事，尚深叹其不便。以日本维新三

---

* 外交报，1901（1），2：16-19。

十余年，能运西书者几遍通国，而尚以此事为不便，何况吾国。抑尚有一言，版权同盟之事可缓，版权之制度则不可一日缓。若吾国明定版权制度，凡新著、新译之书，无论本国人及他国人，均得一律存案专利，则于振兴著译之道，必大有裨益，且为各国公例。日本既得专利，自不能逸于公例之外，再有所求，盖亦可藉此塞其口也。今将《东洋经济新报》所载天野为之所撰两论，译登如左，以备参考。其余若矢野文雄、郑永昌、加藤义三君之说，大致略同，均从略焉。译者识。

其一题为《布版权制度于支那之策》。其言曰：支那者，日本贸易无上之大市场也，凡百货物，不可不谋输进之策。今日除英国外，各国无不取保护贸易主义，重税他国来货，以保己国利益，而以北美、俄罗斯为甚。日本贸易于此数国，受害非浅。支那帝国幸未采用此法，然为列国牵制，即欲采用，亦颇非易。此实日本贸易之大幸也。此后日本对支那之经济策，虽有种种计画，而尤宜注意者，在揣摩支那人之需用，制造适宜物品，而大输出之。是也，徒极口于保全论，热心于满洲问题，毫不他顾，未为得外交之当。外交自外交，经济自经济，画然两途。一面无论如何艰难之谈判，一面不可不收经济之利益。欧美各国外交，往往取此方针，无论何时，未有忽此利益者。日本外交家，徒注意于樽俎折冲之间，而不暇他及，诚吾辈之遗憾也。今日满洲问题，虽未定局，然经济上之规画，不容稍缓。吾辈窃有一策，请述之以告国民及外务当局者，则输出书籍于支那是也。

支那人者，古来读书之国民也。其人口一倍于日本，需用书籍，殆难数计。昔以制艺取士，全国士子大抵劳心致力于八股，文明著述，无暇研究。今时势一变，八股全废，取士之制以经济、实学为准。后之读书者，必群起研究有用之学，如经济、财政、法律、历史、地理等类。然则此等书籍，大足以应彼等之需。或以汉文，或以日文，择其适宜者，印行而运销之。日本于支那之贸易，必可得一大进步。且现在日本所出之经济、政治等书，由支那人译出者，运归颇多，销售颇广，已有实效。虽此等输出品，即令盛行，亦不能如生丝等类，有数千万元之巨额，然泰山不让土壤，故能成其大。安得以利益之小而弃之，况亦固有成数之金额乎！

且输出书籍之事业，贸易固有利益。即为奖励著述起见，效亦非浅。夫功利必相称而后始肯尽力于其事，此人之常情。若多劳少获，孰有热心任事者乎？日本人于著述一事，用力多而得报薄，以视英美著述家之所得，不啻天渊之差。故日本著述之事业，不能扩充，其所以致此者，非无因也。英美诸国求读者于数万万人之中，所售既多，得利自厚；日本求读者于四千万人之中，所售既少，得利自薄。今若以日本之出版物，或仍其原文，或译为汉文，求读者于支那四万万人之中，其所售之多，当能与英美之书平等也。此事于日本著述之进步，大有裨益。虽著书非必求报酬，然就多数言之，则功利必期相称，亦世人希望中应有之事。所谓以自利心谋公益，经世家所不可忽者也。

即以支那论，其利益之所及，亦有非一言所能尽者。支那改革之策，不一而足，而尤要者，在使全国之民有经世实用之新智识而已。使无此种智识，则改革之策难施。而开发此种智识之道，则必以有经世实用之新书为第一义。日本三十年之文明进步，得益于福泽谕吉氏所著之《西洋事情》、《世界国史》等书非浅，其他学者之著述亦与有力。今日之支那，无异当日维新之日本，欲进于文明之域，非有新书不为功。而有著作新书之技能者，非支那人，亦非欧美人，则我日本人是也。故日本书籍之输出，正所以补此缺乏，而助成支那文明之运也。

由是观之，输出书籍之事，彼此均有利益，盖一日不容缓矣。然欲兴此事业，必先布版权制度于支那。且支那与日本之间，不可不立版权条约，否则著译者之勤劳，无由取偿。日夜孜孜，甫成一书。一旦输出，售未及罄，而支那人已复印翻译，流行市上矣。我国人冈本监辅，以汉文译一《万国历史》，风行一时。支那人翻刻之，而著者之利权全失，是一证也。故欲输出书籍之盛，必先布版权制度于支那，且必互订版权条约，庶足以保护著作者之利益。此事既成，日本于关系支那之著述可以进盛，即支那人亦可得此保护。著有用之新书以启发己国，外以供支那改革之资料，内以计输出贸易之利益，一举两得，无逾于此。

列强之间，此事大都无异议。藉曰有之，惟俄罗斯。夫俄国之政治，采民可使由不可使知之主义，无意于国民教育，以保政府之专制。故其对支那之政策，常以愚其民者愚支那人，使其见识锢蔽，脑髓蒙昧，彼则趁间以施其利己之外交政策。然则八股之废、新书之流行，必非其所愿，而版权同盟之事，亦或为所不喜。然兹事为文明政治之通义，彼即不便，恐亦无借口。其他各国则必视为有益之举，万无拒之者也。

然则版权同盟之事，为支那计，为日本计，均极有益。为列强计，亦有利而无害。即偶有不喜者，亦无辞以相阻。事之易行，无过于此。今偿金谈判既终，将议通商条约。或即附入通商条约，或别立专条，存于支那外务部。吾辈愿主张改良支那外交论者，及有谋内外贸易进步之全国商业会议所，均宜于此事加之意也。

其二题为《支日版权同盟之利益及当局之惰慢》。其言曰：文明国之外交，以经济为主，故外交家无论为公使、为领事、为外相，及一切外交论者，靡以收己国之利益于他国，为最大之目的。苟有利益，大者无论，小者亦不可忽，盖有取乎积尘成山之义也。如德意志于外交，与经济之密接关系，必竭力维持。其与他国订立通商条约，凡己国经济上之利益，斯须不忘，即极细微，亦不轻舍。其外交家用意之周到，于此可见。回顾日本之外务当局者，何相去之远也。支日版权同盟之事，非其一证乎。

版权同盟之事，吾辈曾倡议以促外务当局者，盖以此举有关日本著述家之经济上之利益，且输出既多，于日本全国之经济上之利益亦有裨益。列强之间，无辞相阻。支那得此经世实用之具，亦必乐为赞成。收效之大如彼，而用力之小如此。外务当局者，乃惜一举手、一投足之劳，荏苒至今，不见实行，抑可异已。前外相尝言扩张商权于支那，乃目下之急务，而施行方法，乃目下之一大问题。其言犹在国民之耳，而于有经济上利益之版权问题，独不肯假一臂之助，是何意耶？岂以其与经济无甚关系，不足措意耶？抑以其利益微薄，不屑经略耶？外交之利益如贮蓄然，铢积寸累，始能成其大。若以其小而忽之，非良外交家也。况输出书籍一事，其有益于国利民福者非浅乎？要之，时至今日，而支日版权同盟之事，尚无端倪，吾辈不能不咎外务当局者之惰慢矣。

当日本改正条约之际，德意志即使我国入版权同盟，以保护己国著述家之利益，其汲汲为己国国民经济计如此。今日各国，所以不求此于支那者，以于彼无大利益也。日本不然，精通支那人情风俗、善作支那文章者，各国举莫若也。然则版权同盟之事，非日本扩张商权之一大机会乎？向使德、英诸国，有日本之资格，其必早图之矣，而日本何竟忘之也。窃愿外务当局者，以扩张商权为要诀，而一省及之也。

论著书之益*

有西人问于余曰：仆见中国四民推重士子，而士之身分辄自贵重，谓由读书进身者，官皆清贵也。而四民之中，亦惟士为最穷，盖读书而发迹，百人中一人，而其余皆刻苦用功，耻言货利。苟不上进，则终其身于教读而已，而其子若孙犹复世守青毡，不知变计，何自苦为哉？子试言之，中国之士，其可以牟利者有几端？

余曰：士惟进身后较异于杂途，故不得志者每羡慕得志之人，而守其素业，至死不悔。若夫谋生之计，教读者苟自精其业，声闻及天下，四方从游众多，争致修币，亦有岁获千金，积数十年而家致素封者。舍此以外，国家设立书院，资以膏火，但使文理优长，试必超等，亦藉以得数百金。可以养家室，可以教子弟，亦复何求？至于游历卿相之门，为幕中宾者，亦大半自读书人为之，其所入亦至千金、数百金焉。有此数者，士亦何待他求哉！

西士曰：仆生长欧洲，语文风土与中国迥殊，不敢创议以强中国俯从，所尚第有一端，尚可为中土之士代筹之。西国之士，凡著书立说，不论何项，每成一书，出以问世，果为士林许可，则风行海内，阅者必

---

* 新闻报，1898-2-22：1-2.

多。而朝廷本有禁令：凡某人之书初出，或十年内，或二十年内，必归其人自印发卖，翻印者为之查究，故著书者得于著成后坐收其利。若印板精工，其书为有益于人心世道，与夫足以资掌故、擅词华，价虽倍蓰而闻风翕然，争相购致。二十年中销售万部，即获数万之利，身不得志，则一身之衣食裕如，子孙能继，则数世之享用不尽，岂非士之致富之道哉！若果赤贫无力，其书既出，官为出资印行，而令其收用余利，立法尤为详尽。今观中国之士，终身著述，而书或无从刊印，至数世不出。苟出矣，而坊间翻板同时发卖。殚力于己，而授利于人，或竟以原稿售之坊间，尽归他人，以数千年之辛苦，易数十金笔墨之费，岂不可惜！何中国之人不知算计若此耶？每见书肆所卖之书，其首叶间有"翻刻必究"字样，而从未闻以翻刻书籍肇成讼祸者。岂本有例禁，而后世虚应故事，遂不之论！即仆谓中国之士，文才之佳者，代有千百人，无论系自己撰著，或考文征献集古而成，或时义古文精选一部，苟不愧为善本问世可行，何亦不自谋其利，而乃秘置不刻与任人翻刻乎！且欲国家申明一禁，严究翻刻，或设官书局代刻，俟其畅销收本。其事虽极琐细，当亦无损于为政之体统。士达于吏，吏白于朝，何难之有！况严定其例，申此禁令之后，士之不能早年得志者，咸肯退而著书，闭户自精殚毕生之力，以从事于撰述。将来有用之书，且日多一日，不徒矜记问之博侈词华之富而已。又知仕进之外，尚有著书致富之一途，则一切钻营苟且之习，若谋局差，若荐馆地，若教唆词讼，若出入衙门，若招摇撞骗，若武断乡曲，诸事皆可不作，岂不安贫乐业，皆为敦品励学之儒哉！且子不见夫世事之转移，今已愈甚乎？从前中国有刻板之书，无排印之式。今西人以印字机器来华，华人慕之，铸铅质之字排印各书，始则教会用之，继则以印说部，又继则以印诗文。就上海而论，各报馆印新闻，而兼印书籍，搜罗旧人佚稿、近儒著作。而机器印书局一起，又将书式加精，书类加广，选印时文，代印诗赋。益以圈点，缩为袖珍，几于无式不备也。苟通国之士出所著以问世,即属铅板书局印之,已不必如从前之巨费,又得禁令一申,严究翻板,则将来士之致富岂可限量哉!子亦读书人,盍早图之?西士即去,佘寻思其言,颇似近理,因特著之于篇。

版权宜归重公会说[*]

吾闻泰西各国，启维新之秘钥，植开化之始基，印文明之迹于脑筋，除锢闭之萌于脏腑。而版权之例，与有功焉。盖知识非书不能研，才能非书不能练，内治非书不能策富强之道，外交非书不能探公法之精，古今治乱之原非书不能悉其奥义，中外利病之敝非书不能得厥指归。敝夫版权者，国民所赖以自立，国家所恃以自强者也。征之于古，验之于今，其理未之或爽。独是开智慧者为书，而锢智慧者亦为书，无他书之纯粹，以精兴书之舛讹，互出其损益至不侔也。泰西之策版权要旨，不外二端，一曰编辑专利，一曰考定有章。其在英国，久定专利章程，当中国康熙三十年，英廷恐销路不广，弛其禁令。一时射利之徒，竞相翻印。鲁鱼亥豕，流弊滋多。议院以有碍文明，无俾学业，仍颁专利十四年之令。及嘉庆十九年，重订新章，准专利二十八年，旋复展限终身殁后及其子孙七年，方准翻印。道光二十二年，改为专利四十二年后，复定考校章程，书肆毋得妄行纂辑，必呈请考定，验明无误，始许发行，其法可谓密矣。我中国于版权之例，向未明订章程，志士或著一新书，译一新籍，甫经出版，翻者踵起，甚至改头换面，错讹百出。徒

---

[*] 南洋七日报，1901 (14)：86.

求有利于己，罔顾有害于人。其贻误学者，正匪浅鲜也。今欲除版权之弊，除由国家定专利章程外，并当由各省志士，设立公会用操考定之权。顾或谓鄂省学务处，议定所例，凡有新书发印，必呈报验明无误，始允发行。各省何妨仿照办理？则应之曰，此断不能行者也。夫人之志趣不同，宗旨迥异，事若由官考验，除非为坊本则可。若志士著作，一一听命于官，则其学派合于官者，而官允行，其学派不合于官者，而官不允行，在泰西亦无此例也。故论定版之权，与其操之于官，而用势逼迫威驱之术，不若操之于士，而收潜移默化之功，斯公会所亟宜创设也。设会之法，宜创始于上海，名之曰"版权公会"，延聘著名之士，分主纂订事宜。会中除自译、自撰、推广、发售外，盖代书肆定本。定本之例，如定稿之时，先将稿本送阅，出版之后，复将版样送查，而代为订讹正误，然后标明版权公会定本。或更冠之以序，明其宗旨，揭其精要，俾人知为公会定本，实尽美尽善之书。反是则改换名目者不定，拉杂无章者不定，宗旨不端者不定，纰谬百出者不定，是盖有三益焉。荟萃著作之本，分任纂校之事，佚者补之，谬者纠之，晦者明之，讹者正之，必为有用之书。饷学士而助文明，功效将在万世，其益一；公会定本既为完善之书，则凡购书者，必认贬公会之本，然后风声所播，书肆不待驱迫，必竟以公会品定为荣，斯改换错误，诸弊端可以一扫而尽，其益二；国家将行新政，版权专利，实新政之一端，将来颁定新章，外省即可由公会辩理，其有著作合例者，由公会验明代呈，政府核准施行，尤于风气之盛举，其益三。呜呼，启维新之秘钥，植开化之始基，印文明之迹于脑筋，除锢闭之萌于脏腑，其在斯乎，其在斯乎？

版权平议[*]

近日，日本外交经济家如天野为之、矢野文雄、郑永昌、加藤义诸君，曾发《中日版权同盟问题》，其为中国计者，情极亲切，论极正大。虽未明列强交涉，而其开议也当不甚远，稍一依违，则于吾国丈明之途必大受其限制矣。其言以支那为日本贸易无上之大市场，欲吾政府许以版权同盟。日本新著之书，必由日本人自译之，而自售之吾国，吾国不得任意翻译。虽版权同盟为文明国应有之事，然日本前数年从德意志之请而入会，当时有他交涉，势不获已。且以维新三十余年多通西书之国，而近时论者尚叹失策。何况吾国正如蒙稚之时，有不受其遏抑，而关碍发达之机，使本国有志者译书之事几于或熄耶。是在吾国主持文明之事者，定版权制度，凡本国、他国人新自著译各书，均得一律存案。专利则公例可援，日本纵得专利，究不得违公例而独专其利矣。

---

* 浙江新政交儆报，1902（壬寅春季信集）：8.

版权同盟*

《东洋经济新报》"天野为之"撰其言曰：支那者，日本贸易无上之大市场也。凡百货物，不可不谋输进之策。今日除英国外，各国无不取保护贸易主义，重税他国来货以保己国利益，而以北夷俄罗斯为甚。日贸易于此数国受害非浅，支那帝国幸未采用此法，然为列国牵制，即欲采用，亦颇非易，此实日本之天幸也。此后日本对支那之经济策，虽有种种计画，而尤宜注意者，则输出书籍于支那是也。支那人为古来读书之国民，其人口十倍日本，需用书籍殆难数计。昔以制艺取士，全国大抵劳心致力于八股，文明著述无暇研究。今时势一变，八股全废，取士之资以经济实学为准。后之读书者必群起研究有用之学，如经济、财政、法律、历史、地理等类。此等书籍，或以汉文或以日文印行运销，日本于支那之贸易必可得一大进步。况现在日本所出之经济、政治等书，由支那人译出者运归颇多，销售颇广，已有实效乎。且输出书籍之事业，即为奖励著述起见，效亦非浅。夫功利必相称，而后始肯尽力于其事。日本人于著述一事，用力多而得报薄。以视英美著述家之所得，不啻天渊。英美诸国求读者于数万万人之中，所售既多，得利自厚；日

---

* 浙江新政交儆报，1902（壬寅春季信集）：13.

本求读者于四千万人之中，所售既少，得利自薄。今若以日本之出版物求读者于支那四万万人之中，其所售之多，当能与英美之书平等也。此事于日本进步大有裨益，虽著书非必求报酬，然以自利心谋公益，亦世人希望中应有之事也。即论支那改革之策，尤要在使全国之民有经济实用之新智识，则必有经世实用之新书为第一义。日本三十年前之文明进步，得益于福泽谕吉氏所著之《西洋事情》《世界国尽》等书非浅，其他学者之著述亦与有力。今日之支那无异当日维新之日本，而有著作新书之技能者，非支那人，非欧美人，则我日本人是也。是补此缺乏，以助成支那文明之运，一日不容缓矣。欲兴此业，必先布版权制度于支那，否则如我国冈本监辅，以汉文译一《万国历史》，支那人翻刻之，而著者之利权全失，是一证也。故必互订版权条约，即支那人亦可得此保护。著有用之新书以启发己国，一举两得，无逾于此。列强之闻此者大都无异议，藉曰有之，惟俄罗斯。夫俄之政治误采"民可使由，不可使知"之主义，无意于国民教育，以保政府之专制。故对支那之政策，常以愚其民者愚支那人，彼则乘间以施其外交政策。然则八股之废、新书之流行，必非其所愿，而版权同盟之事亦或为所不喜。然兹事为文明各国通义，彼即不便，恐亦无所借口。今偿金谈判既终，将议通商条约，或即附入，或立专条。吾愿主张改良支那外交论者及全国商业会议所均加之意也。

争论版权*

日美商约争论版权一条，实于中国文明进步有碍，故商约大臣已极力辩论此事。兹闻翻译书籍已许听从，惟为中国特著之书，先自译成及已经印售者不得翻印，准其专利若干年，即中国翻刻必究之意也。刻已照覆管学大臣矣。

* 鹭江报，1902（20）：11.

管学大臣争论版权函电汇录[*]

至日本使臣内田康哉氏函

迳肃者：昨接上海来电，知现议美商约内有索取洋文版权一条。论现在各国有版权会，原系公例。但施之敝国，则窒碍殊多。各国学问所用书籍大概相同，又其国人大半皆通他国文字，故于外国书销行最畅。翻译既易，所费亦不甚多，因有辗转窃取射利之举。若敝国，则讲求外国学问者人数尚少，能精通外国文字者甚鲜。每译一书，非用重金不能译就。譬如英国出一书值十元，敝国用上等译员译之，费用数千元，再加刷印千部，又数千元。是译出变卖已不如英国原售价值之贱矣。故翻译外书以图利，为敝国卖书人必不能办之事。近年敝国考求世界公学，皆赖官家之力，及二三深识时务之人设译局，用多金，以广为劝诱。今日学堂甫立，才有萌芽，各国既深望敝国变法维新，相期共进文明之化，无端又生此一大阻塞，殊属无益。夫使敝国多译数种外国书，使国人读之，通外事者较多，将来各种商务大兴，中外共受其利。若如此办

---

[*] 政艺通报，1902（20）：1-2。

法，书籍一不流通，则学问日见否塞。虽立版权，久之，而外国书无人过问，彼此受害甚多。此次敝国办理学堂，承贵国之辅助及贵大臣之教益甚。至此事关系于我两国者尤重于他国。上年，闻贵国有一派人亦主版权之说。其实，贵国尚有一派人极愿以贵国学问输入敝国为主义。本大臣之所深知，深恐此次美约牵及贵国前一派人，援利益均沾之条。关系诚非浅鲜，亟望贵大臣设法预为维持，或通信上海议约专员，或迳达贵国总理外部，总以不提及此条约为善。除现议美约已由本大臣电致敝国议约之刘、张、吕、盛诸大臣请勿允许外，特函致贵大臣敬达一切，专肃敬颂。台祺，张百熙顿首。

致前江督刘电

南京制台刘宫保鉴：

闻现议美国商约有索取洋文版权一条，各国必将援请利益均沾。如此，则各国书籍，中国译印，种种为难。现在中国振兴教育，研究学问，势必广译东西书，方足以开通民智。各国既深望中国维新变法，相期共进文明。今日中国，学堂甫立，才有萌芽，无端一线生机，又被遏绝，何异劝人培养，而先绝资粮。论各国之有版权会，原系公例，但今日施之中国，殊属无谓。使我国多译数种西书，将来风气大开，则中外商务，自当日进，西书亦日见畅行。不立版权，其益更大。似此甫见开通，遽生阻滞，久之，将读西书者日见其少。各国虽定版权，究有何益？我公提倡学务，嘉惠士林，此事所关系匪细，亟望设法维持。速电吕、盛二大臣，坚持定见，万勿允许，以塞天下之望。幸甚！祷甚！熙。

致粤督张电同致商约大臣吕盛电

前江督刘覆电

中国振兴实学，诚如台示，非广译东西方书籍不可。惟版权一事，昨接吕、盛两钦使电，日本现订约款，只声明日本特为中国备用，以中国语文著作书籍及地图，应得一律保护。其东文原书，及东文由中国自译，或采取东文另行编辑者，不在版权之列。香帅并欲将日本用中文编辑之书亦准华人重加编订，电沪续议，尚未议定。至美国如何商议，尚无见闻。惟前准美国送到所索版权一款，内有"中国政府允许保护美国人民之书籍、地图、所译之书、所铸之件"云云。似所请保护亦指彼洋文原书，及用华文著译者言之。洋文似未尝不准我用华文译印。兹遵嘱电沪，妥为商定。另闻。坤。

吕、盛两钦使覆电

宥勘电敬悉，美、日商约均有版权一条，意在概禁译印，辩论多次，幸如尊议。东西书皆可听我翻译，惟彼人专为我中国特著之书，先已自译及自印售者，不得翻印，即我"翻刻必究"之意。上海道厅领事衙门早有成案，势难不准。平心而论，自译印其自著之书，本人费许多心血。若使其书一出，即为他人翻印，亦恐阻人著译。既欲广开民智，无论中外人特著一书及自译、自印者，应准注册专利若干年。则新书日出，方免遏绝新机。余皆不在禁例。此不仅为调停商约也，质之我公，以为然否？容俟订定后再行函详。海、宣。

论中国板权事[*]

译日本《大阪朝日报》

中国现当改订商约之际，我邦著名之教育家欲令中国入万国板权同盟会，余闻之，不胜骇异。我邦自一千五六百年前以至今日，所有学问及文明德化，均赖中国输入。至近来三百年，问中国文明之来我国，尤为异常进步。德川将军时代，汉学各家于中国各种书籍，无不任意翻译，我邦受益于中国者诚不少。近来三四十年前，泰西文明输入我国，我国不过略见一日之长。现当中国派人翻译我邦书籍，既岸然自矜，嚣然自恃，曰：此我邦之权也，我邦之利也，中国不得而擅译之也。吁！我邦之教育家，岂尽属忘恩负义之人耶？否则试稍思前情，则我邦对千余年前文明之旧邦，不亦太甚耶？

彼执板权同盟之论者则曰：凡地球各国莫不以国语之传播于他国为扩张国民权利之本。中国如入板权同盟会，则彼即不得翻译并翻刻我邦之书籍，而我邦之国语可以传播于中国。若不然，则彼等将尽学泰西各

---

[*] 南洋七日报，1902（26）：160-161.

国之国语，复以其余力学我国之文字，以翻译我邦之书，则我邦之国语究不能传播于中国。吁！传播国语者，须量本国与他国之势力何如。如德之于波兰、英之于印度，均以其本国之语用强硬手段传播于波、印两国，以夺波、印两国自有之语。若中国者，则国语最大势力之国也。其比邻如暹罗，如缅甸，诸小国之国语均为中国所夺。即满洲入关以后，其本有之语亦尽化为汉语而为所夺。则今以我邦之小国语，而欲夺中国全国之国语，不亦难乎？若欲使中国之人学我邦之语，多于学欧洲语，则近来各省派来之留学生日盛一日，将来我邦之国语亦不患其不盛矣。若不明此理，而必令中国之人不翻译我邦书籍，则吾恶逼之太甚。中国人不惟不翻我书而已，反将尽行翻译泰西各国之书籍矣。然而执板权同盟论者之真意又不在此也，其意则谓中国不能翻译我邦书籍，则我邦之人可以自行翻译而广售于中国。吁！我邦书籍若欲广售于中国，则将我邦现在已经翻译之本运至中国内地各处，恳中国政府立案，以杜伪板滥刻诸弊，亦何尝不能广售于中国哉。若谓中国之留事学生现在我邦广译各书，大足以妨我译书之路，则尤不明大体之论。彼译我邦之书，则我国之国语可以藉彼之力传播于彼国，并观近来彼国之各报章及新译各种之书中，所用我邦进步、起点等字义不少，则将来中国之文字不尽化而为我国之文字乎？而又何患乎？我所以愿我邦之当局者立定一见，勿为板权同盟者所误，以禁止中国人之翻译我邦书籍也，则幸甚！

商约汇志*

中美商约，版权一事，未经定议，大意言美国版权向有定例。嗣后美人如在中国镌印书籍、图画，或译印华文，自系专为华人所用，应由中国极力保护，并自注册日起，限期十年，准在中国得享专利，不准他人翻印。

各国前以新订《税则善后章程》第二款"中国准运免税进口"各件，办法太奇，遂各电达本国。闻各国已电饬驻华各使，请中国政府删除此款，而自与赫总税务司商议，现已另订方法。

---

* 外交报，1902（2），27：12.

创设万国同盟保护文学及美术著作条约[*]

瑞士联邦政府、德意志国皇帝普鲁士国皇帝陛下、比利时国皇帝陛下、西班牙国以皇帝陛下名摄政之皇太后陛下、法兰西共和国大统领、大不列颠爱尔兰联合王国兼印度国皇帝陛下、海地共和国大统领、义大利国皇帝陛下、努比亚共和国大统领、都尼斯国主殿下,皆欲以均平方法,保护文学及美术之著作权利,因决订条约。各命全权委员某某等,彼此出示文凭,良善妥适。乃协定各条如左:

第一条 联盟诸国,为保护文学及美术之著作权利组织同盟。

第二条 凡属同盟国之著作者及其承继人,其著作不问已否公布,在各同盟国,无论现在将来,均依国法,比照本国人,利益均沾。

享有以上权利者,必须遵照本国法律所规定之条件及办法。其在他国享有以上权利,不得逾于本国所准期限。

凡著作以始公布之国为本国,其或数同盟国同时公布者,以诸国中按照国法保护期限最短者为本国。

凡未经发行之著作,即以著作者所属之国为本国。

---

[*] 外交报,1902 (2): 8-11.

第三条　本约定例，凡属未同盟国文学及美术之著作，如在同盟一国发行，其发行者亦得援照办理。

第四条　文学及美术著作之名称。凡书籍之小册子，及其他各种文书演剧脚本，有乐谱之演剧脚本，有文句或无文句之乐谱，关于图画油画雕刻铜板画之著作，关于石版图解地图及地理学地文学建筑学及其他一切学术之图画模型，勿论何等刷印，凡可以翻印之方法公于世者，皆属于文艺学术范围之内统谓之著作。

第五条　凡属同盟之著作者及其承继人，得在他同盟国，将其原著作，自公布时始，十年以内，随意翻译。并得享有于他同盟国持准翻译之权。

分段陆续公布之著作，其十年期限，以该著作最后公布之段之日起算。

分次公布合成数卷之著作，又文学协会学士会或一人之报告书类，及杂志等，其计算十年期限，应将各卷各册各自区别。

本条定例，计算保护期限，即以著作公布之年之十二月三十一日，作为发行之日。

第六条　翻译合法者，准与原著作一体保护。故在同盟国未许翻印之著作，皆得享有第二条第三条规定之保护。

凡著作之属于公有者，即互有翻译之权利。其翻译在先者，不得禁遏他人翻译其原著作。

第七条　凡同盟国公布之新闻纸及定期刊发之件，非著作者或发行者明示禁止，他同盟国例得尽照原文翻译转载。其定期刊发之件，欲禁止转载者，以揭示于每号前页为合式。

以上禁止，尤论如何情形，惟政事之论说，或时事之记载，及杂报之转载，不在此限。

第八条　凡发行编辑，可备教科之用及有理学性质之著作，多选自文学及美术诸著作中，此等权限，均宜遵照同盟各国现行之法律及将来互订之特约办理。

第九条 第二条定例，不问已否公布，其以演剧脚本有乐谱演剧脚本演剧者，亦得援照办理。

演剧脚本及有乐谱演剧脚本，其著作者及其承继人，当在专利期内，所有未许翻译之演剧，亦一体保护。

第二条定例未经公布之乐谱，及已公布前页禁止演奏之乐谱，其演奏亦得援照办理。

第十条 凡未经许可，以翻案变曲等种种名称，私自剽窃文学及美术之著作，或同体裁，或假他体裁，仅将不要节目，删改增补、全无新创性质者，本条约皆谓之不法翻印。

本条遇有不得已时，各同盟国裁判所，必各据国法保守定例。

第十一条 依本约保护之普作，限以无反对证据，作为真正著作者。故自己名氏，必依常例记于著作中，以便在同盟国裁判所，控告伪作者。

其无名或变名之著作，即以记名于该著作之发行者，为有防护著作之权。发行者毋须别有证据，皆作为无名或变名之著作者之承继人。

裁判所遇有关于著作之紧要事件，欲依第二条之意义，证明遵照本国法律规定之办法，得使著作者将该官厅（著作者所属之官厅）所给之凭照呈核。

第十二条 同盟国于法律应保护之原著作，遇有伪作者进口，例当查禁。

以上查禁，同盟国各照国法处分。

第十三条 本约定例，凡同盟各国政府，据法律或警察处分，已许将所有著作发卖颁布通行公示者，一切督察禁止之权利，该官厅均不得干涉。

第十四条　本约以公议别定保存条件，当本约实施之际，各国有未经公布一切著作，亦得援照办理。

第十五条　同盟各国政府，得因联盟，将广大利益，给予其著作者及其承继人，并得别设定例，与各国互相订约，以不背本约为限，亦可保存。

第十六条　设立万国事务局一所，称为万国同盟保护文学及美术著作事务局。该事务局设于瑞士联邦中央政府属下，受其督察，处理事务。所需费用，由同盟各国政府分任。又该局职制，亦由各同盟国协定。

第十七条　本约同盟制度，必期完全，故得续加改良更正。

各同盟国得在万闻会议开会时，将与他同盟国有所裨益之问题，依次同各国委员审议。

本约非经同盟各国众议齐一，不得更改。

第十八条　虽与本约未经同盟各国，有能依该国法律在其国内照本约目的，担承保护权利者，亦准照所请联盟。

凡欲联盟者，应申告瑞士联邦政府，由该政府照会各同盟国。

联盟新国，当欲赞成本约一切定例条款，本约条一切利益，亦一体均沾。

第十九条　本约联盟诸国，无论何时，得为其殖民地及海外领地，请列联盟。

此等联盟，得就该殖民地及海外领地，声明系全境一律。或仅举其可联盟者，摘除其未可联盟者，均无不可。

第二十条　本约批准互换，限三月后实施，无一定满期之日。有欲出会者，应于一年前知照。

凡欲出会者，应知照联盟之政府。且出会之国，以请出会者为限。其他同盟国，仍应遵守本约。

第二十一条 本约批准后，极迟于一年内，在伯尔尼互换。

右约由各全权委员署名盖印为凭。

一千八百八十六年九月九日订于伯尔尼。瑞士国杜洛、惠尔利所耐、亚得来利，德意志国窝敦方毕罗，比利时国麻里斯达尔福司，西班牙国伯爵台尔阿迷那、花司惠尔亚美尔依加斯忒，法兰西国温纽尔阿洛尔，大不列颠国爱甫阿亚丹士、西曷启齐殿纽，海地国路易约瑟甫、约翰惠尔，义大利国惠克白加利，努比亚国肯察尔，都尼斯国惠尔罗诺尔。

创设万国同盟保护文学及美术著作续增条款[*]

创设万国同盟保护文学及美术著作条约会同列名各全权委员,协定续增条款如左,此条款与所附属条约,同时批准。

本日所订条约,据同盟之权利,给予广大利益于著作者,及其承继人。

该条约之规定,均宜恪守,不得触犯。至各同盟国所有现行诸条约之继续,则与该条约无稍干涉。

右由各全权委员签名为凭。

一千八百八十六年九月九日订于佤尔尼(签名如前)。

终局议定书

本日所订条约,所有列名各全权委员宣言事项,约定如左:

第一 据第四条写真著作中带有美术性质者,同盟诸国既经允许,须自本日所订条约实施之日起,其写真著作,亦得均沾本条约之利益。此虽定例,然诸国无论现在将来,除依万国定例外,所有著作之当保护

---

[*] 外交报. 1902 (2), 2: 8 – 12.

者，总以本国法律所许为限。

因美术著作得准保护翻印之写真，各同盟国均依著作原主翻印权之期限，据本约意义，予以法律中之保护。

第二 据第九条同盟国法律，如有乐谱演剧脚本，该著作亦得照本日所订条约，利益均沾。

如因援照此项规定，有所争议，应从该裁判所之断决。

第三 制作贩买翻印机器，备私家翻印乐曲调予者，不得据以为假冒乐曲之凭。

第四 据第十四条所谓公议者，今定之如左：

当条约实施之时，有未经公布著作，无论现在将来，应依各国互订之特列条约之规定为合。

各同盟国此项规定，如无现存者，应各从本国法律之合于第十四条之原理者，定一方法。

第五 据第十六条设立万国事务局，应由瑞士联邦政府制定之。

以法兰西语为万国事务公局公用语。

万国事务局于凡属保护文学及美术著作之各种报告，应搜集编纂，发行公布。又凡属同盟公共利益事件，应加研究。又各国政府交存函件，应加参考。其有涉同盟目的诸问题，必记以法兰西语，编纂杂志，定期刊行。

同盟国政府，得凭实验，以各国公议，在万国事务局发行杂志，加用他一国或数国语言。

万国事务码，于凡属同盟国保护文学及美术著作必需之事项，当应所请，与以特别报告。

各同盟国政府，有可设万国会议者，万国事务局必为协助，准备一切。

万国事务局长，虽列席会议，讨论一切，然不入决议之数。该局长每年应将所管事务，作报告书，报告同盟各国。

万国事务局经费，归联盟各国公认。其每年议定经费总数，不得逾六万佛郎。遇有要故，得依第十七条由万国会议决议加款。

经费总数，应由各国分醵。故将现在将来联盟国，区为六等。每等定应出分数，比例如左：

第一等　二十五分
第二等　二十分
第三等　十五分
第四等　十分
第五等　五分
第六等　三分

以各等国之数乘右数，得积之和，为分数之总，以除费用总数，得费用之分数。各国当联盟之际，应言明欲自属于何等。

瑞士联邦政府，应调制万国事务局之豫算，并监督其支用，妥为存放，每年计算出纳，报告各同盟国政府。

第六　第二次万国会议，自本条约实施日起，四年至六年内，在巴黎开设。

法兰西国政府，应与万国事务局协议，在上文期限内定日开设。

第七　据第二十一条，枇准交换，应由各同盟国各出书一通，彼此均交瑞士联邦政府登记保守。各同盟国，则由各全权委员各出签名之批准交换文凭一通，以便收执。

本议定书与本日所订条约，同时批准，即作为该条约之一，其功用期限，均无歧异。

右由各全权委员签名为凭。

一千八百八十六年九月九日立于伯尔尼（签名如前）。

条约签名明文

为签名创设万国同盟保护文学及美术著作条约，本日会同各全权委员交换宣言书如左：

第一　据条约第十九条，得将殖民地及海外领地联入同盟。

西班牙国皇帝陛下全权委员，俟该国政府批准交换时通知决定。

法兰西共和国全权委员，宣言本国与本国各殖民地，一体联入同盟。

大不列颠国皇帝陛下全权委员，宣言大不列颠国，联入保护文学及美术著作条约。即大不列颠爱兰联合王国，与大不列颠国皇帝陛下各殖民地海外各领地，均赅括在内。

惟大不列颠国皇帝陛下全权委员声明该国政府据第二十条，所有左开各殖民地及海外领地，无论一处或数处，有随时通知出会之权。

印度、加拿大、纽芬兰、好望角殖民地、那达尔、新南威尔士、维多利亚、昆士兰、达士马尼亚、南澳大利亚、西澳大利亚、纽西兰。

第二　万国事务局经费，据终局议定书第五，归联盟各国公认。

各同盟国全权委员，各将该国分等宣言如左：

德意志国	一等
比利时国	三等
西班牙国	二等
法兰西国	一等
大不列颠国	一等
海地国	五等

义大利国　　一等

瑞士国　　　三等

都尼斯国　　六等

努比亚共和国全权委员，虽政府给以签名盖印全权，至分任万国事务局经费，该国应列何等，未曾奉到政府训令。因此该全权委员宣言，须俟政府定夺，于批准交换时通知。

右由各全权委员签名为凭。

一千八百八十六年九月九日立于伯尔尼（签名如前）。

批准文凭附约

一千八百八十六年九月九日，创设万国同盟保护文学及美术著作与约各同盟国，当交付批准书签名保守文凭明文之际，西班牙国特命全权公使阁下，以政府名，据一千八百八十六年九月九日条约签名明文所记，今特宣言：西班牙国联入该条约，凡西班牙国皇帝陛下隶属各领地，皆赅括在内，各国签名者已一体承认。

右由各全权委员，于一千八百八十七年九月五日在伯尔尼照缮本书九通。签名为凭：瑞士杜洛兹，德意志国阿弗来方毕罗，比利时国亨利罗末尔，西班牙国伯爵台爱尔，大不列颠国爱甫阿亚丹士，海地国路易约瑟甫、约翰惠尔，意大利国富惠，都尼斯国奥休马狭尔。

保守明文

据一千八百八十六年九月九日，在伯尔尼创设万国同盟保护文学及美术著作条约，据二十一条第一项之规定，须瑞士联邦政府，向各联盟国政府，一一照会下列各名皆预于万国条约及续增条款与终局议定书者。

　　瑞士联邦政府

　　德意志国皇帝普鲁士国皇帝陛下

　　比利时国皇帝陛下

　　西班牙国以皇帝陛下名摄政之皇太后陛下

　　法兰西共和国大统领

　　意大利国皇帝陛下

　　都尼斯国主殿下

　　今检阅其批准书，且照成约保守。因此各全权委员，本日会同在伯尔尼瑞士联邦政厅示以批准书，良善妥适，皆无异议。乃依附属万国条约终局议定书第七项，即交瑞士联邦大统领，归瑞士联邦政府登记保守。

　　右由各全权委员签名盖印为凭。

　　一千八百八十七年九月五日在伯尔尼，将本书照议九通。其一通与批准书，同归瑞士联邦政府登记保守。（签名如前）

创设万国同盟保护文学及美术著作改正条约*

以德意志帝国名之德意志国皇帝普鲁士国皇帝陛下、比利时国皇帝陛下、西班牙国以皇帝陛下名摄政之皇太后陛下、法兰西共和国大统领、大不列颠爱尔兰联合皇国兼印度国皇帝陛下、义大利国皇帝陛下、芦森堡国大公殿下、摩洛哥国公殿下、孟提尼格鲁国公殿下、瑞士联邦政府、都尼斯国主殿下，均欲以最公平方法，永远保护文学及美术著作权利。为此就一千八百八十六年九月九日，创设万国同盟保护著作伯尔尼盖印之条约，续行规定。各命全权委员某其等，彼此出示文凭，良善妥适。乃协定各条如左：

第一条　修正一千八百八十六年九月九日万国同盟务约如左：

第一　第二条第一项改正如左：

凡属同盟国之著作者或其承继人，其著作未经公布，及甫经公布，在各同盟国，无论现在将来，均依国法，比照本国人利益均沾。

新增第五项如左：

本人死后公布之著作，亦在保护之列。

第二　改正第三条如左：

---

* 外交报，1902（2），3：6-11。

凡著作者虽不属于同盟各国，而其文学及美术之著作，如在同盟一国，自行公布或属令公布，该著作即依伯尔尼条约及现所规定，准予一体保护。

第三　改正第五条第一项如左：

凡属同盟国之著作者或其承继人，在他同盟国，得于原著作专利期限内，随意翻译。并有特准他人翻译之权。

惟自最初发行之日起，十年以内，凡在同盟一国，请求保护之翻译原文，如自行公布或属令公布，不自使用其权利者，即将翻译特权注销。

第四　改正第七条如左：

凡各同盟国之新闻纸及定期刊发行之件，所载一切小说，非得著作者或其承继人允诺，不准照原文翻译转印。

其余记事之作，如著作者或发行者，将登载之新闻纸及定期刊行之件，明示不准翻印者，亦同。定期刊行之件，欲禁止翻印者，以揭示于每号前页为合式。以上禁止，无论如何情形，惟政事之论说及时事之记事及杂报，不在此例。

第五　改正第十二条如左：

各同盟国于法律应保护之原本，遇有作伪者，该官厅例得查禁。

以上查禁，均照各国法律处分。

第六　改正第二十条第二项如左：

凡欲出会者，应通知瑞士联邦政府，且出会之国，以请出会之国为限。其他同盟各国，仍应遵守本约。

第二条　修正一于八百八十六年九月九日附属条约之终局议定书如左：

一　改正第一项如左：

第一　据第四条。

（甲）建筑图之外，尚有建造物具，各同盟国应照伯尔尼条约及现所规定，予以保护之利益。

（乙）写真著作，及以类似方法所作物件，各国法律所许，得与本国同种之著作，同受一体保护，享此条约及现所规定之利益。

因美术著作得准保护，而翻印之写真，各同盟国均依著作原主翻印权之期限，据伯尔尼条约及现所规定，予以法律中之保护。

二　改正第四项如左：

第四　据条约第十四条之公议，今定如左：

当伯尔尼条约及现所规定实施之时，有未经公布著作，无论现在将来，应依各国互订之特别条约中所规定者办理。

各同盟国此项规定，如无现存者，应各从本国法律，以合于第十四条之原理者定一方法。

伯尔尼条约第十四条及终局议定书本项之规定，其翻译特权，依现所规定担保者，亦得一体援照办理。

前项暂时规定之法，凡联入同盟之新国，亦得援照办理。

第三条　同盟国有未预于此次规定者，无论何时，均准联入。又在一千八百八十六年九月九日条约联盟各国，亦同。凡欲联入此次规定者，应即告知瑞士联邦政府。该政府宜将其联盟之意，照会同盟各国政府。

第四条　此次之规定，与一千八百八十六年九月九日条约，功用期限，毫无歧异。

此次之规定批准后，照条约同一办法，限一年内，从速在巴黎交换。

此次之规定批准交换三个月后，凡批准各国，一体通行。

右由各全权委员签名盖印为凭。

一千八百九十六年五月四日在巴黎作本书一通。德意志国李察、奥七丹拔、佛兰赫芒敦士、方摩勒尔，比利时国男爵达纽坦、哲尔特巴格利夫、克槐勒德坎，西班牙国侯爵诺威拉司，法兰西国勿赖西纳、马赛、郎康、璞勒、惠尔罗诺尔，大不列颠国亨利哈华脱、曷启齐般纽，义大利国鲁基落、口拉科，芦森堡国方奈路，摩那哥国罗兰、路易马约，孟提尼格鲁国马赛，瑞士国腊德，都尼斯国惠尔罗诺尔。

解释一千八百八十六年九月九日伯尔尼条约及一千八百九十六年五月四日在巴黎盖印续加规定之件某条项宣言书：

签名于下之德意志、比利时、西班牙、法兰西、义大里、芦森堡、摩那哥、孟提尼格鲁、那威、瑞士、都尼司各国全权委员，各变政府正当委任。解释一千八百八十六年九月九日伯尔尼条约及本日续加规定之件，协定条项如左：

第一　据条约第二条第二项之规定凡依条约及规定享有保护者，即以该著作在本国照该国法律定例举办，即为合式。又据终局议定书第一项，修甲号之规定，凡写真著作，亦一体保护。

第二　公布著作，指在某同盟国已刊行者而言。故演剧脚本或有乐谱演剧脚本之开演，音乐著作之演奏，美术著作之陈览，在该条约及规定中，均非公布之意义。

第三　以小说改作演剧脚本，或以演剧脚本改作小说，皆赅括在第十条规定之内。

同盟国有未预于本宣言书者，无论何时，均准联入。又在一千八百八十六年九月九日条约联盟及一千八百九十六年五月四日续加规定之件联盟各国，亦同。凡欲联入本宣言书者，应即告知瑞士联邦政府。该政府宜将其联盟之意，照会同盟各国政府。

本宣言书与所附属条约及规定之件，功用期限，毫无歧异。

本宣言书批准后，照所附属条约及规定之件，同一办法，限一年内，从速在巴黎交换。

右由各全权委员签名盖印为凭。

一千八百九十六年五月四日在巴黎作本书通（签名如前）。

保护文学及美术著作同盟之国

一千八百八十六年九月九日在瑞士国伯尔尼盖印之保护文学及美术著作之同盟国，如左：

德意志国

比利时国

西班牙国

法兰西国

大不列颠国

海地国

义大利国

芦森堡国

摩那哥国

孟提尼格鲁国

那威国

都尼斯国

一千八百九十六年五月四日在法兰西国巴黎盖印之续加规定之件之同盟国，如左：

德意志国

比利时国

西班牙国

法兰西国

大不列颠国

海地国（续加）

义大利国

日本国（一千八百九十九年续加）

芦森堡国

摩那哥国

孟提尼格鲁国

瑞士国

都尼斯国

一千八百九十六年五月四日在法兰西国巴黎盖印之解释宣言书之同盟国，如左：

德意志国

比利时国

西班牙国

法兰西国

大不列颠国

海地国（续加）

义大利国

日本国（一千八百九十九年续加）

芦森堡国

摩那哥国

孟提尼格鲁国

那咸国

瑞士国

都尼斯国

孟提尼格鲁国于一千八百九十九年四月一日通知，愿出一千八百八十六年九月九日创设万国同盟保护文学及美术著作之会，即以一千九百年四月二日为始，由瑞士国政府通报。

争论版权[*]

美国为版权事曾与中国商约大臣盛吕二公议定，不准中国人随便翻译美国书籍。日本近议何如则无所闻，大约于版权事亦未必放松。此刻由大学堂咨照外务部，由外务部电达商约大臣，意在争回而止。

又闻张尚书日前又致书于日本公使争论此事，日内尚未接得公使复函云。兹将大学堂致商务大臣电录于下：

闻现议美国商约有索取洋文板权一条，各国必将援请利益均占，如此则各国书籍中国译印种种为难。现在中国振兴教育、研究学问，势必广译东西书，方足以开通民智，风气之变，人才之出，胥赖乎此，非细故也。各国自修好结和之后，深望中国维新变法，相期共进世界文明之化。今日中国学堂甫立，才有萌芽，无端一线生机又被遏绝。论各国之有板权会，原系公例，但今日施之中国，则不见信守利权之益，只益阻塞新机之害。使我国多译各种西书，本国人遍读之，则中外各种商务犹当日夜发达，彼时我国博通西文

---

[*] 选报，1902（32）：15.

之人日众,各国再邀中国以入此公会,尚不为迟。若似此甫见开通,遽生阻滞,久之,将读西书者日见其少,各国虽定板权,容有何益?亟望二公主持定见,或即采鄙意与之力争,万勿允许。无任感祷,专候覆音。

画工润笔[*]

俄国画家委列斯特沙银描奈翁苦战之状,俄帝以二十万元买之。又描美国总统路斯委尔特讨西斑牙军之状,美人出三万六千元买之。

---

[*] 大陆报,1903(4):11.

上管学大臣论版权[*]

管学尚书大人阁下：

窃闻大学堂前有饬令各省官书局自行刷印教科书目之事，语经误会，以为饬令翻印教科各书，而南洋上海各商埠书坊遂指此为撤毁版权之据，议将私家译著各书互相翻印出售。此事于中国学界所关非尠，因仰托骈幪，奋虑逼亿，谨于版权一事，为执事披沥陈之。

今夫学界之有版权，而东西各国莫不重其法者，宁无故乎？亦至不得已耳。非不知一书之出，人人得以刻售，于普及之教育为有益而势甚便也。顾著述译纂之业最难，敝精劳神矣，而又非学足以窥其奥者不办。乃至名大家为书，大抵废黜人事，竭二三十年之思索探讨而后成之。夫人类之精气，不能常耗而无所复乜。便耗矣，而夺其所以复之涂，则其势必立竭。版权者，所以复著弓者之所前耗也。其优绌、丰啬，视其书之功力美恶、多少为差。何则？夫有自然之淘汰故也。是故国无版权之法者，其出书必希，往往而绝。希且绝之害于教育，不待智者而可知矣。又况居今之时，而求开中国之民智，则外国之典册、高文所待翻译以输人者何限。藉非区区版权为之摹砺，尚庶几怀铅握椠，争

---

* 严复．经济丛编，1903（26）：3－4．

自濯磨，风气得趋以日上。乃夺其版权，徒为书贾之利，则辛苦之事，谁复为之？彼外省官商书坊，狃于目前之利便，争翻刻以毁版权，版权则固毁矣。然恐不出旬月，必至无书之可翻也。议者或谓文字雅道，著译之士宜以广饷学界为心，而于利无所取，以尽舍己为群之义。此其言甚高，所以责备著译之家，可谓至矣。独惜一偏之义，忘受著译之益者之所以谓报也。夫其国既藉新著新译之书，而享先觉先知与夫输入文明之公利矣，则亦何忍没其劳苦，而夺版权之微酬乎？盖天下报施之不平，无逾此者。湘潭王壬父曰："贤者有益天下，天下实损贤者。"呜乎？何其言之沉痛也。

总之，使中国今日官长郑重版权，责以实力，则风潮方兴，人争自厉。以黄种之聪明才力，复决十年以往，中国学界必有可观，期以二十年，虽汉文佳著与西国比肩，非意外也。乃若版权尽毁，或虽未毁，而官为为行法，若存若亡，将从此文明输入无由，民智之开，希望都绝。就令间见小书，而微至完全之作，断其无有。今日国之强弱、贫富，纯视其民之文野、愚智为转移，则甚矣！版权废兴，非细故也。

伏惟尚书以至诚恻怛之心、疏通知远之识，掌天下之教育，则凡吾民之去昏就明，而中国之脱故为新者，胥执事之措施是赖。窃意版权一事，无损于朝廷之爵位利禄。士所诚求者，不过官为责约而已。则亦何忍而不畀之？其为机甚微，而所收效影响于社会者则甚巨。是用怀不能已，为略陈利害如此，不胜大愿，愿执事有以转移救正之也。自书潦草，无任主臣。严复顿首上状。

版权考*

版权考序

　　人已两利,乃为真利。自计学家发明此理,国家不得禁人言利。既不禁人言利,而又恐罔利之徒,夺人之利以为利也。于是不禁之中又有所当禁者。而所谓 Trade Mark 商标、Patent 专利、Copyright 版权之律以成。而关系于文明之进步者,独以版权为最驳。其说者,谓风气初开,著作未盛,若成一书,必禁人翻印,则行之不远。受其泽者少,不如无版权。之为愈也,不知著述之士,大抵穷愁发愤者多。积年累月,耗竭心力,得稿盈寸,持以问世。而射利之辈乃遽袭为己有,以分其锱铢之微,徒任其劳不食其报,盖未有不废。然而返者矣。然则前者之说,盖犹仅为目前计,而未尝为后来计也。况今者美日两国,皆要以版权列入商约,使不及早订定专律,吾恐怀铅握椠之士,皆将踵商人挂洋旗持三联单之为,以托庇于他人之宇下,我国家宁必驱鱼爵而入渊丛乎?顷奉明诏建设商部,受命者皆明达大臣。吾知异日必有议及事者,故译是

---

* (英)斯克罗敦·普南,(美)罗白孙著,周仪君译. 上海:商务印书馆,1903.

篇，以备采择，聊以尽吾当尽之义云尔，商务印书馆主人序。

例言

一、今者译书之出版不下数千百种，然多译自东籍，译自西籍者甚少。夫东学之不如西学，无智愚皆知，以东学无一不从西学来也。近人故谓，与其学元遗山之诗，何如直学杜少陵；与其学桐城派古文，何如直学唐宋八家。是书从英伦泰晤士报馆所辑之 Encyclopedia Britannica 中译出，理想之新，为吾国学界所未有。

二、方今新书广出，学界固有蓬勃之气象。然一书甫经出版，射利之徒竞相翻印，以故为者为编为译之人，莫不注意于版权，然吾国苦无版权专书以为指南之方针。是书详考版权之起点，撮述版权之要义，欲知版权律者，固不可不读此书。

三、原书为英美二硕儒所合纂，叙述论断兼有特色。西籍中佳本固未有及此者也。且书中罗列现行版权法律，尤足以觇各国近日文明之程度。今分为甲乙丙三篇。甲篇论版权之胚胎，乙篇论版权之发达，丙篇论版权之完备。序次悉依原书，不敢倒置。

四、近日译者所好摭拾新异名词，以自炫，以致满纸生涩之语，令人读之如耽古乐，惟恐欲卧。是书专取达旨，不尚新异，字句之间，第取原书之旨而熔铸之，不敢以己意武断。虽未敢自居信达雅三长，然非率尔操觚者可比。读者当自知之。

版权考目录

第一篇　论版权之胚胎
　　版权释义

第二篇 论版权之发达

　　英国现行之版权

　　艺学之版权

　　戏剧之版权

　　音乐之版权

　　石印之版权

　　美术之版权

　　翻印书输入之禁

　　新闻纸之版权

　　国家及大学校之扳权

　　寓居英国境内人之版权

　　英国殖民地之版权

　　万国版权公律

　　制造新法之版权

　　法国之版权

　　普鲁士之版权

　　奥国之版权

　　荷兰与比利时之版权

　　丹麦与瑞士之版权

　　西班牙之版权

　　俄罗斯之版权

　　德国之版权

　　美国之版权

　　美国演戏之版权

第三篇 论版权之进步

　　版权概论

新戏及歌曲之版权
美术家之版权
殖民地之版权
万国版权同盟
白痕会议条件
美国版权改良
艺学家版权沿革

第一篇　论版权之胚胎

版权释义

自亚剌伯人以印书术输入欧洲，于是各国之文明，日有进步。学界情变渐繁，因之而版权问题以起。

版权者，谓制新器、著新书之人，国家给以优奖，许其专利也。当英国立宪之初，普通法律中尚未列入。至近世始有专条，于是版权亦为民间生产之一。英法律家勃腊克斯东，谓凡人著有新书，制有新器，苟非经其许可，不得遽自公之于世，此自表面观之，则犹人之家产，不得擅售于我也。然其中变幻甚多，不合载于普通律中，而以产业条例比例，只可另立专条。

又言罗马人定以版权归诸资本家，如有人将他人所购之纸，或著书，或书字，则其书其字，即归有纸之人。当时各国尚无版权专律，虽英为宪法之母国，亦至近世始经订行。

论者有以版权属生人之产者，有以版权属专利之凭者。驳者以为属生人之产，则版权当定永远之期。若属专利之凭，则贸易律中何以不载，且所定版权期跟，亦应一律。文字艺学，不得稍分高下。要之，版权固亦生产之一也。勃腊克斯东，以英女皇安纳（一千七百零二年加冕）在位时所定之艺学版权，国家准保其专利十四年。当哲姆斯一世（一千六百零三年加冕）时，产业律中尚未有此条也。安纳之特设此律也，其原因固由于商业抢夺之弊日甚一日。故设此律以禁止之。自是而版权之说，披靡于世矣。总之，依理法诠解，版权者，专有之名词也。本含有专利之义，惟专利之意狭，版权之意广。专利者只专其售卖之利，而版权者，既禁人售卖，且又禁人仿造也。至若持有国家特许券，开设酒店、戏园等类，自表面观之，似不与专利相涉，庸讵知此亦专利之一也。若能著有新书，制成新器，以享版权之利益者，此固为文明法律所公认也。

英国女皇安纳，初定版权法律，略谓近来文学家著有新书，往往为发行所、印刷所私自翻刻，其翻刻之书，成本较轻，故售价亦廉。而原书非惟不能获利，且将因此不能销售而致亏耗。此弊不除，终不足以鼓舞著作之人。今勒为令，凡著有各种新书已出版者，自颁行此律之日起，许其专利二十一年。嗣后凡有新书，自出版日起，许其专利十四年。如有翻印而侵人权利者，按其所印之书，每张科罚一便士，以一半归公家，以一半赏原告。如专利之期限已满，而著者尚存，则准展限十四年。第所著之书，须至专管文房物件处注册，乃准给以版权。安纳所定律中有言，如新书定价过昂，可向法部大臣及甘德白兰宗教总监督，伦敦宗教副监督，大学校副监督等处呈控，问官应代为定一相当之价。惟新书出版，须呈送九部于政府，由政府分发各大学校、各图书馆，以及爱亭白格各辩护士，以备存储。

英于一千六百七十九年以前，亦禁止将人所著之书擅自翻刻，违律者科以侵权之罪。惟该条律于一千六百八十九年期满后，欲再展期，则成者十不得一。当时专管文房物件之官员，申言卖买版权，例可不禁。于是国人大不满意，群起要政府重定法律。安纳女皇俯顺民情，乃有版权之新律。

当新律未颁行以前，人民上书政府，索版权利益者甚众。有一书请将翻刻之书，全行充公，以为之惩。至一千七百七十五年，乃以各大学校讲义，定为得有版权之书。当时之版权，竞争甚烈，而尤以伦敦各发行所为尤力。上下两议院，均竭力反对。有议员甘丹者，宣议于院中曰：一千六百八十一年本定有发行所之版权，奈各发行所将英国自印各书收集翻印，私自垄断，以致著书之人不能获利。发行所之版权，以此不能议准，此事辨论良久，始得议定。

英皇佐治三世（一千七百六十一年加冕）时，又将版权律改革。其侵权之罚款，由一办士增至三办士。凡新著之书，被人侵害版权者，即可诉诸公署，但须有诚实可信之人为证。确知其私自翻印，或私自出售，控准后，即由问官核其亏耗之数及一切讼费，较寻常讼案加倍科罚。侵害版权之事，无论在英国境内，或在英国属地，均向英国裁判所控告。其后又增入一条，谓英人所著之书，第一次在英印刻，旋在别国翻印者，其书不准输入英境。专利年限，初定十四年，旋又推广至二十八年，以其书出版之日为始。如二十八年期满而著者尚存，则以终身为止。

第二篇　论版权之发达

英国现行之版权

英女皇维多利亚所定之版权律，即现在所遵行者也。其第三条云，自颁行新律日起，凡人著有新书，即于生时出版者，许其终身专有版权之利。殁后且可展期七年，自逝世之日始。若已届七年期满，而其书距出版之日尚未满四十二年，则可展限以补足之。如所著之书，于著者殁后印行，亦可专利四十二年，其版权归于得稿之人。著作家如已将版权出售于人，而未言明准其享展期之利益者，则购有版权之人，只可照旧律专利二十八年。若合同中声明者，不在此例。其第五条云，如享有版权之人，申明殁后即不翻版，则枢密院裁判员可将版权移于他人。其第六条云，自此律颁行之日起，出版新书及再版者，均须呈送各图书馆存储。今将应送之处开列于下：英国博物院，奥克斯福大学校，甘勃利瞿图书馆，苏格兰图书馆，爱尔兰之特勃林学校。凡旧律中所载应送之处，于一千八百三十六年定律，无庸再送。惟由财政总稽核处，核算每年共收书价若干，提出若干，给予旧律所载之各图书馆，以补不足。专管文房物件注册之所，如有人欲往查某书版权，索阅总册者，须缴费一先令。欲得版权凭证书，亦可即向该处领取，惟每纸须缴费五先令。当注册时，须将书名及出版日期、著者住址，详细注明。未经注册之书，被人翻印，不得控之公庭。若专理注册各员，私自舞弊，而侵人权利者，可诉诸该管上司，特派裁判员讯问。如讯出不合之处，可即重行改正，凡已存版权之书，其著书之人，及印刷发行均在英国境内者，则惟得有版权之三人，可将该书运至英国属地，或售卖，或租借，或在别国再版。他以侵其权者，须罚金十镑。凡丛书、丛报、日报中之著作，如系出资请人代撰者，则版权归出资之主人。惟主人欲刊为单行本，则非由著者应允不可，而著者亦不得擅自刊为单行本。自出版之日起，迟之二十八年后，著者乃可将其所著，刊为单行本。各报欲得版权利益，亦须将报名、总撰述之名，以及发行人名、出版日期，详细书明，至专管文房物件处注册。其余各大学校之版权，则悉仍其旧。

原此律之设，由议员太化特创议，其后马项赞成之。太化特于一千八百四十年，请将专利年限推广至殁后六十年。欲将所享之权利，与他种产业相同。当时议员麦可兰谓，推广专利年限，一请再请，殆非定为永远不可。不知版权利益，乃国家给以特别之惠，抑何不知足之甚耶？今法律财用公例，有曰国家予以特别之惠者，须纳相等之税以报之。麦氏既言特别之惠，是将科人以税，而苛以不平之法律矣。其言之不公，孰有甚于此者。惟以法理言之，版权与产业本无甚歧异，故当法典未成时民间之产业，其权力亦未必独归于业主。况乎世事变迁，不可逆料。专利之期限，即能推广至殁后五十年，其子孙恐亦未必能长享权利也。版权若归于发行所，则著者亦何乐为其求长久之利耶。此言也，坚索版权利益者，宜猛自省也。

往时版权期限，分为两期，每期定以十四年。惟著书之人，于第一期内未殁，乃可享第二期之权利。惧著书之人，不明印刷发行之事，而为人所欺，故准其将所著之书，托印刷家代为刻印，售书后酌提若干，以偿其劳，并可将第一期之版权售于发行所。而第二期之版权，著者仍可收回。议员太化特以为，版权者亦生产之一也。生产之所贵者，以业主殁后仍可恃为恒产。今版权以著者殁时为止，是犹当人危迫之际而夺其家产，使著者无后日之希望也。太氏之意，欲将第二期版权蝉联而下，使著者有以瞻养其家。其后为麦可兰所驳，太氏之说，以故格不得行。一千八百四十二年，议员马项提议之，以专利年限推广至殁后二十五年为止。

艺学之版权

自文字之版权起，文明日进，于是艺学亦有版权。当英皇佐治二世（一千七百二十七年加冕）时，凡雕刻金类印版及发明各种画术，其法为旧时所无者，可专利二十四年。惟雕刻之物，须成于一人之手，并须将作者名字镌于版中，如有人侵此种版权者，则罚款以惩之。旋于佐治三世（一千七百六十一年加冕）时，将此律修改。其改定之律云，凡新出之画，及自创新法而为雕刻者，准其专利二十八年。若版权为人所侵，则可展期十年，以津贴不足。如有妙手写真，以及电铸铅版者，亦可专利十四年。

戏剧之版权

英皇威廉四世（一千八百三十一年加冕）时，初颁戏剧之版权律。

其第三、第四两条云，凡有悲壮动人及劝善惩恶之戏本，已著而未刊者，可自此律颁行之日起，专利二十八年，他人不得将其所编之戏本演唱。如已出版，而出版之期距此律颁行之日未满十年，亦可享同等之权利。已刊者以出版之日为始，未刊者以此律颁行之日为始。期满而著者尚存，则以终身为止。其第五、第六两条又云，凡人演说之文字，未经著者许可，不得擅自刊布。惟演说之事，未于二日前禀知该处所辖之裁判员，则不能禁人将其演说之文刻印。至若教堂中教上宣读之训诫文，亦概不禁人刊布。

音乐之版权

英女皇维多利业所定之版权律，其第四、第五两条已认音乐为应得版权者，其专利之年限，与戏剧相同。惟须将曲本刊布，乃可享有版权专利二十八年，以发行之日为始。

石印之版权

石印版权，前时法典中本未载明。至英皇维多利亚定律，其第十五、第十六两条，乃专载石印版权之律。

姜术之版权

一千八百六十二年，因议员之请，乃于维多利亚所定版权律第二十五、二十六两条中特加申明：凡油画、图画以及照片，如能擅精善之技者，可终身专其利，并殁后可再展期七年，他人不得私自摹仿。

著作不能得版权者，约有三端。

一、为有损道德之书。版权律中，载明国家予以版权，必须考验其书果否纯正。如有败坏道德及违背宗教者，概不准予以版权。故斯密洛伦以所著之《动物学生理学讲义及原人论》，为人翻印，控诸裁判所。经裁判员判曰，魂魄永生，为宗教之要旨。今该书反对此旨，诋毁宗教，不在版权律范围之内，何怪人之侵权。

二、为往来之书信。当时国人几谓无物不可以得版权,故有谓以书与人,则与者可禁得者之刊印。或又谓书已出与于人,则该书之权,于致书者不相关涉,则版权安得归于作书之人。而英爵臣赫特尾克则以书信版权,介在与者、得者两人之间。美国法律,则以书信版权归于作书之人,得书者及他人均不得将其书刊布于世。

三、为未刻之著作。前时法律中,虽未载有此条,然现已为司法院所认可。缘英皇婿爱尔白与女皇维多利亚合撮一影,付诸石印,以为赠人之用。讵为伦敦印刷所所得,即行翻刊,装成一册,公之于世。法部查悉,援艺学版权,立即禁止,谓该印刷所有违版权法律,难逃侵权之罪。

侵人版权之事,固为法律所不容。然何者作为背律,何者作为未背,固今日之一大问题也。安纳女皇所定之律,以他人之著作,而默记于心,不宣示于外者,不作侵权论。前有尔利特者,将康宽斯所著之小说编为一剧,尝在梨园演唱一次。著者援律控诸公署,而问官则以其所演之曲本未经刊印,亦未经发售,不得以侵版权论。且其所演之戏,仅取小说中之大旨,而非直袭其词句,是不在法律所禁之内。若取原书之词句,一字不易而编为戏剧者,乃谓之侵权。有一小说,名《勿太迟》被人编为戏本,一字不易,法部大臣因科以侵权之罪。

若将他人之著作,割裂剿袭、翻印出售者,则有损著者之权利,亦不得谓之未背法律。皆狄根所著之《耶稣圣诞灵奇谈》,有人取其意,著为一书,名仍其旧,惟注明某氏补述。经狄根控告后,问官亦以侵人版权论。

初安纳女皇所定之律,已认音乐为应得版权之物。至英皇威廉四世时,又定律凡所编之曲本,未经编者许可,不得擅在梨园演唱。维多利亚更申明之,凡将戏本之版权委托于人,则受人委托者,不得擅在梨园演唱。惟立约申明者,则不在此例。音乐之版权期限,亦与他种文字相同。如将他人所著之小说演为戏剧，仅取其意而不用其词句者，则不得以侵权论。惟直袭原书而不易一字者，乃在侵权之列。至若甲将自著之小说，编为戏本，以付诸乙，托其为代表人。丙并不知甲之所为，亦将小说编为戏本，而付于丁，丁即在梨园演唱。乙以其侵权控诸公署，丁以所演乃丙之戏本，而非甲之戏本，且仅取小说中之大旨，而非直袭原书也。问官当亦无辞以对，不得加以侵权之罪。

翻印书输入之禁

凡翻印之书，英国不准输入境内，悬为厉禁。故英国各海关税务司，备有新书总册。凡有新书出版，即由著者通知税务司，以便入册存记。如未经注册之书，擅自输入，税务司并不禁止。以及著书之人未谙体例，误为存记者，可禀明裁判所，由裁判员知照税务司，重行更正。

新闻纸之版权

各新闻纸所享之版权，颇有歧异。英国某报馆以被别报馆抄袭论说，援律控告。被告则谓，新闻本不在应有版权之列，即有版权，未经存案者，亦不应享其权利。大法官断之曰，新闻纸本不归入版权律内，故案之存否，无足轻重。惟产业法律第十八条内载凡物出财以得之者，其权即归于业主，他人不得侵害其权。今报馆之论说，皆系出资请人撰述，故当有禁人抄袭之权。此事自表面观之，似甚公允，惟与法理尚不符合。盖馆主既有禁人抄袭之权，是非版权而何，乌得不归入版权律中？此种判断，谅日后必更改之也。惟报馆得有版权，与创设版权之初意，似不甚相合。

国家及大学校之版权

国家及大学校，其版权均定永远之期。英伦之二大学校，苏格兰之四大学校，爱尔兰之高等学校，以及威斯米尼威士德之学校，国家皆给以版权。他若英文译本之耶稣圣经，寻常祷告文，枢密院之公文，利兰所著之腊丁文典，其版权皆归国家所有，定以永远之期。耶稣圣经之版权，所以归国家有者，以国王为教中之领袖也。寻常祷告文之版权，则归于皇后及康勃利瞿、奥克斯福二大学校管辖，此种书籍并不禁入翻译。利兰所著之腊丁文典，其印刷之费，皆出自国家，故国家得专其利。各大学校之版权，国家认为产业。查理二世（一千六百十一年加冕）时，由议院议准，乃勒为定典。如欲刊印案件，须向管学大臣或法院领袖官请领凭证。无凭证者，不得私自刊印。自后沿用此律，遂成版权之一种。大学校及高等学校之版权，于佐治三世（一千七百六十一年加冕）时，已定为永远之期。惟为本学校所用之书，及在本学校印刷者，方可享此权利。

寓居英国境内人之版权

他国人之能得英国版权者，由几次竞争而始得之者也，当时有以他国人得版权为是者，有以为非者。大抵他国人寓居英国境内，将著作即在英地印刷者，可得国家保护版权。惟初次发行，应否英国境内，尚系一未定之问题也。国家遇有此等案件，往往判以新书发行，不在英国，本无妨碍。惟该书之印刷，须在英国境内，或在英国属地亦可。时高等裁判所各员力抗此议，谓英国法律，只应为国人保其权利，不应并及他国之人。其后又遇此种案件，裁判所各员，仍坚持不保他国人权利之意，不稍通融。乃下贵族院会议，院绅亦意见各殊，以他国人可与本国人享同等之权利者六人，反对此议者四人。而贵族院领袖员绅，乃据上院总法官判断之辞曰，我国定版权法律，本为保护国内人起见，惟久居英国境内之他国人，亦应享此权利，此事为君主所特许，应在保护范围之内。司法员勃虑汉判断之辞曰，安纳女皇所定专利二十一年之律，原为国内文人学士起见，所以鼓励其撰述之心也。当时普通法律中，未有此律，故特增加之，并未言及他国人可得版权。今议者附会其说，谓律中本许他国人可得版权，是何言之谬也。我英法律中既无此旨，则他国人决不能有版权也。惟近世大法学家开痕斯及威斯白兰二大臣则均反对此议，谓立法院之宗旨，固欲保存国粹，故特偏重国文。然他国人所著之书，苟与我国同文者，亦何不可列入国文学界内。故凡所著之书，初次印刷，如在英国境内，皆可得有版权。虽著者之足迹，未尝至英，亦为律所不禁。以著者虽为他国之人，然可为吾学界增一异彩，故国家不应有歧视之心也。自此论出，而驳者纷纷，莫衷一是。至一千八百七十年，乃定治外法律，凡外国人入籍本国者，一切产业准与本国人同享权利。故所得版权之利，亦与本国人相等。如所著之书，第一版在英国境内印刷者，虽著书之人不在英国，亦可得有版权。入籍英国之人，无论寓居境内，寓居属地，均可与本国人同享优等之权利。得有版权之书，虽英属各地，亦不得有违禁令，私自翻刻。

英国殖民地之版权

英国初定版权律中，载明已得版权之书，各殖民均不得翻印。在他国再版之英国书，亦不得输入各殖民地。而在殖民地所出之新书，国家应否为其保护权利，律中未曾载明。女皇维多利亚所定版权，律中第十、十一两条中，乃特申明此意。凡英伦南部之纽白伦斯维克，美洲之坎拿大，西印度之圣维仙，非洲之好望角等处，如能自著新书，均可得有版权。坎拿大之版权，于一千八百七十五年，始经议院议准，一千八百八十八年，又奉枢密院命。再版书之输入殖民地者，自今以后，一律弛禁。当时议院，方力抗政府之命，谓其不立前后矛盾，孰知英皇已将坎拿大之版权批准矣。

自此律颁行之日起，凡得有版权之书，除著书之人外，不得在坎拿人等处翻印。如将他人之稿本私自翻印，未经著者许可，则著者所失之利，可责令印刷所担任赔偿。凡居坎拿大及他属地之人，或其祖国与英国立有版权条约者，一切著作，无论文字艺学，均可专利二十八年。惟其书须在坎拿大印刷，方可享此权利。若在本国得有版权，期限已满者，则不在此例。

凡书中陈义有碍道德宗教政治者，则不得援利益均沾之例，予以版权。如著者已殁，而遗有孤子孀妇者，或期限已满，而著者未殁，均可推广期限十四年。

前已在报纸中刊过之著作，而欲另行刊印者，须向法部大臣领取证书一纸，乃许其有再版之权。

凡一切无名氏之书，其版权则归于初次印刷之人。存案时，即将印刷人之名姓注明。

万国版权公律

凡他国人所著之书，欲在英国得有版权者，须由其本国照会英国。英人所著之书，欲在他国得有版权者，亦当如是，此律载于维多利亚所定之法典第七、第八条中。如以英国法律为不完备者，可另立专条，使彼此利益相均。如未有照会，则英政府不能任保护之责。前有某伶人创一新戏，在纽约克演唱。初次开演，即至英伦存案，乞英政府代其保护权利，不准他人在英国境内复演。英政府不允，以维多利亚律中载明无论本国人及他国人，欲得版权利益，初次开演须在英国境内。即不在英国境内，其所演之处，必须与英立有版权条约，非是则不得享此权利。

他国人之著作，除政治论说外，专利年限则自出版之日起，曲本则自初次开演之日起，五年内他人不得在英国境侵其版权。所有艺学之著作，如画图、石刻等类，均可享同等之权利。

德意志联邦国，于一千八百四十六七两年间，照会英政府，互保版权之利。法国则始于一千八百五十二年，比利时则始于一千八百五十五年，西班牙则始于一千八百五十七年。

版权虽立，然其缺而不完之处尚多，因设立版权公会以研究之。会中指示不善之处：一为英人所著之书，初次出版不在英国境内者，不能得版权；二为不准将小说编为戏本；三为他国之曲本，不能翻译。自立

《万国版权公律》以来,因未与美国妥定章程,故翻印之书输入坎拿大者,不能有完全禁止之权。旋于一千八百七十五年,经坎拿大议院重行修改章程。其明年,英政府更特派专员,办理修改版权事宜。英美之发行印刷家,议论两国订立版权同盟之利害者,已非一日。而美国之印刷所、发行所,均谓其有害,竭力反对。惟美国半月报名阿泼敦者,则主公允之议,略谓与其互相侵害而失版权之利,何如互相保护同受版权之益。至一千八百七十二年,美国斐腊特尔费耶地方大开会议,主张反对万国版权者甚众,至多数之议决,乃谓照此万国版权办理,则美人所得之利,不足以偿所失之利。为美国公众计,不如将原有版权重行修改之为愈也。

制造新法之版权

凡有自创制造新法而绘为图样者,亦可得有版权。其自创之新法、或因天然而成,或以人工而成,所绘之图均可独专其利。惟版权之期限,则有长短。此系维多利亚法典第五、第六两条中所载也。其第七条更载明如有能造新器,切于人生日用所需者,绘成图样,可专利三年。惟须至法部注册,所定之专利期限,久暂不一,自九个月起,至五年为止。所制之器,如有关于商务者,则可由商部予以特别利益,扩充专利之期限。

法国之版权

法国版权,约分为两大宗:其一为他人所著之新书,不得翻印;其一为他人所编之曲本,不得私自演唱。专利之期限,除著者终身外,殁后推广五十年。著者殁后,则遗其版权于妻子,所享权利,与著者生时一律相同。

凡侵人之版权,除将其书充公外,少者罚款一百佛郎克,多亦不得逾二千佛郎克。贩售翻版书者,则罚款以二十五佛郎克为始,至五百佛郎克为限。充公之书,则变价以偿著者之亏耗。

如在法国境内,翻印他国人所著之书,该国人如已入版权公会,则法政府当立行禁止,以便法人在该国亦可享同等之权利。

普鲁士之版权

专利年限,除著者终身外,殁后展期三十年。如著者以版权委付于印刷所,而未订专约者,则印刷所只可专初版之利,再版须有著者允作之凭证方可。印刷所如续缴租费之半,则可许其再版。

奥国之版权

自与萨地尼亚、忒斯甘南、派迫尔各省设立版权公会以后,乃定专利年限。除著者终身外,殁后展期三十年。

荷兰与比利时之扳权

初定版权为永远之期,现改为著者终身外,殁后展期二十年。

丹麦与瑞士之版权

初亦定为永远之期,现丹国则定著者殁后展期三十年,瑞国则定展期二十年,期满版权归国家。

西班牙之版权

著者可享毕生之权利,殁后可再展期五十年。

俄罗斯之版权

许著者终身专利,并殁后推广期限二十五年。如著者已殁,而其书之出版,距著者殁时尚在五年以内,则可加展期限十年。

德国之版权

一千八百三十七年所定之版权,只可专利十年。如有大部丛书,以及珍贵之书籍、诗家之著作,则专利之年限较长。至一千八百四十五年,乃定为著者终身专利外,殁后展期三十年。

美国之版权

美国保护文字著作之律,起于抗英独立争战之后。至一千七百八十三年,康南克底克及马萨邱失芝省,订定保护著作之权利,并定侵权之科罚条例。一千七百八十五年,浮勤尼亚省亦承认此律。纽约省则于一千七百八十六年亦继起订律。自是之后,各省订有版权律者日众。惟合众议院,尚无统一之法律,故著作家居于无版权之省者,每至有版权之省注册,冀可保其权利。至一千七百八十九年,议院乃定公众之宪法。所有著作,一律保护。然此时犹未公认为版权法律也。至一千七百九十年五月十二日,乃由议院将版权法律颁示全国。其律中载明无论本国人、他国人,著有新书,以及新绘之地图、新法之图样,均可专利十四年,期满后著者尚存,则可展期十四年。已有版权之书,他人不得翻刻发行,并不得将本国人已有版权之书,翻印后输入美国。如有犯者,按其书页数,每页罚美币五十仙,罚款半给版权之主人,半充国家公款。律中禁止擅将他人之稿本刊印。

一千八百零二年,又增订艺学之版权。凡雕刻金类石类木类印版,以及各种图画,皆可得有版权。一千八百三十一年,又定版权之期限为二十八年,期满再展十四年。如著者尚存,则后之十四年,仍归著者所得。殁后则归其妻子。音乐曲本,国家亦许以保护权利。一千八百五十六年,准自编新戏者独专其利,此为戏本版权之始。一千八百六十五年,反光照片,以及寻常照片,皆可得有版权,与他种著作享同等之利。

一千八百七十四年,版权法律大加修改。所定之版权期限,悉仍旧贯,惟增入油画、图画以及五色、石印各种美术之版权。

凡美国人以及他国人寓居美国者,所有文字艺学之著作,若未刊印,则著者有自主之权,他人不得侵害其权。著者未刊之稿本,可独专其利,禁止他人之刊印。此事载于普通法典中,惟已刊之书,果应享此权利与否，律中当时尚未言明。

美国保护外人之著作，其法律远不及英国之完备，且从未与他国立有互保版权之条约。他国人未刊之著作，美国法律中固已认为保护，已刊之著作保护与否，则尚待法官判断。英国则自女皇安纳以来，因保护外人著作之事，司法官屡有难色，然终以公理待人。后经司法官会议，特定一赅括之名词，以便一律保护。时美国亦欲鼓励著作之人，因定律无论美国人及他国人之寓居美国者，皆可享版权之利。寓民不必入籍美国，但系久居美国者，即可得此优等利益。惟未载明寓居几年，方为合格。而司法官则谓初来美国之人，即声明永远居住者，可得版权之利。后虽忽起归心，仍归本国者，亦所不禁。如初至美国，本无久居之意，其后乃欲久居不去，不能得版权之利。如此办法．以人之心意为断，诸多窒碍难行，且易启诈伪之弊。如有他国人之著作将版权委诸美国印刷所，并嘱其代印，著者虽居美国，不合寓民之格，则版权将谁归，恐著者与印刷所两不能有矣。盖美国律中，未载受托版权之人，亦可专其利也。

美国版权律中，并无禁止间接侵权之律。如美国人及他国人之寓居美国者，购有他国人所著之稿本或印版，则版权即可占为己有。律中并申明，如非美国人及寓居美国之人所出书籍、图画，美政府概不能禁人翻印、售买，及输入美国境内，即此可见美国不许外人得有版权，已载法典之中。虽油画、雕刻，以及五彩、石印各种图样，并未载入律中。然苟非美国人及寓居美国者，亦不能得有版权也。美国人之暂居他国者，仍可享其祖国版权之利。

律中虽无丛报、丛书之专条，然书籍可享版权之利，则丛报亦应赅括在内矣。著作家如愿以所撰论说，刊登丛报中，则版权想必归于撰论之人。以各种书籍版权，均归于著书之人。以此例彼，当不甚相远矣。新闻纸初尚不入版权律中，故论说一刊于新闻纸上，即为公共之物。著者如不愿有人翻译其论说，或编写曲本者，须于报中注明。

制造新法之图样，初亦不得有版权。故美国另给专凭，归入工艺门中。

美国现定版权法律，著书之人准专利二十八年，自注册之日为始。期满后，可再展期十四年。但欲得版权者，须遵行三事：一未发行之前，须将书之样本送至华盛顿图书馆存储；二发行后十日内，应将新书二分，呈送管理图书馆之专员考验；三书之簿面，须书明某年某月某日著者某已在美京总图书馆注册，或书某某版权所属亦可。若以上三事，未能悉照办理者，日后有人侵害版权，不得呈诉公署，且如发行后十日内，不遵例呈送二分于图书馆，或再版后而不呈送者，则当科罚美币二十元。有未经政府许给版权，而冒刊版权许可之字样者，则当科罚一百元注册费。每册需美币洋五十仙，版权总册，每部定价五十仙。凡著者欲将版权委托于人，其两造所立之合同，须由总图书馆批准盖印，乃可为凭。合同呈请盖印，须出费一元，缮写合同之纸，每纸亦取价一元。最要者新书初次刻印，须在美国境内，各种著作须无缺欠之处，及与原稿符合，不加增损者，方可得有版权。如将他人之稿本，私自刊印，未经著者许可，著者如系美国人及寓居美国者，可由政府代其追偿所失之利。

著书之人，准将版权遗传其子，惟须立有凭证。其子得凭证后六十日内，须赴总图书馆存案。未存案者，以后如有侵权之事，国家概不准理，凭证亦不为据。

律中并载，如将他人所著之书，私自翻印售买，或输入美国境内者，则将其书悉数给著者，以偿其所失之利。凡地图、曲本、照片，以及五彩、石印、铜版等件，如有人侵害其版权者，除将翻版之物，悉数给予著者外，代为印刷发行之家，每件科罚美币一元。捏造油画雕刻之伪版者，每件科罚美币十元。版权之主人，版可向其索偿所失之利。此种案件，除哥伦比亚以及未有法廷之地方外，可向原告所居地方之裁判所控告。各种侵害版权之案，须于被侵二年内控告。若所控之案，系普通法典中之未刊著作版权被人侵害者，则可迳控于省城法廷。若两造所居之地各别，则可归于合众法廷判断。

美国演戏之版权

一千八百五十六年以前，伶人本不能禁人演其所编之戏。故虽有侵权之事，问官概不准理，以律中未有专条也。是年八月十八日，乃定伶人创有新戏，可以独专其利。如编戏者不能自演，可令他人代演，时版权仍归于编戏之人。如有侵其权利者，第一次演至少科罚美币百元，以后每演一次，则科罚五十元。此系专指美国人及寓居美国者而言，外人则不在此例。且所著之书，必于一千八百三十一年定律后已得版权，方可享此利益。后又于一千八百七十年改定法律，除许著者有刊印发行之专权外，并可编写曲本，他人不得侵害其权。如于大廷广众之间，演唱已有版权之曲本，并未经版权主人许可，则科罚一如前例。曲本专利之期限，亦与他种书籍相同。曲本存案后，即为版权所属，嗣后他人有演其曲本者，即可控诸公署，非如英国必须将曲本刊印，方可专利也。美国普通法典中，许著者之稿本，有自主之权。惟一经刻出，则其权即不能自有。如著者为美国人，尚可援产业条例，以争回自主之权。普通律中，仅载著者稿本，禁人刊印，戏曲稿本，可否任人演唱，则仍待法廷判断。自一千八百六十年以后，司法各员咸谓演戏与版权，划然判为两途。演唱他人所编之戏本，不得谓其有碍版权。若必禁人演其所编之戏，观剧者记忆其情节，别用影戏演出，或用他种法术演出其所记之情节。如是将以其为侵权乎？抑不以为侵权乎？司法官因此久无决议，不能订定专条。

凡未刻印之音乐曲本，以及演说之文字、宗教之劝诫文、创行各种之艺学，皆可得有版权。其章程与戏曲本，一律相同。惟未刊印之书信,无论关系文学与否,受书之人非经致书者许可,则不得擅自刊布。

第三篇 论版权之进步

版权概论

自万国设版权公会于白痕会议改良,于是万国版权之问题渐著于世。美则许他国著书之人,独专其利。英亦欲将此律,大加改革。当时日报、丛报,果否在保护版权中,未曾载明,而各报以登载各事,关系甚巨,不予版权,则报界不见特色也。前之著作权,本由英爵臣曼斯斐议定,永远载在法律之内。当一千八百四十二年版权律内,仅载一切文学著作,国家准予版权。嗣后各报以国家既有此律,则报馆亦应享其权利,政府遂特许之。无论普通专门论说、紧要新闻,及一切极难探听之事,须阅久时、耗重资,乃能得其要领者,如各衙署之案牍、股票货物之市价、各公司之住址簿(俗名行名簿,凡各店铺之住址及执事人等均载入),皆在保护版权之例矣。故《圣吞姆斯报》,不能将《泰晤士报》机迫林所著之论说改头换面,抄录于报。《魄尔墨尔报》所登之澳洲赛拍球电报,他报亦不得抄袭。自是版权之门类日繁,如一千九百年因阑痕之案,有议员问一千八百四十二年所定之著作权,是否将人演说之文章赅括在内?时有法律官四人,答以已在保护例内,惟劳白生爵臣独不谓然。

近来版权渐推渐广,不属著作者亦有版权,如袜泼公司之家用木器所绘样本,国家亦许以版权。惟无关紧要之物,如火车开往时刻表,妇人束袖之式样图,均无版权。

英国上议院议员前派干事员若干人,经理版权事宜,所有条陈版权利弊,亦归其收掌。拟将版权之期限推广,至其人死后三十年,并禁止将他人之著作割裂剿袭,翻印出售,及将小说编为戏曲,种种弊病扫除渐尽，惟科学家之版权问题未经议定，现正研究此，想日后必能尽臻妥善也。

新戏及歌曲之版权

前有某人将他人所著小说演为一剧，著书者挟版权以讼诸官，旋经官禁止，其人复将此剧刊为书。凡将小说编为戏曲，若全用其书中问答之语，非特不准刊行，并不得演剧也。其后诗人所著之歌曲，亦不准戏园中演唱。一千八百八十二年至一千八百八十八年，英国音乐法典载明，已许版权之歌曲，若经戏园演唱，问官不得科以侵权之罪。早经书明不准演唱者，则不在此例。惟近来有人将已有版权之歌曲置之留声器中，亦有以为侵权者，国家援律以判，以为此不在法律范围之内。

美术家之版权

凡照相所摄之肖像，其版权不归铺主，而归摄影之人。若画师将所画之图，命映相馆摄影，而付以价值，则映相馆不得将映出之片擅行出售。若偶与阅视，映相馆慕其画家之名，乞摄一影，不取价值者，则须由画家许可。此犹丛报及日报馆，欲将他人之画，刊入报中，须经画家允许方可也，否则即作侵权论。

殖民地之版权

一千八百八十六年所定之万国版权，载明英国所有属民，如能独辟新理著书立说者，亦得在该殖民地享有版权之利，旋以律内未经声明他处属民，不得翻印。坎拿大印刷所，即将已有版权之书翻印牟利，反对者遂纷纷四起。逮至万国设版权公会于白痕，于是属民之版权为国家公许，他殖民地不得翻印矣。

万国版权同盟

一千八百八十六年，英内阁为著作者要求优等利益，因将一千八百四十四年所定之万国版权，参考定律。凡英人所著之书，他国亦不得翻印。嗣后有万国版权同盟之会，将此事颁为遍行之定律。他国人所著之书，英政府亦须代为保护，不准国内之民翻印。惟新书出版之一年内，须在英国注册，否则国家不任其责。

白痕会议条件

一千八百八十六年至八十七年，各国为版权事会议于瑞士之白痕地方，英吉利、比利时、法兰西、日耳曼、意大利、西班牙、瑞士、拖尼司（北斐洲法国保护国）、海的（西印度）、罗克生白格（普法比之间之侯国）、摩洛哥（地中海北岸，为欧洲最小之自主国）、挪威、日本均与焉，其约稿于一千八百八十七年九月五日签押，英奥两国又于一千八百九十三年四月二十四日，重订版权之约。是会也，欧洲诸国之不与会者，惟俄罗斯及荷兰二国而已。白痕会议条约，载明与会各国，各有保护版权职任。无论国人及他国人所著之书，均须一律保护，惟未经注册及不与会国人所著之书，不在此例。凡著一新书，自出版日起十年内，不准他人译印。

嗣后入版权公会之国，著有新书，英国保护，与己国人所著之书无分畛域。惟英人在他国，著有新书，则彼应视如己国人所出之书，妥为保护。以白痕条约内载寓居其国之人，所享版权利益，应与本国人同也。白痕条约，自经巴黎之会，稍有变更，惟大旨则仍如旧。英于一千八百九十八年，内阁更将版权重行增改，自是益见完备矣。

美国版权改良

一千八百九十一年，美国将前此所定之版权大加修改，此为美国创立版权沿之大改革。一千八百九十一年前之版权，已准本国人及外人之寓居者同享权利。其所谓外人寓居者，系指他国人永居其地、不得再迁徙者言也。当未有万国版权公会之前，美人往往将他人所著之书翻印出售。且有大印刷所数家，与英国著书之人或其印刷所之代表人，议将英国已有版权之书在美翻印，许以利益均沾，并禁止他人不得效尤翻印。大抵翻印之书，可获厚利者，以其费较省而成尤速也。甚有将原书割裂翻印、改换名目者，其于著作之人实无利而有损。英于十九世纪前半世，已宣明美能承认英之版权，则英亦当如其例以报之。故英之大著述家欧文歌伯等，在美已享其保护版权之利。至一千八百五十年，英美两国版权之律，始归于一。其未归一以前，英人所著之书，未经美政府担任保护版权者，往往为剽窃翻印，且又仅撮大要，不将全书印出，其贻害学界非浅也。

文明日进，大西洋两岸出版之书日渐增多，而翻印之事亦因界限未严，层见迭出。英人之著作，最精且多，其出版之书远驾各国而上之。故于版权之事，尤注意焉。各著作家群，谓欲保其权利于国外，非立万国版权公会不可。至十九世纪后半世，乃达其目的。

初美国著作家以本国所定版权，不能保其利益于国外，则著作家、印刷家必至两受其亏。徒恃法部一言许可，以为版权，而不严定法律，则他国谁肯为我保护权利？美人著有新书，每因刻印无资，即托印刷所代任经费，俟售书后酌提若干以偿其利。印刷所因所获之利，不及翻印英书较厚，每不乐为。如此，则寒酸之著作势将无人顾问，著作必因此而大减，故美人遂有众国版权公会之举。计一千八百四十三年至八十六年各处议立版权章程，要政府批准者，前后十一次。议院大开会议，终未能邀多数之允准。至一千八百八十六年第十二次要立众国版权公会，始由上议员谦斯提议，旋即允准，派员专理。一千八百八十七年，美国发行所、印刷所同盟会成，而著作家之版权同盟会，遂亦附于其中。自是版权会社遍布国中，遂有一千八百九十一年增修版权法律并会订同盟章程之事。当版权公会未成以前，各会社时以此事要求政府，政府终格不得行。计经前后三十三年，始经上议院议准，由总统哈利孙署押。兹录一千八百九十一年新订之律如左。

甲、文字之著作

一、美国人，无论居本国及寓居外国，如有著作，国家给以版权，准其专利二十八年，期满再展十四年。若著书之人于期限内已殁，则准其妻或子女享此权利。但著者已殁，或无子女，则无十四年之展期。按此律与前不同者，系在流寓外国之美人亦得同享版权之利之端。

二、寓居美国之外人著有新书，欲得版权，则其书装订印刷，须在美国境内。当一千八百九十一年版权法律未定之前，美人所有著作，在太平洋两岸均可印刷。印刷所不能专利，因设立印刷所同盟会而定此律也。

三、美国著作家寓居他国，应与其本国人同享优等之版权利益，不得稍分畛域。

四、英国定律，著书之人，无论在国内国外，初次印刷须在著书人生长之地，美国亦当援照此律办理。

五、凡各种著作版权存案事宜，其程式悉照旧日。

六、他国已有版权之书，除著者出名外，他人不准将该书载运入口，惟在二部以内备存案用者，不在此例。

七、他国之丛报，不在美国境内印刷者，不得享版权之利。丛报中如不刊美国已有版权之著作，则其进口并不加限止。如英人在美国将其已得版权之著作刷印，而其书中已有数篇刊入英国报中者，此种书籍，美国不能禁止其国翻印。

八、他国人之著作，美国已给版权者，可否任人翻译，一听其人之自主，所享权利与本国人同。惟其书系由别国文字译出者，则美国不能禁人翻译。

九、凡已得版权之著作，则美国应尽力保护，不准将其书编为戏曲，或翻译别国文字。

乙、技艺之著作

他国之技艺家、美术家,可在美国同享版权利益。若美人将石印及照相印出,或改变颜色,冀图朦混者,均以违律论。惟仿照原样而别出新法制成者,则不能究问。故他国之技艺家、美术家,仅可禁人摄其图影,以及描写、镌刻。凡油画、绘图、雕刻,以及美术中之各种新法,如欲专利,须制一图样呈验,以便存案。

丙、音乐之著作

他国之音乐家,如在美国编有新曲,国家保护版权,与他国人所著之书相同。惟所编新曲,不在美国印刷,亦准给以版权。

以上法律,均于一千八百九十一年七月一日颁行。他国若愿守此律,经告美国,可即由总统宣谕国内,遂得永享版权之利。

一千八百九十一年七月一日,英、法、比、瑞士四国,各愿永守颁行版权法律。德国则于九十二年三月八日另立版权条约,意大利则于同年十月二十一日认守,丹国则于九十三年五月八日,西班牙则于九十五年七月十五日,葡萄牙则于同年同月二十日,墨西哥则于九十六年二月二十七日,瑞典、挪威则于同年四月十三日,智利国则于同年五月二十日,中央美洲之可斯带力加则于九十九年十月十九日,荷兰则于同年十一月二十日。凡认此版权同盟律之国,其所属国亦得同享版权之利。故英之印度、坎拿大及澳洲等处,皆附属于美之众国版权同盟会。兹将其改定版权法律,及修改日期录左。

一千八百九十三年三月三日,各著作家照章将所著之书缮写两份,呈会中注册存案,即为已得版权。如不合格,不得给以版权。一千八百九十五年三月二日改定法律,凡侵摄影家之版权,其所摄之影,如非属美术者,则罚款至多不得逾美币五千元之数。如所侵之版权,属于美术者,则罚款亦不得过一万元。所罚之款,一半偿被侵者之权利,一半入官。一千八百九十一年一月一日又定律，凡将他人所著之小说、歌曲演为戏剧，未经著者许可，初演则罚美币一百元，以后每演一次，则罚五十元。若屡罚不悛，故意侵人权利者，则须由问官讯究，科以一年内监禁之罪。

一千八百九十九年二月十九日设立文部，专管版权事宜。凡新书注册存案，均归办理。是年三月三日又定律，凡有版权被人侵害者，即可由其本地警察署控告。

一千八百九十七年，议定管理版权人员之俸，计需美币三万六千四百四十四元。

一千九百年三月，议院又议定将各员俸银增至五万一千零八十元。据一千八百九十九年文部报告，计存案费共得六万八百零三元有奇。本国人注册之书，共有七万八千三百七十部。他国人注册之书，以一千九百年为止，共有八千一百二十二部。文部所得存案之费，每年约有一万五千元或二万元，除支费外尚可多一万元。国家图书馆，每年所存新书，约有六千一百部至六千五百部之多。

美国所定版权，缺而不完者尚多，如艺学家之著作，须在美国刻印，方准给以版权。此条最不公允，亟应删去。盖著者仅能保其之利益，不能藉此以保美国工人之利益。若因工界竞争，艰于谋生，则宜改轻税则，以苏民困。况美国雄飞突进之工人，无论如何智巧，彼终不惧其分利也。

白痕条约既行，大西洋两岸之国所享版权利益，应归一律。美国所定版权之期限最促，惟较希腊稍优，余均不如也。俄法二国著书之人，准终其生常享版权之利，殁后且可展限五十年。德国则自一千八百三十四年以来，著书之人除终身专利外，殁后尚有三十年。因是著者非仅生享版权之利，且可移其利以给子孙。其鼓励著作之法，可谓至矣。何素以文明自许之美国，其专利年限反不如德国，而乃自以为足乎。

凡他国人所著之书，欲得美国版权者，其书在本国发行，须与美国发行之日相同，不得稍有前后。此条与美国不同文之著作家，无益而且多不便，不如改为凡入版权同盟之国，著有新书，于一定期限内，至美文部注册，并将原书二分呈验，其书名须译以英文。一年以内，并须将其书全译英文。嗣后原书及译本，均可专利，不得私自翻印。如是则互有利益。

艺学家版权沿革

文字艺学，皆可享版权之利，本为恒情。英人意欲将版权定为产业，要政府允准，讵料一千七百七十四年为上议院批驳不准。

文字版权之起，较艺学为先。当一千七百零二年，英女皇安纳在位时，文字已有版权。艺学之版权，至一千七百六十一年英皇佐治第三时，始颁行于国。初英人好茄斯为英国最著名之美术家，每一书出版，往往即为市侩翻刻，好茄斯因此获利甚微。其后讼之政府，乃于一千七百三十五年六月二十四日，经议院议准艺学家之版权。其律云，凡新出各色图书及雕刻金类之印版，皆可给以版权，自出版之第一日起许其专利十四年，并可将作者名姓印入图中。如有违例翻刻者，除将所翻之件充公外，每张并罚先令五枚。

一千七百六十六年第二次之雕刻版权，又经英议院议准，并将旧律大加修改。缘当有约翰好茄斯者，雕刻铜版圣手也，兼擅丹青，国家曾给以版权。其人于专利年限内逝世，乃将版权移给其妻。逮将届十四年之期限，其妻以失此版权，孀居不能度日，不得已要求政府推广期限。旋经议院议准专利年限，展至二十八年。

印刷家与雕刻家，往往窃取他人所造之件，以为己有。于是一千七百七十七年禁止此弊。凡思得一艺，不能别出心裁，仅就他人所造之物，略变其式、不脱窠臼者，作违例论。惟已经原造之人允许，则不在此例，此律今尚沿用。一千八百五十二年万国版权会公议，凡石印、铅印及一切机器印出之物，皆有版权。

一千八百十四年五月，英国定石刻、木刻之版权，以十四年为限。限满其人尚在，则可展限十四年。如欲并得第二次之专利年限，则当第一次给予版权时，即须将其名姓并刻成之年月镌于石上。后有著名律师思出一法，不以石木二质雕刻，别用他种材料，则照律不能科以侵害版权之罪。

五色油画，得版权最后。初艺学会以各种皆有版权，惟五色油画独缺。因请于议院，未蒙允准。旋又上书要求，至一千八百九十二年，始经议院核准。

凡艺学之著作，皆有出版之期，惟油画无之。盖画工之画，迳垩于买主壁上，并不公之于世，故定律油漆画之专利，可终其身，他人不得将其画仿造，殁后且可展限七年。摄影家之专利，亦如此也。但此律尚有未尽善处，其律云，自此律颁行日起，凡有油画及反光照相（能使暗光透为亮光）售于人者，须与买主订立合同，声明此物版权归于原造之人，以签押为凭。如无合同，则版权即归买主，但须得有原造人自让版权之凭。由是观之，制物之人向买者立约，则版权可归原造之人；非是，则版权即归买主矣。万一卖者买者均无凭文，其权将归何人耶？盖律仅载制物之人，得终身专其利，并殁后展限七年。至如贩画之人，购画后即转售于人，则原画之人不能顾问矣。此所以美术家虽得版权，未能全专其利，且一画绘成必先存案，否则后有翻刻，不能控告，虽版权被侵后，仍可存案。然此律终未完备，兹录其所定科罚之律条于左。

一、将他人之画翻刻者。

二、假造卖者买者之合同，并冒为签押。

三、已立合同而仍违约者。

四、改变式样，冒名朦混，以损人之名誉者。

五、将翻刻之物载运进口。

六、将假造之画出以骗人，托为某某所绘者。

以上所定之律，诸多未善。故会中领袖，人以为与其有律而无益，不如无之为愈，拟将此律删除。时法部大臣力持不可。于是反对斯律者，遂于议院大起纷争。至一千八百九十八年，英国版权会社上书议院，请修改法律。当由上议院议员黑沙尔将文字、艺学、音乐、戏剧之版权提议，拟重订妥善章程。即经委员会议，未能尽如黑沙尔之所言，仅允将文字、艺学之版权，另立章程。当由国家学会拟定章程若干条，复由各委员议定章程若干条，一并呈于议院。各委员所议章程，大旨各种艺学，准原造之人终身专利，并推广至殁后三十年。但由人代出资本者，则版权归于资本家。惟刻石及刻木之人，欲将所刻之物置之公众之处，任人观看者，则版权仍归原刻之人。章程中并载有科罚翻刻之条。近已将此章程，列入万国版权律中。

英国所定之艺学版权律，计有三种：其一为刻石，其二为照相、油画，其三则雕刻、五金及木质印版。专利年限，亦分三等：雕刻印版者，专利二十八年；刻石者，专利十四年，期满而刻物之人尚在者，展限十四年；照相、油画，则终身专利，并殁后推广七年。其起专利之日，亦各不同。石刻以售出其物之日为始，油画以与买者立约签押之日为始，刻印版与刻石者不必存案，惟须将刻者名氏及刻成年月日表出。油画若不存案，不得给以版权。如此办理，徒使不慎之人，不得专利耳。各种版权之期限，国人固无不知，而经理版权之员往往前后互异，故艺学家多有误会法律，因而受亏者。

法律纷繁错杂，虽向以版权问题研究者，亦未能了然于胸。艺学家往往有持所画之图，误至专管文房物件处存案。该处经理人员，遇有存案，亦不细讯，惟须将其物注册而已。常有美术家将其所画，送至赛会场，恐人侵其版权，遂出费一先令，至专管文房物件处存案，而忘其法律中所最要者，系授者与受者订立合同，不此之求，版权遂失。并有图画赛会告白中,大书赛会各画均有版权,美术家以为可恃,往往在会售出之画不与买主订立合同。不知一经售出,版权即为公共,虽讼不得直矣。美术家昧于版权法律,因此受亏不小。

艺学家之版权,或归制物之人,或归购物之人,未能一律,非如文字之版权必归著作之人也。版权归于著作之人,则其权专而难侵。艺学家虽已将版权让于买主,然欲翻版,仍须请命于著者,但亦有与著者立定合同,声明翻版之权并归于所得版权之人。故版权家往往因此争论,谓版权已归购者,则翻版之事决无再请命著者之理。若翻版权仍归著者,则不便莫甚矣。夫版权既予购者,则出版乃其分内之事,不必请命著者,自无待言矣。

近年刻版,屡有更易。故艺学家有将版权让于购者,许其翻版。惟未经著者许其再版,而即为发行所重翻,则作违例论。著者可限发行所翻版之期,并限以若何程式,若何颜色,期满仍可将版权收归。如此则权仍在著者,其为益非浅鲜矣。

艺学家之版权章程,未能完备者,以有照相版权故也。一千八百六十二年照相,亦得享同等之利者,实出人意料之外。初创议照相版权之人,欲于铜版版权律中附载此条。后以照片与铜版之印片不同,乃改附于他律中。当时立法官威虑照相得有版权,则妇人之照片可为其生利之物,公然出售于大庭广众之中,而不能顾问。于是定律凡奉他人命为之摄影者,不可得版权之利。近年摄影家欲将此律删改,无论受人之命或非受人之命,其版权一归于摄影之人。此事若成,则有碍众人之权利不浅。

一千八百七十八年,政府特委专员办理版权事宜。油画版权,定以终身为止,不论年月。照相则以照片印出之日为始,但油画可将名姓书于画中,他人望而知为某之所画。照相则仅刻某日印出,不载名姓,且摄影之人,今日在此,明日在彼,行踪未有一定。惟馆主知系某人所摄，外人不得知也。故馆主欲侵其版权，甚为易易。然此亦惟英国为然，他国则将印出日期并摄影者之名姓俱印于照片上，惟每一照片仅可专利五年。为今之计，亟宜将法律修改，使臻完备，但恐摄影家必不愿有此事也。

廉部郎上管学大臣论版权事

户部郎中廉泉谨呈：为书局扩充，出书日广，恳请严定规条，申明版权，并咨行各省学堂局所一体遵行，以杜伪乱而维学界事。窃维京师大学者，天下学问之枢纽也。天下之言学者，苟不仰承大学，则旁皇而无所依归；大学之教条，苟不颁行各省，则散漫而莫能统纪。制度不定，规矩不一，东涂西抹，横骛别驱，天下之言学依违以为是，盗窃以为多，斯学术浑淆而真才不出，是以纲维之立不可不严，宏奖之方不能不讲也。司员自去岁六月创办文明书局以来，所出各书业经呈蒙审定，颁发图章，以重版权而杜冒印，如《蒙学卖本》七编、《理财学纲要》、《初等植物学教科书》、《国民体育学》、《实用教育学》、《教育新论》、《教育新史》等，皆承采入学堂应用书目，饬知各行省定为课本，一体通行在案。司员只承宠誉，兢惕弥深，盖尚书劝学之宏谟，原为国家之长计，而敝局发蒙之成效，不虚编辑之微劳，此岂惟一家私？幸凡志向维新之士闻尚书不弃刍荛，虚衷向善，如此谁不感激奋兴，握椠和铅，乐效其一日之长，以自竞于译界哉？独是出版专卖之权为五洲之公例，各国莫不兢兢奉守，严立法条，所以奖成劳，防冒滥，赏能振学之微

---

* 大公报，1903－5－22.

权,使天下纵横捭阖之才、跅驰轶群之士,驰说骋辞,争新侈奥,奇伎异能,放言高论之流品,莫不范以国家之正轨,衡于公府之品评,万派同归,千条共贯,秩然有条而不紊,懔然有戒而不远焉。此东西各国学术之所以日兴,学权之所以有统也。今海内求新之士日多,新学之书日出,采长弃短,应用无穷,诚宜择其平正而无疵累、驯饬而有见闻者,曲加奖厉以便畅行。嗣后凡文明书局所出各书,拟请由管学大臣明定版权,许以专利,并咨行天下大小学堂、各省官私局所,概不得私行翻印,或截取割裂,以滋遗误而干例禁,则学术有所统归而人才日以奋迅矣。伏望迅断施行,学界幸甚,天下幸甚。再者,敝局续行编辑《蒙学科学全书》二十四种,并特延聘通才传译日本大学教科书《理财学》、《西史通释》各巨帙,备各高等大学之用,均已赶行印刷,不日成书,呈请审定颁行,并以奉闻,不胜屏营待命之至。司员廉泉谨呈。

管学大臣批答廉惠卿部郎呈请明定版权由[*]

欲治西学,必精西文;欲译新书,必深旧学。不读周秦两汉之书而能通欧亚两洲之驿者,无是理也。近来译本风行,日新月异,大都后生初学,稗贩东邻,朝习和文,夕矜迻译,求合于信达雅之旨者,百不一见,无怪《原富》诸书之横绝译林,只义单词皆同环宝矣。该局主其事者多通人胜流,所称新书宜择其平正而无疵累、驯饬而有见闻者,加奖畅行,洵为确论。嗣后文明书局所出各书,无论编辑评述,准其随时送候审定,由本大学堂加盖审定图章,分别咨行,严禁翻印,以为苦心编译者劝。该局益当详慎从事,惠兹学界。至于书贾之谋毁版权,心最巧诈,即如本大臣前刊暂定应用书目,咨发各省翻刻印行,闻外省遂指为准翻书目内所刻原有版权各书,有意影射,殊堪痛恨。此等市侩,设想断非士类所为,因答该司员来呈,纵言及之,亦以见牟利者之何所不至也。此批。光绪二十九年五月初一日。

---

[*] 周林、李玥山主编:《中国版权史研究文献》,北京:中国方正出版社1999年版,第46页。

张之洞保护报馆版权*

张之洞禁报之事数见不鲜，闻者亦司空见惯，付之不议不论矣。顷南京学宫旁，有鸠集股本翻印《清议报》者。张之洞闻之，札上元、江宁两县，拿人搜书，严禁翻刻。此固张氏长技，无足怪异。然吾闻留学生出有《湖北学生界》，内地人鲜知之者。虽有知之，然所谓大人先生者，轻其为学生报也，咸缓置之。昨张之洞电驻日本公使，令禁其出版，内地诸人闻之，乃大相惊异，该报遂骤增千数百份。（上海报云）该报受张之洞之赐，诚不少矣。顷方为《湖北学生界》绍介新著，今又复为《清议报》保护版权，外人谁谓张之洞仇视报馆，岂不太冤？

---

* 新民丛报，1903（27）：105。

清政府保护版权布告之一

钦命二品顶戴江南分巡苏松太兵备道袁*

为出示谕禁事：据南洋公学售书处职员汇绍墀禀称：窃维南洋公学奉太子少保前工部左侍郎盛奏设译书院，于兹数年。所有翻译东西图书，考订详明，校印精美，出书既多，用款尤巨，平价出售，海内风行。现在计有铸版、摆版、石印及已译待印诸书共六十余种。从前虽经存案，诚恐书贾射利，故智复萌，妄行翻印，贻误非浅。为此禀请批准立案，出示严禁。凡译书院译印官书，均不许他人翻刻，以符奏案，以保版权。并恳分行上海县租界委员会一体出示，并照曾驻沪领袖总领事立案。嗣后一经查出翻印情弊，即指名呈控，照例从严罚办等情，并粘书目清单到道。据此，除分行县廨暨函致租界领袖领事一体立案外，合行给示谕禁。为此示。仰书贾人等，一体知悉，毋得将该书院立案各种书籍，翻刻渔利，违干查究。切切，特示。

计开书目（54 种。略）

光绪二十九年五月廿六日示

---

* 周林、李明山主编：《中国版权史研究文献》，北京：中国方正出版社1999年版，第48—49页。

驳美日两国商约要索版权[*]

　　泰西各国，凡新出书籍、图画暨雕缕、型范、影印之物，本人以呈于官，官审定之，许专利若干年限内，他人不得复制仿造，是曰版权。其始只行于境内，洎交通日便，有无相通，而复制仿造之禁于境内者，或反得行于境外。至行于境外，而局于一国之利，必不敌其分于各国之利。民智愈进，生计愈亟，必不容他国之夺其利也。国家乃不得不俯顺舆情，为之补救，而一千八百六［八］十六年九月九日万国版权同盟之约以成。（全约见本报壬寅第一二三号）

　　文字语言，国与国异。于是复制仿造之外，又有翻译，最足以夺版权之利于境外者也。故同盟之约第五、第六、第七条，明定翻译之例。然吾谓此例之行，在民智既进时则可，在民智尚稚时则大不可。民智既进，一切可以自为，能禁我之翻译，不能禁我之著述，即不自著述。而我国之民，知彼国文字语言者多，购其书而读之，亦可收交换智识之效也。而民智未进之时，则断断不能。日本维新之初，崇尚西学，需西籍甚夥，岁翻印美国伦曼公司者数百万册，值赏数十万，外人寓其国著书者，亦已禁翻印矣。大隈重信掌外部，废之，公使据成例争，大隈谓事

---

[*] 外交报，1903（3），36：2-3。

非约许,理当废,公使无言。版权同盟,举行者三十余年,美国至今,独未与约。英国出一新著,美辄翻印,廉价鬻售,学者称便。且吾闻美国法律,外国人著书必永居国内者,方能给与版权。又印书所用字模,非在国内铸造者,不能给与版权。信乎二国之善自为谋也,而孰料彼竟反其道以施诸我国也。

吾闻日本之约曰:日本臣民,为专备中国之用,以华文编成书籍地图,暨一切著作,执有版权者,中国政府应设法保护,免其利益有所损蚀。

吾又闻美国之约曰:凡一国以给与本国人民版权之利益,并给与美国人民者,美国政府亦以美国版权之利益给与其国人民。美国人民所著或美国人民所有,专备中国之用之书籍、地图暨镌印各件或译成华文者。中国政府应如保护商标之法,尽力保护,俾在中国境内,有印售此等书籍、地图暨镌印各件或译成华文者之专利。

传闻之言,未审信否,然以刘忠诚覆管理大学堂张尚书电文较之,大致相合,意必非伪,则请就上文所言以明其必不可许之故,可乎?

修改商约,本于庚子和约第十一款。原文仅曰通商行船各条约,及有关通商各他事宜。试问版权与通商行船有何关涉?是欲于原约之外,别增一利益也。不可许者一。

如其许之,彼国人著一书,制一图,以一样本畀我国。我即有保护之责,是增出无数交涉也。我国官吏,精神有限,何不多留一分,自治其事,而甘于舍己芸人乎?不可许者二。

今人皆言版权只禁翻印,不禁翻译。即刘忠诚电,亦有未尝不准我用华文译印之语,是未悉西例也。西书之有版权者,简端或著 The Right of Translation(即翻译)and Reproduction(即翻印)is Reserved 数字,译言得有禁止翻译翻印权,或著 all Rights(即一切权)Reserved 数字,译言得有一切权。是翻译之禁用,明明包括于版权之内。两国约文,浑言保护，而不言禁止翻印，即其证也。不能翻印，求多供少，自失大利，是长漏卮。不能翻译，必待自著，成书艰缓，是阻进步。不可许者三。

于是有为之解者曰：两国约文，皆言专备中国之用，我据此限之，犹可隐为挽回。不知专备中国之用，必专言中国之事，学堂伦理、历史、地理诸科，物理、矿化诸学初级，皆不可不就本国立说。然必本国人方可为之，未有他人可代谋者，是则所谓专备中国之用，亦美日人自名之耳。且彼何不可著此数字于简端，以杜我之口也。至谓上海道县，已有成案，势难撤回。则大隈之言，正可援引，而何惮于一启口乎。

我国权利，所失已多。区区版权，争亦何益？不知外交政策，得尺则尺，得寸即寸。事难微末，一有退让，贻祸无穷。且彼不以为细故而要之于我，我又何必为细故而授之于彼也。至必待允许之后，而严其范围，慎其检察，以为亡羊补牢之计焉，则非吾之所敢知者矣。

润笔助赈[*]

罗曼尼亚之王后能作诗及论，颇负时誉，故英国、德国、美国，皆有印书房备善价购得其所著而刊印之。但后为此事并非好利，因人喜读其书，而即所取之润笔为振济本国贫户之用。故国中人见其迭施巨款，问从何处得来，后始考知其实如此云。

---

[*] 秦中官报，1903（1）：59.

润笔倍增*

　　英人有名道以礼者，其小说为英美人所乐观，故各月报馆时载其著作。近有人请其撰小说十二种，每一万字酬以美金九千元云。

　　按泰西近寻常之润笔费，每千字美金二百五十元。所以价值之贵如此者，因有版权在内故也。

---

* 万国公报，1903（172）：60。

版权通例*

西方各国有著一新书创一新法者，皆可得文凭以为专利，而著新书所得者名曰版权。美国之初版权所有凡二十八年，已满期后仍可加十四年，共得四十二年，此美国之例也；英国则以其人之一世为限，死后仍可加七年，故至少亦得四十二年，此英国之例也；在德、法、奥、瑞四国之版权，则本人一世之余尚有三十年；在俄、挪、比、秘、爱五国之版权，则本人一世之余尚有五十年；其在墨、乖、佛三国之版权，则永远无有限止，此各国版权之例也。今中国不愿入版权之同盟，殊不知版权者所以抚著书之苦心，亦与产业无异也。凡已满期之书，尽可翻印。若昨日发行，今日即已为人所抄袭，是盗也。且彼著书之人又何以奖励之，而俾有进步乎？

* 万国公报，1903（177）：61-62.

商部咨覆外务部美使函询商标版权专利筹办情形文[*]

光绪三十年正月二十九日，准贵部咨称美国康使函，称案查中美新定商约已经批准交换，可以实在施行。该约第九、第十与十一各条内载明，保护商标注册及创制各物，并允设立专管衙门，定有创制专律，给发专照。又书籍、地图、印件、镌件亦援照商标保护之法，极力保护各情。本大臣兹据美国商人禀询，上项各款应请明告如何保护，方得享此利益。望早为查核，作速见复查美约所载。上项各款兹准美使函，询相应咨行贵部查照，核办声复等因前来查。本部系专管商务衙门，现当开办伊始，百端待举。所有商标注册及保护创制各物与书籍等保护之法，本部正在妥拟章程，编订专律，应俟次第酌定奏明颁行后，再请贵部照会各国驻京公使，转饬各洋商遵照相应。咨呈贵部查照，先行照复美使。

[*] 东方杂志，1904（3）：182.

商部咨外务部商标由商部给照及
保护创制版权专利亦归商部文*

为咨覆事，光绪三十年正月二十九日，准商部咨称据，总税务司申称商牌挂号，已改订备文，申呈伏思。津沪两关登薄注册，恐两局号式相混，不如津局均按单数，沪局均按双数，以免复杂。至各局挂号之标牌，似应知照商部备案，或系按件知照，抑系按期知照，并是否逐行。商部抑应转递之处，应请贵部与商部酌定办法，俾有遵循。再美约第十、第十一款，日约第五款，内载创制及书籍注册两事，应否归入津沪注册，抑另设专署办理，亦请酌夺。查商牌注册改订章程，续经咨送查核在案，复据申请酌定注册办法，并美日约内如何保护创制及版权之利，相应一并咨行贵部酌核声覆等因。前来查本部综综商务，凡一切应行提倡保护诸端，皆属专责，所有商牌注册一事，若非归并一处办理，诚如总税务司所称，登记注册号式相混，实恐在所不免。且既分津沪两关注册，即使一用单数，一用双数，而商人有迳赴本部呈请挂号者，办理尤恐纷歧。现在商律内之商标一门，本部拟从速编订奏明办理，总税务司所拟津沪两关设局注册之处，应改为由该两局代办商牌注册收发

---

* 东方杂志，1904（2）：24-25。

事宜，业经咨呈贵部酌核在案。嗣后凡商人赴津沪两局挂号之件，应由该两局按照定章收费，先给商人收费凭单，一面将商牌式样随时迳报本部，按件编号注册后，填就执照，加盖印信，寄交该两局，分别发给，庶不至有复杂相混之虑。仍俟妥定章程，再行咨呈贵部行知，总税务司转饬遵照。至保护创制及版权各利，亦应由本部订章定律，次第照办。相应咨呈贵部查照核覆，以凭办理可也，须至咨呈者。

两江总督魏照复张修撰咨设立翰墨林书局请给予板权文*

准贵修撰咨窃于光绪二十八年正月道禀创设民立寻常高等师范学校，咨呈前督部堂刘核准在案。继以中国师范学校尚无相当之教科书，所有讲义许随时编辑，而非随编、随辑、随印，则缮写既不胜其繁，寄印于上海又不能应用。因复鸠合同志，集股设一印书局，冀于兴学有益，亦可传习印刷之工艺。查通州南门外城濠边，旧有西园一区，池馆幽寂，年久倾圮，因为修葺整理。仍就原有故州牧唐陶山先生所书翰墨林旧额，即名翰林印书局，计股本银二万元，合二百股。凡浇铅、铸电、制版各事，一一招聚生徒，聘用匠师教授。经始于二十九年七月，购机雇匠，竭力经营，至今年五月，规模粗备，在籍江西补用道，张道实董其役。今遵《商律公司律》第五条"合资公司所办各事，应公举出资者一人或二人经理"，此即由各股公举张道经理，以专责成。所有编译已成各书，及师范学校教授之讲义现已陆续付印，平价出售，以便学人理合。呈请贵大臣鉴准立案，所有集股章程另摺呈核查。各国印书最重版权，中国近今编译各书局亦均有版权之请。今恳咨明商部批准立

---

* 东方杂志，1904（11）：122–123。

案,并求札饬沪道出示,严禁各书贾翻印通州翰墨林书局编辑之书,并照会租界领袖总领事,立案此项保护。著作权及出版权系文明各国之公例、教育进化萌柢,于兹伏祈俯赐示遵,分别转饬立案,无任公便等因,并章程到本部堂准此。除抄章程分别饬遵外,相应照复为此照会,贵修撰烦为查照施行。

论版权

今夫竭无限之心思，耗无穷之时日，本其所力学心得，发而为经世有用之文，用以振兴所学、津逮后贤。一旦付诸剞劂，则万口传诵，快睹争先，可以不胫而走天下，此其价值又乌可以寻常记哉？而论者或谓今古著作家，皆意在得名，不在牟利，假使名已不朽，即无利可图，亦未始不快然自足焉。抑知可版之书，而不获享出版之利，非所以酬著作之劳也。有出版之书，而因他人重版之故，致尽失其利，尤非所以励著作之才也。况伸于名而绌于利，实非著作家之志愿乎。惟其然，顾文明之国，皆有版权。

闻尝考各国之法律，知版权始于英国女皇安纳。时则英国人文蔚起，撰述如林。而所出新书，每为发行印刷所之人，私自翻版，以其成本轻而售价廉，致原书不能获利，甚且耗折随之。于是英政府特定版权律，自颁行新律日起，许著者专利二十一年，旋又改为十四年。如有翻版者，以侵人权利论。按所版之书，每页科罚一便士，半以充公，半以予着书之人。如专利年限已满，而著者尚存，则许展限十四年，藉以禁革私版之弊，而鼓舞著述之能。厥后此项法律，迭经更改，而各国版权

---

* 商务报，1904（23）：21–24.

之设，亦接踵起矣。

今试以各国之版权而论，大约分为三端：一生存之版权，二身后之版权，三购有之版权。生存之版权，则各国一律，凡著者皆许其专利终身。至其人已殁，而以版权予其妻子者，谓之身后版权。此种版权，美国为十四年，瑞士、荷兰、比利时皆为二十年，俄国为二十五年，丁抹及德奥两国皆为三十年，英为七年。如著者殁后，而书始出版者，则为四十二年。法国及西班牙皆为五十年。惟瑞士则二十年限满之后，其版权归诸国家，余皆不为限制。至所谓购有之板权，则如英国后改之律，凡购得著者之版权，而未言明当享展期之利益者，则许专利二十八年，否则与著者无异。又如普鲁士律，著者以版权委于印刷所，而未订专约者，只许专初版之利益。如欲再版，则必得著者允准及续缴租费之半而后可。此三者皆文明国通行之法律，虽专利年限之多寡不无异同，然著者得享有长久之利则一也。

若夫版权所在，为他人私自翻印，则可以鸣诸有司而罪之。美国定律，凡翻印售卖他人所著之书者，即将其书尽给着书之人，以偿所失之利。法国则除将其书充公变价以予著者外，尚须按律罚钱，自二十五佛朗起至二千佛朗止。夫各国所以如是之重版权者，一则以奖励学人俾思想日益发达；一则以维持风化，使邪说无自而兴也。盖凡着书者欲刊以问世，必先呈诸有司，查其内无一切惑世诬民邪淫妖妄之说，然后许其印行，否则即行禁绝。是以文明国之国民，莫不怀铅握椠，竞出其新理想新智识以贡于学界。无论哲学科学皆研究至极推阐入微，抽秘骋妍，纷然错出，如万壑之争流，如千峰之竞秀。而淫词邪说则屏绝无余焉。今各国复竭力推广，如曲本地图之属，一一皆有版权矣。（美国于一千〈七〉百九十年以版权法律颁示全国内，无论本国人外国人，著有新书，以及新撰之地图、新法之图样，皆许专利十四年期限）

国家自建立商部以来，一切保商新政无不亟图兴办。版权专利之律，闻亦拟参订章程，次第颁行，吾知此后新学之勃兴固可以翘足俟也。我中国硕彦鸿儒尚其传名山之绝业，发经济为文章，以媲美文明各国也可。

板权之关系*

近日中国学堂渐兴，最缺者为课本书。故编译课本书而能较善者，销行必广。然往往为人所翻印，诉诸有司，每不得直。其强有力者，并欲攘人之板权。其意以为，板权之事，在上者可以予夺自由，乃西国之公例。实则西国无是法也。执笔人不得不有以辨之。

夫板权者，西国以保护著书者、印书者之权利也。彼著书者、印书者自有之权利，谓之板权，而国家因以保护之。保护乃国家之责任，而非其恩私也。故苟有著书者、印书者，皆可得其保护，而不关于所著、所印之为何书。国家有管理板权之公局，著者、印者一行挂号，即与以板权之据。是板权亦与商标无异，翻板之罚与冒牌无异，此西国板权之法也。其著者、印者，庸有不挂号之人，致未有板权，然非遂无板权也。故未有板权之书，翻印者或可强辞以逃罪，而拨诸公理，亦必为人所贱矣。

著书者瘁其心力，印书者出其资本，而共成一书，以供给社会，使社会中之人皆得此书之益，则必思有以报之，于是乎有板权。今一书甫通行，即有贸利之奸商不劳而获，而著者与原印者或因之而亏累。则后

---

* 万国公报，1904（183）：45－46.

此尚有谋益社会，弃其不可知之心力，掷其不可恃之资本，而为之者乎？于是有保护板权。此西国立法之源也，明乎此，而一切之瞽说，自无从而与已。

余生平所著各书，如《中西关系略论》之类，常被人翻印。顾余之著书，并不为贸利起见，故一听之。又有取《略论》中"原教"一章抽去而翻印者，更失余意，余亦听之。惟是印书者为广学会，彼既出资以印，虽亦非贸利，而要不能不收回成本，便于接续流转。有此翻印，而书之销行迟滞，无从更印新书，以益社会，免受翻印之损。广学会或不屑屑焉为校量，然谁谓其无板权乎？

至中国人自设之编译所或印书局等，其有益于中国现在社会，已有明效。利息多则为此者亦多，利息少则为此者亦少，必然之势也。然则苟有兴盛中国之心者，宜若何多方保护，令皆乐从于此哉？倘板权之予夺，一出在上者之意，俾著者、印者揣揣不自保而灰其心，徒令翻印之徒，充其私囊，无论人情之大不平。其亦社会永无进步之一端也。

请再一言以蔽之曰：兴国在民，保民在国。

板权加限

西国板权之设，以酬著书者与印书者之苦心而暗为激励。然有一定之期限，或二十八年，或再加十四年。近有人谓板权自当永远不能限止其利益，而美国麦密伦印书局之总理，则不以此说为然，且云即二十八与十四年之期已属太久，而愿将此等法律加以修改。盖议院自应特派董事以持平之也。

---

* 万国公报，1904（189）：63.

商部咨核拟订版权律[*]

商部所订之版权律,及出版条例,现已拟订妥善。探闻学务处准该部咨送到处,请为查核。一俟核定,即可颁发通行矣。

---

[*] 大陆,1905(3),18:5.

公使查覆版权条约[*]

  北京函云，学部拟将本国著作版权加入万国版权美术同盟会。日前电咨出使各国大臣调查各国版权同盟条约，电覆以凭查核。后据驻札德国公使覆称，略谓万国同盟保护文学美术著作条约。系于一千八百八十六年九月在伯尔尼由德、瑞、比、西、法、英、美、义各国派遣全权委员订立章程二十一条，后迭续订章程。至一千八百九十九年，日本亦续入盟。现在我国尚多不以此为要务，其实关系学界著作实非浅鲜，宜速决计加入同盟为要云云。

---

* 广益丛报，1907（128）：1-2.

入万国版权同盟会问题

（录《时报》）

　　闻学部各堂对于版权一事最为慎重，近拟将中国版权加入万国同盟，保护美术及著作等。已电致使法大臣查明此项保护版权条约，详细咨部，以备考核。

迳启者：

　　日前阅贵报六月廿九日附张"京师新闻"内有拟入万国版权同盟一则。闻学部巨公对于版权一事最为慎重，已电致法大臣查明此项保护版权条约，详绌咨部，以备考核云云。足征我国注意学界前途，大有进步，诚可幸也。按我国近今情形，乃翻译时代，非著作时代，不是自视太卑，实系目下现象如是。加入版权同盟会互相保护本是美举，一经入会则不能违背会章，此一定之理。设若东西洋巨儒硕子发明新智识之著作，或不许汉译，或限年分，此乃著作家特权，理当保守。我国近来风气虽开，究不能人人皆识蟹行文字及和文之原本，仍以读译本者占多数。即使识之，定不能普及，其势不读不能，欲读又无译本。由此观

---

* 图书月报，1906（2）：40－42.

之，此非学界前途生一大障碍乎！即以日本而论，彼已入万国版权同盟矣。德于版权极为严密，则日本译德国新书为最少。日本学界日有进步，时有著作，犹蒙此敝。如我国著作者寥寥如数星，全恃外来之新学为输入文明之资料，不有译本，焉能普及。若但慕此虚名而受实害，诚非胜算。非我国不可加入同盟会，特今非其时耳。迨我国学界发达，著作如林，然后入会，彼此互相保守，名实相符，未为晚也。又如日本宏文学校教员某所著和文博物教科书，载不许汉译字样，未几即有人译之，流行之广与原本相埒，设若同盟岂非有违会章乎？我未入会，彼虽不许而竟译之，彼故不能以此相诘问也。再近来，南洋头等顾问官张殿撰诸巨公，在上海组织中图书有限公司，投以巨资，翻译新书自然视为必要。倘已入会，则公司必受影响矣。已译者已为明日黄花，无须复译；未译者不能侵害他版权，则仰鼻息于人矣。总之，此举于学界商界大都利轻害重。刻京师学部诸巨公调查此事，未曾贸然实行，足见亦以慎重出之。仆于版权一事向未洞悉，以表面观之，实有妨碍。如不幸言中，报纸有维持公益天职，敢乞诸公调查明晰，著为论说，公诸天下，婉劝当道，乃时将此举消灭，勿骛虚名，则学界商界前途受福非浅矣。倘无甚出入，亦甚愿赞成此举，盖以事关公益，于中国前途大有影响，不敢自安缄默，私衷绝未挟成见也。兹将管见所及，用敢缕陈，伏希鉴阅。

《日本议会法版权》立案*

日本议会系采用各国两院制度,折衷取法,组织最为完备。现由翰林胡大勋译以行世,并请商部酌给版权。商部批先予立案,俟本部版权律与学部会奏颁行后,再查照核夺办理。

---

* 商务官报,1906(3):35.

督宪袁准商部咨据商务印书馆续出教科书四十一种，请通行各省一体购用并禁翻印事饬学务处移行各学堂查照文*

光绪三十二年四月

为札饬事光绪三十二年三月十九准。商部咨开据候选道夏瑞芳禀称，职道在上海开设商务印书馆，编辑各种教科图籍。去年禀呈四十五种，仰蒙批示咨行，各直省饬属采购并准立案禁止翻印等因。在案兹查职馆续出新印图籍四十一种，尚合教科之用，谨开清单呈请援照前案，分别咨行各省采购，并予立案禁止翻印等情。前来查该馆编辑各种图籍，颇适教科之用。上年八月间，曾据该道呈送出版书籍四十余种，业由本部咨行饬属采购在案，兹复据禀呈续出图籍四十一种，恳请援照前案办理，并据呈请注册保护，自应照准，除分咨并批示准予注册立案，禁止翻印外，相应咨行贵督查照转饬各学堂，如有需用该馆图籍，即可径向分别订购可也。等因到本督部堂准此合行札，饬札到该处，即便移行各学堂查照购用此札。

---

* 直隶教育杂志，1906（8）：1.

学部电嘱使法大臣调查版权条约[*]

闻学部冬堂官对于著作版权一事,最为慎重。拟将中国人著作板权,加入万国版权同盟及保护美术会著作会之内。已电致使法大臣调查此项保护版权条约,详细咨部,以备考核。

---

[*] 直隶教育杂志,1906(14):1.

暹罗国著作权法

（译法学协会杂志）*

（一）本法之名称及施行

第一条　本法之名称，关于学艺的著作物，为保护智能权之百二十年法律。

第二条　本法由发布之日施行。

（二）著作权之适法保护

第三条　以书籍或册子之形式出版，其著作物且履行规定于本法之条件者，则其著作物与他之所有权，享有同一之权利。

第四条　著作物之著作权者，有修补翻译及颁布贩卖之权。无论何人，不得原著作者之许可，不得有前述之行为。

第五条　著作权继续于著作者之终身及死后七年间，但此期限，若未经过四十二年，已告终了，则不妨伸长至满足四十二年。

第六条　著作者未得著作权而死亡者，其相续人得请求著作权。此权利由著作者死亡时起算，为四十二年。

第七条　于暹罗国起首印刷贩卖之书，亦得视为著作权之目的物。

---

*　直隶教育杂志，1906（14）：4－5。

第八条 因教科书之用，以官之经费著书者，其著作权归于官有。

第九条 下列各项适用于本法施行前已印刷贩卖之著书：

一、本法施行前，著作者死亡时，不与著作权。

二、著作者犹生存，同时即为出版人及印刷人者，由本法发布之日十二月内可取得著作权。

三、著作者犹生存，第三者以其著作物让渡其印刷贩卖之权利者，不与著作权。

四、著作者犹生存，与第三者分配利益，而缔结印刷贩卖之契约时，著作者要明言自得著作权之意思。若让受人，既经承诺，则取得著作权；若未经承诺，则裁判所因契约所定之利益，基于法律习惯，已裁定其应与著作权与否。

（三）著作权之取得及让渡

第十条 呈请保护著作权而取得著作权者，要印刷其著作物。著作者自发行之日十二个月内，当受登录。若著作者于取得权利前死亡时，相续人自著作者死亡之日十二个月内要申明著作权之取得。

第十一条 著作者于既取得著作权之著作物，要加改正增补者，当呈送其修正之原稿于登录官署。

第十二条 得著作权者，要以其著作物一部，呈送登录官署。

第十三条 登录官吏当制取得著作权者之人名表，登录著作物时，取得著作权者，及官吏书名于登录簿，且于著作物亦应署名。

第十四条 由他人让受著作权者，要以证明让受之书类，差送于官署。官署认此证据为完全，则以让渡之旨记入登录簿。此记入未了之时，让受人不得为适法之权利者。

第十五条 取得著作权者，以其著作物三部为纳本。其一本配布于国立国图书馆，一本存复奇那图书馆，一本存宗教图书馆。

(四) 著作权之侵害

第十六条 已取得著作权之著作物，不得拔其萃，或翻译为他国语，或不拘其得利与否，而伪作之贩卖之。又不得违反本法而节略翻译，及关于贩卖之事，但得著作权者许可时，不在此限。

犯本法者，因著作权者之申请，任损害赔偿之责。犯本法而印刷之书归于著作权者之所有。且著作者对于伪作者，请求交出其伪作之书，而依适法之手段，得强制之。

(五) 登录

第十七条 登录者纳下列之税金：

一、登录者五元。

二、让渡之登录五元。

右税金由愿取得著作权者，或请求让受者纳之。

第十八条 王国官房局，任本法施行之责。本法发布于千九百一年八月十二日。

日美著作权保护条约[*]

日本国天皇陛下及亚美利加合众国总统,为欲于两国之著作权以法律保护之便益,互为扩充,畀于其臣民,乃决意缔结协约。日本国天皇陛下命外务大亞、陆军大将、从二位勋一等功三级伯爵桂太郎,亚美利加合众国总统命特命驻札日本全权公使格利斯加姆,各为全权大臣,协议条款如左:

第一条 两缔结国中,甲国臣民凡文学美术制作之物,及写真、图画等,在乙国国境之内应与乙国曾经国家允给保护之例相同。如有不合法律之翻印、仿造等事,均一律享有著作权之保护,但当遵照本约第二款所定规条而行。

第二条 两缔约国中,甲国臣民遇乙国臣民在其境内所刊行之书籍、说部及其他各种文书、演剧脚本、乐普等类,毋须呈请,允准得以翻译印行。

第三条 此约俟批准之后,速于东京交换。自批准交换之日为施行之期。凡施行此约以后始经刊行之著作物,皆当按约而行。又两缔约国不论何时,如欲废罢此约,皆随时得有知照之权利。知照之后经三个

---

[*] 政艺通报,1906 (19): 10.

月，此约可全然作废。

明治三十八年十一月十日即西历一千九百零五年十一月十日订于东京，以日英文各书二份，互相交换存案。

商部新订版权律内容一班

商部所订之版权律，尚未入奏，无期探悉。其所定条例，大概如书籍、图画、演述、雕刻，以及属于文艺学术之物，皆得予以版权。著作人在世之年，及没后三十年享有之。其不著真姓名只用别号者，则仅予以版权二十年，过此期限，即不能继续。此外如标题某馆某社出版字样者，亦与此同例。各报附印之小说亦可予以版权。然以上各条，若未经考核认可，即不在此例。

---

* 通问报，1906（184）：5.

电阻入万国版权同盟会[*]

学部拟将中国著作版权，加入万国同盟会，为鄂督张所闻，特发电至外部阻止。略谓我国民智尚在幼稚时代，全恃翻译各国新书以输入新智识。一入此会，外人有用之书即不能译，大足阻文明进步。应请会商学部，速将前议作废。

---

[*] 真光报，1907（6），1：28.

学部允准翻印初等小学教科书教授书章程

第一条 本部为教育普及起见,此项图书凡官局及本国各书坊能遵守本部所定章程者,均准其随时翻印。

第二条 凡欲翻印此项书籍者,必须先期呈送样本,并声明印刷部数册数,在京师者禀请督学局核准,在各省者禀本省提学司核准,以凭查考。

第三条 凡翻印此项书籍者,其字形图画墨色页数字样之大小,篇页之长短、广狭,均须与本部样本一律,始准翻刷出售。惟用纸一项,以色淡黄而质坚硬者为断,准就本地所宜者酌量变通。

第四条 凡翻印此项书籍者,于书末一页必须注明学部图书局编纂及翻印处、发行处之名称、地址及翻印之年月,各册之价值。而价值一项,应按册定价分售,其数目应照本部所定者一律,能酌减者尤善。

第五条 凡不遵以上各条章程,私印此项书籍及私售此项书籍者,概以违背部章论,按例议罚。

附 凡用此书之学堂,如见书内有误应行更正者,可以随时寄告本部,以便酌改。

---

* 四川学报,1907(6):6-9.

两江督院端咨出洋考察政治编辑各书禁翻刻文

为咨会事,窃照本大臣前会同调任法部尚书戴奉使欧美各国考察政治,采列邦之政典,聘迻译之通才,广集见闻,详加考证,编成《列国政要》《德美俄奥意五国政典大全》两种,发交上海商务印书馆用石印出版。顷据该印书馆总经理夏瑞芳印定样本,呈请备资承办印刷多部,以广流传,期于政界大有裨益,用意殊堪嘉尚。是书应即归该印书馆发行并准予立案,概禁他人翻刻以重版权,除出示晓谕书贾人等一体知悉,须知《列国政要》《德美俄奥意五国政典大全》经归上海商务印书馆出版发行,他局无得私易书名、改换面目,翻印射利。倘敢故违,一经该印书馆查知许,即指名具禀该地方官立即提案,不贷其各凛遵,并通咨各省督抚院转行遵照,暨行苏松太道照会租界领袖比领事一体立案外,相应咨会为此合咨。贵部堂请烦查照,希即转行各地方官一体饬遵施行。

---

* 四川官报,1907 (7):25-26.

外务部复美使照会为改订板权条约事[*]

为照复事,光绪三十三年三月十二日,委准贵大臣照称,一千九百零三年中美所订之新商约第十一款,中国政府至今尚未有实行此欵之章,又于批准互换此约之后,中国情势甚有变更,因而中国现有多人欲用美国所著书籍、地图等件。本国政府拟以上所列保护美国板权之款,为不能满意 嘱请将商约第十一款商改或另订一版权条约等。因查中政府与贵国政府订立条约,既经画押,即为彼此官行之证,本无庸更定实行此款之章。且订此条约为时未久,中国情势当不至甚变。更至谓中国现有多人欲用贵国所著书籍、地图等件,查约内本有除专为中国人民所用之书籍、地图、印件、镌件外,无论美国所著何项书籍,可听中国人任便翻印等语。是中国人翻印美国之书籍等件,苟非专为中国人所备者,即为条约所不禁。以上各节,本系当时彼此磋商而定,贵国政府既经满意故肯画押。今尚未到十年之修约之期,忽欲任意商改另订。按之各国订立条约之理,似无如此办法。所云由中国政府特简大臣赐予全权会同贵大臣商酌之处,本部碍难照允。贵大臣深明公理,当必以此言为然也。相应照复贵大臣,查照至照复者。

---

[*] 商务官报,1907(13):7-8.

美使欲改订版权[*]

驻京美使柔克义君,因版权事,迭与外务部交涉。嗣经外部覆以未届限满,碍难改订。闻美使近又照会云,该约内曾声明,如有应行增损之处,随时商办,故本大臣所议改订,原无不合云云。

---

[*] 振华五日大事记,1907(25):28.

论著作权[*]

著作权者道德上之权利第一

著作者对其著作物，有法律上之权利，乃今日文明诸国之法律所公认者，其存否固无须辨明。至著作者对其著作物所有道德上之权利，则须细为体认。盖既同附以权利之名称，故易与前者混同。学者或因其用语之暧昧，辞义之不明确，致启无谓之争辨。此固吾人所恒见者也。故今欲论著作权之本质，非先辨明两者之区别不可。

太古之时，权利之思想尚未发达。各人以一己权力，为惟一之武器，或使他人代己为某种之行为，用以防人侵害己之财产者，此等权力与权利。其根柢之观念，虽极相似，然则差别之点，则前者仅待权力者之实力，后者则欲强行之，须据共同意力（即法律之力）焉。此种区别，用以说明道德权与法律权之区别，极为明瞭。

何以言之？著作者对其著作物之关系，或由法律权统辖，或不由法律权统辖，因是有道德权、法律权之差。在法律上之权利，乃本国法之

---

[*] 教育世界．1907（149，151）．

承认与援助，以统辖他人之行为者，其人当以国法之承认与援助，为其中心之观念。而在道德上之权利，则常以社会所与德义上之制裁与束缚，为其中心之观念。此二者之所以不同也。

据此定义，则道德之上权利者乃单纯权力，进化于法律之上权利未至，而在于中途者也。其一方于权力之观念中，以社会之力代其实力；一方于权利之观念中，以社会之力代国法力，则可构成道德上权利之观念矣。顾法律者，以创定保护法律之上权利为目的。故著作权法之规令，专就著作者法律上之权利加以保护为主，其道德上之权利，固不属其范围也。

著作权法虽由法律之力，而与著者以复制其著作之权利，且保护之。然未得法律上之权利，必先有道德上之权利，非经由社会之力所强行之阶段而来不可。故既有道德权者，法律权亦随之而得矣。

因是吾人之论究，当先研究著作者于其著作物之上，果有法律之权利否（此权利即指法律确认著者有复制权而禁他人复制之谓），然后进考其权利之种类焉。

著作权之基础第二

将论著作权之基础，当先就一般之财产权，略述其取得方法之沿革体样及性质等。盖著作权本财产权之一种，故必先述及此，然后著作权之基础，乃得进而论究焉。

财产权之取得方法，有原始者及继受者二种。而继受取得之发生，必先有原始之取得，不待言也。迈因曰，财产权取得之原始方法，不问不动产与动产，皆在先占。先占之目的物，限于无主物。凡无主物，先占者得以为财产。其时确定先占者权利之基础，即对其目的物所费之劳力是也。若无劳力而单纯之先占，则其财产取得权之基础不免薄弱。在古代物丰人少之时，凡生活之资料及获此资料之器具无论矣。虽至土地，亦得据单纯之先占，而据有之。其后则随社会之进步、人口之增殖，而既有定限之土地。其取得之也，决不如昔时之易。除先占之单纯劳力以外，更须别种之劳力焉。

一方劳力为财产取得之权源，既益加重，故同时他方从来专有体物间局蹐之财产权，益扩张至于无体物之范围。现今财产权之目的，有无限之范围者，非自然界有体物，而宁为无形之观念也。若人于有形之无主物，加以劳力，而能取得财产权，则于此与同敷无形之观念中。加以智能之劳力者，亦无不能取得该权之理也。

几多之学者，费几星霜几世纪，而发见智识之集积，全恃书籍为之媒介，而为人类之共有财产，无论何人，皆得自由利用之。与对共有土地，得各自由共用无异也。其利用为何，则就是等本来智识之集积，更以一己之智能咀嚼消化之，而附以新形体，施以新色彩。如是则其人类一己劳力之结果，对其作成物可取得财产权，无可疑也。然或谓因是等之利用，将有令人类共有之智识减少灭尽之忧。是决不然，盖是等智识之集积，随利用之人而复制敷衍之，至于无限，如巨川之滚滚，固无涸竭之期也。

要而论之，近世财产权之取得方法，劳力殆占其全部。凡智力研究结果之发明物及著作物，与同敷财产权之目的物同其处理，固无可疑。著作权既为财产权之一种，则其基础亦立于智能劳力之上可也。

财产权取得之根源，重在劳力之说，洛克亦详论之。其关财产权议论中有曰，财产权取得之源泉，劳力比单纯之先更占优势。人先接触其目的物，固为得其物所有权之一要素，然就其目的物上加以一己劳力，则更为要素也。又曰，费劳力自共有物中抽出某物，其共有物之分量亦初不为减少，而却见增加。彼太古无须价买之土地，至今日所以变为高价者，以人于土地加劳力之结果故也。

财产权取得之原因，重在劳力，著作权亦然，观布拉克斯敦说可知之矣。其言曰，著作权者，乃由劳力所生财产权之一种也。其根源之性质宁属先占之部，占有权以占有者自身之劳力为主。故人能以一己智能上之劳力创造著作物者，则复制出版之权利即归是人，乃当然之理也。

又学者中，有谓著作者因智能劳力之结果所得著作物上之权利，较肉体劳力之结果所得之财产上权利，更为优等者。如几斯列利氏千八百三十八年在下院辨护塔福尔特著作权法案时，其演说之辞有曰，因为其制作而费大智力、大勉力、大资力者，其著作物上之权利，较其他之财产权更为优等。此著作权之基础决非暧昧者、非偶然者，盖其著作物非发见，非模仿，又非自他人让与，而为一己所创造者故也。以创造为基础，乃最自然、最纯粹且最高无上者也。又裁判官阿尔之言曰，财产权之基础最占优位者，创作也。若其著作物非仅记述记忆，而由精神上之勉力、熟练修养之结果所得，则与创作之旨毫无违背者也。

以上皆英国学者之说，然此种意见，法美国之学者间亦屡倡导之。美国本与法国之自由主义相反，不认外国人之著作权广行国内。今虽尚存旧态，然其裁判官中亦颇有具进步意见者，如特姆孙氏于某诉讼事件，述其意曰，著作权基础在劳力之成果，故据正义、衡平、适应等之原则，当与肉体劳力结果之普通财产权受同等保护，盖彼为肉体劳力，此则精神劳力，其程度一也。

法国著作权法之大家普列及达拉之说，乃同国学说之代表者也。其所说之概要曰，著作权者，并非由他种行为而得，乃即与著作行为同时发生者也。盖著作物不外创造勉力之成果，故其为财产权也，较其他不用自身劳力之财产权，基础更确。著作者之权利，既由创造之劳力，则彼以著作权非财产权者，不难据此以驳之也。又裁判官马利雍曰，著作者对其所著书乃唯一绝对之所有者，凡享有之处分之，复制之，全属彼之自由者也。又著作权之保护，为对著作者劳力正当之价金，此语乃法王路易十六世于千七百七十七年之敕令所明言者。其言曰，朕于著作权之保护最力，朕之为此，因与有价值、有品位、有才识之多数臣民有利故也。朕之认许版权专有，本于正义之特权。乃著作者劳力之价金也，出版者投入资本之保证也，云云。可见沄国学说之一斑矣。

著作权之目的第三

著作权之基础，略如前述，兹更进而论著作权之目的。著作权之目的者，详言之，即著作物果能得为财产权之目的与否是也。高斯之言曰，占有者，财产权之始也。自然界之动物，未经捕获之前，不属何人之所有；即既捕获后，欲继续其所有，尚须有所持之事实焉。所持之最普通情态，在握持监禁，或以其他方法确保其物而已。然随世运之进步，除事实上所持之外，更认种种解释上之所持，为同敷财产权之基础焉。如在所有者，事实上虽无所持，而于其物附有特别之表征，则占有权即得继续。譬之于动物之耳附以记号，以表其属个人所有，即其一例。若维持占有权之意既明，而表示合理之意思，则其后虽实际上之所持中断，而并无示占有事实上之表征，亦尚有占有之意思，而占有权得被保留焉。

此所持观念之变迁，就英国土地取得法之沿革可发现之。在其第一期，欲取得土地者，必其人实至其地面而踏之，是为绝对之必需条件，称曰 Treading of land，此土地取得最古式也。第二期则不必踏地，但以自塔上或丘岳望见其土地为足。第三期则既有占有之意思，且为占有之可能者，则事实上与践地有同一效力。最后则虽其握有，在代理人，而亦与本人之握有，有同一效力焉。在现今事实上之接触一事，于让不动产物权时，更非必要之件矣。

旧时不动产（如土地）必以足踏之，动产必以手握之，以直接之肉体接触为占有取得要件。至无形观念之占有，乃未开化人之头脑所不能了解者。故凡备形体可附区别标识者，皆得为财产权之目的。至不能明诉感觉之精神上产物，则不能为其目的也。是以无形财产之观念，乃当时之法律思想所未具者。至世运进步，此狭隘之财产观念不能满足。于是前述肉体握有之思想，自然经有二种变迁。一方自占有要素言之，凡有体物之占有，如其占有之可能及占有之意思者，则事实上虽未握有，而即有占有权；一方自财产权之目的物言之，则认容多数之重要无体物。盖是等无体物，因久与有体物牵连而认为其财产权之目的，无可疑也。

以上占有观念之沿革，凡稍研究英法历史者，当无不首肯者也。爱次谓财产权之目的限于有体物，乃不可动之原则也，云云。此语在今日，既为陈腐。爱氏曰，思想上之财产，因无何等之区别表征，又无何等之形式构造，致令多人陷于迷误。Dangerous Snare 此暧昧之财产权，恒令各书肆之间争讼不绝。盖著作物者，去出版后年代愈多，其弊亦愈甚也。法官阿斯吞驳之曰，爱氏之定义，仅生活必需品及人之自然欲望所要求之卑近财产可适用之，见解实不免偏狭也。著作物无区别之表征（Indicia Certa）乃反对论者所持之唯一根据，不知著作物者亦由可得感触之墨与纸而传。故财产权之目的，必须有区别之表征，是为法律上原则。然以此原则移之智能产物之著作权，亦并无不足也。且人语之不同，如其面焉（阿尔之言）。甲之著作物与乙之著作物，又安得漫无区别乎。

要之财产权之目的物，若欲以一种法律与一时间网罗一切而规定之，毕竟不能非随事物之变迁、人口之增加，伴一般平和之要求而逐渐变迁发达不可也。故关财产权规则，若不伴财产之进步、种类之增加而加改正，则难应进步社会之趋势，此自然之理也。文明之得进步，与学术之有发达者，以日日向财产之范围供给新材料之故。故财产之范围亦当伴之扩张,若以后来之法律而规律发达增加之现在财产关系,殆绝不能行耳。

著作权性质第四

国家或社会关系其所以见认于国法上而保护之者,概本于社会一般之公益。其所保护,不过为公益之代偿耳。英国之著书中,适用此公益之原则,本在印刷术之既发明后。其要求许与印刷权之约因常各不同,其或者已与革命共消灭,即不消灭,在今亦无认可之者。大约印刷者为无误谬之印刷,即要求以相当之价值贩卖之,或欲取不背现行政治之书而发行之,此皆其主要约因也。然则著作者之于著作物,以其裨益社会之点言之,固当与印刷者得同一报酬,而有要求此报酬之权利,不待言矣。

所谓社会一般之利益者,乃著作者与公众间社会契约存在之根据也。若社会中之一人而欲以一己发明之制作物颁布于世,以谋公众之裨益,则公益上即当保护其物,乃自然之理。而国家对后来翕与论著作者之道德权,移而认许于法律之上之根据,亦无非在此公益上之理由也。

彼著作者之权利,虽既为法律上所确认,然使彼复制贩卖其著作物时而即失其权利,则操有其权利者仍无利益。故著作物复制贩卖后,有让渡复制权之意味与否(即购买者所得之权利如何),乃当然之疑问也。据利次之言,则谓著作者自身复制及出版之行为,即对公众让与著作者之证也。盖著作物出版时,即与明示配与其物公众者相等。彼于出版前,未有不知此当然之事实者,方著作者尚将物留置架上,则与笼中之鸟无异。外放与否,悉为彼之自由。故彼有配与公众之意思,可断自其出版时也。

是说也,余辈不能赞成。何则?凡财产权之抛弃让与,必有明示默示之意思乃可。思想上之财产权与物质上之财产权,初无差别,若因一次出版,遂谓著作者出版前所有之财产权为有让与之意思,甚不谛当。盖欲让与之,必先有明示默示之合意,而彼时则无此合意故也。此点伊他斯敦氏所说,最为明确。其言曰,或谓贩卖复制之事,即与让与著作权相等。又入书店,买一著作物之人,即有为特定著作物之印刷者批发者之权利,实大误也。复制物之卖买,即为著作权之卖买,此论吾人绝不能赞同。盖若贩卖复制即为卖却著作权,则所谓著作权法之全部皆化为有名无实之空文矣,有是理哉?

购买者之权利,与受水道公司供给一道之水者所有之权利相同。夫其人既支出一定之金额,则应得相当之报酬,而有使用其水泉之权利,不待言也。然其水只可自用,无卖与他人之权。故购买出版物者亦与此同,其购之也,只可资一己之感兴,乃买复制之一部,非买得复制之本身也。此时凡他之契约与购买者著作者之权利关系,由当事者之意思定之。然此时因无明示意思之表示,故只以买卖之性质与目的,推测当事者之意思而已。苟著作权之效力既为法律所明认,则因贩卖其复制物而即谓有权利之关系者,其非理不待言也。

今就著作权之本质研究之,则著作权者,本与他法律上之权利相同,为让与及相续之目的物,此不待言者。但关让与及相续适用之法典,视财产权之种类而不同,故非先玩味著作权之性质不可。若以著作权为普通之财产权,而说明之,殊属未当。盖著作权之目的物,只有思想上之存在,非可得感觉外界之有体物也,故著作权不可与以有体物为基础普通之财产权视同一律。因之学者各逞异说,议论纷纭,今顺次列举诸学说如次:

(一)著作权在法律上,本限制其存续期间。故学者中,有谓法律上之著作权,初非认为属著作者之财产权者,不过仅有报酬(Reward)之性质而已。报酬者,通常为恩惠之事,又据契约而生者也。报酬在法律上之意义，与普通之用例相同，或为财产，或为玩弄物，或仅为暇日及将来得幸福期望之无形之物。无论何时，其报酬之存续期间，皆听当事者自由定之。英国千六百四十二年之法律，已承认文学上著作物之所有者，至千六百六十三年之特许法，乃再定之。尔后文学上著作物之所有权，常为法律所保护。十九世纪中，著作者权利，道德上尤著有进步，然著作者道德上之权利（即恩惠之报酬）乃自由得附期限。而充特定之条件者，非何人皆得沐同一之恩惠者也。若以此为著作者对其著作之精密代价，殆为不可。今于著作权之起源，所谓恩惠之点，暂置度外。仅就现今著作权保护之情态察之，则著作者对其著作物所有权利之内容，其为对其著作之代价无疑也。此代价非恩惠，亦非契约，乃国法自身所赋与认许者也。故就"Reward"之语，而仅以著作者之保护为报酬，殊欠精密。即以广义解之，而以为著作者权利之代价，亦不足为著作权非财产权之论据也。

（二）学者又有以著作权为有专卖权（Monopoly）之性质者，其见解于著作权者对公众实际上之关系虽得说明，然其视著作者之权利，不过为国家之拟制或报酬而已。如此观念，未免欠当。盖吾人毕竟不能左右报酬说，而著作权为著作者学理上当然所享有，且为国法所认许，则吾人所主张者也。

（三）大陆学者之中，说著作权者，于"Real right"，"Personal right"及"Obligation"之外，更加"Intellectual right"智能权（特许权、意匠权、设计权、商标权，并著作权）为第四种之权利。然吾人于此说，毫无所得。盖智能权之语，若以"行于智能制作物之权利"之意解之，则著作权明为智能权之一种。然此之分类，乃据权利所行目的物之物理性质者。故若欲贯此论理，则智能权之外，必更有土地、家屋、家财等所行之权利不可，不一一举之。若以关著作权法律为必要，则关土地之法律、关家屋之法律，亦当制定。甚至关冠履之法律，关衣服之法律，亦必制定矣（此法国一学者，于同国著作权法注释书中，嘲笑所谓智能权说之语）。若智能权非前述之意味，则果何意味与，且一切权利皆离其目的物，唯智能独存在焉。就此方面观之，则一切皆可谓之智能权，又得于著作权特称为智能权耶。

（四）通常分财产权为物权及债权二种。著作权虽为物权质，然不可与普通之物权同列观之，特亦决非债权耳。债权者，非对一切人而行之，乃对特定人之权利也。著作权则可得对抗伪作之一般人，而不可特定一人或数人为限，故决与债权不同。或学者曰，著作权虽与物权无异，然乃行于特定之物体者，故可称为一种变体之物权。此说在前诸说中最易解，且缺点亦最少也。

（五）英法法律上，称著作权曰"Personal property"，故据"Personal estate"之相续法则，则相续人所当承继者也。"Personal property"中有"Chose in action"及"Chose in possession"二种，而著作权属何种，则学者议论不一。然著作权非可占有之特定物，故非"Chose in possession"，又就其权利之本质考之，则著作权本为禁一般人之行为权，故又决非"Chose in Action"。盖著作权非对特定人有效力，乃英法所谓有对世界效力，且得自由让与者也。若"Chose in action"，则本来不许让与，今日亦只限定某种可让与而已。由是观之，是著作权在法律上虽明其为"Personal property"，然实非完全之，"Chose in action"亦非"Chose in possession"也。要之著作权之特质，本为物权而又备债权之性质，虽类债权而又兼物权之元素，故予独左袒以著作权为一种变体物权之说云。

著作权之国际保护第五

如上所述，智能上制作物，既为财产权之目的物，而必宜保护。故各国争制定著作权法，与著作者以复制之独专权。惟国内法不能强行于国外，苟欲自国之著作物被保护之于外国，则非用国际法之手段，而缔结相互主义之条约不可。若两国之间，无国际之协约，则著作者对他国之复制其著作物固无术禁止也。盖著作物既越国境，则为各国民所共有，而得自由印刷与伪作矣。然对伪作之法律观念，各国无异，只无私权缔盟之外国，不能有效耳。是说在十九世纪中，加奇斯既已明言。而在今日著作权，以属地主义为原则，亦无所异。所异者，只在据国际条约之手段，以扩张此原则之时而已。

旧时留置自国海岸之外国商品，有发见拾得者，概不禁止，且以此种行为为适法，而商品之所有权，此后即移归于拾得者。今则不然，凡普通商品，在国际法上遇以上之事，尚主张元所有者之权利，不必即归拾得者之手。至外国著作物之伪作，独与普通商品异，非据国际之特种协约，绝无禁止救济之法。唯对外国著作家，特采厚遇主义之二三国，为之保护而已。千八百四十二年之英国法律，虽以裨益世界著述为目的，然尚与当时他国法律相同，只创定保护自国人之规定。若外国之著作者，据此法律，并不能得何等优遇也。

至认伪作外国著作物，与内国著作物之无权复制相同，而以为德义上之罪恶者，则在后日文明进步之时。其前数世纪之间，复制伪作外国著作物，固认为正业也。彼从事于此之市民，虽犯德义上之罪恶，而不自觉。盖当时以海贼为有荣誉丈夫之业，且奖励之。故于外国著作物之伪物，毫不怪之，且以为国家之大利，而由政府与以补助，以奖励其事业焉。在十六世纪，法国复制外国著书，且为王室印刷局所独擅。又十九世纪初期，和兰威廉王赐伪作者以金，使扩其事业。此等事实，以今日思想言之，能不兴奇怪之感耶？

法国自官业主义，渐归衰微后，外国著作物之出版事业，乃离政府手，而移于民间。若见出版为有利，则凡出版业者，皆有复制之自由。此从来之特权，不仅内国人，一时且扩张于外国人焉。自著作权法制定以来，从来之特权，一扫而尽。故内国之著作者，能得法律上确实之复制权，而外国之著作者，则因此法律来一顿挫，既不得受新法律保护，且从来之特权，全部被剥夺焉。

当时流行之伦理思想，全属利己。观法国上院提出著作权新法案时，一审查委员所为之反对演说，可知之矣。其法案乃本英法间相互主义之法律而创定者，彼对此陈反对趣旨曰，英国出版费较法国高，故在法国，于英国制之著书，得廉价自由复制。此与法国之读者与书肆，实有利益。在英国则与其复制法国之著书，不如直接输入为便。故据相互主义之法律，则利者独英国耳，若法国则蒙有损失，此吾人不能默视者也，云云。观此可见往时国际之伪作，乃欧洲诸国之风尚，毫不足怪。自世运进步，渐觉其非义，于是各国次第禁止。近时各国交通尤繁，故保护著作权之意见益见融和，而进步甚速云。

著作权之国际保护，于各国制度发达之迹，其沿革约分三大时期。第一期著作物复制之自由，以特权之形式许与之。时虽亦与著作者之自身，然以与出版业者为多，此特权乃新旧著作物并与之者。又因欲将外国之有益著作输入本国，故外国人亦蒙许与。第二期则国家据其积极之立法，保护著作权。然初时只当时拥护国家著作者，及国内出版之著作物，受其保护而已。至第三期，著作权保护之范围，大事扩张，凡与外国协约（及其他种种源因）之外国著作者并著作物亦受保护。法国当千八百五十二年，先与外国著作者以与内国人同一之权利，以为他国模范。比利时及纽约生堡即仿行之，各国亦追其迹。今各国国法上之著作权保护，规定略同，凡禁止无权复制也，限制权利之存续期间也，并与行权及翻译权也，确认其外国著作权也，此诸点皆益增其接近融和之度焉。

著作权国际保护最后之时期，则千八百八十六年之结别奴同盟条约是也。此同盟条约，乃对文学美术上之著作物规定国际之保护者。今除俄奥以外，凡欧洲诸国及欧洲以外之日本、海带、邱尼斯，均包含之。次千八百八十九年，又缔门贴此带与同盟条约。阿尔然丁、巴拉圭、乌鲁圭、秘鲁、法、西、意诸国，均加盟。故将来著作权之保护，其发达未有已也。

版权之争

留日学生，江苏留学生某、湖南留学生某，在神田表神保町之某书店，互相詈骂，声势汹汹。因译书版权之事，公然哄闹于公众之地，贻外人笑，未免太不知自爱矣。

清政府保护版权布告之二[*]

钦命二品顶戴赏戴花翎江南分巡苏松太兵备道蔡

给示谕禁事案：据千倾堂书局禀称：窃于光绪二十五年向袖海山房主购买中西医五种书底一付。按，是书系广延歧黄名宿从中西医书删繁节要，并参以己所心得之处创辑而成。其中分部析类，简易精当，足资浏览，故重介购印出售。诚恐奸商翻印渔利，禀请给示谕禁等情，当以所刊医书是否可以行道济世。批饬上海县转询医学研究会查复核办去后，兹据上海县照准该会绅董李珏等呈，称于阃准医生中，择其学有根底者详加考校。董等人反复细勘第一种医经精义，以西国之实验，让中医之理蹈。虚空，以中学之元微，摘西医之治，多疏略洵，属不偏不倚。第二种本草问答论药类，有条理，气、味、形、性各得其宜。第三种金匮要略浅注补正。第四种伤寒论浅注补正。《金匮》、《伤寒论》两书，注家林立。而惟陈修园浅注，最为详备。兹则正其舛误，补其缺漏，参以神明迹象于中西医学之中，允称明白晓畅。第五种血证论本内

---

[*] 周林、王明山主编：《中国版权史研究文献》，北京：中国方正出版社1999年版，第49页。

难两经，条分缕晰，虽间有芜杂之处，亦不离乎正轨。总之，此书融贯中西医书，纵未能集医学之大成而以之行道济世，尚不致有流弊等情。复请核辞，前来合行给示谕禁。为此示。仰书贾人等知悉，自未之后，毋许将干倾堂印售中西江通医书五种，翻印渔利，违于查究。切切，特示。

光绪三十四年六月初十日示

版权专利[*]

农工商部各堂宪，近拟将新订版权，厘定办法：凡图籍书画等类，并有关于美术各物，如果出自心裁者，即将真实姓名报部，均可予以板权，并拟准其三十年专利。如只以斋名社名报部者，酌定板权年限，过期即行注销，以示区别云。

---

[*] 农工商报，1908（28）：32.

版权大会（日本）

日政府已派米博士前赴柏林，预会万国版权大会。此会发起之故，因各国翻译英国版权书籍，英国书肆受累颇巨，惟日本情势与各国不同。某日报谓，翻译西书，不特无碍原书销路，且可启诱日人购阅原书之念。如日本不克翻译英国版权书籍，则于学术之上将大受影响。故日政府特谕米博士竭力维持此事。

---

* 重庆商会公报，1908（111）：7.

美领力争保护版权*

驻沪美总领事以有新著西文《通史纲要》一书宗旨纯正,今运行中国以饷学界。诚恐被人私行翻印,特函致沪道,请给版权。蔡观察因该书系属西文,于中国学界未能普受其益,以此未允。旋美领以保护版权载明中美续约,复函沪道,据约力争。刻闻蔡观察已将原书送交教育总会,核议覆夺矣。

---

* 大同报,1909 (12),2:36.

版权问题[*]

中国加入万国版权同盟一事，外务部已行文商请学部决议。兹闻乔左丞建议云，中国民智幼稚，全恃西书输入，逐渐开通。若添入版权同盟不能任意翻印，是自绝其新机云云。

---

[*] 四川官报，1909（12）：60－61.

民政部咨湖北法政学堂讲义
各省不准翻印文*

　　为通行事警政司案,呈准湖广总督咨称法政学堂呈称,该堂发行校外讲义已于本年三月初一日起按月发行两册.诚恐各省市肆书贾射利翻印,请咨会民政部立案,并转饬各省巡警道遵照,示禁以重版权。嗣后凡该堂印行各种讲义,其版权应专属学堂,无论何人及何项公所学堂不准翻印,违经查出必须究罚等因。前来查原书尚无违碍之处,应即照准通饬示禁翻刻,除照咨立案外相应将样本一册咨送,贵督查照转饬所属遵照办理可也。须至咨者。

---

* 四川官报,1909(31):39.

民政部奏拟订著作权律折*

奏为拟订著作权律，缮具清单，请旨交议，恭折仰祈圣鉴事。窃维著作一端，东西各国均设专律，确立范围，保障权利，故学问艺术日异月新。现在预备立宪，国民程度正期继长增高，欲谋思想之交通，必得推行之无弊。臣部职司警政，首在保卫治安，而高等治安警察之中，尤以集会、结社、新闻、著作数端为最要。所有报律、结社集会律等，业经臣部奏请核定施行。则著作权之专律，自当及时拟订。臣等督饬司员，悉心参酌，谨拟成著作权律五十五条，并疏通证明，加具按语，咨送宪政编查馆覆核。兹据宪政馆核讫咨覆到部，敬谨缮具清单恭呈御览，并请饬交资政院议决，照章办理。所有拟具著作权律缘由，谨恭折具陈，伏乞皇上圣鉴。谨奏。

---

* 江南警务杂志，1910（9）：30-48.

著作权律案附说明（政府提出）

目 录

第一章　通则

第二章　权利期间

　第一节　年限

　第二节　计算

第三章　呈报义务

第四章　权利限制

　第一节　权限

　第二节　禁例

　第三节　罚例

第五章　附则

第一章　通则

说明：按本章揭明著作之范围，即著作权所由附丽。凡应受检定或审定之著作物及有检定、审定各权之该管衙门，俱以本章所规定者为准。至检定、审定后之注册,尤为享受保护之必要。故亦列诸通则,所以挈第二章以下各条之纲领也。

第一条 凡著作、文艺、美术等物而专有重制之利益者,曰著作权。

称文艺者,诗文、曲本、乐谱、笔记、说部、戏本皆是。

称美术者,图画、帖本、照片、雕刻、模型皆是。

说明:按本条为揭明著作权之定义。文艺、美术等云云,系采用概括主义。文艺如诗文、曲本、乐谱、笔记、说部、戏本等类;美术如图画、碑帖、照片、雕刻、模型等类。此两种为个人精神劳力之产物,无论何国法律,皆置于同一保护之中。本条所称文艺、美术,虽可分别解释,然就保护一方面言,则实无丝毫区别也。

又按美利坚、匈牙利等国著作权法规定,著作者于著作物有重制及发行之权,然发行权本包含于重制之中,不重制即不能发行,无待辩也。美、匈等国既有重制又言发行,不免为重复之规定。本条采德意志、比利时立法主义,故仅规定重制之权。

第二条 凡著作物归民政部检定,惟关于教科书籍,归学部审定之。

说明:按本条为规定检定权限。凡经呈报检定者,固应受本律之保护;其未经呈报检定者,自不在保护之列。至教科书籍,于教育上关系最大,故应由学部审定之。既所以冀学术、文艺之发达,抑所以求教育宗旨之统一也。

第三条 凡愿受检定或审定者,应由著作者备样本二分,呈送民政部或学部。其在外省者,则呈送各该管辖衙门,随时申送各本部核办。

说明:按此条为规定检定或审定之方法。凡愿受检定或审定者,在外可将样本送呈各该管衙门,由该衙门申送民政部或学部核办。盖中央、地方行政各衙门既有一定系统核办之权,自应各受成于主管部也。

第四条 著作物经检定或审定后，即由民政部或学部咨照农工商部注册给照，受本律保护。

说明： 按著作呈经检定或审定后，其权利即可作为确定。惟欲得本律完全之保护，非经农工商部注册不可。盖意匠、商标、特许各项注册事，隶农工商部职掌，著作权系属意匠范围。故本条规定咨照农工商部注册给照，即受本律保护之始期也。

第二章 权利期间

说明： 按本章为规定著作权之权利期间。凡权利无特别规定，则继续于永远。著作权虽可继续，而必定以期限者，良以立法精神固为保护著作者个人之利益，仍以不害社会之公益为要。设不特定继续期限，则有著作权者势必以垄断之术，故高其价格，使世之人不得受著作之利，甚非所以谋学术之发达。现今无论何国法律，均以发行后经过一定年限，权利即作为消灭，得任人自由重刊。本章规定期间，盖亦原本此意也。

第一节 年限

第五条 著作权归著作者终身有之；又著作者身故，得由其子嗣继续至三十年。

第六条 数人共同之著作，归数人公共终身有之。又死后，得由各子嗣继续至三十年。

说明： 按各国规定，著作权期间有最长者，如西班牙著作者终身后继续至八十年，法兰西、比利时著作者终身后继续至五十年；有最短者，如英吉利著作者终身后仅继续七年，日本昔日版权法规定著作者终身后继续仅五年。然期间失之长与偏于短，或不免妨社会公同之益，或无以励竞争著作之心,其弊均属相等。本律第五条及第六条规定,系采用德意志、奥地利、匈牙利等国主义,定为著作者终身后得继续至三十年。日本现行著作权法继续期间亦以三十年为限,洵折衷至当之制也。

第七条 著作者身故后,子嗣将其遗著发行者,著作权得专有三十年。

说明:按本条为规定著作者死后之著作权继续期间。世固往往有若干著作终其身不及刊行,而待后之子孙始克公于世者。故本条特表而出之,皆国家所以奖励著作者之微意也。

第八条 凡以官署、学堂、公司、局所、寺院、会所出名发行之著作权,得专有至三十年。

说明:按官署、学堂、公司、局所、寺院、会所等类,在法律上认为无形人格。就理论言,无形人格似不能著作,然官署等类发行著作,实际上往往见之,如各部院统计表册、铁路公司报告即其例也。

第九条 凡不著姓名之著作,著作权得专有至三十年,但当改正真实姓名时即准用第五条规定。

说明:按著作物揭载著作者姓氏与否,为著作者之自由,故不揭载真实姓氏,但遵照本律呈报者,亦得受本律保护。

第十条 照片之著作权得专有至十年,但专为文书中附属者,不在此例。

说明:按照片之得有著作权,其期间必较他种著作物缩短者,因照片系依光线作用而成为,事尚易,非若他种著作物须费几许意匠经营也。故照片著作权仅规定为十年,惟附属于文书中之照片既非主物,则不适用本条之规定也。

第二节 计算

第十一条 凡著作权均以注册日起算年限。

说明：按注册为权利确定之始期，故计算年限应自注册日起。

第十二条　编号逐次发行之著作，应从注册后每号、每册呈报日起算年限。

说明：按编号逐次发行之著作，如杂志、报告书等类，是此种著作或多或少本无定限，故计算应自每号、每册呈报日起。

第十三条　著作分数次发行，以注册后末次呈报日起算年限。其呈报后经过二年尚未接续呈报，即以既发行者作为末次呈报。

说明：按分次发行之著作，如字典、讲义录之类，接续发行一部分合全部分始成一册，是已此种著作既须俟各部分完备后，始成为一种著作物，自应由末次呈报日起算年限；其发行后经过二年尚未接续即以既发行之部分作为末次呈报者，因呈报后经时过久仍未接续呈报，若不加以限制必生无穷弊端，故二年后所发行之物，应作为新著作另行注册。所以示呈报后之限制也。

第十四条　第五条规定以子嗣呈请立案批准之日起算年限。

说明：按子嗣发行先人遗著，其先人既故，本无终身可言，故计算应自该子嗣呈请立案批准之日起。

第十五条　第六条规定以数人中最后死者之子嗣呈请立案批准之日起算年限。

说明：按本条为规定数人共有著作物，其年限应如何起算。譬如甲、乙、丙三人共著一物，其中乙死最后，即以乙死后其子嗣呈请立案批准之日为起算标准也。

第三章　呈报义务

说明：按凡著作者既依于本律而享有各种之权利，即应依于本律而负有一定之义务。此种义务系听许者而非强制者，实与人民普通对于国家之义务不同。盖不愿受检定或审定以行使其著作权，即可不行呈报，但不能享受本律保护之权利而已。此义务与权利相互之通例也。

第十六条 凡愿受检定或审定之著作，呈报时应用本身姓名。其不著姓名之著作，呈报时亦应记出本身真实姓名。

说明：按著作物揭载著作者之真实姓氏与否，原属著作者之自由。惟呈报时应记出本身真实姓名，其权利始能确定。本条规定系专指呈报非谓著作者必揭载其真实姓氏于著作物也。

第十七条 凡以学堂、公司、局所、寺院、会所出名发行之著作，应用该团体名称附以代表者姓名呈报。

其以官署名义发行者，除服第三十一条第一项规定外，应由该官署将著作物于未发行前分咨报民政部或学部存案。

说明：按本条为规定官署、学堂等呈报方法。盖官署、学堂等所发行之著作物与私人著作不同，则呈报之法自不能无所区别。故本条第一项规定，凡学堂、公司等出名发行之著作，应用该团体名称附以代表姓名呈报；第二项规定，以官署名义发行者，则不别咨报各本部可也。

第十八条 凡拟发行无主著作者，应将缘由预先登载官报及各埠著名之报，限以六个月内无出首承认者，准呈报发行。

说明：按无主著作物事实上在所必有，若不明确规定，往往有业经发行后有出首承认为己有者，则彼此争执，其权利遂难于确定，而讼争因之而起。本条于拟发行无主著作物者，令其将原由预登官报及各埠著名报纸公之于众，并定以六个月为限。若于六个月以内不出首承认，则法律只可推定为抛弃权利，虽确系原著作者，亦不能再向发行者主张也。

第十九条 编号逐次发行之著作或分数次发行之著作，均应于首次呈报时预为声明，以后每次发行时仍应呈报。

第二十条 第五条、第七条规定其子嗣当继续著作权时，应赴该管衙门呈报。

第二十一条　将著作权转售、抵押者，原主与接受之人应连名到该管衙门呈报。

第二十二条　在著作权期限内将原著作重制者，应赴该管衙门呈报，并送样本二份。

第二十三条　凡已呈报注册者，应将呈报及注册两项年月日载于该著作之末幅，但两项尚未完备而发行者，应将其已行之项载于末幅。

说明：按右各条皆属于呈报方法之规定，著作者不能怠于此等义务也。

第四章　权利限制

说明：按著作权既可行于身，而子孙又得继续至三十年。若竟漫无限制，势必致趋重个人之私益，而公益将受无穷之影响，非国家奖励著作、保护私权之本旨也。故本章特先声明权限，庶著作者之应否享其权利，各有一定范围，其次则设禁例，再次则设罚例。凡以使主张著作权者，其利害不致涉及他人，而侵损著作权者，其惩罚不能稍为宽纵，亦纳民轨物之深意也。

第一节　权限

第二十四条　数人合成之著作，其中如有一人不愿发行者，应视所著之体裁。如可分别，即将所著之一部分提开，听其自主；如不能分别，应由余人酬以应得之利，其著作归余人公有。但其人不愿于著作内列名者，应听其便。

说明：按数人合成之著作，数人应有平等权利，固不待言。然以一人之异议而牵动全体，不特余人受其拖累，其害且影响于公益，法律于此不能不加以限制。故规定，能分别之著作听其提开，不能分别者给以相当之酬，庶免争执而昭公允。

第二十五条 搜集他人著作编成一种著作者，其编成部分之著作权归编者有之。但出于剽窃、割裂者，不在此例。

第二十六条 出资聘人所成之著作，其著作权归出资者有之。

第二十七条 讲义及演说虽经他人笔述，其著作权仍归讲演者有之。但经讲演人之允许者，不在此例。

说明：按右各条，皆系著作权介于两者之争点。本律分晰规定，其权利乃各有所属也。

第二十八条 从外国著作译出华文者，其著作权归译者有之，惟不得禁止他人就原著作另译华文。

说明：按各国于翻语多视为重制之一种方法，包括于著作权中。如日本著作权法第一条即揭明此义。我国现今科学多恃取资外籍，不能不审量国情变通办理。故本条揭明从外国文著作译成华文者，其译本之著作权归译者有之。

第二十九条 就他人著作阐发新理足以视为新著作者，其著作权归阐发新理者有之。但略加修正或加入音训、句读、注解、图画者，不在此例。

说明：按本条规定，所以杜剿袭他人著作之弊。其能就原著阐发新理者，自属别费心思，法律当予以同一之保护也。

第三十条 凡已注册之著作权遇有侵损时，有著作权者得向该管审判衙门呈诉。

说明：按已注册之著作权，其权利业经确定。遇有侵害，自应向该管审判衙门呈诉，以为私权救济之途。

第三十一条 凡著作不能得著作权者如左：

一、法令、约章及文书、案牍；

二、各种善会宣讲之劝诫文；

三、各种报纸记载政治及时事上之论说、新闻；

四、公会之演说。

说明：按凡不应享有著作权之物，而听令一私人之专利，其妨阻社会文明者甚大，故本条为设限制也。

第三十二条 凡著作视为公共之利益者如左：

一、著作权年限已满者；

二、著作者身故后别无子嗣者；

三、著作久经通行者；

四、自愿将著作任人翻印者。

说明：按著作权固为个人之私，然而应有为公共利益者，法无明文，争论必多，故本条有此规定也。

第二节　禁例

第三十三条 凡既经呈报注册给照之著作，他人不得翻印、仿制及用各种假冒方法以侵损其著作权。

第三十四条 接受他人著作者，不得就原著加以割裂、改窜及变匿姓名或更换名目发行，但经原主允许者不在此例。

第三十五条 他人著作权期限已满之著作，不得加以割裂、改窜及变匿姓名或更换名目发行。

说明：按右各条所以申明禁例，凡对于有著作权之物或应视为公有者而翻印、仿制、改窜、更名，皆法所不许也。

第三十六条 不得假托他人姓名发行己之著作，但用别号者不在此例。

说明：按著作物不用真实姓氏发行，本律固未禁止。惟以己之著作假托他人姓名发行，则在本律禁止之列。本条假托云者，即未得他人允许之意也。

第三十七条 不得将教科书中设问之题擅作答词发行。

说明： 按教科书中所设问题，原系为学问上之研究，且必已为学部所审定者。若擅作答词发行，无论所答是否正确，皆在禁止之列。

第三十八条 未发行之著作，非经原主允许，他人不得强取抵债。

说明： 按著作权为财产权之一种，既有金钱上之价格，即可为抵债之用。本条规定未发行之著作，未经原主允许，不得强取抵债，是专从禁止一方面言。若已经原主允许即以之抵债，本律固未尝禁止也。

第三十九条 左列各项不以假冒论，但须注明原著作之出处：

一、节选众人著作成书，以供普通教科书及参考书之用者；

二、节录引用他人著作，以供己之著作考证注释者；

三、仿他人图画以为雕刻、模型，或仿他人雕刻、模型以为图画者。

说明： 按假冒他人著作，本律已设为禁例。惟假冒范围若涉于太广，则以他人之文艺或美术供参考之用者，将不免动辄触法。本条将不得以假冒论者逐条揭出，庶解释本律者有所遵循也。

第三节　罚例

第四十条 凡假冒他人之著作，科以四十元以上、四百元以下之罚金。知情代为出售者，罚与假冒同。

说明： 按本条规定，假冒者与知情代为出售者应受同一之罚。四十元以上、四百元以下，不过定罚金之最多数与最少数而已。总之，至多不得过四百元，至少亦不得减至三十九元。本条仅定多寡范围，而不确指一定全额者。盖假冒情节重轻各有不同，当由审判官临时斟酌定之。现行法令亦多同此法例也。

第四十一条 假冒他人著作权时。除照前条科罚外。应将被损者所失之利益责令假冒者赔偿。且将印本刻板及专供假冒使用之器具没收入官。

说明：案本条为规定假冒者之附加处分。凡假冒他人著作权，除照前条科罚外，假冒者所得之利益，即被损者所失之利益，责令赔偿，于理固宜。至印本刻板及供假冒使用之器具收没入官，亦当然之理也。

第四十二条 违背三十四条及三十六条规定者，科以二十元以上、二百元以下之罚金。

第四十三条 违背三十五条及三十七条之规定又三十九条第一项、第二项而不载明出处者，科以十元以上、一百元以下之罚金。

说明：按右二条规定，皆系对于违及禁例之处罚，伸缩范围不同因情节各有轻重也。

第四十四条 凡侵损著作权之案，须被侵损者之呈诉，始行准理。

说明：按本条规定，侵损著作权之案，须被侵损者之呈诉，始行准理。被侵损者，指有著作权之著作者或其法应继续之子孙或有抵押权者而言。盖因侵损本无一定标准，往往有此以为侵损，彼以为非侵损，且事属私权，难保无自由抛弃之人，故本条规定有呈诉权者以被侵损之各本人为限。

第四十五条 数人合成之著作，其著作权遇有侵损时，不必俟余人同意，得以径自呈诉，及请求请偿一已所失之利益。

说明：按数人共有之权利，若一已损失，必受共有者之束缚，非息争之道，故本条有此规定。

第四十六条 侵损著作权之案，不论为民事诉讼或刑事诉讼，原告呈控时应出具甘结存案，承审官据原告所呈情节，可先将涉于假冒之著作暂行禁止发行。如审明所控不实，应将禁止发行时所受损失责令原告赔偿。

说明：按侵损私权之案应分两种，如因数人共有或子孙事继及其他适用民律之损害赔偿者则为民事，如因假冒而侵及著作权事属诈欺及触犯本律应予科罚者为刑事。本条规定，不论为民事诉讼或刑事诉讼，原告呈控时应出具甘结存案者，盖因原告如所控不实，依法赔偿，此一定之理也。

第四十七条 侵损著作权之案，如审明并非有心假冒，应将被告所已得之利偿还原告，免其科罚。

说明： 按假冒出于无心，原在可以宥恕之列，惟不应得之利益，仍应偿还本人，始为平允。

第四十八条 未经呈报注册而著作末幅假填呈报注册年月日希图朦混者，科以三十元以上、三百元以下之罚金。

第四十九条 呈报不实者及重制时不呈报立案者，查明后将著作权撤销。

说明： 按右二条皆规定未经呈报及呈报不实者处分之法，一则量科罚金，一则仅予撤销，情有轻重，故罚例亦有等差也。

第五十条 凡犯本律第四十条以下各条之罪者，其呈诉告发期限以二年为断。

说明： 按本条为规定呈诉及告发期间。凡犯四十条以下各条之罪者，限于二年内准其呈诉或告发。若已过二年虽有触犯本律四十条以下各条之罪，其呈诉告发均作无效。

第五章 附则

说明： 按施行期限明揭于本章，乃立法之通例。惟著作之为物，非必缘施行本律而始发生。吾国文化发达，远在数千百年，未有此项法律。以前著作之属于文艺、美术者，盖亦美不胜收。若以年代绵渺之著作滥事更张或人物并存之著作听其湮没，均非扶翼人文之道。故本章酌定年限，使旧有著作及业经翻印仿制者各有一定之章程，末附以征费及呈报各格式，亦所以求利便推行之意也。

第五十一条　本律自颁布文到日起算满三个月施行。

说明：按施行期限所以规定三个月者，盖恐行之太骤，人不周知呈报之义务，无从履行故也。

第五十二条　自本律施行前所有著作经地方官给示保护者，应自本律施行日起算六个月内呈报注册，逾限不报或竟不呈报者，即不得受本律保护。

说明：按地方官给示保护，皆因未有本律以前，特以官厅命令为保护之具。自本律施行后，此种保护效力自应作为消灭。惟限期不能过促，以免有碍推行。本条限于本律施行后六个月内准其呈报注册，自系酌中之制。若至六个月逾限不报，与竟不呈报者是自抛弃其著作权而并怠于呈报之义务，即不得受本律之保护也。

第五十三条　本律施行前三十年内已发行之著作，自本律施行后均可呈报注册。

说明：按距今三十年内之著作，即以本律绳之。其本人终身及子孙继续年限尚未经过，准其保护，亦当然之义也。

第五十四条　本律施行前已发行之著作，业经有人翻印、仿制，而当时并未指控为假冒者，自本律施行后并经原著作者呈请注册，其翻印、仿制之件，限以本律施行日起算五年内仍准发行，过此即应禁止。

说明：按本律施行前翻印、仿制之件，其著手时并不得视为违法，予以五年发行之限，亦保护私人财产之通义也。

第五十五条　注册应纳公费，每件银数如左：

一、检定费银五元；

二、审定费银五元；

三、注册费银五元；

四、呈请继续费银五元；

五、呈请接受费银五元；

六、遗失补领执照费银三元；

七、将著作权凭据存案费银一元；

八、到该管官署查阅著作权案件费银五角；

九、到该管官署钞录著作权案件费银五角，过百字者，每百字递加银一角；

十、将著作权凭据案件盖印费银五角。

说明：案本条系规定应纳公费之数，呈报注册领照等项皆为享有著作权之根据，即不能不纳一定之费用。此亦中外公同之例也。

著作权呈请检审定呈式

具呈姓名

为呈请著作权检、审定事，窃某人有某种著作，照著作权律随送样本，呈请转咨农工商部注册给照一体保护。伏乞

民政部、学部查核施行，须至呈者。

年　月　日　籍贯、住址、姓名、押

呈请继续著作权呈式

具呈姓名

为呈请继续著作权立案事，窃某人有某种著作，业于某年月日呈报检、审定，并蒙转咨农工商部注册在案。现在著作者某已于某年月日身故，理应遵照著作权律呈请继续著作权一体保护。伏乞

民政部、学部查核施行。须至呈者。

年　月　日　籍贯、住址、姓名、押

呈请接受著作权立案呈式

具呈姓名

为呈请接受著作权事，窃某人有某权著作，业于某年月日呈报检、审定，并蒙转咨农工商部注册在案。现左愿将著作权转售、抵押与某人，接受照著作权律呈请接受著作权一体保护。伏乞

民政部、学部查核施行。须至呈者。

　　　　　　　　　　年　　月　　日　　籍贯、住址、姓名、押

资政院奏准著作权律折（并单）

　　窃查资政院章程第十五条内载前条所列第一至第四各款，议案应由军机大臣或各部行政大臣先期拟定具奏请旨，于开会时交议。又第十六条内载第十四条所列事件，议决后由总裁、副总裁分别会同军机大臣或各部行政大臣具奏，请旨裁夺各等语。民政部拟定著作权律一案，先经咨送宪政编查馆复核竣后，于本年八月二十九日具奏，请交资政院议决，照章办理。旋由军机处遵旨交出民政部原奏及清单各一件，资政院照章将前项著作权律一案列入议事日表，开议之日，初读已毕，当付法典股员会审查，并经民政部派员到会发议；该股员会一再讨论，提出修正案，于再读之时，将原案与修正之案由到会议员逐条议决；复于三读之时，以再读之议决案为议案，多数议员意见相同，当场议决。计原拟著作权律凡五章五十五条，经修正议决，其各条中意义字句互有增损，仍定为五章五十五条。谨缮清单，遵照院章会同具奏，请旨裁夺。一俟命下，即由民政部通行各省，一体遵照办理。

　　再，此折系资政院主稿，会同民政部办理，合并陈明。谨奏。宣统二年十一月十七日奉 旨著依议。钦此。

* 教育杂志, 1911 (3), 1: 2–8.

大清著作权律

宣统二年（1910年）

第一章 通例

第一条 凡称著作物而专有重制之利益者，曰著作权。称著作物者，文艺、图画、帖本、照片、雕刻、模型等是。

第二条 凡著作物归民政部注册给照。

第三条 凡以著作物呈请注册者，应由著作者备样本二分，呈送民政部；其在外省者，则呈送该管辖衙门，随时申送民政部。

第四条 著作物经注册给照者，受本律保护。

第二章 权利期限

第一节 年限

第五条 著作权归著作者终身有之。又著作者身故，得由其承继人继续至三十年。

第六条　数人共同之著作，其著作权归数人公共终身有之。又死后，得由各承继人继续至三十年。

第七条　著作者身故后，承继人将其遗著发行者，著作权得专有至三十年。

第八条　凡以官署、学堂、公司、局所、寺院、会所出名发行之著作，其著作权得专有至三十年。

第九条　凡不著姓名之著作，其著作权得专有至二十年，但当改正真实姓名时，即适用第五条规定。

第十条　照片之著作权，得专有至十年，但专为文书中附属者不在此限。

第二节　计算

第十一条　凡著作权均以注册日起算年限。

第十二条　编号逐次发行之著作，应从注册后每号每册呈报日起算年限。

第十三条　著作分数次发行者，以注册后末次呈报日起算年限。其呈报后经过二年尚未接续呈报，即以既发行者作为末次呈报。

第十四条　第五条规定，以承继人呈请立案批准之日起算年限。

第十五条　第六条规定，以数人中最后死者之承继人呈请立案之日起算年限。

第三章　呈报义务

第十六条　凡以著作呈请注册者，呈报时应用本身姓名。其以不著姓名之著作，呈报时亦应记出本身真实姓名。

第十七条　凡以学堂、公司、局所、寺院、会所出名发行之著作，应用该学堂等名称，附以代表者姓名呈报。其以官署名义发行者，除依第三十一条第一款规定外，应由该官署于未发行前咨报民政部。

第十八条　凡拟发行无主著作者，应将缘由预先登载官报及各埠著名之报，限以一年内无出而承认者，准呈报发行。

第十九条　编号逐次发行之著作，或分数次发行之著作，均应于首次呈报时预为声明；以后每次发行仍应呈报。

第二十条　第五条至第七条规定，其承继人当继续著作权时，应赴该管衙门呈报。

第二十一条　将著作权转售抵押者，原主与接受之人应连名到该管衙门呈报。

第二十二条　在著作权期限内，将原著作重制而加以修正者，应赴该管衙门呈报，并送样本二分。

第二十三条　凡已呈报注册者，应将呈报及注册两项年月日载于该著作之末幅。但两项尚未完备而即发行者，应将其已行之项载于末幅。

第四章　权利限制

第一节　权限

第二十四条　数人合成之著作，其中如有一人不愿发行者，应视所著之体裁。如可分别，则将所著之一部分提开，听其自主；如不能分别，应由余人酬以应得之利，其著作权归余人公有。但其人不愿于著作内列名者，应听其便。

第二十五条　搜集他人著作编成一种著作者，其编成部分之著作权，归编者有之。但出于剽窃割裂者，不在此限。

第二十六条　出资聘人所成之著作，其著作权归出资者有之。

第二十七条　讲义及演说，虽经他人笔述，其著作权仍归讲演者有之。但经讲演人之允许者，不在此限。

第二十八条　从外国著作译出华文者，其著作权归译者有之。惟不得禁止他人就原著作另译华文，其译文无甚异同者，不在此限。

第二十九条　就他人著作阐发新理，足以视为新著作者，其著作权归阐发新理者有之。

第三十条　凡已注册之著作权，遇有侵损时，准有著作权者向该管审判衙门呈诉。

第三十一条　凡著作不能得著作权者如左：

一、法令约章及文书案牍；二、各种善会宣讲之劝诫文；三、各种报纸记载政治及时事上之论说新闻；四、公会之演说。

第三十二条　凡著作视为公共之利益者如左：

一、著作权年限已满者；二、著作者身故后别无承继人者；三、著作久经通行者；四、愿将著作任人翻印者。

第二节　禁例

第三十三条　凡既经呈报注册给照之著作，他人不得翻印仿制，及用各种假冒方法以侵损其著作权。

第三十四条　接受他人著作者，不得就原著加以割裂、改窜，及变匿姓名，或更换名目发行。但经原主允许者，不在此限。

第三十五条　对于他人著作权期限已满之著作，不得加以割裂、改窜及变匿姓名，或更换名目发行。

第三十六条　不得假托他人姓名发行己之著作，但用别号者不在此限。

第三十七条　不得将教科书中设问之题，擅作答词发行。

第三十八条 未发行之著作,非经原主允许,他人不得强取抵债。

第三十九条 左列各项,不以假冒论,佡须注明原著作之出处:

一、节选众人著作成书,以供普通教科书及参考书之用者;二、节录引用他人著作,以供己之著作考证注释者;三、仿他人图画以为雕刻模型,或仿他人雕刻模型以为图画者。

第三节 罚列

第四十条 凡假冒他人之著作,科以四十元以上四百元以下之罚金;知情代为出售者,罚与假冒同。

第四十一条 因假冒而侵损他人之著作权时,除照前条科罚外,应将被损者所失之利益,责令假冒者赔偿,且将印本刻板及专供假冒使用之器具,没收入官。

第四十二条 违背三十四条及三十六条规定者,科以二十元以上二百元以下之罚金。

第四十三条 违背三十五条、三十七条之规定,及三十九条第一款、第二款之规定者,科以十元以上一百元以下之罚金。

第四十四条 凡侵损著作权之案,须被侵损者之呈诉,始行准理。

第四十五条 数人合成之著作,其著作权遇有侵损者,不必俟余人同意,得以径自呈诉,及请求赔偿一己所失之利益。

第四十六条 侵损著作权之案,不论为民事诉讼或刑事诉讼,原告呈诉时,应出具切结存案,承审官据原告所呈情节,可先将涉于假冒之著作暂行禁止发行,若审明所控不实,应将禁止发行时所受损失责令原告赔偿。

第四十七条 侵损著作权之案,如审玥并非有心假冒,应将被告所已得之利偿还原告,免其科罚。

第四十八条 未经呈报注册,而著作末幅假填呈报注册年月日者,科以卅元以上三百元以下之罚金。

第四十九条　呈报不实者,及重制时加以修正而不呈报立案者,查明后将著作权撤销。

第五十条　凡犯本律第四十条以下各条之罪者,其呈诉告发期限,以二年为断。

第五章　附则

第五十一条　本律自颁布文到日起算,满二个月施行。

第五十二条　自本律施行前所有著作,经地方官给示保护者,应自本律施行日起算,六个月内呈报注册;逾限不报,或竟不呈报者,即不得受本律保护。

第五十三条　本律施行前三十年内已发行之著作,自本律施行后,均可呈报注册。

第五十四条　本律施行前已发行之著作,业经有人翻印仿制,而当时并未指控为假冒者,自本律施行后,并经原著作者呈请注册,其翻印仿制之件,限以本律施行日起算,三年内仍准发行,过此即应禁止。

第五十五条　注册应纳公费,每件银数如左:

一、注册费银五元;二、呈请继续费银五元;三、呈请接受费银五元;四、遗失补领执照费银三元;五、将著作权凭据存案费银一元;六、到该管官署查阅著作权案件费银五角;七、到该管官署抄录著作权案件费银五角,过百字者每百字递加银一角;八、将著作权凭据案件盖印费银五角。

著作权呈请注册呈式

具呈姓名

为呈请著作权注册事窃某人有某种著作,照著作权律随送样本呈请

注册给照一体保护伏乞

民政部查核施行须至呈者

　　　　　　　　年　　月　　日　　籍贯住址姓名押

呈请继续著作权呈式

具呈姓名

为呈请继续著作权立案事窃某人有某种著作业经于某年月日呈报注册给照在案现在著作者某已于某年月日身故理应遵照著作权律呈请继续著作权一体保护伏乞

民政部查核施行须至呈者

　　　　　　　　年　　月　　日　　继续人籍贯住址姓名押

呈请接受著作权立案呈式

具呈姓名

为呈请接受著作权事窃某人有某种著作业于某年月日呈报注册给照在案现在愿将著作权转售抵押与某人接受照著作权律呈请接受著作权一体保护伏乞

民政部查核施行须至呈者

　　　　　　　　年　　月　　日　　原注册人、接受者籍贯住址姓名押

论著作权法出版法急宜编订颁行*

自九年筹备清单颁布后，又有旨令个衙门各就本管事宜，以九年应有办法，分期胪列，奏明交宪政编查馆复核，请旨施行。于是各衙门无不各就本管职掌，条分缕析，逐年分列，或更划为表式，分别类例，似于法治国之形式，固应有尽有，巨细无遗矣。而犹于关系教育前途最为密切之著作权法与出版法二者，竟阙不举。不知各衙门未知此项法律职掌所归耶？抑以为不妨迟至九年后始行厘订颁行耶？第按之今日情形，二法之颁布，实为万不容缓者，而吾国士大夫对于二法之观念，似亦不免有混同之处，故将二法要义及其区别之点，略述大概，以备编订者之采择焉。

著作权者，即现在吾国所称版权。第版权有出版之权利意味，而著作权则可包含美术家之图画雕刻、音乐家之乐谱曲本，范围较广。推衍其意，可称为创作者之权利或精神上之财产，又可称为学艺及美术上之所有权，而要之以称为著作权为最合。溯法律上认著作权为特种之权利，实在印刷术发明以后。当欧洲十五六世纪之间，政府始有保证原著书者之利益，而禁止翻刻之事，于一定期限内，原著书者享有专卖权。

---

* 陶保霖. 教育杂志, 1910 (2), 4: 37-42.

若有翻刻者，可向之要求损害赔偿。此为著作权之起源，略如今日之专卖特许，故学者称此时期为特许时期。在此时期，其著作权应保护与否，全由政庶之任意判断，盖其宗旨在奖励出版事业。欲奖励，固不可有以偿出版者之费用。若政府审查认为不必奖励，即不必保护也。

第二时期，为权利主义时期，乃因著作者事实而当然发生之权利也。此权利与有体物（动产不动产等）之所有权全同，盖由人之脑力所生出物即无形之劳力所作出者，法律上当然有此权利。其权利非由政府之审查认定而生，乃因著作之事实而生，至此而著作权始为完全之财产权矣。

至第三期，乃进而为世界的权利时期。从前著作权之保护，仅限于一国内，然保护著作权之性质，决非可以限于一国，盖著作物之利益非一国所可独享。故其保护，亦不能限于一国，且出国境一步，即可翻制，其保护亦未为完全。是以近来各国，皆互结条约，互相保护。驯至因学者之提倡，美国美艺协会成立，旋经各国政府公认，卒成国际同盟，于瑞士于万国会议而定著作权保护之万国同盟条约矣。

以上所述著作权之沿革既如此。至著作权何故而保护之理由，可分为四大主义：

（一）创作者保护主义。创作者，即新物之作出也。吾人以思想能力新创作一物，法律即保护之。反之，若为拟作者（模拟他人之作），则不但不保护，且须处罚。此理由与所有权之根本同，所有权之根本，即在先占，先占者，其人与物之间先有特别关系之谓也。吾人因脑之作用由社会现象而制出之物，即为著作者与著作物之间有特别关系也。

（二）劳力说。此说谓著作权之根本，非由创作，乃由智能的劳力而生。凡著作皆非创作，不过就社会上材料而网罗搜辑之。故其解所有权之根本，亦不在先占，而在劳力。譬如土地之所有权，因垦辟之劳力而得，房屋之所有权，因建筑之劳力而得，著作之所有权，则因汇集材料之劳力而得也。

（三）报酬说。此说谓对于著作者之劳力而与之报酬。盖著作者裨益一国之文明最大，社会之发达，人类之幸福实利赖焉，固不可不给予报酬。

（四）人格说。此说谓著作权之根本，乃在人格之保护。盖著作物者，著作者思想之发现，而思想者为人格之一要件，故他人不能剽窃模拟以侵害其人格。

综观以上诸说，均不可谓完全无误，现在各国立法例亦不能尽同。但就时代与各国之情形，而所采主义，遂不能无异。惟第三说报酬说，在第一时期采审查主义时代，颇视为适当。然其谬误之点，乃在与出版法相混。夫谓著作者与社会以利益，故予之报酬；则于社会无利益者，即不当给于报酬。其甚者，有害风俗妨治安之著作物尤不当受保护矣。然在今日各国之立法例，则不论何种著作物，苟属著作，即有享受保护之利权，并不以社会所受利益之程度，而别其保护与否。盖著作物内容之是非善恶，自有出版法之检定，如有妨治安、坏风俗者，依出版法自当禁止发行。若谓禁止发行之著作物，即不当保护版权，于理论上似不可为不正当（日本旧版权法即取此主义）。然今日，各国多不取此者，因其于著作者所有权之根本上有窒碍也。譬如有一极不洁之物置公众之处，警察可以其有碍卫生而禁止之，然不能因此谓，其物之所有权亦随之丧失。如有窃取或毁坏之者，仍不能免窃盗罪，及损害赔偿之处分也。由此观之，版权之保护与出版之检定全属两事，其理甚明。故万国会议著作权保护之际，明言凡著作物之性质内容其目的如何不必问，惟著作权是认。故报酬说在今日已可称为过去时代之主义矣。

吾国著作权发达最早（宋元镌本中已有类于禁止翻刻等字样），惟保护思想之意多，保护财产之意少（今日保护著作权之性质本含此两主义）。故向来学者著作，往往以刊刻之资丐助亲朋而有力者。刊印遗书几视为慈善事业之一种,正与今日之以发行著作物为营利者为反比例。自译书流行,欢迎者众,因是有翻印之虑。而学堂发达,教科书盛行,保护版权愈有不可缓之感。因著作物发行必藉印刷,而印刷营业,固商业也。商部初设,以保护商业为己责,故版权保护之事,属之商部及地方行政官吏。在斯时之观念,盖适与欧洲第一时期相仿,亦采报酬说。从特许主义而用审查方法者也,此过渡时代不可免之阶级。然出版物出版既多,则出版法不可少之感亦必随之发生,于是检定之说起焉。按出版以编辑、发行、印刷三种人组成,其检定与报律相仿,必依警察法施行,其宗旨在保护治安、维持风俗。故对于非卖品及无著作权之出版,与著作物已经检定而加改正增减附录者亦须检定,与著作权法之纯属保护个人私权者迥然不同。且出版法之检定乃消极的,故但不犯出版法所禁止(如庇护犯罪人禁旁听之诉讼事件,外交军事机密及妨治安坏风俗等)。无论其著作物有无价值,均不得禁止发行。与教科书之审定(教科书审定乃积极的,必确合教科之用方为合格;若不合教科之用,其著作虽善,无取焉),尤全然无涉。今日即觉检定之不可少,则民政部当速编订出版法,与报律同时施行(出版法与报律互有出入,不可不同时编订颁行)。考因出版法尚未编订,而于保护版权反滋疑义,是不特于二法之界限未明,且恐于行政亦生窒碍。夫农工商部向既以保护商业,有禁止翻刻之成案矣,则此时亦宜编订著作权法及著作登记法(著作权法未颁布以前尤应先定暂行章程)。庶著作权根本,及发生之方法,均有所依据。所谓发生之方法,即登记之谓也。各国立法例,于著作权之发生,亦分数主义。有不必登记,因创作之事实而发生权利者,有限定某种著作物必须登记者,有虽须登记而仍不以为发生权利之要件者,有必须登记始发生权利者。吾国向有存案之例,即登记也。则今日登记之法,事实上早已实行,但当定为法令删尽。向来衙署延阁需索之弊,使人民不至望而生畏。至著作权法之应取何种主义,则当内按国情,外察大多数国之立法例，择其最新而适用者。惟时代所限，所谓世界的权利主义，如上文所述第三时期者，吾国今日情形，尚可不必仿行，此当别着论以明之。若著作权法出版法之内容亦有种种主义，教育进步，民智通塞，胥视此为转移，编订者不可不博考诸家学说而审慎从事也。

本总局示禁翻印山东法政学堂讲义文

　　为出示严禁事，宣统二年六月初四日，奉督宪张批开。宣统二年五月二十日准民政部咨准山东巡抚咨称，山东法政学堂呈称该堂校外讲义业经发行，诚恐各省市肆书贾射利翻印，拟援照湖北法政学堂发行校外讲义成案办理，请咨会民政部立案，并转饬巡警道遵照示禁以重版权。嗣后，凡该堂印行各种讲义，其版权应专属该学堂，无论何人及何项公所学堂不准翻印，违经查出必须究罚等因。由该省咨达。前来查原书尚无违碍之处，请通饬示禁翻刻，与本部办理湖北成案相符，应即照准。除照咨立案外，相应咨行贵督，但照转饬所属遵照办理可也等因，到本部堂准此合就札行札到该局，即便遵照示禁具报等因。下局奉此，除报督宪并通饬各区一体示禁外，合行出示严禁，为此示仰市肆书贾人等一体知悉。凡该堂印行各种讲义，无论何人，不准翻印，如敢故违，一经查觉，立提处罚，决不宽贷，其各禀遵毋违。特示。

---

* 江南警务杂志，1910（6）：73 - 74.

民政部咨山东法政学堂
讲义禁止市肆翻印文*

为咨行事,准山东巡抚咨称:山东法政学堂呈称,该堂校外讲义业经发行,诚恐各省市肆书贾射利翻印,拟援照湖北法政学堂发行校外讲义成案办理,请咨会民政部立案,并转饬巡警道遵照示禁,以重版权。嗣后,凡该堂印行各种讲义,其版权应专属该学堂,无论何人及何项公所学堂不准翻印,违经查出必须究罚等因。由该省咨达。前来查原书,尚无违碍之处,请通饬示禁翻刻,与本部办理湖北成案相符,应即照准,除照咨立案外相应咨行。贵督抚照转饬所属遵照办理可也。

---

* 四川官报,1910(14):56.

修订法律馆咨现行刑律禁止学界商界翻印文[*]

为咨行事，本馆编订现行刑律恭缮黄册进呈，奉旨刊刻颁行。查律例关系引用，稍有讹舛，贻误匪浅，迥非他项书籍可比。恐京外学界商界不知轻重，翻印缩印，私售渔利，一字之讹，害事至大，相应咨行。

贵督查照通饬所属严行禁止，如有刷印戒书者立即销毁，以免误人。此外本馆编订各种法典，陆续出书，均应禁止翻版。事关立法，望切施行。须至咨者。

[*] 四川官报. 1910 (15): 55.

版权同盟[*]

关于文学美术之万国版权同盟，已经列国多数承认。惟日本对于章程中规定翻译著述，及著作音乐书籍权利等一款，已经提议加入，但书以臻完密（录《中外日报》）。

---

[*] 四川官报，1910 (16)：73.

督宪批巡警道、按察司、劝业道详集议各项法律章程坊间不得翻印并拟定限制办法文（并原详）*

据详会议各节，系为郑重出版、预防讹谬起见，本行政上应有之义。惟目前印刷事业方属萌芽，揆诸振兴实业之旨，犹应有维持牗导之方。特因书贾射利，罔识讲求，省垣层厂分立。此方出版，彼已翻行，既有互相倾挤之忧，尤以良楛混淆为患，自应通筹全局，妥议办法，以维久远。查各国出版章程，凡分配出版利益之主体，大分为著作、印刷及发行三科。各项法律命令及官公文书，虽不得为著作权之目的物，而坊间刻印出售印刷与发行，亦自各有其限，不相厕混，现拟略仿其意。嗣后，凡官局承应之法律章程，除酌留自售外，余均刊定价值，由该局选择名誉尚好、资本较大之书店或印书局为发行人，略予折扣，分别售给，听其照介发行，均沾利润。但既取得发行官书之权利，即对于官居折售各书有不得再行翻刻之义务，违者照章罚办，并令赔偿损害，以惩奸欺。其不为官局之发行人若于各项法律章程，如果自行刊卖，亦应由劝业

---

* 四川官报，1910 (23)：52-55。

道督同商会公议条规，分别出版先后，但经出版在前者登报宣告，自非得该出版局厂之许可，一律不得在省城附近地面印行用，杜同业倾轧之弊。至官局自有版权及各署局自行编辑声明，非卖并馆部咨禁坊间私印，或有关军事秘密之文书，各私立局厂自不能任意印售，致违定章而滋流弊。本督部堂兼筹并计，欲期官业商情彼此均利，似尚无逾于此，仰即遵照出示晓谕，务期共守规章，同臻发达。其坊间出书，每每失于检查，讹误太甚者应并由巡警道徐议整顿办法，会商劝业道详候核夺饬遵，以一观听，仍候行官印刷局查照缴。

为会详事，窃查印刷一业，固有牗启知识之功，然苟印刷不当，亦有淆乱观听之害。故东西各国关于印刷营业，无不特订限制规则。中国印刷近已日渐发达，虽未奉有特别限制例文，然此次法部咨行现行刑律，修正现行刑律及案语，到川声明不准学界商界翻印，盖已防微杜渐。深知以印刷为业者，但知自营私利，宁肯多费校勘，而凡文学之关于法律及一切条教号令者，苟有一字之差陷人民以误解，则其流弊将不可胜极。

近年以来，国家颁行法律条教及本省单行章程，缘事类之发生，恒有增而无已，若不特为限制，一听坊间展转翻印，以讹传讹，其始仅为政令之疏，久之必为安宁之患。司道等会同集议拟请，以后凡国家所颁各项法律章程及本省所订各项单行章程，除奉部颁及由本省各主管署局刊印之外，皆归官印刷局刷印，坊间各铺概不准翻印发售，违者查出即将已刊之板及已印未售之书追出缴毁，并照已售所得之价处以相当之罚金，再犯即将该铺封闭。其为主管各署局特别声明，准人翻印者不在此例，如此规定庶条文，无讹乱之虞，即人民免误解之害。

如蒙批准再由司道等分别移行出示禁止，并通饬晓谕民间，凡坊间翻刻法律章程一切不可购买援用。一面由劝业道将印刷一业饬令归入商会，妥定规则，互相检束；一面由巡警道督饬通省巡警严行稽查，有违

督宪批巡警道、按察司、劝业道详集议各项法律章程坊间不得翻印并拟定限制办法文（并原详）

犯者即照违警例由所在警署照章处罚，合并陈明。所有司道等集议，各项法律章程，坊间不得翻印。并拟定限制办法，缘由是否有当理合会同。详请宪台抚赐查核批示饬遵。

民政部咨奉天新印各书请饬巡警道严禁翻印文[*]

为通行事、准奉天总督锡,咨据奉天法政学堂呈称,该堂校外讲义及新译刑法修正理由。审判厅章程论释美国刑法典各书籍业经发行,诚恐各省市肆书贾射利翻印,拟援照湖北山东法政学堂发行校外讲义成案办理,请咨会民政部立案,并转饬各省巡警道遵照示禁,以重版权。嗣后凡该学堂印行各种讲义及书籍,其版权应专属该学堂,无论何人何项公所学堂不准翻印,违经查出必须究罚等。因由该省咨达前来查原书尚无违碍之处,请通饬示禁翻刻,与本部办理湖北山东成案相符,应即照准除照咨立案外相应咨行。

---

[*] 四川官报, 1910 (32): 35.

咨覆外务部甘诺夫所著普通史纲目书颇适用请给版权碍难照办文[*]

宣统二年三月初六日

为咨覆事，准外务部咨送美总领事维礼德函，送北洋大学堂，教习甘诺夫所著《普通史纲目》。咨部前来查《英文普通史纲目》一书，凡四百七十六页，分三十七章。措词则笥洁明显，叙事则絜领提纲，无深微奥衍之句，屈佶钩磔之词。于欧亚两洲交际，黄白两族竞争，尤追本穷源，巨细蒐遗至新旧教竞争改革。与夫希腊罗马之技艺，凡无关于东亚者，概从简略书。后又设备种问题，或关地理，或关政治。又附纪元大事表四纸，颇称适。至请给版权一节，现在我国此项法规尚未厘定，碍难照办，相应咨覆贵部查酌施行，可也须至咨者。

---

[*] 学部官报，1910（137）.

日本将批准著作权法同盟条约*

　　去年柏林会议，国际著作权法之新条约批准之期在本年六月。故近日天皇咨询枢密院后，当即批准。新条约与前条约不同之点甚多，其重要者：一、认建筑意匠为著作权；二、认音乐乐谱为著作权；三、翻译权为长期之留存；四、活动影片之原版，自著作时即禁辗转摄映；五、新闻论说禁辗转登载。以上数项中，其第三项于日本文化之发展，至为不利。故长期留存翻译权之事，日本拟不加盟。

---

* 外交报，1910（279）.

民政部为将著作遵章呈报注册事出示晓谕[*]

宣统三年（1911年）正月

　　为出示晓谕事，照得文明进步惟恃智识之交通，学术昌明端赖法律之保护。近世欧洲各国，其文艺、美术之能日新月异者，良由定有专律，以资维持。我国载籍素称宏富，技艺亦甚精良，惟往往有殚毕生心力著成品物发行未久，翻制已多，是著作者尚未偿劳，而剽窃者反已获利，殊非所以奖励学术之道。本部有鉴于此，特厘定著作权律交资政院议决，于宣统二年十一月间会同具奏，奉旨：依议。钦此。钦遵到部，除将原律印刷颁布外，合将原律条文摘要宣示。查著作权律内开：第五十二条自本律施行前，所有著作经地方官给示保护者，应自本律施行日起算，六个月内呈报注册，逾限不报者，即不得受本律保护。又，第五十三条，本律施行前三十年内，已发行之著作自本律施行后，均可呈报注册。又，第五十四条，本律施行前，已发行之著作，业经有人翻印仿制，而当时并未指控为假冒者，自本律施行后，并经原著作者呈请注

---

[*] 周林、李明山主编：《中国版权史研究文献》，北京：中国方正出版社1999年版，第95—96页。

册，其翻印仿制之件，限以本律施行日起算，二年内仍准发行，过此即应禁止。等语与著作人权利及著作权年限均有密切关系。为此出示晓谕，士民人等一体知悉，如有以上各节情事，仰即迅速遵章呈报，以免假冒而卫私权。切切。毋违。此示。

学部为著作权律已引起外国出版界重视事致民政部呈文[*]

宣统三年（1911年）四月初三日

敬启者：咋准驻奥沈大臣函称，瑞士万国文艺美术公会办事处总理函称：近读德报，知由德国内部得来消息，中国已于一千九百十年十二月十八号采用第一条著作权法律。按一千九百八年，贵公使曾在柏林公会代表贵国政府，热心此项问题之关系，用特函请贵公使，将此项法律译成德文或英、法文见示，并署贵公使衔名，或翻译人姓名，以便及早刊入本公会著作权官报，请速示复。等因。查此项著作权法律，贵部如何采用？是否已经公布？应请迅赐详示，以便转告。等因。查此律系由贵衙门提交资政院议决会同奏明请旨公布，应如何迅为答复之处，拟由尊处酌核办理。专泐。祇请公安。

---

[*] 周林、李明山主编：《中国版权史研究文献》，北京：中国方正出版社1999年版，第97—98页。

著作权律释义（绪论）*

著作权律之见于我中国法令，自宣统二年资政院之议决案为始。前此历数千年，著作多矣，固未有特认为权利，而由国家订专律以保护之者也。律文全部，计分五章共五十有五条，业经奏定颁布，以文到后满三月为施行期限。立法之善否，权利之厚薄殊焉，文化之隆替分焉。此固学者及有关系之实业家，所亟宜注意者。兹谨条释其义，复撮余绪，为略论之。

一 著作权律之定义

著作权律，谓国家关于著作者之权利所制定之法律。就其名称论之，自以奖励著作者，而保护其权利，使无侵损，为立法之本旨。所谓著作者，固非必文人学士之著书立说，虽一切才艺，入乎美术类者，均属之。且即文学上著作，亦非必尽出于自撰，虽编辑翻译，甚至讲演笔述，亦均属之。抑且著作者有定，而著作权者无定。原则，自为其本人，而有时亦为其子嗣或他之承继人，又非特以自然人为限，并及于一切公私之法人。总之现有著作权之权利者，均得行使其权利，而防止他人之侵损。此其权利为精神上劳力之食报，本著作者所自有，非由国家

---

* 秦瑞玠. 法政杂志, 1911 (1), 5: 55-59.

之特许而取得。惟欲使其权利之牢固，不得不藉国家之力以保护之，于是乎有法律不称为"版权律"而名之曰"著作权律"者，盖版权多出于特许，且所保护者在出版，而不及于出版物所创作之人，又多指书籍、图画，而不足以赅雕刻、模型等美术物，故自以著作权名之为适当也。

二　著作权律之性质

著作权为个人之私权。著作权律，为关于个人私权之规定，其性质为私法，为民法之特别法，亦即为民法法典以外之单行法。个人在私法上之权利，固有关乎人格者焉，亦有关乎财产者焉。著作权之权利，果何属乎？著作为精神上劳力之产物，存乎著作者之人身而不可易，为之改窜割裂者有禁，变更姓名及名目者有禁，由他人强取抵债者有禁，是固宜为人格权。然其权利，有可估计之价值，以有偿或无偿而任意转移，可由后人继续，可与他人共有，且可以之转售及抵押，是又纯为财产权。民法所规定之财产权，不外物权及债权之两大类。而著作权则非必有为其目的之物品，又非必仅对于特定之人得行使其权利。是非物权，亦非债权，特于普通财产权之外，别自为一种无形的财产权。其异乎商号及商标之无形的财产权者，则以其出乎智能之故；其异乎工业上发明特许意匠等之智能的财产权者，则又以其属乎文学美术之故。盖自世运递进，而人类之智能日辟，因其智能之利用，而生种种权利，复因其权利之保护，而成种种法律，著作特其一端。故著作权为由智能所发生之新财产权，而著作权律实为民法以外规定私权之单行特别法。

三　著作权律之世界的观察

溯今日各种私权所自始，类多滥觞于罗马法，独著作权不然。盖希腊罗马时，文艺美术虽富，而因模写仿制之不便，其创作者权利亦自不致有所侵损而议及保护。其至有侵损而加保护，由法律上认有特种之权利者，殆自中世印刷发明之日为始。然其初犹只优厚于首先出版者，而授以出版之特许权，尚未有如今日认为创作者之权利者。其由出版特许主义，进而为著作者保护主义，盖在入于第十八世纪以后，欧美各国先后于其内国法规定之。然以列国并峙交通，仅定之于内国法，效力不足以及外。爰于十八世纪之中叶，欧洲各国多以条约为相互之保护，然其效力亦仍不足以及于条约以外之国。由是以法比及英德诸学者之倡议，创设万国学艺美术协会，更于十八世纪之末叶，各国会议于瑞士之丕仑府，而组成著作权保护之万国同盟。盖自此入于第三期，而由内国的保护主义，更进而为世界的保护主义，日本是欧美各国为后起，然于前此十八年间，固已明定版权法，旋因其未能完备。复于前此十二年间，更综合脚本乐谱条例，及写真版权条例等，修改为现行之著作权法。并于其时加入万国著作权同盟，以自跻于各文明国之列。而于内国法，明认外国人之著作权。东西各国之于著作权保护，其先后沿革之大略如此。

四　著作权律之历史的研究

我中国文化发达，远在数千百年以前，文艺美术各种著作之盛，自较东西各国为早。然于律令上认有著作者之权利，而由国家予以保护，则视东西各国为独后。此何故欤？盖吾国自古以来，著作物之流布，最初用方策，久之而行纸笔，又久之而始有版本。无论简削手抄，数固有限，即梓行之力，亦复不易。且以贵古贱今之习，著作之传，多于身后，有猎名而无牟利。其关系全在乎人格，而不在乎财产。又况法学未明，私权之救济，国家向多放任。因是种种，而苟冀风行，不求垄断者有之，侵冒无利，关系不生者有，之任人自谋法，不过问者有之。固宜文物称盛，而无所谓权利与法律。自海通以后，闻见日新，国民思想为之一变。印刷术进步，交通机关便利，需要与供给日增。著作者不惟名誉，而兼利益。射利之徒，亦遂乘之，以售其欺。侵冒之事日多，权利之保护日急。而法律思想，亦适与各科学同时发达，故向者翻刻必究之橥揭，仅有社会之习惯继也。版权所有之保护，渐见之官厅之命令，终至于今日而著作权成文之规定，逐见之于国家之法律。然此特就内国的保护言之，而于国际的著作权同盟，犹未加入者。盖以我国文学美术，除固有之国粹外，于世界文明，多为迻译模仿时代，而非创造发明时代。现今各种科学，多恃取资外籍，而非外籍所取资，自不得不审量国情，保留余地。且即援俄美二国之例，至今亦非为同盟之加入。是则著作权之保护，由国内的主义，进而为世界的主义，或尚须俟之异日者也。

五 著作权律与警察法令制差别

著作权律之编纂，于国家文化个人及社会之经济财产为必要。著作者固纯为权利，而非有何等之义务，及负何等之责任，有与以奖励保护，而无所用其仿制禁限，与警察法令之出版取缔法迥异。出版法，主为初次出版之检定，凡印刷物之妨害治安风俗，及破坏政治上军事上司法上之重要关系者，均得禁止其发行。而且著作者与印刷发行者，均有违反之责任，故必使负呈报之义务。盖全出于仿制禁限之意，与报律之目的相同。而著作权律则不然，所重者在出版后之专利重制，而注册实为其权利之证明。因注册而呈报，只为巩固其权利所有之手续，于著作权附加以条件，而非为与之相对之义务。故著作权律之保护，与出版法之取缔，全异其目的。今世欧美各国，多以此两者分别规定之，日本法亦采此主义。本律规定之际，民政部交议原奏。有谓臣部职司警政，首在保卫治安，所有报律结社集会等律，业经奏定施行。则著作权之专律，自当及时拟定，云云。草案各条，多本此而定。其第二条谓凡著作物归民政部检定，是盖即以著作权律之名义，寓出版取缔之目的，混合两者而为一。然著作物之发行，纵有检定之必要，固不宜于名为著作权之条律规定之。且于注册者始得检定，其范围亦转失之隘，资政院议决削除，改如今律所定，固宜然已。而其余各条，多仍草案之旧，专注重于呈报。果尽出于奖励保护之旨耶，抑犹有防制禁限之意寓其中耶？要之出版取缔，自属警察法令之范围，与著作权律全为别物。本律既削除草案检定之条文，又别无发行禁止及违反责任之规定，则固不得以草案之意旨，牵附于本律。而谓著作权律之规定各条，实隐含出版取缔之目的者也。

六　著作权律与国际条约之关系

著作权为个人之私权，就国际言之，亦为侨寓外人所有私权之一种。自光绪壬寅中美、中日两续约订立后，由向之排外主义渐进为外交上相互主义，以条约认须外国人得有制限的著作权。因此而限定有特约之国，于其特约所许之范围内，得享有本律之保护。日约第五款第三项所云保护印书权之国定章程，盖即今本律所定者是。美约第十一款，虽有援照保护商标之章程等语，然今既有本律之颁布，自可按照本律注册保护，而不必更待商标章程之援引，此因条约之效力而得适用本律者也。然如美约第十一款所云，是美国人民所著作之书籍地图，苟非专备中国人民所用，或已译成华文者，即不得在中国境内有版权之保护。且其所许之权利，亦仅以十年为限。又照日约第五款第二项所云，是日本人所著书籍地图海图，亦惟专为中国人备用，且以中国语文著作者，始得照章注册保护。又仅限地图海图，而不及于他种图画，至照片雕刻模型等美术物，更无论已。此则均应受条约所特定之制限，而不得适用本律保护之规定者。盖本律于外国人之著作权，既无明文规定，而民律现方编订，外国人得有享有一切私权与否亦尚无条律可援。是则苟非有特约之国，且非在特约所定之范围内，固宜不得享有本律之保护者也。

以上仅为大体之说明，其他关于权利之本质、注册之手续、年限起算之标准、过渡规定之方法，有涉疑问者，自当于后分述之，然亦惟就现行律之各条，为解释论，以疏通证明之，便于法律之实施而已。至若依据学理，与各国法制比较研究，就立法论为可否得失之评决，固非本编之范围所及也。

督宪张札准民政部咨
奉天法政学堂校外讲义请饬禁翻印文

为札饬事。宣统二年十月二十五日，准民政部咨准奉天总督锡，咨据奉天法政学堂呈称，该学堂校外讲义及新译《刑法修正理由》《审判厅章程》《论释美国刑法典》各书籍业经发行，诚恐各省市肆书贾射利翻印，拟援照湖北、山东法政学堂校外讲义成案办理，请咨会民政部立案，转饬各省巡警道，遵照示禁止，以重版权。嗣后凡该学堂印行各种讲义及书籍，其版权应专属该学堂，无论何人及何项公所学堂不准翻印，违经查出必须究罚等因。由该省咨达前来查原书尚无违碍之处，请通咨示禁翻刻，与本部办理湖北、山东成案相符，应即照准除照咨立案外，相应咨行查照转饬所属，遵照办理可也等因。到本部堂准此合行札饬札到该局，即便遵照办理。勿违。

---

* 江南警务杂志，1911（11）：81-82.